教育部高等学校高职高专汽车类专业教学指导委员会规划教材

总主编 仪垂杰

汽车电器设备

构造与维修

主　编　许崇霞

副主编　王爱国　姚　勇　郭常亮

主　审　汤定国

山东大学出版社

内容简介

本书系统介绍了国家技能型高级汽车维修技术人员所必需的汽车结构、工作原理、维修、调试、故障诊断与排除等知识，内容主要包括汽车电路识读的基础知识、电源系统、点火系统、起动系统、信号与照明系统、汽车仪表系统、汽车辅助电器、汽车防盗与保护系统、汽车音响与倒车辅助系统的结构、原理与常见故障诊断、排除及典型车型电路分析等。

本书各章节前有学习目标、考核标准、教学建议、拓展阅读，课后有复习与思考题，便于学生学习。

本书可作为高职高专、高级技工学校、技师学院及职业培训的专业课教材，同时也可作为汽车维修技术人员的参考书。

图书在版编目(CIP)数据

汽车电器设备构造与维修/许崇霞主编．—济南：山东大学出版社，2011.8
教育部高等学校高职高专汽车类专业教学指导委员会
规划教材/仪垂杰总主编
ISBN 978-7-5607-3739-3

Ⅰ．①汽…
Ⅱ．①许…
Ⅲ．①汽车－电气设备－构造－高等职业教育－教材②汽车－电气设备－车辆修理－高等职业教育－教材
Ⅳ．①U472.41

中国版本图书馆 CIP 数据核字(2011)第 160205 号

山东大学出版社出版发行
(山东省济南市山大南路 20 号　邮政编码:250100)
山 东 省 新 华 书 店 经 销
山东旅科印务有限公司印刷
787×1092 毫米　1/16　17.25 印张　393 千字
2011 年 8 月第 1 版　2011 年 8 月第 1 次印刷

定价:30.00 元

教育部高等学校高职高专汽车类专业教学指导委员会规划教材

编审委员会

总 序

进入新世纪以来,我国加快了转变经济发展方式的步伐,从而有力地推动着各领域的科学发展。随着科技创新能力的不断提高,科学技术的产业化进程日益加快,制造业不断优化结构,改善品种质量,并淘汰落后产能,汽车制造业尤其如此。《中华人民共和国国民经济和社会发展十二五规划纲要》提出的培育发展新能源汽车等新兴产业的战略目标就充分体现了这一点。

2010年,中国汽车产销量已超过1800万辆,居全球首位,市场潜力巨大。中国汽车与装备制造业已进入了一个新的发展阶段。汽车工业的飞速发展带动了汽车与制造相关产业链的发展,为汽车和机械制造类相关专业毕业生提供了广阔的就业空间和很好的发展前景。然而,老版本的汽车类教材已经远远不能满足汽车专业的教学需求,为广大汽车专业的师生提供一套新版教材成为当务之急。同时,为贯彻《教育部财政部关于实施国家示范性高等职业院校建设计划加快高等职业教育改革与发展的意见》(教高[2006]14号)和《教育部关于全面提高高等职业教育教学质量的若干意见》(教高[2006]16号)的精神,进一步推动职业教育由"重视规模发展"向"注重提高质量"的工作重心转变,适应我国现代汽车工业和职业教育发展的需要,教育部高等学校高职高专汽车类专业教学指导委员会决定在工学结合课程开发和教材建设方面进行探索,组织高校富有经验的教师和企业专家共同编写一套理论性和实践性相结合的汽车类专业教材。

教学质量是学校的生命线。提高教学质量,专业建设是龙头,课程建设是关键。高职教育的课程改革是一项长期的工作,它不是片面的课程内容的解构与重构,必须以人才培养模式创新为核心,以双师素质教师团队建设、实训条件建设、实训项目开发、教学方法改革、教学实施创新等一系列条件为支撑。多年来,在教育部高等学校高职高专汽车类专业教学指导委员会指导下,各高职高专院校进行了广泛的调研,以课程建设为抓手,以校企合作、工学结合为突破口,狠抓课程实施,在教材建设方面做出了高等职业教育的特色。本套教材既注重技能的提高，又兼顾理论的提升，力求满足广大高职高专汽车类专业学生学习的需要，为学生的就业和继续深造打下坚实的基础，充分体现了工学结合的职业教育特色。

经过各分册编写者和主审们的辛勤劳动，本套教材即将陆续面世。希望教育部高等学校高职高专汽车类专业教学指导委员会的工作可以为各高职院校提供一些借鉴，并通过这套教材进一步推动各地的高职高专教学与课程改革。同时，也希望业内专家和同仁对本套教材提出指导性和建设性意见，以便在教学实践中共同完善和提高。

在本套教材编写过程中，得到了教育部领导、行业专家、各高职高专院校和企业专家的支持，山东大学出版社对教材的出版给予了大力支持和帮助，在此一并致谢。

教育部高等学校高职高专汽车类专业
教学指导委员会主任委员　仪垂杰

2010年12月于青岛

前 言

随着汽车工业的飞速发展，汽车电子化程度不断提高，汽车电器系统也越来越复杂。在现代汽车维修的实际工作中，借助资料，读懂并能分析汽车电器系统结构及电路，是对从事现代汽车维修技术人员的基本要求。因此，对职业院校的汽车电器设备构造与维修课教学也提出了更高的要求，不仅要求学生掌握汽车各电器系统的结构原理、使用与维修知识，还要学会分析电路，能够对汽车各主要电器系统的常见故障进行诊断与排除。为达到这一目的，职业院校在教学过程中要突出技能，注重培养学生解决实际问题的能力。

汽车电器设备检修主要讲授汽车电路识读的基础知识、电源系统、点火系统、起动系统、信号与照明系统、汽车仪表系统、汽车辅助电器、汽车防盗与保护系统、汽车音响与倒车辅助系统的结构、原理与常见故障诊断、排除及典型车型电路分析。通过理论教学和技能实训，使学生掌握汽车电器设备的结构与原理，能熟练地使用检修汽车电器设备的常用工具和设备，具备对汽车电器设备进行维护、调整、检修的初步技能，掌握汽车维修电工的基本操作技能，考取相应证书。

本教材涉及面广，图文并茂，深入浅出，同时注重理论知识与实践技能的有机结合，突出针对性、通用性、先进性和实践性在教材中的科学体现，做到理论与实践的紧密结合。形式上生动活泼，有学习目标、考核标准、拓展阅读、课后复习等内容，体现一体化思想，力求简洁实用，旨在培养学生的技术应用能力。因此，本教材是汽车检测与维修技术、汽车服务与营销、汽车整形技术、汽车电子技术等相关专业人才培养的精品教材。

本教材由许崇霞任主编，王爱国、姚勇、郭常亮任副主编。许崇霞编写第 5 章，并负责统稿，王爱国编写第 1 章，姚勇编写第 2 章，郭常亮编写第 6 章和第 9 章，杨雪松编写第 8 章，安宗权编写第 7 章，崔英玲、冯德军合编第 3 章，于瑞、李步照合编第 4 章。

汽车技术发展迅速，新结构内容广泛，加之编者水平有限，书中难免存在不妥之处，恳请相关教学单位和广大读者给予批评指正。

编 者

2010 年 11 月

目 录

第1章　汽车电路基础元件认识

学习目标

1. 掌握汽车电路基础元件的组成、检测与更换方法。
2. 会使用汽车电器系统常用检测工具及设备。
3. 能对简单汽车电路故障进行诊断与检修。

考核标准

知识要求：掌握汽车电路基础元件的组成、检测与更换方法，及电路故障诊断流程。

技能要求：能够正确使用汽车电器系统常用检测工具，并能根据电路图对电路系统的常见故障进行诊断和排除。

教学建议

教具：汽车万用表、汽车示波器、常用工具、实训汽车、汽车电器综合实训台、汽车维修手册、多媒体设备、各种维修资料、任务工单。

建议：汽车电路故障诊断与检修内容建议安排在实验室进行。汽车电路基础元件认识、汽车电路故障诊断与检修内容建议使用多媒体教学。

1.1　汽车电路基础元件认识

1.1.1　汽车电器系统的特点

汽车的种类和品牌繁多，各种汽车电器设备的数量不等，其安装位置、接线方法等也各有差异。但不论进口汽车还是国产汽车，其电器系统的设计一般都遵循一定的规律。

1. 单线制

所谓单线制，就是利用汽车发动机和底盘、车身等金属机件作为各种用电设备的共用连线（俗称搭铁），而用电设备到电源只需另设一根导线。任何一个电路中的电流都是从电源的正极出发，经导线流入到用电设备后，通过车架等金属件流回电源负极而形成回路。采用单线制不仅可以节省材料(铜导线),使电路简化,而且便于安装和检修,降低故障率。但在一些不能形成可靠的电器回路或需要精确电子信号的回路中采用双线。

2. 低压

汽车电器系统的标准电压有12V、24V 2种,轿车普遍采用12V,而重型柴油车多采用24V。对发电装置,12V系统的额定电压约为14V。低压系统的主要优点是:安全;蓄电池单格数少,对减少蓄电池的重量和尺寸有利;白炽灯的灯丝较粗,寿命较长。

3. 直流

汽车采用直流系统的原因是发动机要靠起动机起动,起动机由蓄电池供电,而蓄电池的电能消耗后又必须用直流电充电,所以,汽车电器系统采用直流系统。

4. 用电设备并联

所谓用电设备并联,就是指汽车上的各种用电设备都采用并联方式与电源连接,每个用电设备都由各自串联在其支路中的专用开关控制,互不产生干扰。

5. 两个电源

所谓两个电源,就是指蓄电池和发电机两个供电电源。蓄电池是辅助电源,在汽车未运转时向有关用电设备供电;发电机是主电源,当发动机运转到一定转速后,发电机转速达到规定的发电转速后就开始向有关用电设备供电,同时对蓄电池进行充电。两者互补,可以有效地使用电设备在不同的情况下都能正常地工作,同时也延长了蓄电池的供电时间。

6. 负极搭铁

所谓搭铁,就是采用单线制时,将蓄电池的一个电极用导线连接到发动机或底盘等金属车体上。若蓄电池的负极连接到金属车体上,称为负极搭铁;反之,若蓄电池的正极连接到金属车体上,称为正极搭铁。我国规定,汽车电器必须采用负极搭铁(其依据是我国生产的JF系列的交流发电机规定为负极搭铁)。目前,世界各国生产的汽车也大多采用负极搭铁方式。

7. 由相对独立的分系统组成

汽车电路由相对独立的系统组成,一般包括以下几部分:

(1) 电源系统

电源系统由蓄电池、发电机、调节器及工作状况指示装置(电流表、充电指示灯)等组成。

(2) 起动系统

起动系统由起动机、起动继电器、起动开关及起动保护装置组成。

(3) 点火系统

点火系统由点火线圈、分电器、电子点火器、火花塞、点火开关等组成。此外，由发动机控制单元进行点火控制时，可以不使用分电器。

(4) 照明与信号系统

照明与信号系统由照明与信号系统前照灯、雾灯、示宽灯、转向灯、制动灯、倒车灯、电喇叭等及其控制继电器和开关组成。

(5) 仪表与警报系统

仪表与警报系统由仪表、传感器、各种报警指示灯及控制器组成。

(6) 电子控制系统

电子控制系统由发动机电子控制系统、底盘电子控制系统和车身电子控制系统等组成。

(7) 辅助装置系统

辅助装置系统是为提高车辆安全性、舒适性、经济性和娱乐性，安装的各种功能的辅助电器装置，因车型不同而有所差异。一般包括风窗刮水/清洗装置、风窗除霜/防雾装置、起动预热装置、音响装置、车窗电动升降装置、电动座椅调节装置、后视镜调节装置及中央电控门锁装置、汽车空调系统等。

1.1.2 汽车电器设备电路组成

1. 汽车导线和线束

(1) 导线

汽车电路的导线有高压线、低压线两种。

1) 低压导线

① 导线的型号与规格

普通低压导线有采用聚氯乙烯作绝缘包层的QVR型，也有采用聚氯乙烯－丁腈复合物作绝缘包层的QRP型。这两种绝缘层的耐低温性、耐油性和阻燃性都比较好，尤以后者为佳。

普通低压导线采用多股铜质线芯结构，这是由于多股铜质线芯能够反复弯曲而不易折断，制成线束后的柔性仍较好，安装方便。

② 导线的选择

汽车上各种电器设备所用的连接导线通常是根据用电设备的负载电流大小来选择导线的截面积。其选择的原则是：长时间工作的电器设备可选用实际载流量60%的导线；短时间工作的用电设备可选用实际载流量60%～100%的导线。

在选用导线时，应考虑电路中的电压降和导线发热等情况，以免影响用电设备的电器性能或超过导线的允许温度。对于一些工作电流很小的电器，为保证导线具有一定的机械强度，汽车电器中所用导线的截面积不得小于0.5mm²。各种低压导线截面积所允许的负载电流如表1-1所示。

表 1-1　　低压导线截面积允许的负载电流值

导线标称截面积/ mm^2	0.5	0.8	1.0	1.5	2.5	4.0	6.0	10	16	25	35	50
允许电流值/A(60%)	7.5	9.6	11.4	14.4	19.2	25.2	33	45	63	82.8	102	129
允许电流值/A(100%)	12.5	16	19	24	32	42	55	75	105	138	170	215

所谓标称截面积是经过换算而统一规定的线芯截面积，不是实际线芯的几何面积，也不是各股线芯几何面积之和。

汽车 12V 电器系统主要线路导线标称截面积推荐值如表 1-2 所示。

表 1-2　　12V 电路主要线路截面积推荐表

标称截面积/ mm^2	用　途
0.5	尾灯、顶灯、指示灯、仪表灯、燃油灯、刮雨器电机、水温表、油压表等电路用的导线
0.8	转向灯、制动灯、停车灯、分电器等电路用的导线
1.0	前照灯、喇叭(3A 以下)等电路用的导线
1.5	前照灯、喇叭(3A 以上)等电路用的导线
1.5～4.0	其他 5A 以上的电路用的导线
4～6	柴油机电热塞电路用的导线
6～25	电源电路用的导线
16～95	起动电路用的导线

③ 导线的电器特性

导线电器特性主要是指对低压电路的电压降。如果某一电路由于导线造成过大的电压降，将严重影响用电设备的正常工作和电源的供电效能。在汽车低压线路中，起动机线路一般要求每 100A 电流产生的电压降不得大于 0.15V，在起动机起动时的电压降不允许超过 0.5V。发电机处于额定负载时，线路电压降不得大于 0.3V。整车线路的总电压降，在不计接触电阻的情况下，不得超过 0.8V。从电压降的角度看，在许可的条件下，导线越短越好。当线芯长期工作温度不超过 70℃、环境温度在为－40℃～70℃时，导线的正常车用寿命将不低于 $6\sim8\times10^4$ km。

④ 导线的颜色

为便于汽车电路的连接和维修，车用低压线的颜色必须符合有关标准。单色线的颜色由表 1-3 规定的颜色组成。

表 1-3　　车用电线颜色

电线颜色	黑色	白色	红色	绿色	黄色	棕色	蓝色	灰色	紫色	橙色
代号	B	W	R	G	Y	Br	BL	Gr	V	O

双色线的颜色由表 1-3 规定的两种颜色配合组成。双色线的主色所占比例大些，辅助颜色所占比例小些。辅助色条纹与主色条纹沿圆周表面的比例为 1∶3～1∶5。双色线的标注第一色为主色、第二色为辅色。

在电器线路图中，对导线的标注，一般将其标称截面积和线色同时标出，如 1.5Y 表示其标称面积为 $1.5mm^2$，单色（黄色）；而 1.0GY 表示标称面积为 $1.0mm^2$，双色导线，主色为绿色，辅色为黄色。

我国规定电线颜色选择程序如表 1-4 所示。

表 1-4　　电线颜色的选择程序

选择程序	1	2	3	4	5	6
电线颜色	B	BW	BY	BR		
	W	WR	WB	WBL	WY	WG
	R	RW	RB	RY	RG	RBL
	G	GW	GB	GY	GB	GBL
	Y	YR	YB	YG	YB	YW
	Br	BrW	BrR	BrY	BrB	
	BL	BLW	BLR	BLY	BLB	BLO
	Gr	GrR	GrY	GrBL	GrB	GrB

国外汽车厂商在电路图上多以英文字母来表示电线外皮的颜色及其条纹的颜色。日本常用单个字母表示，个别用双字母，其中后一个是小写字母。美国常用 2～3 个字母表示一种颜色，如果电线上有条纹，则要书写较多字母。但德国的汽车电线颜色代号，各厂商甚至各牌号不尽一致，奥迪、宝马、奔驰、桑塔纳的颜色代号各不相同，在读图时要注意区别。也有厂商，如斯坦尼亚汽车，采用数字代号表示颜色。

⑤ 低压导线分类

普通低压导线：普通低压导线为带绝缘层的铜质多股软线。低压导线的截面积主要是根据用电设备的工作电流选择，但对于功率很小的电器，仅以工作电流的大小选择导线，但其截面积太小，机械强度差，因此，汽车电器中所用的导线截面积不得小于$0.5mm^2$。

起动电缆：起动电缆为带绝缘包层的大截面铜质或铝质多丝软线，用来连接蓄电池与起动机开关的主接线柱，截面积有 25 mm^2、35 mm^2、50 mm^2、70 mm^2 等多种规格，允许电流为500～1000A。为了保证起动机功率的发挥，要求在线路上每100A的电流所产生的电压降不超过0.15V。

蓄电池搭铁电缆：蓄电池搭铁电缆有两种，一种外形同起动电缆，覆有绝缘层，另一种则是由铜丝编织成的扁形软导线，不带绝缘层，长度有300mm、450mm、600mm、760mm四种。搭铁电缆常用于蓄电池与车架、车架与车身、发动机与车架等总成之间的连接。

2）高压导线

高压导线是一种用于汽油机点火系统的高压电缆线，其特点是绝缘包层厚、耐压性能好、线芯截面积小。按其结构不同，高压导线有普通铜芯高压线和高压阻尼线两种。为了衰减火花塞产生的电磁波干扰，目前已广泛使用了高压阻尼线。不同车型采用的高压阻尼线阻值不相同。

(2) 线束

在汽车上，为了使全车线路不零乱、安装方便，以及保护导线不被水、油侵蚀和磨损，汽车导线除高压线和蓄电池导线外，都用绝缘材料包扎成束，称为线束。

汽车用的线束是一种将各电器之间的连线，选择最短的途径，并把同一路径的若干导线用绝缘带包扎而成的。故其主要由各种颜色的低压导线以及相关连接插件、接线端子、绝缘包扎材料等组成。

1）线束的包扎

包扎线束的绝缘材料通常采用棉纱编织的套管或聚氯乙烯胶带，有的还在包扎好的线束外面再套上一根波纹管，如图1-1所示。

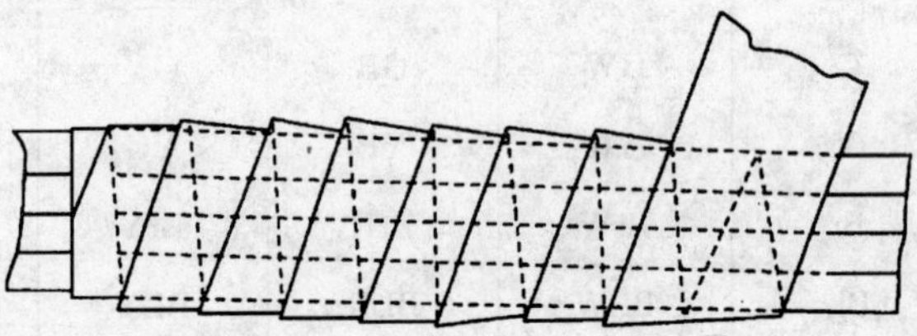

图1-1　线束半叠包扎方法

包扎好的线束按规定的距离去掉多余部分，除去导线端头的绝缘包层，根据线束图上的要求焊接或压装上各种接线端子。一般对拆卸机会少的线头，采用闭口式接线端子，而对经常拆卸的线头，多采用开口式接线端子，如图1-2所示。

(a) 闭口式接线端子　(b) 开口式接线端子　(c) 套绝缘管

图1-2　接线端子形状及加绝缘套管示意图

现代汽车上的线束接头多采用插件式。插件的插座外壳一般用聚乙烯制成，由于带锁舌，故不易松动。插座大小各异，且又为非对称结构，因此可避免插错插头而造成故障。

2）汽车线束的安装

安装汽车线束时，应注意如下事项：

① 线束应用卡簧和绊钉固定，以免松动磨坏；

② 线束在拐弯处或有发生相对移动的部件不应拉得太紧；

③ 在穿过洞口和绕过锐角处，应用橡皮、毛毡类垫子或套管保护，使其不被磨损而造成搭铁、短路，甚至酿成火灾等；

④ 各个接线端子必须连接可靠、接触良好。

(3) 维修线束时应注意的问题

汽车线束在长期的使用过程中，由于水、油的侵蚀及磨损，容易使其外面的包皮损坏或导线折断，这就需要重新更换导线、包扎线束。

在包扎电线时，应按照线束原来的形式分支，露出部分应符合规定长度，接头不能有裸露部分，焊接的地方应加绝缘套管并进行包扎。

各电线的接头处如不是原颜色，应加套原色塑料管，以便于识别。线束和电器设备接头处的插接器应匹配，如原件仍可利用，则可用原件，如原件已不能用或有锈蚀现象，均应换新件，实在无新件可用时，也应对原件进行彻底清洗后再用。

2. 开关装置

开关是用来控制电路的通断或改变电路中电流方向的构件。车用开关类型繁多，归纳起来基本上可分为自动式开关和手动式开关。自动式开关多为电控，手动式开关多为机械式控制。开关常见的两种工作状态如图1-3所示。

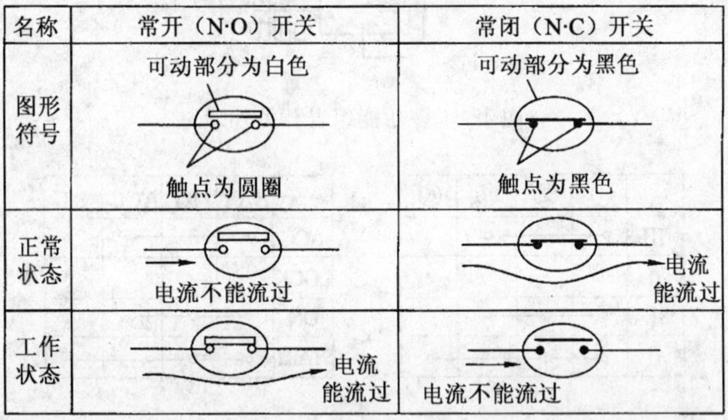

图1-3　开关的工作状态

有的开关只控制一个用电设备，功能单一，结构简单；有的开关则控制多个用电设备(图1-4)，功能多，结构较复杂。现以点火开关为例说明开关挡位与电路连接的关系。

点火开关又称为钥匙式开关，是汽车电路中最重要的一个多挡位开关。它主要用于控制电源与各电器电路之间的通断。常用点火开关工作挡位与内部连接情况如图1-5所示。

(1) 接线柱

点火开关有四个接线柱，其中接线柱①接至电源，接线柱②接至电压调节器正接线柱和点火线圈低压接线柱，接线柱③接至辅助电器设备，接线柱④接至起动继电器的电磁线圈。

(2) 挡位

如图 1-5 所示的点火开关有四个挡位,各挡位电路控制情况如下:

0 挡位:等效于点火开关处于“LOCK”位置,全车用电设备断电。

Ⅰ挡位:等效于点火开关处于“ON”位置,接线柱①与接线柱②和③接通,主要用电设备投入工作。

Ⅱ挡位:等效于点火开关处于“START”位置,接线柱①与接线柱②和④接通,起动机控制电路被接通,发动机起动后自动回至Ⅰ挡位。

Ⅲ挡位:等效于点火开关处于“ACC”位置,接线柱①与接线柱③接通,接通辅助电器电路,使部分辅助电器(如收放机、点烟器等)开始工作。

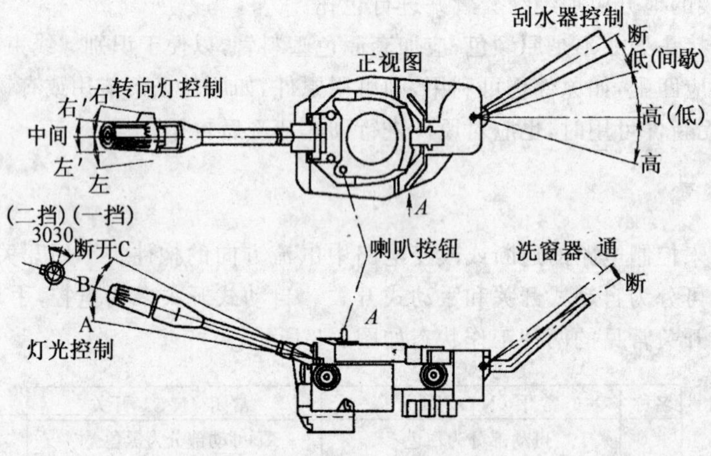

图 1-4　多功能组合开关外形

	①	②	③	④
Ⅲ	●		●	
0				
Ⅰ	●	●	●	
Ⅱ	●	●		●

	BAT	IG	ACC	ST
ACC	●		●	
LOCK				
ON	●	●	●	
START	●	●		●

图 1-5　点火开关工作挡位示意图

3. 保险装置

在汽车电路中均有一个或多个电路保护装置,以防止过载或短路,损坏导线和用电设备。这些装置可能是熔断器、易熔线和电路断路器,或是上述装置的综合应用。图 1-6 为熔断器与易熔线的电路符号图。

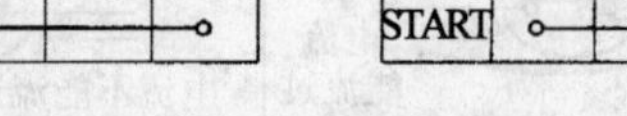

(a) 熔断器符号　(b) 易熔丝符号

图 1-6　熔断器与易熔丝的电路符号

(1) 熔断器

其材料是铅锡合金，一般装在玻璃管中或直接装在熔断器盒内。它主要用在负荷不大的电路中，当电路中电流超过规定值时，熔断器的熔丝发热熔断，从而切断电路。

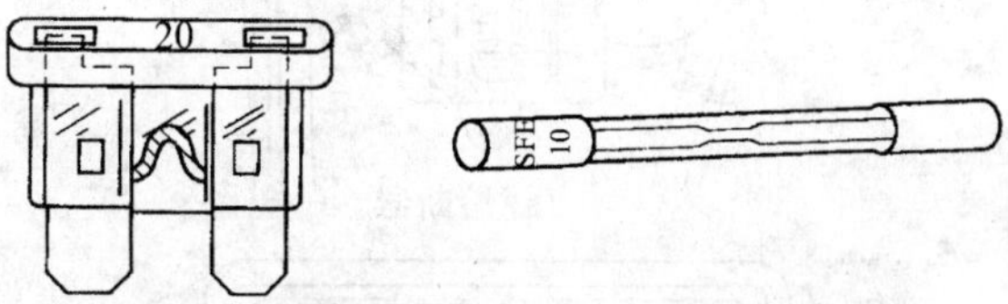

(a) 片式熔断器　　(b) 管式熔断器

图 1-7　熔断器

熔断器按结构不同可分为片式[图 1-7(a)]、管式[图 1-7(b)]等多种形式，其中片式熔断器应用最为广泛。为了便于选用和识别，熔断器都根据其容量大小用颜色编码，在其外壳上标明额定电流值，如红色(10A)、蓝色(15A)、黄色(20A)等。表 1-5 所列为车用熔断器的熔断要求。

表 1-5　车用熔断器的熔断要求

流过熔丝的电流	熔丝熔断的时间
流过的电流为 110%	不熔断
流过的电流为 135%	在 60s 内熔断
流过的电流为 150%	20A 以内的熔丝，15s 以内熔断
	30A 熔丝，在 30s 以内熔断

为便于检查和更换熔断器，汽车上通常将多个熔断器组合并形成熔断器盒(图 1-8)。熔断器在其支架上接触必须十分牢固可靠。如果接触不良，就会使熔断器和熔断器支架间产生电压降，从而引起有关用电设备工作失常，同时还易造成熔断器因发热而熔断。

熔断器熔断后，一般用观察法就可发现。对于较隐蔽的故障，需要对电器电路进行详细的检查。更换时，一定要使用与原规定相同的熔断器，同时要特别注意检查熔断器与支架有无氧化现象和脏污。若有脏污和氧化物，需用细砂纸打磨光滑，使其接触良好。

(2) 易熔丝

易熔丝又称 FUL 电线，是截面大小一定、可长时间通过额定电流的一种铜芯或合金导线，主要用来保护电源电路和大电流电路。

(3) 双金属电路断路器

双金属电路断路器用于正常工作时容易过载的电路中，其原理是双金属片受热变形，使触点分离而断开电路(图 1-9)。双金属电路断路器与熔断器、易熔丝不同，将双金属片复位后，可以重复使用。双金属电路断路器有两个类型：自动复位型和手动复位型。

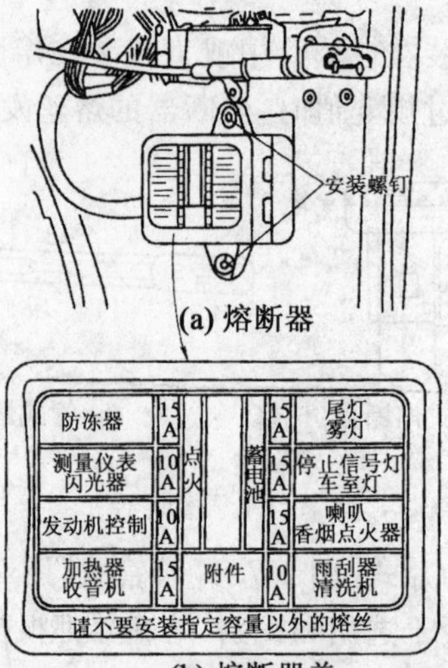

图 1-8　熔断器常见安装方式示意图

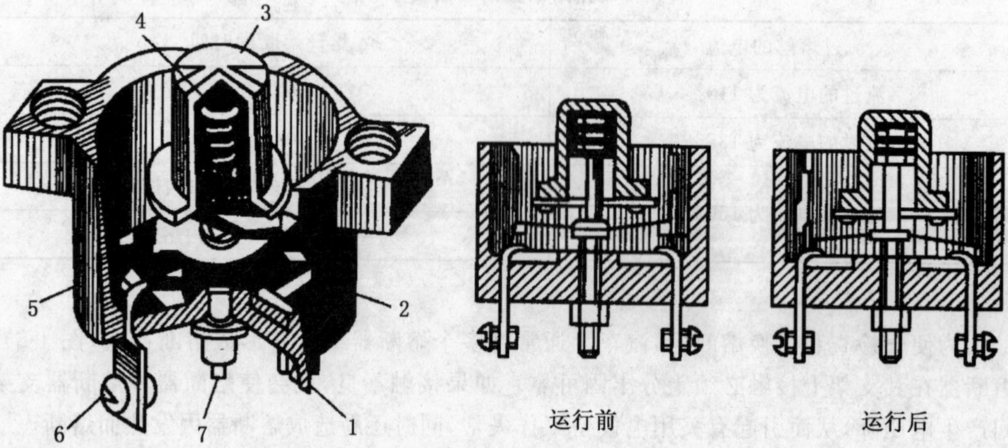

图 1-9　双金属电路熔断器运行前后对比

1、6—固定触点　2—外壳　3—按钮　4—弹簧　5—双金属片　7—调整螺钉

4. 继电器

继电器有功能型和电路控制型 2 类。如闪光继电器、刮水器间歇继电器属功能继电器。电路控制继电器在汽车上常见的有卸载继电器、前照灯继电器、雾灯继电器、起动继电器、喇叭继电器、鼓风机继电器、空调继电器等，其作用是用小电流控制大电流，以减小控制开关触点的电流负荷，保护开关触点不被烧蚀。

继电器按外形分有圆形和方形 2 种。按端子数目分 3 端子、4 端子、5 端子等多种。按触点状态分为常开型、常闭型和开闭混合型。

继电器大部分采用电磁继电器，它由电磁铁和触点等组成。为防止线圈断电时产生的自感电动势将电子设备损坏，有的继电器磁化线圈两端并联泄放电阻或续流二极管。

一般继电器外形和原理如图 1-10 所示。

继电器的连接方式分为接柱式和插接式 2 种。接柱式继电器触点容量可做得较大，在早期国产汽车的起动电路、喇叭电路上很常见，但连接烦琐，已被插接式继电器所取代。

继电器的工作电压分为 12V 和 24V 2 种，分别应用于相应标称电压的汽车上。2 种标称电压的继电器不能互换使用。

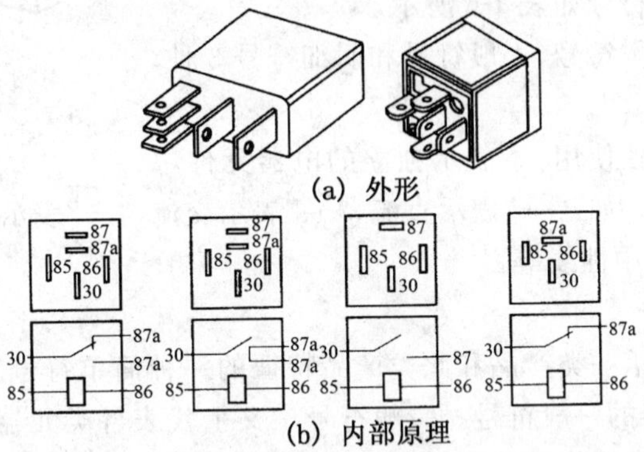

图 1-10　常用继电器的外形与内部原理

5. 插接器

插接器是汽车电路中简单但不可缺少的元件，插接器的符号和实物对照如图 1-11 所示。符号涂黑的表示插头，白色的表示插座，带有倒角表示为针式插头，插头与插脚的方格（长方格或正方格）的数量表示其引脚数。

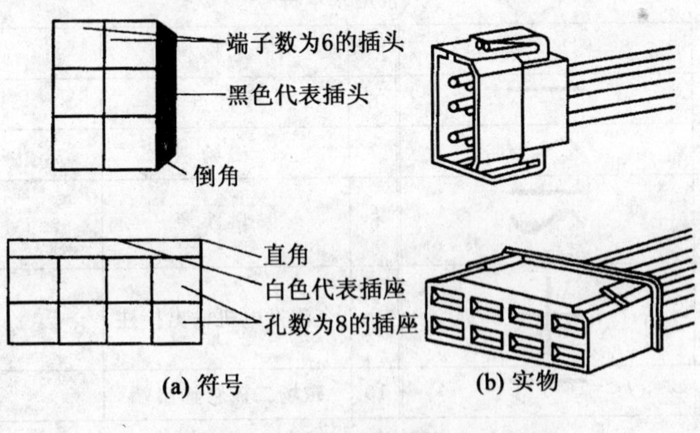

图 1-11　插接器的符号和实物示意图

为了防止汽车行驶过程中插接器脱开，所有的插接器均在结构上设计有闭锁装置，如图 1-12 所示。插接器接合时，应将插接器的导向槽重叠在一起，使插头与插孔对准且稍用力插入，以保证牢固连接。插头与插座所对应导线的粗细、颜色、符号一般来说完全对应，安装时应注意观察。当需要分开插接器时，应先压下闭锁，使锁扣脱开，然后再将其拉开。拆、装插接器时绝对禁止用力猛拉导线，以防止拉坏闭锁装置或导线。

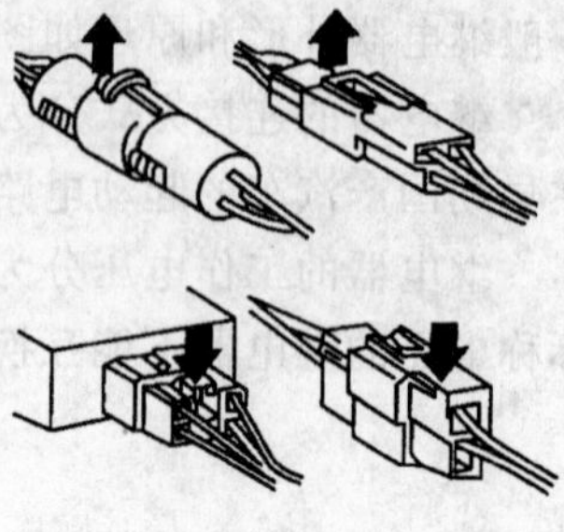

图 1-12　插接器的拆卸示意图

6. 常用图形符号

图形符号是用于电器图或其他文件中的表示项目或概念的一种图形、标记或字符，是电器技术领域中最基本的工程语言。因此，为了看懂汽车电路图，要掌握和熟练地运用它。常用的图形符号如表 1-6 所示。

图形符号分为基本符号、一般符号和明细符号 3 种。

(1) 基本符号

基本符号不能单独使用，不表示独立的电器元件，只说明电路的某些特征。如："—"表示直流，"～"表示交流，"＋"表示电源的正极，"－"表示电源的负极，"N"表示中性线等。

(2) 一般符号

一般符号用以表示一类产品和此类产品特征的一种简单符号。如：表示指示仪表的一般符号，表示传感器的一般符号。一般符号广义上代表各类元器件，另外，也可以表示没有附加信息或功能的具体元件，如一般电阻、电容等。

(3) 明细符号

明细符号表示某一种具体的电器元件。它是由基本符号、一般符号、物理量符号、文字符号等组合派生出来的。如指示仪表的一般符号，当要表示电流、电压的种类和特点时，将"＊"处换成"A"、"V"，就成为明细符号，表示电流表、电压表。

表 1-6　　常用图形符号

序号	名称	图形符号	序号	名称	图形符号
一、常用基本符号					
1	直流	—	6	中性点	N
2	交流	～	7	磁场	F
3	交直流	$\overline{\sim}$	8	搭铁	⊥
4	正极	＋	9	交流发电机输出接柱	B
5	负极	－	10	磁场二极管输出端	D_+
二、导线端子和导线连接					
11	接点	●	18	插头和插座	
12	端子	○	19	多极插头和插座(示出的为三极)	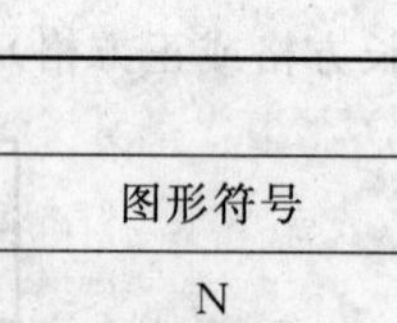

续表

序号	名称	图形符号	序号	名称	图形符号
13	导线的连接				
14	导线的分支连接				
15	导线的交叉连接		20	接通的连接片	
16	插座的一个极		21	断开的连接片	
17	插头的一个极		22	屏蔽导线	
三、触点开关					
23	动合(常开)触点		42	凸轮控制	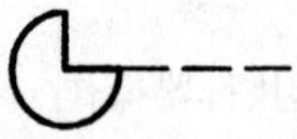
24	动断(常闭)触点		43	联动开关	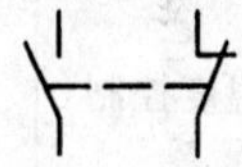
25	先断后合的触点	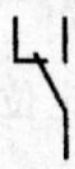	44	手动开关的一般符号	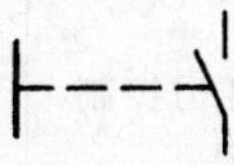
26	中间断开的双向触点		45	定位开关(非自动复位)	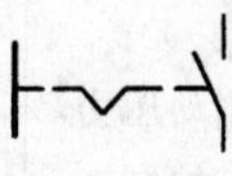
27	双动合触点		46	按钮开关	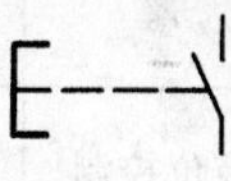
28	双动断触点	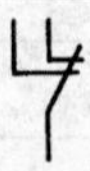	47	能定位的按钮开关	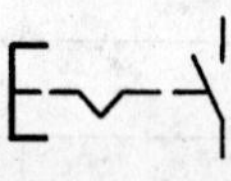
29	单动断双动合触点		48	拉拨开关	
30	双动断单动合触点		49	旋转、旋钮开关	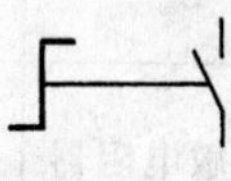
31	一般情况下手动控制		50	液位控制开关	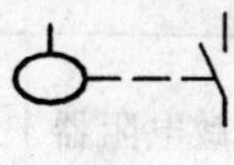
32	拉拨操作	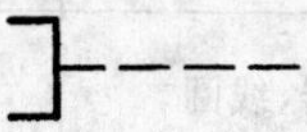	51	机油滤清器报警开关	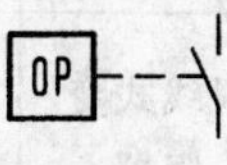

续表

33	旋转操作	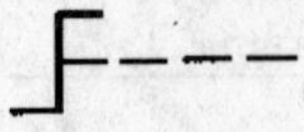	52	热敏开关动合触点	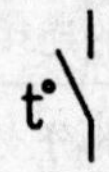
34	推动操作	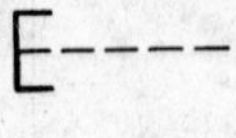	53	热敏开关动断触点	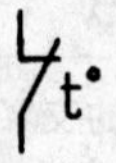
35	一般机械操作	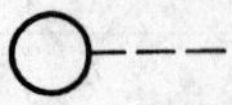	54	热敏自动开关的动断触点	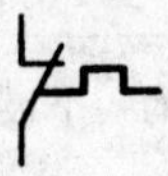
36	钥匙操作	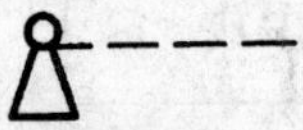	55	热继电器触点	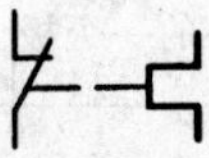
37	热执行器操作	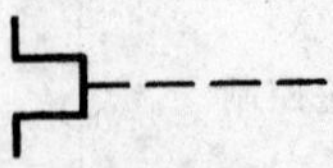	56	旋转多挡开关位置	
38	温度控制	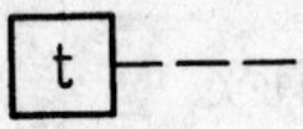	57	推拉多挡开关位置	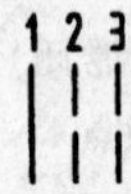
39	压力控制	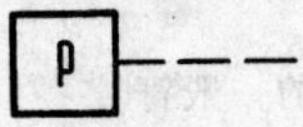	58	钥匙开关(全部定位)	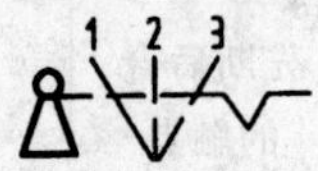
40	制动压力控制	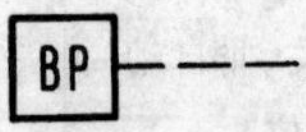	59	多挡开关、点火、起动开关,瞬时位置为 2 能自动返回到 1(即 2 挡不能定位)	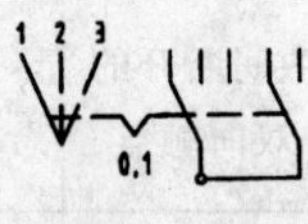
41	液位控制	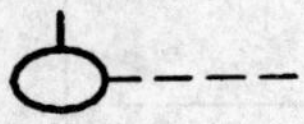	60	节流阀开关	
四、电器元件					
61	电阻器		80	光电二极管	
62	可变电阻器	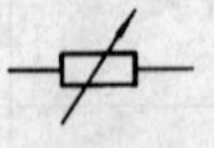	81	PNP 型三极管	
63	压敏电阻器	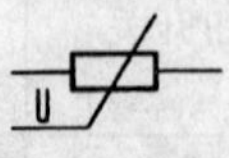	82	集电极接管壳三极管(NPN)	
64	热敏电阻器	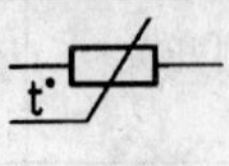	83	具有两个电极的压电晶体	
65	滑线式变阻器	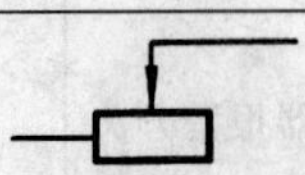	84	电感器、线圈、绕组、扼流圈	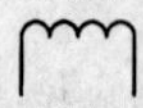

续表

66	分路器		85	带铁心的电感器	
67	滑动触点电位器	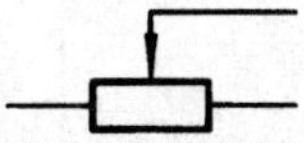	86	熔断器	
68	仪表照明调光电阻器		87	易熔线	
69	光敏电阻		88	电路断电器	
70	加热元件、电热塞		89	永久磁铁	
71	电容器		90	操作器件一般符号	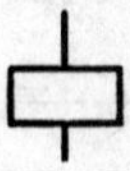
72	可变电容器		91	一个绕组电磁铁	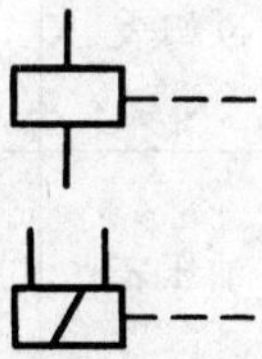
73	极性电容器				
74	穿心电容器	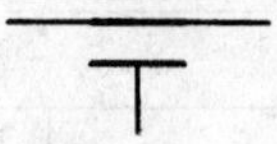	92	两个绕组电磁铁	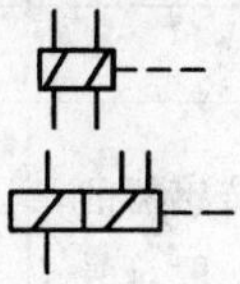
75	半导体二极管一般符号				
76	稳压二极管		93	不同方向绕组电磁铁	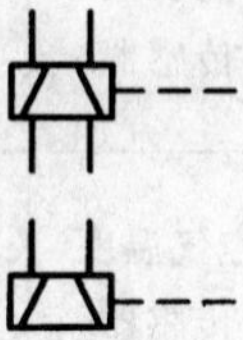
77	发光二极管	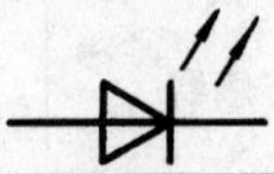			
78	双向二极管(变阻二极管)	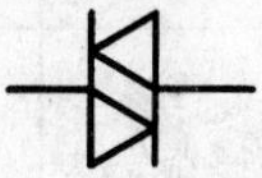	94	触点常开的继电器	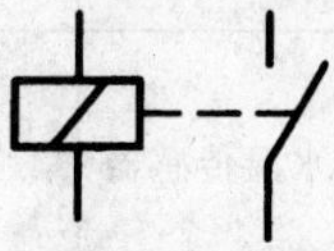
79	三极晶体闸流管		95	触点常闭的继电器	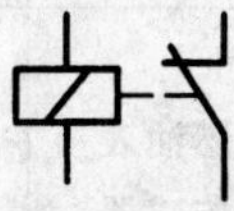

续表

五、仪表

96	指示仪表	*	102	转速表	n
97	电压表	V	103	温度表	t°
98	电流表	A	104	燃油表	Q
99	电压、电流表	A/V	105	车速里程表	V
100	欧姆表	Ω	106	电钟	
101	油压表	OP	107	数字式电钟	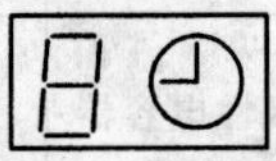

六、传感器

108	传感器的一般符号	*	115	空气流量传感器	AF
109	温度表传感器	t°	116	氧传感器	λ
110	空气温度传感器	$t°_n$	117	爆震传感器	K
111	水温传感器	$t°_w$	118	转速传感器	n
112	燃油表传感器	Q	119	速度传感器	v

续表

113	油压表传感器	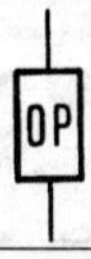	120	空气压力传感器	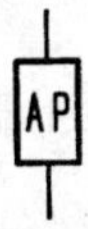
114	空气质量传感器		121	制动压力传感器	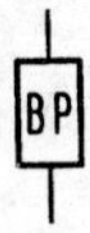
七、电器设备					
122	照明灯、信号灯、仪表灯、指示灯		158	内部通信联络及音乐系统	
123	双丝灯	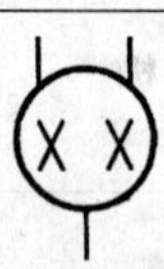	159	收放机	
124	荧光灯	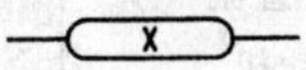	160	天线电话	
125	组合灯	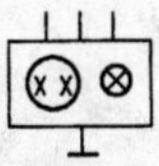	161	收放机	
126	预热指示器		162	点火线圈	
127	电喇叭	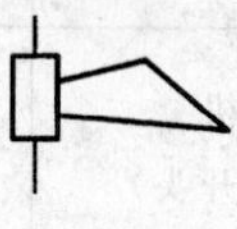	163	分电器	
128	扬声器		164	火花塞	
129	蜂鸣器		165	电压调节器	
130	报警器、电警笛		166	转速调节器	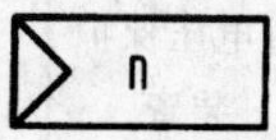
131	信号发生器		167	温度调节器	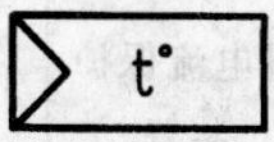

续表

132	脉冲发生器		168	串激绕组	
133	闪光器		169	并激或他激绕组	
134	霍尔信号发生器	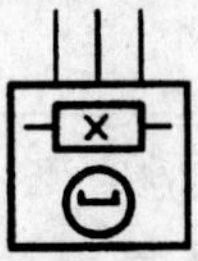	170	集电环或换向器上的电刷	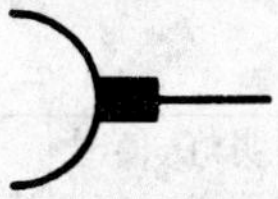
135	磁感应信号发生器	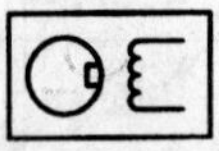	171	直流电动机	
136	温度补偿器		172	串激直流电动机	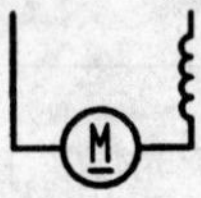
137	电磁阀一般符号	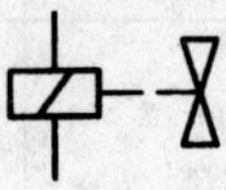	173	并激直流电动机	
138	常开电磁阀	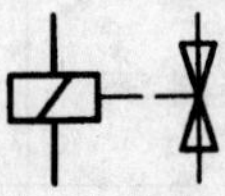	174	永磁直流电动机	
139	常闭电磁阀	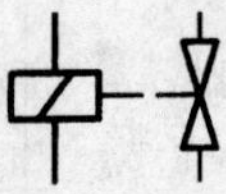	175	起动机（带电磁开头）	
140	电磁离合器	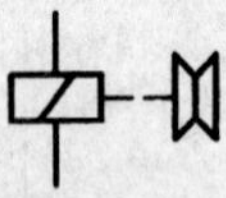	176	燃油泵电动机、洗涤电动机	
141	用电动机操纵的怠速调整装置		177	晶体管电动汽油泵	
142	过电压保护装置		178	加热定时器	
143	过电流保护装置		179	点火电子组件	

续表

144	加热器（出霜器）		180	风扇电动机	
145	振荡器	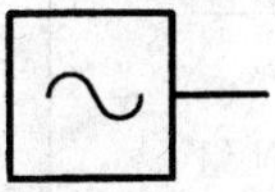	181	刮水电动机	
146	变换器、转换器		182	电动天线	
147	光电发生器	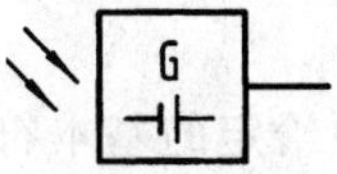	183	直流伺服电动机	
148	空气调节器		184	直流发电机	
149	滤波器		185	星形连接的三相绕组	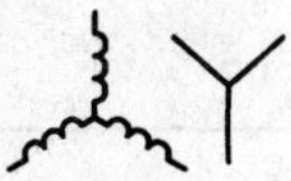
150	稳压器		186	三角形连接的三相绕组	
151	点烟器		187	定子绕组为星形连接的交流发电机	
152	热继电器	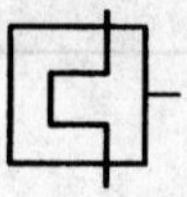	188	定子绕组为三角形连接的交流发电机	
153	间歇刮水继电器		189	外接电压调节器与交流发电机	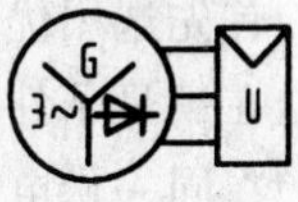
154	防盗报警系统		190	整体式交流发电机	

续表

155	天线 一般符号		191	蓄电池	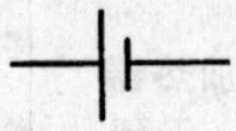
156	发射机		192	蓄电池组	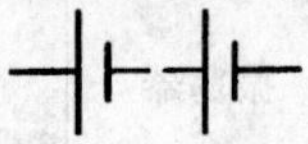
157	收放机				

另外，对标准中没有规定的符号，可以选取标准中给定的基本符号、一般符号和明细符号，按规定的组合原则进行派生，以构成完整的元件或设备的图形符号，但在图样的空白处必须加以说明。如表1-7所示，将天线的一般符号和直流电动机的一般符号进行组合，就构成了电动天线的图形符号。

表1-7　　电动天线的组合示例

序号	图形符号	说明
1		天线的一般符号
2		直流电动机的一般符号
3		电动机天线的派生符号

(4) 图形符号的使用原则

1)首先选用优选形。

2)在满足条件的情况下，首先采用最简单的形式，但图形符号必须完整。

3)在同一份电路图中同一图形符号采用同一种形式。

4)符号方位不是固定的，在不改变符号意义的前提下，符号可根据图面布置的需要旋转或成镜像放置，但文字和指示方向不得倒置。

5)图形符号中一般没有端子代号，如果端子代号是符号的一部分，则端子代号必须画出。

6)导线符号可以用不同宽度的线条表示，如电源线路(主电路)可用粗实线表示，控制、保护线路(辅助电路)则可用细实线表示。

7)一般连接线不是图形符号的组成部分,方位可根据实际需要布置。

8)符号的意义由其形式决定,可根据需要进行缩小或放大。

9)图形符号表示的是在无电压、无外力的常规状态。

10)图形符号中的文字符号、物理量符号,应视为图形符号的组成部分。当用这些符号不能满足标注时,可按有关标准加以补充。

11)电路图中若未采用规定的图形符号,必须加以说明。

7. 常用文字符号

文字符号是由电器设备、装置和元器件的种类(名称)字母代码与功能(与状态、特征)字母代码组成。用于电器技术领域中技术文件的编制,也可标注在电器设备、装置和元器件上,或其近旁,以表明电器设备、装置和元器件的名称、功能、状态和特征。此外,还可与基本图形符号和一般图形符号组合使用,以派生新的图形符号。

文字符号分为基本文字符号和辅助文字符号两大类,基本文字符号又分为单字母符号和双字母符号。

(1) 基本文字符号

1)单字母符号

单字母符号是按拉丁字母将各种电器设备、装置和元器件划分为二十三大类,每大类用一个专用单字母符号表示,如“C”表示电容器类、“R”表示电阻类等。

2)双字母符号

双字母符号是由一个表示种类的单字母符号与另一字母组成,其组合形式应以单字母符号在前而另一字母在后的次序列出,如:“R”表示电阻,“RP”就表示电位器,“RT”表示热敏电阻;“G”表示电源、发电机、发生器,“GB”就表示蓄电池,“GS”表示同步发电机、发生器,“GA”表示异步发电机。

常用的基本文字符号如表1-8所示。

表1-8　　常用基本文字符号

<table>
<tr><th rowspan="2">序号</th><th rowspan="2">设备、装置元器件种类</th><th rowspan="2">举例</th><th colspan="2">基本文字符号</th></tr>
<tr><th>单字母</th><th>双字母</th></tr>
<tr><td rowspan="4">1</td><td rowspan="4">组件
部件</td><td>电桥</td><td rowspan="4">A</td><td>AB</td></tr>
<tr><td>晶体管放大器</td><td>AD</td></tr>
<tr><td>集成电路放大器</td><td>AJ</td></tr>
<tr><td>印刷电路板</td><td>AP</td></tr>
<tr><td rowspan="3">2</td><td rowspan="3">非电量到电量变换器或电量到非电量变换器</td><td>送话器、扬声器、晶体换能器</td><td rowspan="3">B</td><td></td></tr>
<tr><td>压力变换器</td><td>BP</td></tr>
<tr><td>温度变换器</td><td>BT</td></tr>
<tr><td>3</td><td>电容器</td><td>电容器</td><td>C</td><td></td></tr>
</table>

续表

4	二进制元件、延迟器件、存储器件	数字集成电路和器件	D	
5	其他元器件	其他元器件	E	
		发热器件		EH
		照明灯		EL
6	保护器件	过电压放电器件避雷器	F	
		熔断器		FU
		限压保护器件		FV
7	发生器 发电机 电源	振荡器	G	
		发生器		GS
		同步发电机		
		异步发电机		GA
		蓄电池		GB
8	信号器件	声响指示	H	HA
		光指示器		HL
		指示灯		HL
9	继电器 接触器	交流继电器	K	KA
		双稳态继电器		KL
		接触器		KM
		簧片继电器		KR
10	电感器 电抗器	感应线圈 电抗器	L	
11	电动机	电动机	M	
		同步电动机		MS
		力矩电动机		MT
12	模拟元件	运算放大器 混合模拟/数字器件	N	
13	测量设备 试验设备	指示器件信号发生器	P	
		电流表		PA
		(脉冲)计数器		PC
		电度表		PJ
		电压表		PV

续表

14	电力电路的开关器件	断路器	Q	QF
		电动机保护开关		QM
		隔离开关		QS
15	电阻器	电阻器 变阻器	R	
		电位器		RP
		热敏电阻器		RT
		压敏电阻器		RV
16	控制、记忆、信号电路的 开关器件 选择器	控制开关 选择开关	S	SA
		按钮开关		SB
		压力传感器		SP
		位置传感器		SQ
		温度传感器		ST
17	变压器	电流互感器	T	TA
		控制电路电源用变压器		TC
		电力变压器		TM
		电压互感器		TV
18	电子管 晶体管	二极管 晶体管 晶闸管	V	
		电子管		VE
19	传输通道波导天线	导线 母线 波导 天线	W	
20	端子 插头 插座	连接插头和插座 接线柱焊 接端子板	X	
		连接片		XB
		测试插孔		XJ
		插头		XP
		插座		XS
		端子板		XT

续表

21	电器操作的机械器件	气阀	Y	
		电磁铁		YA
		电动阀		YM
		电磁阀		YV
22	终端设备 混合变压器 滤波器 均衡器 限幅器	晶体滤波器	Z	

(2)辅助文字符号

辅助文字符号表示电器设备、装置和元器件以及线路的功能、状态和特征。如："SYN"表示同步，"L"表示限制左或低，"RD"表示红色，"ON"表示闭合，"OFF"表示断开等。

常用辅助文字符号如表 1-9 所示。

表 1-9　常用辅助文字符号

序号	文字符号	名称	序号	文字符号	名称
2	A	模拟	10	B BRK	制动
3	AC	交流	11	BK	黑
4	A AUT	自动	12	BL	蓝
5	ACC	加速	13	BW	向后
6	ADD	附加	14	C	控制
7	ADJ	可调	15	CW	顺时针
8	AUX	辅助	16	CCW	逆时针
17	D	延时(延迟)	46	P	保护
18	D	差动	47	PE	保护搭铁
19	D	数字	48	PEN	保护搭铁与中性线共用
20	D	降低			
21	DC	直流	49	PU	不搭铁保护
22	DEC	减	50	R	记录
23	E	接地	51	R	右

续表

24	EM	紧急	52	R	反
25	F	快速	53	RD	红
26	FB	反馈	54	R RST	复位
27	FW	正,向前			
28	GN	绿	55	RES	备用
29	H	高	56	RUN	运转
30	IN	输入	57	S	信号
31	INC	增	58	ST	起动
32	IND	感应	59	S SET	置位,定位
33	L	左			
34	L	限制	60	SAT	饱和
35	L	低	61	STE	步进
36	LA	闭锁	62	STP	停止
37	M	主	63	SYN	同步
38	M	中	64	T	温度
39	M	中间线	65	T	时间
40	M MAN	手动	66	TE	无噪声(防干扰)搭铁
41	N	中性线	67	V	真空
42	OFF	断开	68	V	速度
43	ON	闭合	69	V	电压
44	OUT	输出	70	WH	白
45	P	压力	71	YE	黄

(3) 文字符号的使用规则

1)单字母符号应优先选用。

2)只有当用单字母符号不能满足要求,需要将大类进一步划分时,才采用双字母符号,以便较详细和更具体地表述电器设备、装置和元器件等。如“F”表示保护器类,“FU”表示熔断器,“FV”表示限压保护器件。

3)辅助文字符号也可放在表示种类的单字母符号后边组成双字母符号,如“ST”表示起动,“DC”表示直流,“AC”表示交流。为简化文字符号,若辅助文字符号由两个字母组成时,允许只采用其第一位字母进行组合,如“MS”表示同步电动机,“MS”中的“S”为辅助文字符号“SYN”(同步)的第一位字母。辅助文字符号还可以单独使用,如“ON”表示接通,“N”表示中性线,“E”表示搭铁,“PE”表示保护搭铁等。

(4) 图形符号、文字符号的识读

对于基本的元器件,其图形符号、文字符号都是相同的,如电阻、电容、照明灯、蓄电池等。

由于目前国际上还没有汽车电器设备图形符号、文字符号的统一标准,各个汽车生产厂家对某些汽车电器所采用的图形符号、文字符号有所不同,与标准规定有一些差异,这给识读电路图造成一定困难,但图形符号基本结构的组成是相似的,只要了解它们的区别,就能避免识读错误。下面通过具体示例来说明不同车型在表示同一元器件的图形符号时,在汽车电路图中的差异。

如图 1-13 所示为导线连接的两种形式。上海桑塔纳、南京依维柯采用图 1-13(a)的形式,神龙富康、天津夏利则采用图 1-13(b)的形式。

图 1-13　导线连接两种表示形式

汽车都装有硅整流发电机和电压调节器,不同的是有的采用内装式,有的采用外装式,即使同一结构形式,不同的车型所采用的电路图形符号也有所不同。

图 1-14 为富康轿车内装调节器硅整流发电机的图形符号;图 1-15 为夏利轿车内装调节器硅整流发电机的图形符号(国家标准规定的符号)。

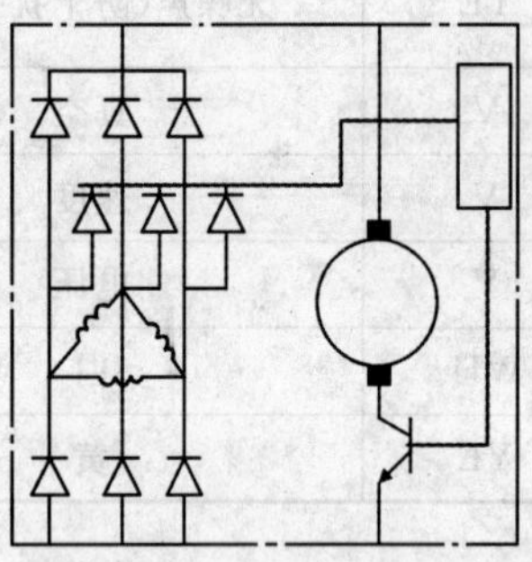

图 1-14　富康轿车硅整流发电机图形符号

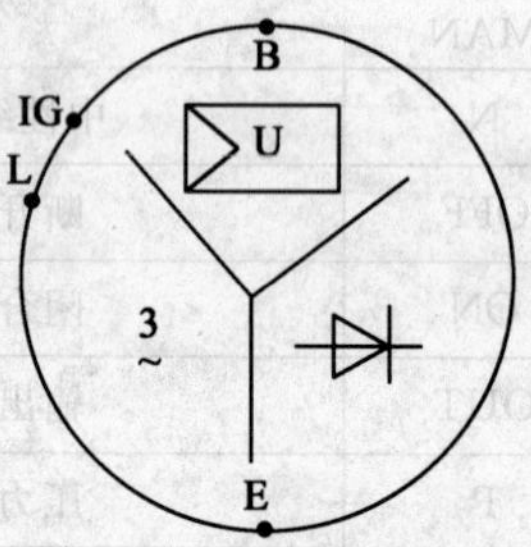

图 1-15　夏利轿车硅整流发电机图形符号

拓展阅读:保险装置、继电器及连接器的检测与更换

1. 保险装置的检测与更换

(1) 保险装置的检测

对于熔断器或保险丝,如果熔断后,通过观察就可以发现其好坏。对于较隐蔽的故障,需要进行详细检查,具体方法是使用万用表(数字式),并切换到电阻挡,用红黑表笔分别接触熔断器或保险丝的两端,液晶屏上显示的数字为零或者是很小的数字,说明保险丝是好的；反之，熔断器或保险丝已经熔断了。

对于断路器，观察复位按钮，或者通过万用表测量其电阻值，判别故障。

(2) 保险装置的更换

1) 关闭有关电路中的电器设备开关。

2) 打开中央配电盒的盖子。

3) 按照熔断器(或保险丝)位置及容量表确定有故障电器部分的熔断器(或保险丝)。

4) 取出盖子中的塑料夹。

5) 用塑料夹取出熔断器(或保险丝)并换上熔断器(或保险丝)。

6) 换上同样型号的新熔断器(或保险丝)，又烧断时，应检查电路系统的故障。

7) 不能任意接修熔断器(或保险丝)。

8) 应备用一盒熔断器(或保险丝)。

9) 更换保险装置时，一定要连接牢靠，避免虚接现象。

2. 继电器的检测与更换

(1) 继电器的检测

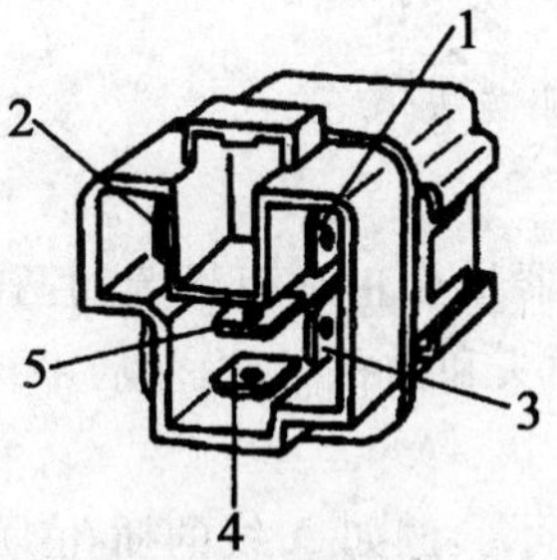

(a) 继电器外形

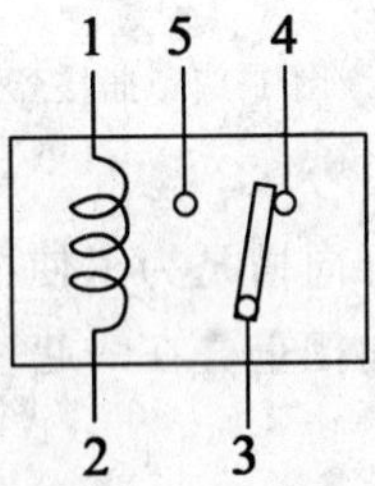

(b) 继电器电路

(c) 继电器引线标号

图 1-16　IT 型继电器的内部结构和安装示意图

1) 检测电阻

可用万用表电阻挡判断继电器的好坏。以型号为 IT 的继电器(图 1-16)为例，用万用表 $R\times100\Omega$ 挡检查接线端子①脚与②脚、③脚与④脚应导通，而接线端子③脚与⑤脚间电阻应为∞。如检测结果与上述情况不符，说明继电器有故障。

2) 通电检测

如果上述检查无问题，可在接线端子①与②脚间加 12V 供电，用万用表检查③脚与⑤脚应导通，而接线端子③脚与④脚应不通。如检测结果与上述情况不符，或通电后继电器发热，均说明其已损坏。

(2) 继电器的更换

1) 关断有关电路中的电器设备开关。

2) 打开中央配电盒的盖子。

3) 按照继电器位置及容量表确定有故障电器部分的继电器。

4) 换上同样型号的继电器。

5）应备用一个继电器。

6）更换继电器时，一定要连接牢靠，避免虚接现象。

3. 插接器的分解与连接

(1) 插接器的分解

为了防止汽车在行驶过程中插接器脱开，所有的插接器均采用闭锁装置。如图 1-17 所示，要拆开插接器时，首先要解除闭锁，然后把插接器拉开，不允许在未解除闭锁的情况下用力拉导线，这样会损坏闭锁装置或连接导线。

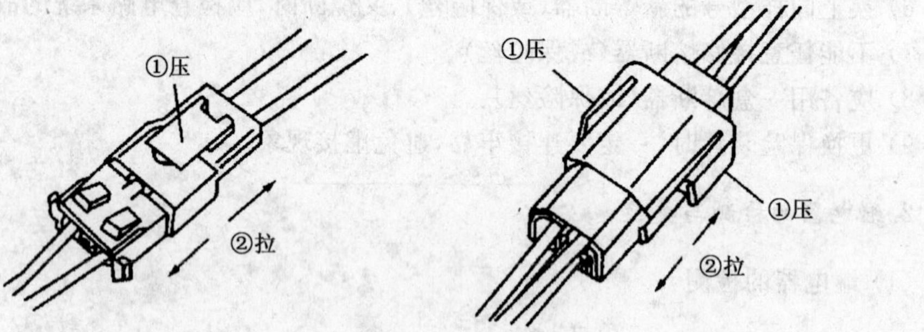

图 1-17　插接器的拆卸方法

(2) 插接器的连接方法

插接器一般都有导向槽，导向槽是为了使插接器接合正确而设置的凸凹轨。插接器接合时，应把插头与插座的导向槽重叠在一起，使插头和插孔对准，然后平行插入，即可十分牢固地连接在一起。

插接器连接后，其导线的连接关系如图 1-18 所示。例如 A 线的插孔①与 a 线的插头①′是相配合的，其余以此类推。

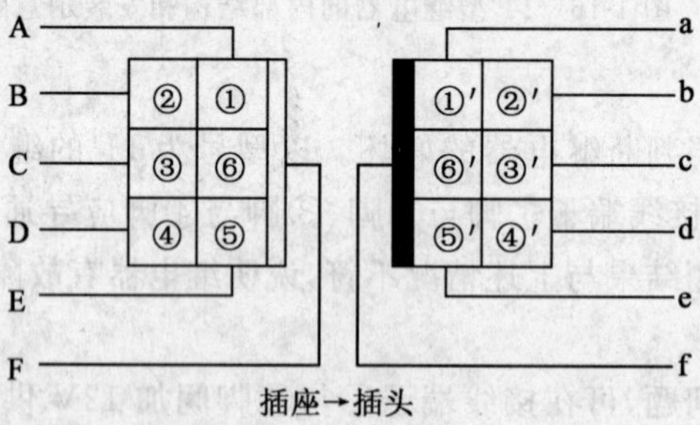

图 1-18　插接器的连接方法

1.2　汽车电器系统检测工具及仪器的使用

1.2.1　跨接线的使用

1. 跨接线

跨接线就是一段多股导线，如图 1-19 所示，两端分别接有鳄鱼夹或不同形式的插头。用来对被怀疑断路的导线起替代鉴别作用，也可以在不需要某部件的功用时，用跨接线短路，而将其隔离出去，以检查部件的工作情况。

2. 测试灯

(1)12V 无源测试灯

它是由 12V (2～20W)灯泡或发光二极管、导线和各种型号的插头组成，如图 1-20 所示。

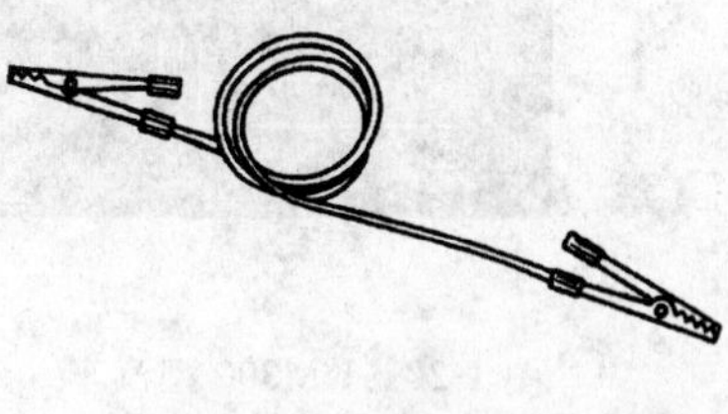

图 1-19　跨接线

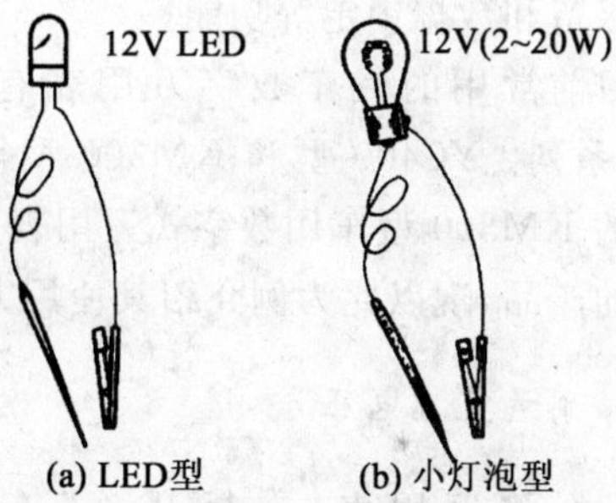

图 1-20　测试灯

它可以用来检查电源电路是否有电。将 12V 测试灯一端接电器部件电源接头，另一端搭铁，如试灯亮，说明电器部件的电源电路无故障；若灯不亮，顺电源方向找出第二接点测试，如灯亮，则电路在第二接点与电源接头间有故障。如灯仍不亮，再顺着电源测试第三接点……直到灯亮为止。故障若在最后一个被测接头与上一个被测接点间，大多为断路故障。

(2) 12V 有源测试灯

12V 有源测试灯与 12V 无源测试灯基本相同，只是在手柄内加装两节 1.5V 电池，如图 1-21 所示。

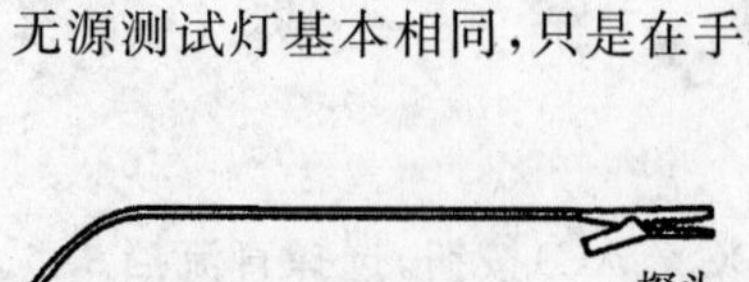

图 1-21　有源测试灯

它可以用来检查电路断路和短路故障。

断路检查:将测试灯一端搭铁,另一端接电路各接点(从电路首端开始)。如果灯亮,则断路出现在被测点与搭铁之间;如灯不亮,则断路出现在此被测点与电源之间。

需要注意的是不可用测试灯检查发动机计算机控制系统,除非维修手册有特别说明。

1.2.2 汽车万用表的使用

万用表分为模拟式(指针式)和数字式两种,可用来检测电阻、电流和电压。由于指针式万用表内阻小,使用时易造成过大电流,所以在电控发动机的检测中,很多元件的测量都规定要用高阻抗的数字式万用表,以防烧坏。

汽车专用数字万用表除了具有一般万用表的功能外,还具有一些汽车专用测试功能。可以测量转速、频率、温度、电容、闭合角、占空比和二极管等项目,并具有自动断电、自动量程变换、图形显示、峰值保留和数据锁定等功能。

目前常用的汽车数字万用表有 EAD 系列、OTC 系列、YC400 型和 KM300 型等。如图 1-22 所示的 KM300 型车用数字式万用表是美国艾克强公司的产品,现以此为例介绍其使用方法。

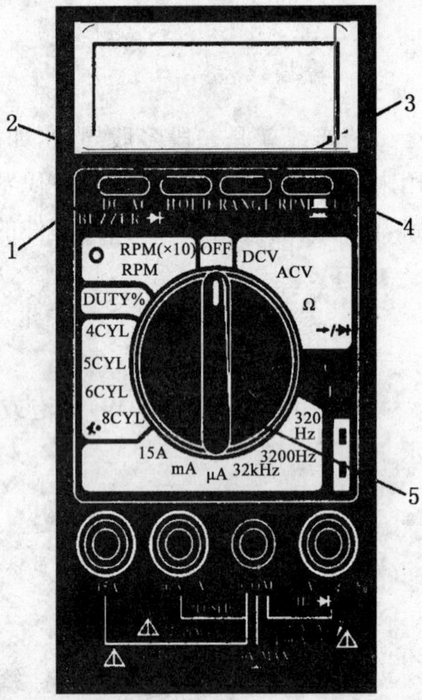

图 1-22 KM300 型汽车数字万用表

1—直流/交流按钮 2—保持按钮 3—量程按钮 4—车速按钮 5—选择按钮

1. 测量直流电压

(1) 将万用表“选择开关”旋到直流电压(DCV)挡,此时万用表进入自动选择量程方式,能自动选择最佳测量量程。也可以按下“量程”(RANGE)按钮,选择手动选择量程方式,每按动“量程”按钮一次,即可选择最高的量程。

(2) 红色测针的导线插入面板电压/欧姆插孔中,黑色测针的导线插入面板 COM 插孔中。红、黑测针接到被测电路上,如图 1-23 所示。

(3) 万用表的“ + ”、“-”测针应与电路测点的“+”、“-”极性一致。

(4)读取被测直流电压值。

2. 测量直流电流

(1) 按下“直流/交流”(DC / AC)按钮,选择直流挡。

(2) 根据被测电流的大小,将“选择开关”旋转到 15A 或 mA /μA 位置,如果不能确定所需电流量程,应先从 15A 开始往下降。

(3) 红色测针的导线插入所选定的 15A 或 mA /μA 插孔内,黑色测针的导线插入面板的 COM 插孔内。红、黑测针接到被测电路上,与电路串联,如图 1-24 所示。

(4) 打开被测电路。

(5) 读取被测直流电流值。

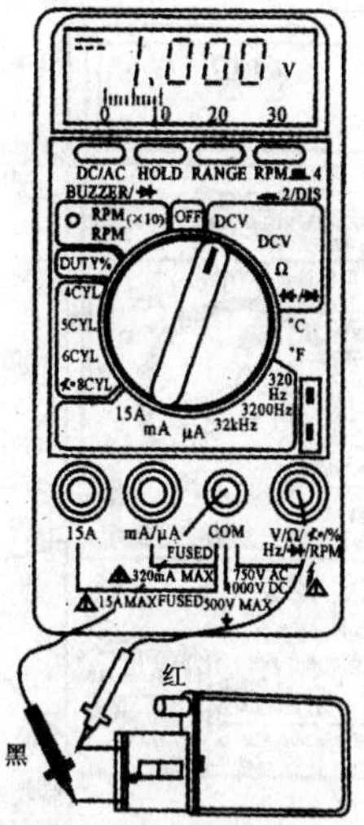

图 1-23　测量直流电压

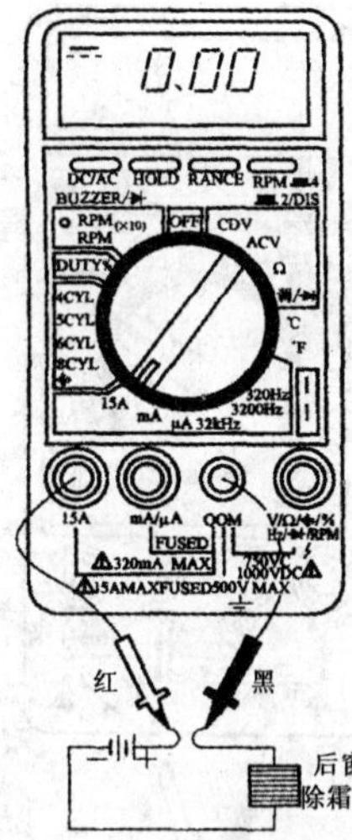

图 1-24　测量直流电流

3. 测量电阻

(1) 将“选择开关”旋转到欧姆位置上，此时万用表进入自动选择量程方式，能自动选择最佳测量量程。也可以按下“量程”(RANGE)按钮，选择手动选择量程方式。

(2) 红色测针的导线插入面板电压/欧姆插孔中，黑色测针的导线插入面板 COM 插孔中。红、黑测针接到被测电路上，如图 1-25 所示。

(3) 读取被测电阻值。

测量电阻时不可带电操作，否则容易烧毁万用表。

4. 测量温度

(1) 将“选择开关”旋转到温度位置上。

(2) 将万用表配备的带测针的特殊插头插接到面板黄色插孔内，测针与被测温度的部位接触，如图 1-26 所示。

(3)温度稳定后，读取测量值。

5. 测量转速

(1) 将“选择开关”旋转到转速(RPM 或 RPM×10)位置上。

(2) 感应夹的红色导线插入面板电压/欧姆插孔内，黑色导线插入 COM 插孔内，感应夹夹在通往火花塞的高压线上，其上方的箭头应指向火花塞，如图 1-27 所示。

(3) 按下“转速”选择按钮，根据被测发动机的行程数，选择“4”或“2”。

(4) 读取被测发动机转速。

有些万用表如美国 OTC3514，除上述功能外还具有电路通、断测量、脉冲、闭合角、占空比测量等功能。

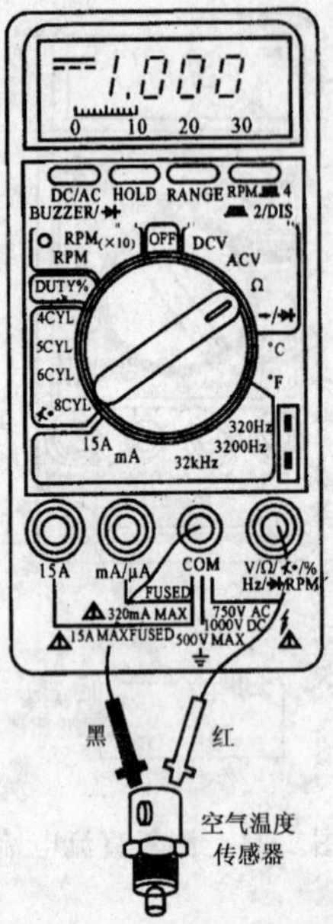

图 1-25　测量电阻

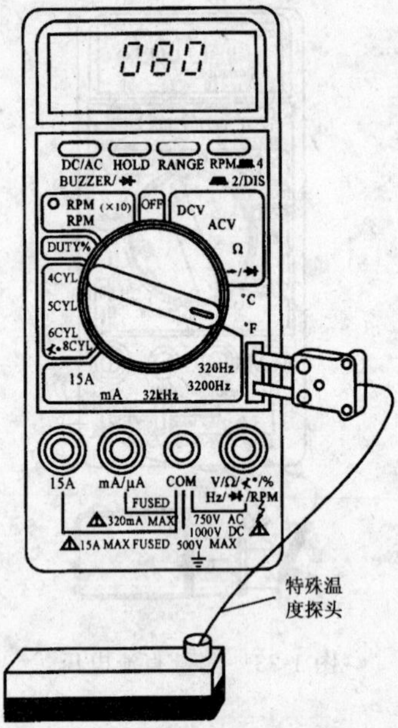

图 1-26　测量温度

6. 电路通、断测量

美国 OTC3514 万用表在测量电路通断时会发出警示铃声，使用者可以方便快捷地得到测量结果。万用表在测量到回路闭合或电路短路时会自动报警，因此操作者在测量时无需观看万用表。这个功能在检测诸如熔断丝的好坏、导体和导线是开路还是短路时非常有用。

准备时，旋动滚轮选择电阻(Ω)挡，按 AC/DC 键选择通断范围。当标志显示在屏幕上时，万用表默认的量程是 400Ω。黑色表笔插入 COM 插口，红色表笔插入 RPM，V，Ω 插口。

测试时，将万用表的两个表笔与电阻或被测导线的两端连接。如果电路闭合，测量值小于 100Ω 时万用表报警；如果电路开路，万用表不报警。

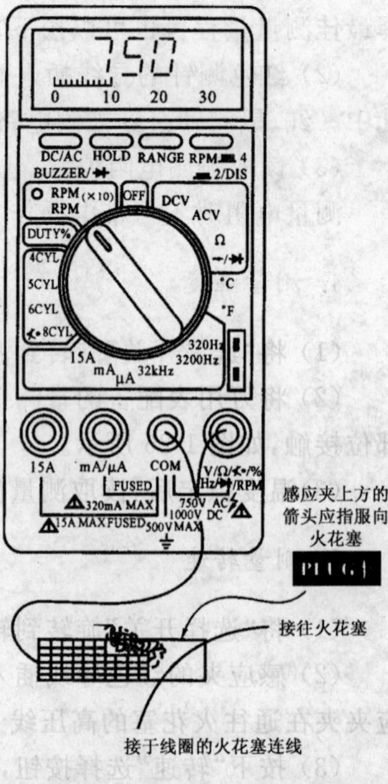

图 1-27　测量发动机转速

注意：

(1) 测量时要关闭电路电源。

(2) 有警示铃声不代表电阻是零。

7. 脉宽测量

脉宽就是执行器打开的时间长度。例如，发动机控制模块发出脉冲电流控制喷油器打开的时间，这个脉冲电流产生一个电磁场，吸起阀，打开喷油器，脉冲电流结束后，喷油器关闭，喷油器由开到关的时间就是喷油脉宽，用毫秒(ms)计量。

准备时，旋动滚轮选择脉宽(Ms—pulse)挡，黑色表笔插入COM插口，红色表笔插入RPM，V，Ω插口。

测量时，按±TRIG键2s，直到TRIG显示在屏幕左下方。黑色表笔与执行器的负极连接或与蓄电池的负极连接，红色表笔与执行器的正极连线相接。启动发动机，脉宽将以毫秒的单位显示。如果读数过高或不稳定，按±TRIG键，调整触发范围。

8. 闭合角测量

闭合角是指分电器触点闭合的角度。

准备时，旋动滚轮选择Ms—pulse挡，按HOLD(DWELL)键直到屏幕显示“DWL，CYL，TRIG，—”，黑色表笔插入COM插口，红色表笔插入RPM，V，Ω插口。测量时，红色表笔搭铁或与蓄电池负极相连，黑色表笔与点火模块低压正极相连。用CYL(RANGE)键选择发动机缸数(默认的是四缸发动机)。然后起动发动机，观察读数。如果读数过高或不稳定，按±TRIG键进行触发调整。

9. 占空比测量

汽车上的许多信号都需要进行占空比的测量与控制。占空比是指控制信号的正值电压维持时间与负值电压维持时间之比，即所控制对象的打开与关闭时间之比。

准备时，旋动滚轮选择脉宽挡(Ms—pulse)，并按HOID(DUTY%)键直到%显示在屏幕上，将黑色表笔插入COM插口，红色表笔插入RPM，V，Ω插口。

测试时，黑色表笔搭铁或与蓄电池负极相连，红色表笔获取被测对象的信号电压，按下±TRIG键2s，使触发由负极到正极，然后读取占空比。汽车上电控元件的占空比一般为50%～70%。在实际检测中，每个电控元件占空比的具体数值需查看生产厂家的维修手册。车用数字万用表还有一些其他的用途，在此不作介绍，可参阅相关使用手册。

1.2.3 汽车示波器的使用

1. 专用示波器概述

在现代汽车维修中，由于通用型示波器的调试和操作都不方便，分析也较复杂，因此，应用越来越少。目前，汽车专用示波器以其体积小巧、携带方便、操作和分析简单明了的特点得到广泛地应用。

比较常见的汽车专用示波器按功能分一般有两种。一种是专业型的示波器，如美国的OTC VISION型汽车专用示波器，此类示波器专业性比较强，可以精确地显示各种变化的波形，如点火初级、次级波形，各种传感器的输入、输出电压波形，各种执行器的电流或电压波形，脉冲宽度和占空比等。另一种是综合型的示波器，如元征的 ADC2000 诊断器、金德的 K8 型诊断仪和金奔腾的 Diag Tech-I 型示波诊断仪。此类示波器除了具有专业型示波器的一般功能外，通常还具有读取与消除故障码功能和动态数据分析功能等。部分诊断仪还具有发动机动力性能测试功能等，如元征的 ADC2000 诊断器。

2. 专用示波器的功能与操作

下面主要介绍 K81 的示波器功能菜单选项和设备辅助功能，包括注册的操作步骤。

(1)辅助功能

按上下方向键选择辅助功能，按“ENTER”键，屏幕显示如图 1-28 所示，有四个功能选项可选择：①亮度调节，②本机 ID 信息，③模拟 PC2000 ，④用户注册。按上下方向键可以选择功能，按“ ENTER”键进入。

1) 亮度调节选择

亮度调节项，按“ENTER”键进入，按左右键可以调节亮度，按“ENTER”键返回上一级菜单。但金德 K60 还有一种快捷调节亮度的方式，无须进入亮度调节界面，只要按住亮度调节键，同时按左键或者右键调节亮度。

2) 本机 ID 信息选择

本机 ID 信息项，按“ENTER”键进入，屏幕将显示如图 1-29 所示，显示机身号码(此机身号码为 43697)、界面软件版本、测试资料版本和测试软件版本。

3)模拟 PC2000

汽车专用示波器不具备此项功能。

4)用户注册选择

用户注册项可以对本仪器进行注册，进行用户注册才能永久使用该产品，并获得制造商的技术服务和系统升级信息。用户注册的步骤如下：

①拨打公司注册专线，将“金德仪器用户服务卡”右上角上的红色序列号，以及在本机 ID 信息选项中查到的机身号报给注册人员，就可获得相应的注册号，请记下注册号。

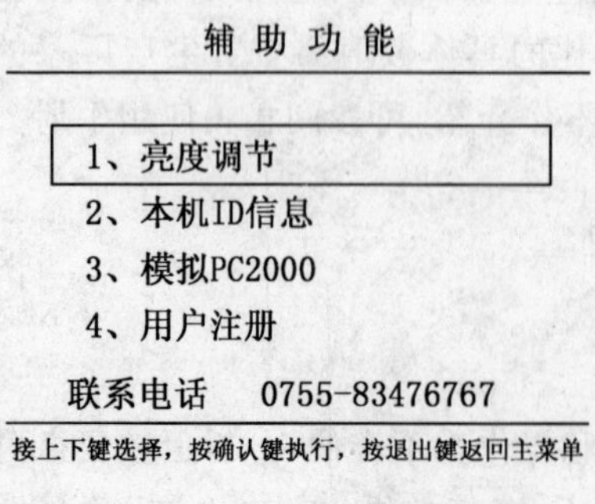

图 1-28　功能示意图

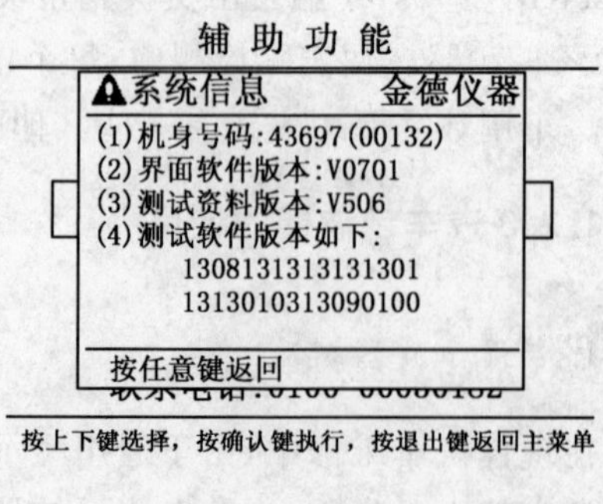

图 1-29　本机 ID 信息示意图

②连接仪器，进入主菜单界面，选择辅助功能，按“ENTER”键。

③选择用户注册项，按“ENTER”键，屏幕显示如图 1-30 所示。首先输入用户号，也就是《金德仪器用户服务卡》右上角上的红色序列号，按方向键可以选择数字，按“ENTER”键确定所选的数字，按“F2”键可以删除上一次输入的数字。

④输入用户号完成，按“F1”，屏幕显示如图1-30所示，将您从注册专线记下的注册号，按上述方法输入，输入完成后按“F1”键。

⑤系统信息提示将要更改数据，按“ENTER”键，则显示注册完成，按其他键则注册无效，需要重新注册。

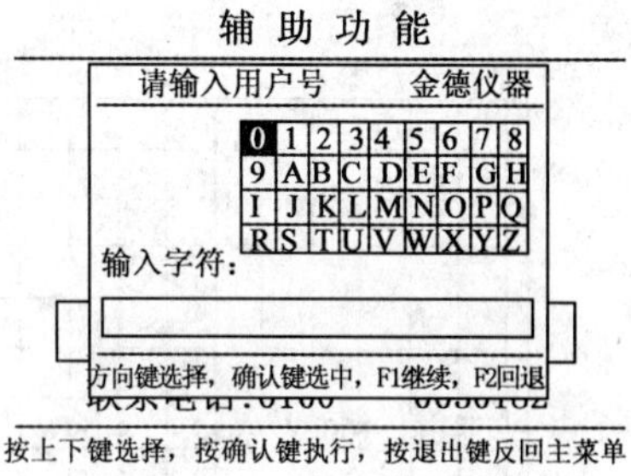

图 1-30　用户注册选择示意图

(2)示波器操作步骤

1)测试注意事项

①遵循本说明书前面的安全注意事项。

②本设备必须由合格的技术人员操作。

③测量电容电阻时要切断电容电源并充分放电。

④当工作电压大于 60V 直流、42V 峰值时要小心，这些电压有电击的可能。

⑤当使用测试探头时，不要将手指接触金属部分。

⑥从仪器上拆下测试线之前，请先将测试线从测试点断开。

⑦请不要对仪器内部进行维修或调整。

2)测量前的准备

①遵循安全注意事项。

②将被测试车辆按照所要测量的项目准备好，例如将发动机热车。

③按照被测试项目说明连接好设备，选择正确测试探头或者感应夹。

④选择正确的车辆设置或者传感器类型。

3)主菜单概述

在 K81 的菜单里按上下方向键选择需要检测项目，按“ENTER”键可以进入下一级菜单，直到选择需要的测试项目，按“ENTER”键可以返回上级菜单。

4)通用型示波器的调整方法

只要在 K81 的菜单里按上下方向键选择需要检测项目，按“ENTER”键可以进入下一级菜单，直到选择需要的测试项目，按“ENTER”键可以返回上级菜单。

5)通用型示波器的调整方法

一般情况下，汽车专用示波器的波形显示不需要调整，当要做超出汽车专用示波器标准菜单以外的测试内容时，可以选择通用示波器功能，也就需要掌握一定的调整方法，在汽车专用示波器测试过程中如果有相似菜单，调整方法也相同。

选择通用示波器，按[ENTER]键确认，如图 1-31 所示，在屏幕的下方有 8 个选项：通道、周期、电平、幅值、位置、启停、存储和载入，按左右方向键可以对项目进行选择。

①通道调整

按上下方向键可以选择通道 1(CH1)、通道 2(CH2)和双通道方式三种形式，双通道方式如图 1-32 所示。

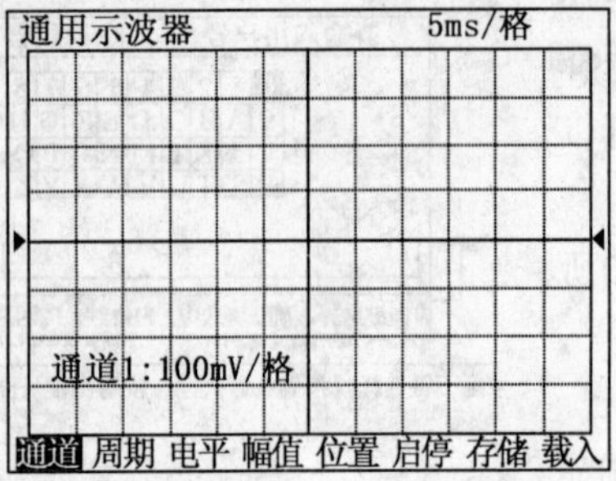

图 1-31　示波器的调整示意图

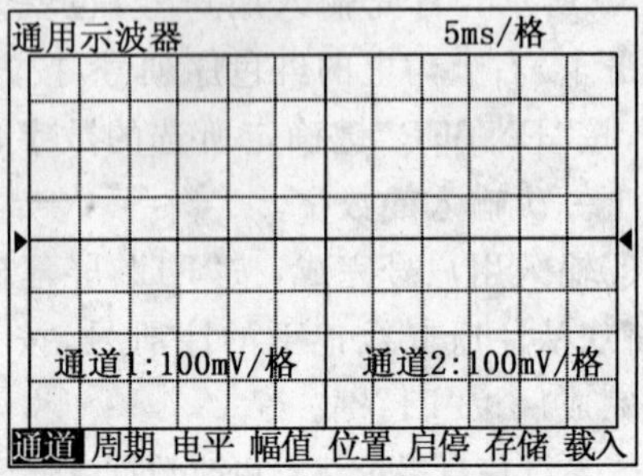

图 1-32　通道调整示意图

②周期调整

选择周期调整，按上下键可以改变每单格时间的长短，如果开机时设定的是10ms/格，按向下键则会变为 5ms/格，波形就会变稀，按向上键则会变为 20ms/格，波形会变密。

③电平调整

对纵轴的触发电平进行调整，对于同一波形，选择不同的触发电平，波形在显示屏上的位置就会跟着变化，如果触发电平的数值超出波形的最大或最小范围时，波形将产生游动，在屏幕上不能稳定住。

④幅值调整

按上下方向键可以调整纵向波形幅值的大小，K81 可以选择 1∶100、1∶200、1∶0.5、1∶1.0、1∶2.5 和 1∶5。

⑤位置调整

选择位置调整可以对波形的上下显示位置进行调整，按向上方向键，波形就会上移，按向下方向键，波形就会向下移动。

⑥波形的存储和载入

在选择通用示波器时，如果要存储当前波形，必须先选择启停，按"ENTER"键冻结当前波形，然后选择存储，按确认键，按左右方向建选择存储区，每一个界面可以存储两个波形，再次选择启停，按"ENTER"键确认，重新显示当前波形。如果要载入波形，则选择载入，按"ENTER"键确认，左右方向键选择存储的区间，然后按"ENTER"键确认，就可以载入存在当前区间的波形。

1.2.4　汽车电脑故障诊断仪的使用

汽车电子控制技术的发展导致了汽车维修技术从传统向现代的转变。过去，传统汽车维修的故障诊断采用听、看、闻、摸等手段，只能对汽车故障进行粗略的定性分析，而现代汽车维修的故障诊断一般采用先进仪器设备对汽车故障进行精确的定量分析。汽车电脑故障诊断仪（俗称解码器）的出现，大大地方便了汽车维修工作人员对现代汽车电控系统的检修。

汽车电脑故障诊断仪通过诊断接口与汽车电控诊断插座连接，通过操作控制面板的按键指令，即可对汽车电子控制系统的传感器、执行器及其电路进行检测，同时可以查看电控系统工作时的各项参数。汽车电脑故障诊断仪具有微型化、电脑化、携带方便、操作简单、适用范围广、检测车型多和有显示屏幕的中文人机对话等特点。

汽车电脑故障诊断仪一般都具有以下功能：

①能与各大控制单元进行通信。如发动机电子控制系统、电子控制自动变速器系统、制动防抱死/驱动防滑系统(ABS/ASR)、气囊系统(SRS)、自动空调系统等。

②能对各大控制单元进行诊断。从汽车电控单元中读取故障码、查阅故障码，准确判断故障发生的部位，并向维修人员提供故障发生的现象及检修方法，迅速完成维修工作。

③能从汽车各电控单元中清除故障码。故障排除后，通过操作者的指令清除电控单元中所储存的故障码。

④能在发动机运转或汽车行驶时，对电控系统的各项参数进行动态测试。读取各种传感器、执行器的动态工作数据，通过对数据流的分析使维修人员了解整个电控系统的运行情况，精确地判断发生故障的元件。

⑤能对各系统部分执行元件进行测试。进行不解体测试，通过汽车电脑故障诊断仪向汽车电控单元发送指令，使汽车电控单元在停车的情况下控制执行元件动作，通过观察执行元件是否动作来判断执行元件及其线路是否存在故障。

⑥打印测试结果和与PC机联机功能。维修人员可以把检测结果直接通过打印机打印出来，也可以通过与电脑连接进行数据分析或升级测试软件，或通过互联网实现远程诊断。

有的汽车电脑故障诊断仪还具有读取控制单元的型号、编码、编程和做自适应匹配等功能。

目前，无论国内还是国外，汽车电脑故障诊断仪的种类很多。按功能分有单一功能型和多功能型的；按是否通用分为某类汽车使用的专用型和可为多类型汽车使用的通用型的。各类汽车电脑故障诊断仪简介如表1-10所示。

表1-10　国内外汽车电脑故障诊断仪简介

型号	厂商	适用车型	显示
SCANNER(MT-2500)	[美国]Snap-On公司	美(亚、欧)	英(中)
Tech-Ⅱ	[美国]通用公司	通用	英(中)
OTC	[美国]IAE公司	美、亚	英
KTS500	[德国]BOSCH公司	欧	英
DRB-Ⅱ	[美国]Chrysler公司	克莱斯勒	英
STAR-Ⅱ	[美国]FORD公司	福特	英
MODIC-Ⅲ	[德国]BMW公司	宝马	英
PGM检测仪	[日本]HONDA公司	本田	英
日产专用检测仪	[日本]NISSAN公司	日产	中
431ME电眼睛	[中国]深圳远征计算机有限公司	美、亚、欧、中	中
金奔腾大众1552	[中国]北京金奔腾汽车科技有限公司	美、亚、欧、中	中
金德K81	[中国]深圳市威宁达仪器有限公司	美、亚、欧、中	中
修车王	[中国]深圳市三原电子有限公司	美、亚、欧、中	中

前面介绍了 K81 的使用方法，现在介绍修车王 SY2000 的使用方法。

1. 修车王 SY2000 简介

修车王 SY2000 的键盘上有 20 个键，分别是：

灯光键：用于打开屏幕背景光。

退出键：中止当前操作并退出或返回。

帮助键：提供故障的相关维修资料，以及修车王提供的参考资料和帮助掌握修车王的使用方法。

确认键：对当前的选择、操作或输入的数据表示确认。

上、下键：上下移动光标的黑条。按确认键可执行光标所在位置的操作或图形显示时调整图形放大和缩小。

左、右键：整屏翻阅上一屏或下一屏的显示内容，在图形显示时调整图形显示速度。

F1 键、F2 键：图形显示时，使图形显示暂停或某些车系的车种选择。

0～9 共 10 个数字键：用于故障代码及数字的输入。

修车王主机上有两根电缆线：一根是辅助电源输入，另一根是公用检测接口。如果对于要修的车型不熟，那么可以先插上该车型的测试卡，然后接上辅助电源线，就可以通过修车王的帮助功能来查阅该车的一些相关资料，比如诊断座的位置和读码、清码方法等。

2. 点火钥匙的匹配

桑塔纳 2000GSi 轿车如果使用非法钥匙或者防盗系统出现故障，则打开点火开关后，警示灯会连续闪烁报警。使用了非法钥匙，发动机会在起动后 2s 内熄火，汽车无法开动。如果点火钥匙丢失，更换新的全车锁之后要对新换上的点火钥匙进行匹配操作，否则将无法起动发动机。具体匹配操作如下：

首先将软件测试卡插入主机底部接口（注意标记朝上），并确认到位。接上 SY2000-57/58 号电缆，再插入位于换挡杆防尘罩下面的一个 16 孔诊断座。打开点火开关，这时主机进入开机画面（按任意键退出开机界面），屏幕显示：

请选择测试方式

1. 闪烁读码方式　2. 快速数据流方式　3. 发送故障信息

"闪烁读码方式"用于没有数据流测试的车辆，目前大多数大众、奥迪汽车都可以进行快速数据流测试，所以直接进行快速数据流方式测试。将光标移动到"快速数据流方式"后按确认键，或直接按数字键"2"，此时屏幕显示以下界面，并且在右上角有"—>"键，表示下面还有多页。

请选择测试系统

1. 发动机系统　2. 自动变速器系统　3. 防抱死制动/车轮差速控制系统　4. 安全气囊系统　5. 空调系统　6. 仪表板系统

按"—>"光标键翻到下一页，屏幕将显示：

7. 防盗系统　8. 中控门锁系统　9. 电动窗系统　10. 驾驶座控制系统　11. 油泵系统　12. 防滑系统

将光标移动到“防盗系统”按确认或直接按数字“1”，这时，修车王与车上的防盗系统电脑进行通信连接。通信连接成功之后，屏幕会显示电脑的版本号和一些相关编号(按任意键可以退出)。进入防盗系统操作，屏幕将显示：

请选择测试功能：

1. 读取电脑版本信息　2. 读取故障码　3. 清除故障码　4. 终端元件测试　5. 读取数据流　6. 设置数据值

按“—>”键继续显示测试功能：

7. 设置电脑编号　8. 调整数据值　9. 停止测试

选择“调整数据值”，按确认键之后屏幕将显示：

请输入车型

1. 上海大众　2. 其他大众轿车

根据被检测的车型选择按“1”或“2”键。时代超人应选择“上海大众”，按“确认”键，屏幕将显示：

请选择匹配的内容

1. 匹配汽车钥匙　2. 发动机控制单元匹配

选择“匹配汽车钥匙”，按“1”键屏幕将显示：

请输入密码：xxxxx

此时输入的密码就是本车的防盗器密码。在副驾驶侧的工具箱里有一小纸条，刮开黑色涂层，上面的四位数字就是防盗器的密码。输入 4 位密码之前，必须先输入一个 0，即在 4 位密码前加一个 0，输入后按确认键，屏幕将显示：

原汽车钥匙数为：KEYNUM：X

用键盘的数字键输入要匹配的钥匙数，可以匹配 1～8 把钥匙。由于新钥匙只有两把带芯片的，所以输入“2”，表示总共匹配 2 把钥匙。再按确认键，屏幕显示：

再次按下“确认”键将开始匹配程序

再次按“确认”键，确认钥匙数后，开始运行钥匙匹配程序，在 3s 内，在汽车点火开关上的第一把钥匙匹配完成，同时屏幕显示：

第一把钥匙已匹配完成！

关闭点火开关，拔出钥匙，然后插入下一把钥匙，将点火开关转到“ON”位上，停留 1～2s，钥匙会被自动设置、匹配。全部钥匙的匹配操作不能超过 30s。顺利完成后，警示灯会亮 2～3s，然后闪烁一下再熄灭，表示匹配成功。需要注意的是：在匹配钥匙时，如果只是插入钥匙，而没有将点火开关转到“ON”位(没有打开点火开关)，则这把钥匙匹配失效。

至此，钥匙匹配工作全部完成。

拓展阅读：时代超人发动机故障诊断实例

一辆时代超人汽车加油不畅，行驶中发“突”。接上修车王并打开点火开关，进入开机界面，在“选择测试方式”中选择“快速数据流方式测试”，进入“选择测试系统”界面中，选择“发动机系统”并“确认”。进行通信连接之后，显示电脑版本号，按任意键退出电脑版本界面，进入“系统测试”界面。选择“2”读取故障码，确认之后，屏幕依次显示故障代码：

1. 故障码 00533　2. 故障码 01165　3. 故障码 00561

选择“1”按确认键查看第 1 个故障代码的含义，显示为怠速控制阀故障。此时在屏幕的右上角有一“H”字母显示，表示可以通过按键盘上的帮助键查看帮助信息。查看帮助信息时，修车王可以显示此条故障码的故障分析和维修数据资料。

退到故障代码界面，选择第二个故障码，按确认键查看第二个故障代码的含义。显示为节气门 J338 故障，按键盘上的帮助键提示为 J338 与发动机 ECU 不匹配。

再退到故障代码界面查看第三个故障代码的含义，显示为混合气控制信号故障，查帮助信息显示为混合气过浓或过稀等。

根据故障码的提示，分析大概是节气门控制组件和与混合气有关的元件的问题。于是对节气门控制组件和空气流量计进行了清洗。然后再用修车王做一个节气门控制装置 J338 与发动机 ECU 的匹配。

其匹配过程如下：

在连接好修车王之后，打开点火开关，退出开机界面，选择“快速数据流方式”，在接下来的界面选择发动机系统。通信连接之后，按任意键退出电脑版本界面。在进行 J338 的匹配之前要保证没有故障码。因此，先选择“清除故障码”。故障码清除后，按任意键退出到“请选择测试功能”界面，再选择“2”看有无故障码。如果没有就可以进行匹配操作了。

在“请选择测试功能”界面选择“设置数据值”按确认后，屏幕显示：

请输入分类号：XX

用数字键输入 98 后按确认键。这时修车王开始对节气门控制组件与发动机 ECU 进行匹配。其屏幕显示 4 组数据，1、2 组的数据在通过几秒钟的变化之后就停止了变化(3、4 组没有数据)。此时，J338 与发动机 ECU 的匹配就完成了。按退出键就成功了。需要注意的是：在进行匹配操作时，不能起动发动机，不能关闭点火开关，也不能踩下加速踏板，否则匹配将不能完成。匹配操作完成之后，故障得以排除。

1.3　汽车电路故障诊断与检修

1.3.1　汽车电路常见故障及诊断流程

1. 汽车电路常见故障

汽车电路常见的故障有开路(断路)、短路、搭铁、接触不良。

(1)开路(断路)故障

线路中本该相连的两点之间断开，电流无法形成回路，使得电器设备无法工作，即为开路故障，如图 1-33 所示。

(2)短路(短接)故障

线路不该相连的两点之间发生接触，电流绕过部分电器元件[图 1-34(a)]或电流被导入到其他电路[图 1-34(b)]，使得电器设备不能正常工作，即为短路故障。搭铁故障也是

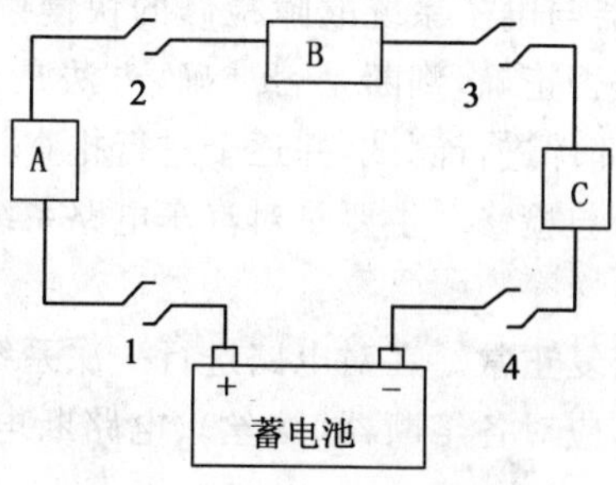

图 1-33　汽车电路开路故障

一种短路故障[图 1-34(c)]。

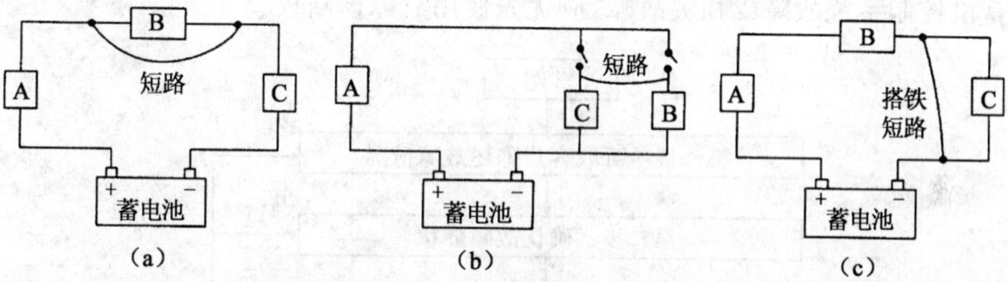

图 1-34　汽车电路短路故障

(3)接触不良(接触电阻过大)故障

由于磨损、脏污等原因,造成线路中的两点之间接触不实,接触电阻超过了允许范围,使得电器设备工作不可靠或性能下降,即为接触不良故障。

2.汽车电路常见故障诊断流程

在对汽车电路故障进行检修时,通常可以按以下六个步骤进行,其流程如图 1-35 所示。

第一步,听取客户陈述故障情况。详细了解发生故障时的情况和环境,主要包括下列信息:车型、时间、气候条件、路况、海拔、交通状况、系统症状、操作条件、维修经历及购车后是否装了其他附件等。

第二步,确认故障症状。运转系统,必要时进行路试。确认故障参数,查看车主(用户)所反映的情况是否属实,同时注意观察通电运行后的种种现象。在动手拆卸或测试之前,应尽量缩小故障产生的范围。如果不能再现故障,可进行故障模拟试验。

第三步,分析相关电路原理。在电路图上画出有问题的线路,分析一下电流由电源到负载、到搭铁的路径,弄清电路的工作原理,如果对电路原理还不太清楚,应仔细看电路说明及相关资料,直至弄清为止。对有问题线路的相关线路也应加分析。每个电路图上都给了共用一个保险、一个搭铁和一个开关的相关线路的名称。对于在第一步程序中漏检的相关线路要试一下,如果相关线路工作正常,说明共用部分没问题,故障原因仅限于有问题的这一线路中。如果几条线路同时出现故障,原因多半出在熔丝或搭铁线。

第四步,重点检查问题集中的线路或部件。对重点线路或部件进行认真测试,验证第三步所作出的推断。汽车电器与电子系统故障检修的快慢以及成功与否,关键在于排除故障的程序是否合理,分析是否正确,判断是否准确,方法是否得当。一般是按先易后难的次序来对有问题的线路或部件进行测试,并逐个进行排查。

第五步,进一步进行诊断与检修。主要是对汽车电路系统的检测,包括外观检查和仪表检测。

第六步,验证电路是否恢复正常。在对电路进行一次系统检查后,查看问题是否已经解决。如果故障出在电源上,应对各熔断器(熔丝)、电路断电器(断路器),甚至易熔线都要进行全面检查。

另外,现代汽车上微型计算机控制系统越来越多,利用故障诊断仪读取故障码和数据流进行故障诊断非常快捷,能有效缩小故障范围,甚至能直接完成故障定位。因此,对于微型计算机控制系统故障或相关故障,应优先使用故障诊断仪。

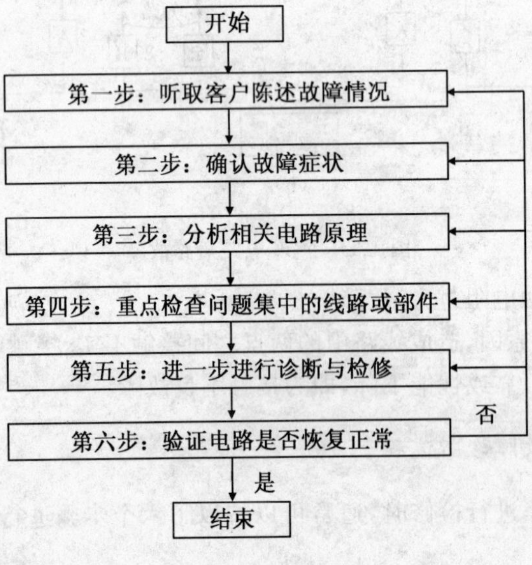

图 1-35　汽车电路故障检修流程图

1.3.2　汽车电路常见故障诊断与检修注意事项

维修汽车电器系统的原则之一是不要随意更换电线或电器,这种操作有可能损坏汽车,或因短路、过载而引起火灾。同时还应注意以下各项:

(1)拆卸蓄电池时,总是最先拆下负极(−)电缆;装上蓄电池时,总是最后连接负极(−)电缆。拆下或装上蓄电池电缆时,应确保点火开关或其他开关都已断开,否则会导致半导体元器件的损坏。

(2)不允许使用欧姆表及万用表的 $R\times100$ 以下低电阻欧姆挡,来检测小功率晶体管,以免电流过载损坏它们。更换晶体管时,应首先接入基极,拆卸时,则应最后拆卸基极。对于金属氧化物半导体管(MOS),则应当心静电击穿,焊接时,应从电源上拔下烙铁插头。

(3)拆卸和安装元件时,应切断电源。如无特殊说明,元件引脚距焊点应在 10mm 以上，以免烙铁烫坏元件，且宜使用恒温或功率小于75W的电烙铁。

(4)更换烧坏的熔丝时，应使用相同规格的熔丝。使用比规定容量大的熔丝会导致电器损坏或产生火灾。

(5)靠近振动部件(如发动机)的线束部分应用卡子固定，将松弛部分拉紧，以免由于震动造成线束与其他部件接触。

(6)不要粗暴地对待电器，也不能随意乱扔。无论好坏器件，都应轻拿轻放。

(7)与尖锐边缘磨碰的线束部分应用胶带缠起来，以免损坏。安装固定零件时，应确保线束不要被夹住或被破坏。安装时，应确保接插头接插牢固。

(8)进行保养时，若温度超过80℃(如进行焊接时)，应先拆下对温度敏感的零件(如继电器和ECU)。

以上各项若能遵守，定会保持汽车电器与电子系统工作正常，并能延长其使用寿命。

1.3.3 汽车电器系统检测工具实训项目

1.用汽车万用表诊断电路短路、断路故障

(1)实训目的

掌握汽车万用表的测量电路短路与断路的方法。

(2)实训仪器和设备

万用表(指针式或数字式)、被测量电路等。

(3)实训步骤

1)拔出表笔，旋转“功能/量程开关”到“Ω”范围，选择合适的量程。

2)红色表笔插入VΩ插孔，黑色表笔插入COM插孔，将测试表笔接到被测电器设备的两端。

3)如果显示的电阻值为∞时，说明线路中出现断路现象。

4)如果显示的电阻值为0或者很小(被测对象的电阻值很小者除外)，说明线路出现短路的现象。

2.跨接线和试灯的使用

(1)实训目的

掌握跨接线和试灯的使用方法。

(2)实训仪器和设备

跨接线、试灯、被测量电路等。

(3)实训步骤

跨接线主要用来查找断路位置，使用方法如下：

1)将跨接线两端分别接在被测对象两端，如果故障没有排除，则继续测量下一个怀疑对象。

2)如果故障排除，则说明故障发生在跨接线之间。

3)继续缩小测量范围，直至找到断路的具体位置。

注意:使用跨接线时,要对电路比较熟悉,避免将大电阻短路,从而将故障扩大化,另外,使用跨接线测量时,测量时间要短,防止因短接电阻而造成新的故障。

(4)试灯的使用方法

断路检查:将测试灯一端搭铁,另一端接电路各接点(从电路首端开始)。如果灯亮,则断路出现在被测点与搭铁之间;如灯不亮,则断路出现在此被测点与电源之间。

注意:使用跨接线时,要对电路比较熟悉,避免将大电阻短路,从而将故障扩大化,另外,使用跨接线测量时,测量时间要短,防止因短接电阻而造成新的故障。

拓展阅读

1.车辆举升

在汽车维修行业,汽车举升机是最重要、最基本的工具之一,具有至关重要和不可替代的作用。

目前,举升机主要分为双柱式、四柱式、剪式三大类。双柱式按传动形式分为机械式和液压式。液压式双柱举升机又分为单缸式、双缸式和龙门式三种。四柱举升机分为四轮定位用四柱举升机和普通四柱举升机。

不管是那种型号的举升机,其操作步骤可以概括如下:

(1)使用前应清除举升机附近妨碍作业的器具及杂物,并检查操纵手柄、安全保险装置、钢丝绳等是否正常。

(2)待升举的车辆驶入后,应将举升机支撑架块调整移动对正该型车辆规定的可承力部位。支撑时应保持车辆的相对平衡后才能按上升按钮。

(3)举升机应由一个人操作,升、降前都应向在场人员发出信号,升举时人员应离开车辆,升举到需要的高度时,必须插入保险销,确认安全可靠后才可开始车底作业。

(4)有人作业时严禁升降举升器。

(5)作业完毕应切断电源,清除杂物,打扫举升器周围场地,以保持整洁。

(6)定期排除举升机储油缸积水,并检查油量,应认真按润滑面要求进行注油。

(7)严格执行限载规定。发现举升机有异常现象,应立即停车,派专职修理人员排除故障。

2.车辆故障征兆模拟

在利用故障码诊断法进行故障诊断时,有时读不出故障码,但故障却确实存在,且没有明显的故障征兆。在这种情况下,故障征兆模拟法就是一种行之有效的方法。

(1)振动法

当振动可能是故障的主要原因时,可使用振动法。振动法主要检查连接器(线束接插件)、配线、零件与传感器,在检查过程中,观察是否再现故障征兆。

1)连接器。在垂直和水平方向轻轻摇动各个连接器。

2)配线。在垂直和水平方向轻轻摇动配线和连接器的接头。振动支架和穿过开口的连接器体都是应仔细检查的部位。

3)零部件和传感器。用手指轻轻拍打装有传感器的零件，检查是否失灵。在检查时要注意不要用力拍打继电器，否则可能会使继电器开路，产生新的故障。

(2)加热法

当怀疑某一部位是因为受热而引起的故障时，可用电吹风或类似工具加热可能引起故障的零件或传感器，检查是否出现故障。在使用加热法时应注意：

1)加热温度不能高于 60℃(温度限制在不致损坏电子元器件的范围内)。

2)不可直接加热 ECU 中的零件。

(3)水淋法

当故障可能是雨天或在高湿度环境下引起时，可使用水淋法，用水喷在车辆上，检查是否出现故障。

(4)电器全部接通法

当怀疑故障可能是用电负荷过大引起时，可使用此方法。接通所有电器负载，包括加热器鼓风机、前照灯、后窗除雾器、空调以及音响等，检查是否出现故障。

复习思考题

1. 汽车电器系统的特点是什么?
2. 汽车电器设备电路组成有哪些?
3. 汽车万用表可以用来测量哪些参数?
4. K81 的示波器的操作步骤有哪些?
5. 汽车电路故障检修流程是什么?
6. 汽车电路常见故障诊断与检修应该注意哪些事项?

第 2 章　电源系统的故障检修

学习目标

1. 掌握汽车电源系统元器件的拆装、连接与调整。
2. 能分析电源系统的故障原因。
3. 能排除电源系统的常见故障。

考核标准

知识要求：掌握汽车电源系统的组成与功用以及电源系统的结构和工作原理。

技能要求：能够正确拆装电源系统的元器件，掌握电解液温度、密度的测量方法，掌握高效率放电计的使用方法，掌握蓄电池充电的方法，掌握交流发电机按磁场绕组搭铁方式分类、按整流器结构分类，并能根据电路图对电源系统系统的常见故障进行诊断和排除。

教学建议

教具：汽车万用表、高效率放电计、密度计、常用工具、汽车电器综合实训台、汽车维修手册、多媒体设备、各种维修资料、任务工单。

建议：蓄电池的检测、发电机的拆装检验内容建议安排在实验室进行，其他内容建议使用多媒体教学。

2.1　蓄电池的检测

2.1.1　蓄电池的结构、型号及原理

蓄电池是一种化学电源，它将化学能转变为电能，属于可逆直流电源，靠内部电化学反应储存电能或向用电设备供电，为起动发动机和发动机管理/点火系统供给所必需的电能。当发动机不运转时，供给信号装置、辅助电器及照明设备等的电能；当发动机运转时，如果用于消耗量峰值的充电电流不够，那么使用蓄电池蓄存的电能作为补充；如果发电机发出的电能大于用电设备的消耗，则向蓄电池充电，将这部分电能转换为化学能储存在蓄电池内。所以，通常称为起动型蓄电池，目前燃油汽车上使用的蓄电池根据电解液主要有

两大类:铅酸蓄电池(以下简称铅蓄电池)和镍碱蓄电池。

1. 蓄电池的结构

蓄电池主要由极板、隔板、电解液及壳体等部分组成,如图 2-1 所示。壳体一般分 3 个或 6 个单格,每个单格电池的标称电压为 2V,将 3 个或 6 个单格电池串联后便成为一只 6V 或 12V 蓄电池总成。

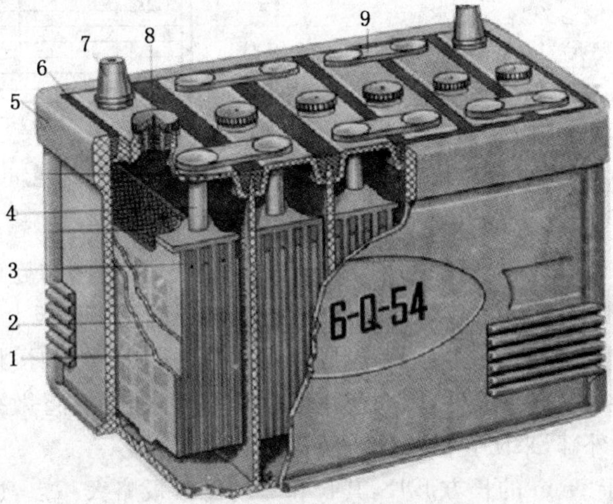

图 2-1 铅蓄电池结构

1—负极板 2—正极板 3—隔板 4—正极接线柱 5—外壳
6—封料 7—负极接线柱 8—加液孔螺塞 9—联条

(1)极板

极板是蓄电池的核心,分正极板和负极板两种,均由栅架(图 2-2)和填充在其上的活性物质构成。负极板的厚度为 1.6～1.8mm,正极板的厚度为 2.2～2.4mm。蓄电池充电、放电过程中,电能和化学能的相互转换就是依靠极板上活性物质和电解液中硫酸的化学反应来实现。正极板上的活性物质是二氧化铅(PbO_2),呈深棕色。负极板上的活性物质是海绵状纯铅(Pb),呈青灰色。这些极板的数目和正、负极板的表面积主要决定单格电池的容量。极板由铅锑栅架和涂覆在铅锑栅架上的活性物质构成。在通电时进行化学反应的活性物质是多微孔的,借以形成更大的反应表面。通常每个极板组中的负极板片数要比正极板片数多一块。为改善薄铅栅架的浇铸性、加速弥散硬化和在复杂的汽车行驶状况下必要的稳定性,铅栅架中含有锑,以作为铅的合金成分,锑同时还具有硬性。这样的铅一锑合金栅架称之为“硬铅”栅架。由于正极硬铅栅架的腐蚀,在蓄电池的使用过程中锑不断析出,并横向穿过硫酸液和隔板,到达负极板形成“微电池”而“中毒”。这样,就加剧了负极板的自放电和降低了起泡电压,其综合影响并通过重新释放锑的过充电,增加了电解液中水的消耗。蓄电池的这种自激机理,随着使用时间的增加,其容量则不断减小。特别在冬天,要用一定的电去分解水,使蓄电池不能达到充足的充电状态,故需要经常检查蓄电池中的硫酸浓度。数年前,使用的含有 4%～5%锑的铅锑合金栅架引起负极板上的自放电,是起动机蓄电池主要故障原因之一。因此,采用低锑合金十分重要。目前，栅架含锑量为2%～3%，并加入0.1%～0.2%的砷，以减缓腐蚀速度，提高栅架的硬度和机械强度。

国产汽车起动机蓄电池主要有干封式蓄电池和干荷式蓄电池两类。干荷式蓄电池在2年的保存期中，如果交付使用，只需在使用前加入符合规定密度的电解液就可以了。

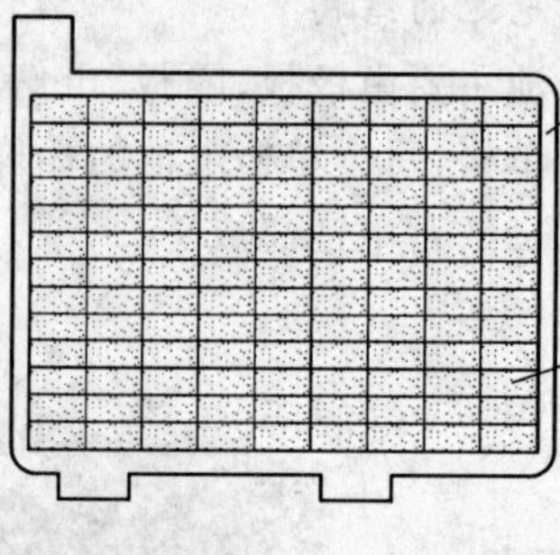

图 2-2　蓄电池极板结构

(2)隔板

为了减小内阻和尺寸，蓄电池内部正、负极应尽可能地靠近，但为了避免彼此接触而短路，正、负极板之间要用隔板隔开。隔板材料应具有多孔性，以便电解液渗透，且化学性能要稳定，即具有良好的耐酸性和抗氧化性。隔板材料有木质、微孔橡胶、微孔塑料等。安装时，隔板带槽的一面应面向正极板，且沟槽与壳体底部垂直。因为沟槽能使电解液较顺利地上下流通，使气泡沿槽上升，还能使正极板上脱落的活性物质沿槽下沉。微孔橡胶隔板性能好、寿命长，但成本高；微孔塑料隔板和浸树脂纸质隔板等孔率高、孔径小、薄而柔韧，成本又低，因而使用渐多。近年来，还有将微孔塑料隔板作成袋状，紧包在正极板的外部，来防止活性物质脱落。

隔板为厚度小于1mm的长方形片，其长和宽均比极板略大一点，成型隔板的一面有特制的槽沟。

(3)电解液

电解液由特制的纯硫酸(H_2SO_4)与蒸馏水按一定比例配制而成，密度一般为1.22～1.30g/cm^3。电解液的纯度是影响蓄电池电器性能和使用寿命的重要因素。因此，电解液的配制应严格选用标准的专用硫酸和蒸馏水。工业用硫酸和一般的水中铜、铁杂质较多，会加速蓄电池的自放电，故不能用于蓄电池。由于硫酸比热比水小的多，受热时升温很快，易于产生气泡，造成飞溅，故配制电解液时，只能将硫酸慢慢倒入蒸馏水中，并不断搅拌。电解液的比重对蓄电池的工作有重要影响，比重大，可以减少结冰的危险并提高蓄电池的容量，但比重过大，由于黏度增加，反而会降低蓄电池的容量，而且会缩短极板使用寿命。电解液比重应随地区和气候条件而定，表2-1中列出了不同地区和气温条件下电解液的比重。

表 2-1　不同地区和气候条件下电解液的比重

气候条件	全充电蓄电池15℃时的比重	
	冬　季	夏　季
冬季温度低于−40℃地区	1.310	1.250
冬季温度高于−40℃地区	1.290	1.250
冬季温度高于−30℃地区	1.280	1.250
冬季温度高于−20℃地区	1.270	1.240
冬季温度高于0℃地区	1.240	1.240

(4)壳体

壳体是用来盛装电解液和极板组的，应由耐酸、耐热、耐震、绝缘性好，并且具有一定机械强度的材料制成。

壳体为整体式结构，壳内由隔壁分成 3 个或 6 个互不相通的单格，底部制有凸起的筋条用来搁置极板组。筋条之间的空隙可以积存极板脱落的活性物质，防止正、负极板短路。对于采用袋式隔板的蓄电池，可以取消筋条。

蓄电池盖有硬橡胶和聚丙烯两种。前者与硬橡胶壳体配用，盖子与壳体之间的缝隙用沥青封口剂填封；后者与聚丙烯壳体配用，其盖子为整体结构，与壳体之间采用热接工艺黏合。

在蓄电池盖上，每个单格电池都设有一个加液孔。旋下加液孔盖，可以加注电解液或检查电解液密度和高度。孔盖上设有通气孔，以便排出化学反应产生的氢气和氧气，防止壳体胀裂或发生爆炸事故。

(5)联条

蓄电池总成都是由 3 个或 6 个单格电池组成的，各单格电池之间靠铅质联条串联起来，联条装在盖子上面。这种传统的连接方式[图 2-3(a)]，耗铅量多，浪费铅材料，而且使连接内阻增大，现已逐步被穿壁式连接方式所代替。穿壁式连接方式是在相邻单格电池的隔壁上打孔供连接方式穿过，将两个单格电池的极板组极柱焊接在一起，穿壁式连接方式[图 2-3(b)]联条设置在蓄电池内部，具有连接短、省材料、电阻小等优点。跨越式连接[图 2-3(c)]是在相邻单体电池之间的间壁上豁口，联条通过豁口跨越间壁将两个单体电池的极板组极柱相连接。穿壁式和跨越式与传统式相比，联条损耗减少 80%，端电压提高 0.15～0.4V。

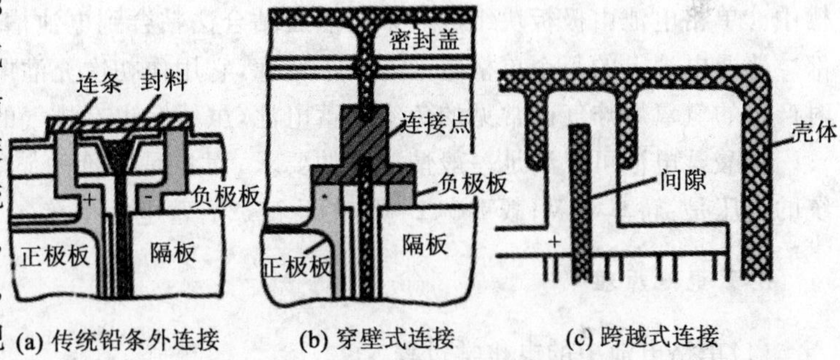

图 2-3　单体蓄电池的连接方式

2. 蓄电池的型号

蓄电池型号按 JB2599-85《铅蓄电池产品型号编制方法》规定，其产品型号的编制和含义如下：串联单格数-电池类型和特征代号-额定容量-特殊性能。

如："6-QA-60S"6 格表示 12V；Q 表示启动型；A 表示干荷电；60 表示额定容量 60(A·h)；S 表示少维护。

(1)串联的单体电池数用阿拉伯数字表示。

(2)蓄电池类型根据其主要用途来划分，如启动蓄电池的代号用"Q"表示，摩托车用蓄电池用“M”表示。

(3)蓄电池特征为附加部分，仅用在同类用途产品中具有某种特征，又必须加以区别时采用。特征代号如表2-2所示。

表2-2　　铅酸蓄电池特征代号(节选)

序号	1	2	3	4	5
产品特征	干荷电	湿荷电	免维护	少维护	胶质电解液
特征代号	A	H	M	S	J

(4)额定容量是指20h放电率的额定容量，单位为A·h，用阿拉伯数字表示。

(5)在产品具有某种特殊性能时，可用相应的代号加在产品型号的末尾。如G表示高启动率电池，S表示塑料外壳电池。

12V的起动机蓄电池有6个串接的单格电池。它们装入由隔离壁分开的聚丙烯电池槽中。单格电池由极板块组成。采用热压粘合法粘合到电池槽上的电池盖密封蓄电池上部。普通电池上的每个单格电池有一个堵塞，它用作初次充灌电解液、维护和导出在充电时产生的氢氧爆炸气。常见的免维护蓄电池，虽然它也有排气的开口，但它是全封闭的。

铅酸蓄电池可以满足一般情况下的要求，而且是廉价的储能器。典型的汽车电器系统的电压是：轿车12V；载重车24V，由两个12V蓄电池串接。

3.蓄电池原理

(1)单格电池中的电化学过程

在电解液中有两个不同材料的电极，即铅和二氧化铅两个电极。铅电极(负极板)浸入稀硫酸中，在“溶液压力”的作用下，铅离子(Pb^+)进入电解液中。由于正的铅离子(Pb^+)迁移，在铅极上保留着2个负电荷，这时铅电极(负极板)不再是电中性，而在电解液中呈负电势，约为−0.1V。

在正极板处，少量的二氧化铅(PbO_2)溶入电解液，与水生成$Pb(OH)_4$，再生成四价铅离子(Pb^{+4})和氢氧根离子$(OH)^-$：

$$PbO_2 + 2H_2O \rightarrow Pb(OH)_4$$

$$Pb(OH)_4 \rightleftharpoons Pb^{+4} + 4(OH)^-$$

由于Pb^{+4}沉附于正极板的倾向大于溶解的倾向，因而正极板呈正电位，当达到平衡时，约为+2.0V。

所以，当外电路未接通时，反应达到平衡，蓄电池的静止电动势约为：

$$E_0 = 2.0 - (-0.1) = 2.1V$$

放电时，正负极板上的PbO_2和Pb逐渐转变成硫酸铅($PbSO_4$)，电解液中H_2SO_4减少，H_2O增加，电解液密度下降。充电时依靠外部电压，电荷或从电极迁移到电解液中，或从电解液中迁移到电极并重新沉积到铅电极上。正负极板上的$PbSO_4$逐渐转化成正

极板上的 PbO_2 和负极板上的 Pb，电解液中 H_2O 减少，H_2SO_4 增加。电解液密度上升。

不考虑蓄电池化学反应中间过程，其充、放电时的总反应如下：

$$PbO_2 + Pb + 2H_2SO_4 \rightleftharpoons 2PbSO_4 + 2H_2O$$

电解液为稀硫酸，即 17％的专用纯硫酸和 83％的蒸馏水。硫酸含量的这种配比，使纯水能导电并能作为电解液使用。

(2)放电过程

单格电池的两个电极与用电器件相互连接。由于两极间存在电势差，电子从负极通过用电器件流向正极。在放电时，电流流动方向和电化学过程正好和充电时的电流流动方向和电化学过程相反。通过电子迁移，正极上的正 4 价铅置换为正 2 价铅，并阻止正 4 价铅与氧原子结合，这样，自由的氧原子与电解液中分离出来的氢离子结合成水。在负极上，由于金属铅上的电子迁移到正极而变成正 2 价铅。放电时，硫酸液中两个带电的负硫酸根离子与单格电池上两个电极 2 价铅结合，而在两个极上各自形成硫酸铅，并回到初始状态。由于放电，单格电池中储存的化学能转换为电能。放电时，正极板上的 PbO_2 和负极板上的 Pb，都与电解液中的 H_2SO_4 反应生成硫酸铅($PbSO_4$)，沉附在正、负极板上。电解液中 H_2SO_4 不断减少，密度下降(图 2-4 和表 2-3)。

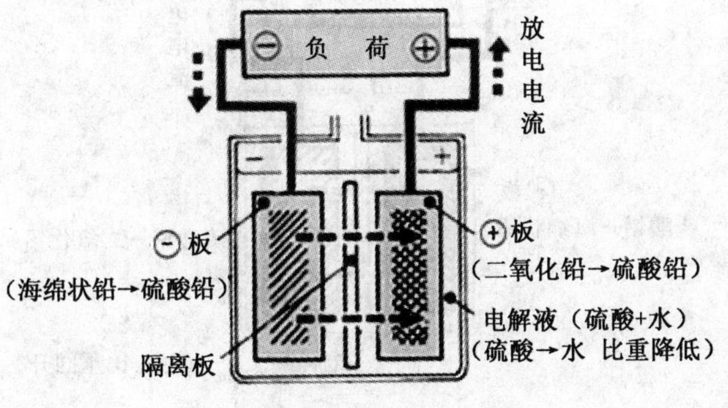

图 2-4　铅酸蓄电池放电过程

表 2-3　　蓄电池充放电过程

正极	电解质	负极	
铅单格电池充电	活性物质：二氧化铅，棕色	高浓度硫酸	活性物质：铅，金属灰色
放电电流从负极通过用电器件到正极	吸收电子，氧铅变成 2 个正铅离子，它再与硫酸根离子结合成光亮的硫酸铅	正极上的氧化铅的氧与硫酸中带正电的自由氢离子结合成水硫酸变稀	放出电子，中性的铅变成 2 个正铅离子。铅离子与硫酸中的硫酸根中的硫酸根离子结合成光亮硫酸铅
铅单格电池放电	有铅离子与硫酸根离子结合成硫酸铅	低浓度硫酸	由铅离子与硫酸根结合成硫酸铅

(3)充电过程

如果铅酸单格电池要充电，需将直流电源的正电极与正2价铅相连，同时将负极上自由的、带电的负硫酸根离子转移到电解液中。在正极上通过"吸下"电子，正2价铅离子转变为正4价铅离子。充电电压使硫酸铅发生电化学分解。正4价铅离子与从水中取得的氧结合成二氧化铅。同时，在正极的氧化过程中，从硫酸铅中得到的自由的硫酸根离子和从水中得到的氢离子转移到电解液中。硫酸根离子液从负极转移到电解液中。当充电接近终了时，$PbSO_4$ 已基本还原成 PbO_2 和 Pb，这时，过剩的充电电流将电解水，使正极板附近产生 O_2，从电解液中逸出，负极板附近产生 H_2，从电解液中逸出，电解液液面高度降低。因此，铅蓄电池需要定期补充蒸馏水。充电过程液使电解液中的氢离子数和硫酸根离子数增加，使电解液的密度增大。通过测定电解液的密度就可确定电池的充电状况(图2-5)。充电结束的标志是：①正极上的硫酸铅置换为二氧化铅；②负极上的硫酸铅置换为纯铅；③在持续充电时，充电电压和电解液密度不再增加；④极板附近有大量气泡产生。

如果在充足电后要继续充电，只能使电解液中的水分解，在正极周围形成氧气，在负极周围形成氢气。

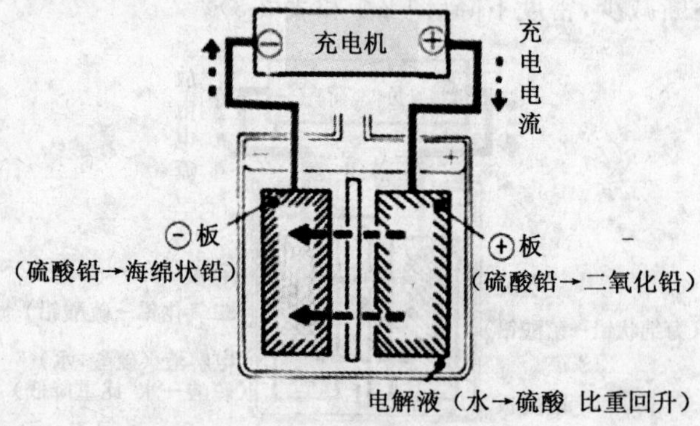

图2-5 铅酸蓄电池充电过程

2.1.2 蓄电池的容量及特性

1. 蓄电池容量

(1)蓄电池的额定容量

蓄电池额定容量 C_{20} 是蓄电池的电容量，单位为安·时(A·h)。按GB5008.1-1991规定，完全充足电的蓄电池，电解液在温度为25℃±5℃、密度为1.28±0.01g/cm³ 时，以20h放电率的放电电流连续放电，12V蓄电池端电压到10.50±0.05V、6V蓄电池端电压到5.25±0.02V时所输出的电量。

(2)蓄电池额定储备容量

完全充足电的蓄电池，在电解液温度为25℃±2℃环境下，以25A电流放电，12V蓄电池端电压达10.50±0.05V、6V蓄电池端电压达5.25±0.02V时终止，记录放电持续时间 t(min)。蓄电池额定储备容量表明当汽车充电系统失效时，蓄电池尚能提供25A电流的能力。

蓄电池容量是在一定条件下可放出的电流量，即放电电流与时间的乘积。蓄电池中活性物质的数量决定了蓄电池容量。高功率蓄电池必须要有大的几何尺寸，才可以增大活性物质的外表面和内表面。增加极板数和极板的几何尺寸，可以增大活性物质的外表面；而对极板专门的电化学预处理，可增大活性物质的内表面。蓄电池放电量不是一个定值，与其放电强度、电解液的密度和温度、充电状况、蓄电池的老化、蓄电池静止存放时间有关，特别重要的是蓄电池的放电强度。放电强度越大，则可用蓄电池容量越小。原因在于：放电电流小，电化学过程能缓慢地进入到极板微孔深处；放电电流大时，电化学反应只发生在极板表面。

2. 蓄电池的工作特性

(1)蓄电池的静止电动势

蓄电池在静止状态下正、负极板之间的电位差，用 E_0 表示。它的大小与电解液的相对密度和温度有关。当相对密度为 1.050～1.300 时，可用下列经验公式计算其近似值：

$$E_0 = 0.85 + \rho_{25℃}$$

式中，$\rho_{25℃}$ 为电解液 25℃时的相对密度。

实测所得电解液相对密度，按下式换算成 25℃时的相对密度：

$$\rho_{25℃} = \rho_t + \beta(t - 25℃)$$

式中，ρ_t 是实测所得电解液相对密度；t 为实测所得电解液的温度；β 为密度温度系数，$\beta = 0.000075$。

汽车用蓄电池的电解液相对密度在充电时增高，放电时下降，一般为 1.12～1.30。因此，蓄电池的静止电动势也相应地为 1.97～2.15V。

(2)充电特性

蓄电池的充电特性是指在恒流充电过程中，蓄电池的端电压 U_c、电动势 E 和电解液密度 $\rho_{25℃}$ 随时间的变化规律，如图 2-6 所示。在充电过程中，蓄电池电解液密度 $\rho_{25℃}$ 和静止电动势 E_j 与充电时间成直线关系增长，端电压 U_c 不断上升，并且总大于电动势 E，因为加在正负极桩上的端电压，必须克服电动势 E 和内阻压降 I_cR_e，电流才能通过。即：$U_c = E + I_cR_e$ 在充电开始瞬间，电动势 E 和端电压 U_c 迅速上升，然后缓慢上升到2.3～2.4V，开始产生气泡，并逐渐增多，形成沸腾现象，接着电压急剧上升到 2.7V，以后便不再上升，若此时切断电源，U_c 逐渐降低到 E_j 数值。端电压 U_c 如此变化的原因可作如下解释：开始接通充电电流时，极板孔隙表层迅速生成硫酸，使孔隙中电解液比重增大，U_c 和 E 迅速上升，当继续充电至孔隙内硫酸所产生的速度和向外扩散速度达到平衡时，U_c 和 E 就随整个容器内电解液比重的上升而缓慢上升。当电压达到 2.3～2.4V 时，极板上可能参加变化的活性物质差不多全部恢复为二氧化铅和纯铅了。继续通电，便使电解液中水又分解，产生氢气和氧气，以气泡的形式剧烈放出，形成沸腾现象。由于产生的氢气是以离子状态 H^+ 集结在溶液中负极板处，来不及立即全部变为气泡而泄出，使溶液和极板之间产生了约 0.33V 的附加电压，因而使 U_c 上升到 2.7V 左右，此时应切断电源，如继续通电，不但不能增加蓄电池的储电容量，反而使极板受到损害。由上述可知，判断蓄电池充足电的现象是：

1)端电压上升到最大值，且 2h 内不再增加。

2)电解液密度上升到最大值，且 2h 内不再增加。

3)蓄电池激烈地放出大量气泡，电解液沸腾。

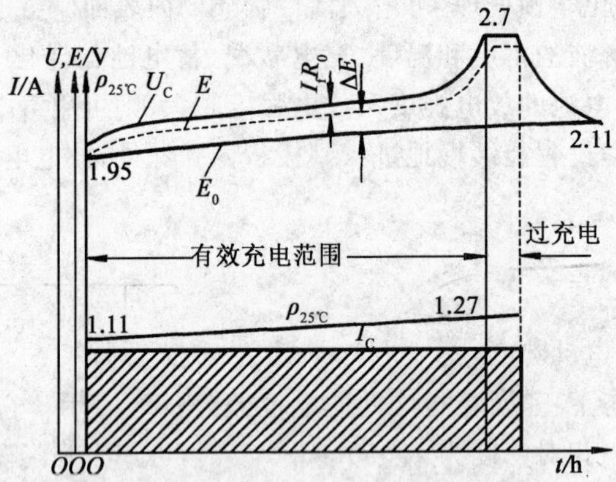

图 2-6　蓄电池充电特性曲线

(3)放电特性

蓄电池的放电特性是指在恒流放电过程中，蓄电池端电压 U_f、电动势 E 和电解液密度 $\rho_{25℃}$ 随放电时间的变化规律(图 2-7)。在放电过程中，电解液密度 $\rho_{25℃}$ 是直线下降的，从 1.27g/cm^3 降至 1.11g/cm^3。这是因为在恒流放电时，在单位时间内，蓄电池内部活性物质与电解液进行化学反应的速度是一定的，这时所消耗的硫酸和生成的水与放电时间成正比。因而，可用测量电解液密度来判断蓄电池的放电程度。一般地，$\rho_{25℃}$ 每下降 0.04g/cm^3，则蓄电池约放电 25%。因静止电动势 E_j 与 $\rho_{25℃}$ 成正比，故 E_j 也成直线下降。在放电时，U_f 总是小于 E，即 $U_f=E-I_fR_n$。放电开始时，U_f 从 2.11V 迅速下降到 2V 左右，接着缓慢地下降到 1.85V，然后迅速下降到 1.75V，此时应该终止放电，若再继续放电，电压将急剧下降到零，对外不能供电，对蓄电池也有损害。此时若切断电流，电动势可逐渐上升到1.95V。U_f 之所以如此变化，理由与充电情况相似，开始接通负载时，电池内部产生化学反应，极板孔隙内的硫酸迅速消耗，水增加，密度下降。引起 U_f 和 E 迅速下降。此时，由于孔隙内电解液密度低于容器内其他地方电解液密度，容器内电解液便向孔隙渗透，当极板孔隙内消耗掉的硫酸和渗透入的硫酸达到平衡时，蓄电池的端电压和电动势将随整个容器内电解液密度的降低而缓慢下降，放电接近终止时，极板的活性物质大部分已转变为 $PbSO_4$ 而积聚在孔隙内。因 $PbSO_4$ 的密度较 PbO_2 和 Pb 的密度小，故体积有所增大，将极板的孔隙堵塞，容器中电解液渗入极板内层困难，使极板孔隙中的电解液密度迅速下降，U_f 和 E 也迅速下降，若不立即停止放电，电压将急剧下降至零。蓄电池是否放完电，通常可以由两个参数来判断：

1)单格电池电压降到放电终止电压。

2)电解液密度降到最小许可值，约为 1.11g/cm^3。

放电终止电压与放电的电流强度有关，放电电流越大，则放完电的时间越短，允许的放电终止电压也越低，如表 2-4 所示。放电电流与容量的关系如图 2-8 所示。

表 2-4　放电电流与终止电压

放电电流/A	$0.05Q_e$	$0.1Q_e$	$0.25Q_e$	Q_e	$3Q_e$
连续放电时间/h	20	10	3	0.5	0.083
单格电池终止电压/V	1.75	1.70	1.65	1.55	1.5

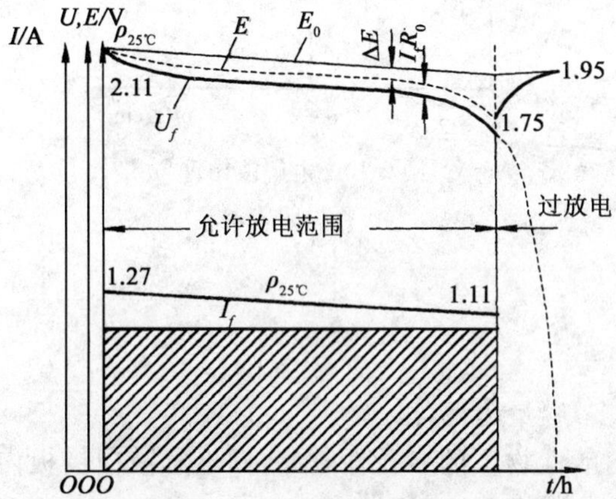

图 2-7　蓄电池放电特性曲线

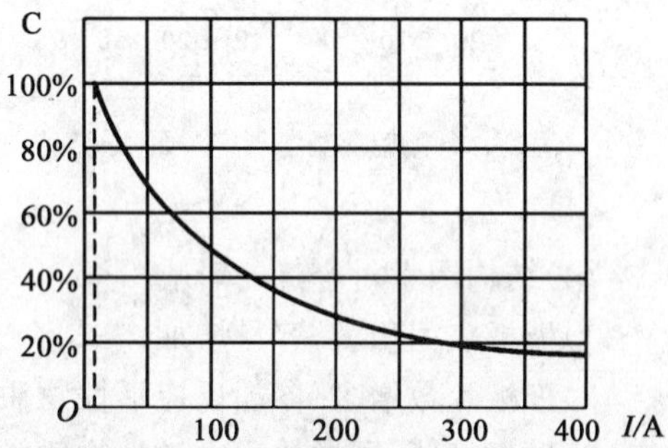

图 2-8　放电电流与容量的关系

3. 影响蓄电池容量的因素

(1)放电电流对容量的影响

试验证明，放电电流越大，蓄电池电压下降越快，放电至终止电压的时间越短，因此容量越小。在大电流放电的情况下，极板表面活性物质的空隙会很快被生成硫酸铅堵塞，使极板内层的活性物质不能参加化学反应。因此，当放电电流增大时，蓄电池容量减小。

(2)电解液温度对容量的影响

电解液温度减低则容量减小。由于温度减低时，电解液的黏度增加，流动性较差，渗入极板内部比较困难，使离子扩散速度和化学反应速度降低；同时电解液电阻也增大，使蓄电池内阻增加，电动势消耗在内阻上的压降增大，蓄电池端电压降低，允许放电时间缩短，因此容量减小。蓄电池容量和放电电压随温度升高而增大，因为温度升高，电解液黏度降低而使蓄电池内阻减小。因此，起动机蓄电池的容量不应太小。在低温时还存在着发动机在起动时，达不到所需的起动转速和没有足够长的转动时间的危险。

(3)电解液密度对容量的影响

适当增大电解液密度，可以提高电解液的渗透速度和蓄电池电动势，延长放电时间，从而提高蓄电池输出容量。但是，当密度超过一定值时，由于电解液黏度增大，使渗透速度降低，内阻增大，因此蓄电池输出容量又会减小。试验证明，电解液相对密度约为1.230

g/cm³ 时，蓄电池输出容量最大。综合考虑电解液密度对蓄电池容量的影响，蓄电池的电解液密度一般选在 1.26～1.29g/cm³ 范围内(图 2-9 和图 2-10)。

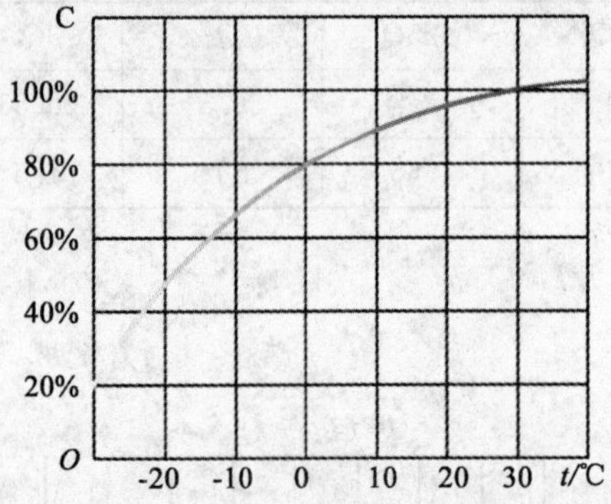

图 2-9　电解液温度与容量的关系

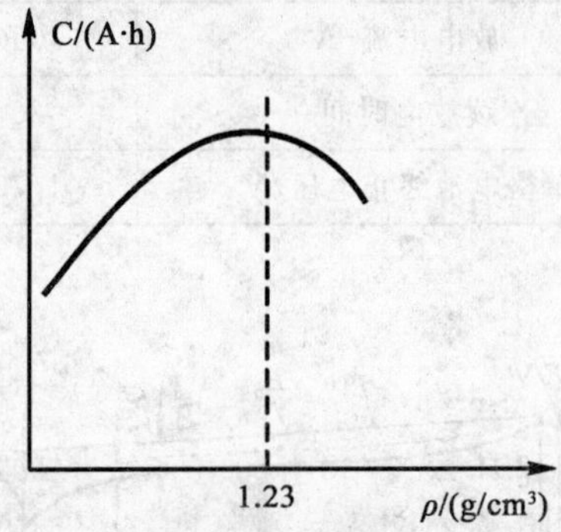

图 2-10　电解液比重与容量的关系

(4)结构因素对容量的影响

1)极板表面积大，容量增加。

2)极板片数增多，参加反应活性物质越多，容量越大。

3)极板越薄，同样体积内活性物质增多，活性物质的多孔性越好，则电解液向极板内部的渗透越容易，活性物质利用率就越高，输出容量也就越大。

2.1.3　蓄电池的正确使用与维护

1. 电池的正确使用

(1)蓄电池的安装

蓄电池在汽车上的安装必须牢固可靠，其底部和侧面最好加上橡胶软垫或木块等，以防其脱落、震动或裂损。另外，极桩与电缆连接要可靠、牢固，否则不仅影响起动性能，还可导致充电不良，甚至因接线处闪跳火花而引起蓄电池爆炸。因此，在车辆的使用过程中，要经常检查蓄电池在车上的安装是否牢固，电缆接头与极桩的连接应紧固且接触良好。

(2)保持蓄电池外表清洁、干噪

由于车辆行驶中的震动和颠簸，加之蓄电池加注孔螺塞密封不严，蓄电池盖上会有电解液渗漏，蓄电池盖上积有的电解液或尘土等会造成正、负极桩间短路，使蓄电池自行放电。因此，如有电解液渗漏，应及时清除并保持蓄电池外表清洁、干噪。

(3)检查电缆接头与极桩接触状况

电缆接头与极桩连接不仅要牢固，而且两极接触要良好，应及时清除在接触面间的氧化物。电缆接头与极桩间存在氧化物或连接不牢固，会产生高电阻，引起该处产生电压降，影响蓄电池的电量输出。

(4)通气孔要保持畅通

蓄电池加注孔螺塞上的通气孔使蓄电池内腔与大气相通，蓄电池内化学反应放出的气体可随时从此孔逸出。该孔不能堵塞，若堵塞会因蓄电池内腔气体增多，使压力增大而引起蓄电池爆炸，因此，应保持该通气孔的畅通。

2. 蓄电池的维护

(1)检查电解液液面高度

蓄电池在正常使用的情况下，电解液中的水分会因蒸发而使液面降低。当电解液液面降低到极板露出时，其露出部分就会加速硫化。

蓄电池每个单格内的电解液液面高度，应高出极板 10～15mm。保持蓄电池中各单格电解液液面的高度，是延长蓄电池使用寿命的最基本要求。最好每周检查一次电解液液面高度，液面降低后一般只需给蓄电池添加适量的蒸馏水或经离子交换器处理过的清洁软水，不能添加电解液，如果添加电解液，会使电解液密度过浓，影响蓄电池的使用寿命。

(2)检查和调整电解液密度

蓄电池电解液密度不适当，或各单格电解液密度不一致(如相差在 0.1g/cm^3 以上)时，对蓄电池的正常使用都是很危险的。因此，应当定期检查蓄电池电解液密度，必要时予以调整，在蓄电池换季维护时，也需要调整电解液密度。

调整蓄电池电解液密度时，不能添加未经稀释的硫酸，也不能在蓄电池电量不足时随意添加稀硫酸，否则将损坏蓄电池。正确的调整方法应为：将蓄电池充足电；测量电解液密度；吸出适量的电解液；若需调低电解液密度，添加蒸馏水，若需调高电解液密度，则应添加密度为 1.4g/cm^3 的电解液；以小电流充电 1～2h，使电解液混合均匀。按上述方法反复调整，直至密度合适为止。

(3)检查蓄电池的放电程度和补充充电

蓄电池经常在亏电状态使用，对蓄电池的使用寿命影响极大，因此，应定期检查蓄电池的放电程度。蓄电池的放电程度冬季不得超过 25%，夏季不得超过 50%，否则应及时补充充电。

可用高效率放电计测量蓄电池各单格在强电流放电时的端电压，来确定蓄电池的放电程度。蓄电池在使用过程中，最好一个月进行一次补充充电，有条件的话每 3～6 个月从车上拆下，送充电间进行一次充、放电循环过程，可消除极板的轻度硫化，延长蓄电池的使用寿命。

2.1.4　免维护蓄电池及其特点

对于车用铅蓄电池来讲，也就是使用期间不需经常添加蒸馏水的蓄电池，就是免维护蓄电池。

1. 免维护蓄电池的结构特点

为了提高铅蓄电池的使用寿命，改善其使用性能，免维护蓄电池的正极板栅架一般采用铅钙合金或低锑合金制造，而负极板栅架均用铅钙合金制造。为减小极板短路和活性物质脱落，其隔板大多采用超细玻璃纤维棉制作，或将其正极板装在袋式隔板内。

为了防止氧气、氢气垂直上溢，减小水分损失和活性物质脱落，极板组多采用紧装结构。为了缩短连接条的长度，减小内阻，提高蓄电池启动性能，各单格极板组之间采用穿壁式接法，露在密封式壳体外面的只有正、负极桩。为了更有效地避免水分损失，在壳体上部通气孔设有安全装置——收集水蒸气和硫酸蒸气的集气室，待其冷却后变成液体重新流回电解液内。通气孔中装有催化剂，可使氢气与氧气合成为水蒸气，冷却后再返回电解液内。

为了便于检查电解液密度，了解存电情况，在其内部设有温度补偿式密度计。密度计的指示器可用不同颜色指示蓄电池的存电情况和电解液液面高度。电解液密度正常时，指示器显示绿色，表示蓄电池电充足；指示器显示深绿色，表示电解液密度低于标准值，应进行补充充电；指示器显示黄色，表示电解液液面过低，需添加蒸馏水。

此外，为防止杂质侵入和水分蒸发，采用了除极桩外露的全封闭式外壳口。为有效防止外来火花造成危害，在其内部还装有火花捕捉器。

免维护蓄电池的工作原理与普通铅蓄电池相同。放电时，正极板上的二氧化铅和负极板上的海绵状铅与电解液内的硫酸反应生成硫酸铅和水，硫酸铅沉淀在正负极板上，而水则留在电解液内；充电时，正负极板上的硫酸铅又分别还原成二氧化铅和海绵状铅。

免维护蓄电池由于其负极板上的硫酸铅含量比正极板上多，因此，充足电时，正极板的硫酸铅全部转变成了二氧化铅，而负极板上的硫酸铅用来产生氧气，并使多余的硫酸铅转变成海绵状铅。同时，在正极板上所产生的氧气也不会外逸，而是迅速与负极板上的活性物质（海绵状铅）发生反应生成二氧化铅，再与电解液中的硫酸反应变成硫酸铅和水。因此，从理论上讲，免维护蓄电池即使被过充电时，其电解液中的水也不会散失。

2.免维护蓄电池的使用维护与试验

(1)免维护蓄电池在使用时，要保持其外部的清洁。

(2)使用中，应经常查看电解液密度计指示器的颜色。当电解液密度计指示器显示深绿色时，应将蓄电池从汽车上取下来进行补充充电；当电解液密度计指示器显示黄色时，应检查蓄电池外壳有无破损和裂纹，电解液是否外漏。同时，在更换蓄电池或添加电解液之前，应注意检查充电电路有无故障。

当观察到电解液密度计指示器的颜色变成深绿色时，应及时进行补充充电，其充电步骤如下：

1)把蓄电池和充电机之间的线路接好。

2)将充电机电压调到14.4V，电流调到最大值，开始充电。在充电过程中经常查看蓄电池有无溢漏、冒气或温度高于45℃的现象。若有上述现象出现，应停止充电，查找原因，并予以排除。

3)每隔1h查看一下电解液密度计指示器，若出现绿色，则充电完成，然后进行负荷试验。

一般这类免维护电池从出厂到使用，可以存放10个月，其电压与电量保持不变，质量差的在出厂后的3个月左右电压和电量就会下降。在购买时，选离生产日期有3个月的，当场就可以检查电池的电压和电量是否达到说明书上的要求，若电压和电量都有下降的情况，则说明它里面的材质不好，那么电池的质量肯定也不行，有可能是加水电池经过经销商充电后伪装而成的。

(3)蓄电池的负荷试验

试验需采用碳堆仪(或放电计)进行，负荷试验值在蓄电池电器性能标签中，试验步骤如下：

1)将蓄电池两极桩分别接到碳堆仪的碳桩上，加 300A 的负荷电流 15s。

2)关掉负荷，停留 15s 以待电压恢复。

3)将碳堆仪上的负荷设定在蓄电池标签上所规定的负荷试验值。

4)接通负荷试验值 15s，读出蓄电池的电压值。对于 12V 的蓄电池，若读数是 9.6V，说明蓄电池良好但充电不足；若读数是 11.6～10.6V，说明电足；若迅速下降，说明蓄电池损坏，然后卸掉负荷。

5)把试验时读出的蓄电池电压值与其要求进行比较，若低于最低标准，应更换蓄电池。

(4)免维护蓄电池的充电

免维护蓄电池也可以进行补充充电，充电方式与普通蓄电池的充电方法基本一样。充电时，每单格电压应限制在 2.3～2.4V。注意，使用常规充电方法充电会消耗较多的水，充电时充电电流应稍小些(5A 以下)。不能进行快速充电，否则，蓄电池可能会发生爆炸，导致伤人。当免维护蓄电池的密度计显示为淡黄色或红色时，说明该蓄电池已接近报废，即使再充电，使用寿命也不长，此时的充电只能做为救急的权宜之计。

有条件时，对免维护蓄电池可用具有电流一电压特性的充电设备进行充电。该设备即可保证充足电，又可避免过充电而消耗较多的水。

拓展阅读：新型蓄电池

20 世纪 70 年代以来，世界各国都在大力进行开发新型电池的研究，以作为电动车的动力源，由于铅蓄电池的比能量小(仅为 40～50W·h/kg)，故重量大，又需经常充电，不宜用作电动车动力源。目前，世界各国正在研制的新型高能电池种类繁多，主要有：钠硫电池、氢燃料电池、锌空气电池、锂离子电池等，作为电动车动力源，最具发展前景的是氢燃料电池。

氢燃料电池的发电原理：氢燃料电池并不是最新发明，早在 1839 年英国物理学家威廉·格拉夫在实验室中成功地实现电解水的逆反应，产生了电流，就由此提出了氢燃料电池的基本原理，但在氢燃料电池研发上取得重大突破则是近些年的事。按燃料电池的电解质类型，燃料电池可分为碱性燃料电池(AFC)、质子交换膜燃料电池(PEMFC)、磷酸燃料电池(PAFC)、熔融碳酸盐燃料电池(MCFC)和固体氧化物燃料电池(SOFC)等。下面以质子交换膜燃料电池为例，介绍氢燃料电池的基本原理：质子交换膜燃料电池直接将氢的化学能转化为电能，电解质是质子交换膜，作为燃料的氢气从电池 A→氢气腔 B→阳极 C→质子交换膜 D→阴极 E→氧气腔端导入氢气腔 A 输入到阳极 B，在阳极催化剂的作用下，氢分子电离为带正电的氢离子(即质子)和带负电的电子，电子在外电路形成电流，通过适当的连接即可向负载输出电能，氢离子穿过中间的质子交换膜C到达阴极E并与从电池另一端导入的氧气腔输入到阴极的氧一起在催化剂的作用下生成水，电离和化合平衡质子交换膜燃料电池的优点在于：它发生化学反应时，内部温度一般不超过80℃，为此，人们也将其称为“冷燃料电池”，所以它不会产生NO_x氧化物，另外，质子交换膜燃料电池是通过氢氧的化合直接将化学能转化为电能，其能量转化效率高达60%以上，也无需机械的运动部件，极大地减少了运行噪声，不排放任何有毒、有害的污染物，副产物就是纯净水。由于质子交换膜燃料电池工作温度低，且起动快、无污染（零排放），是汽车最理想的动力源，得到世界各大汽车生产商的青睐，奔驰、大众、通用、福特、丰田、日产等汽车产业纷纷加盟研发。20世纪90年代，质子交换膜燃料电池取得了突破性进展；2000年，加拿大巴拉德能源公司成功研制出包括250kW在内的系列质子交换膜燃料电池，并装到有关汽车公司的氢能汽车上；2000年1月，美国通用推出了使用氢燃料电池的“氢能概念车”，可连续行驶800km，最高车速达190km/h。1999年5月，德国在慕尼黑国际机场建成了世界上第一个加氢站，使用液氢燃料的改装宝马车只需大约3min就可将储氢罐加满，每加一次液氢可行驶300km。我国也奋起直追，近年来，在上海研制出1.5kW、2.5kW、10kW质子交换膜燃料电池后，又完成了30kW质子交换膜燃料电池动力系统。我国首辆可乘坐9人、使用氢燃料电池汽车已经面世，该车加一次氢燃料可连续行驶300km。

氢燃料电池要得到广泛应用，尚需解决两大难题。

1.氢的制取

质子交换膜燃料电池的原料是氢气和氧气，氧气可以方便地从空气中获取，但氢是一种二次能源，若用电解水法，制氢的电能消耗远远高于获取的氢在燃料电池中所发的电，得不偿失。也可从石油、天然气及其他富含氢的物质中制取，但这些方法制氢效率低、价格昂贵，且仍未摆脱对石油能源的依赖，且会产生环境污染，为此，人们意识到用于制取氢的能源必须是太阳能、风能等无污染、可再生的能源。值得一提的是德国奔驰公司推出以甲醇分解方式提供动力的燃料电池电动车，它比较安全，燃料充装方便，现有车的油箱容积即可满足要求，一次加足甲醇能行驶500km以上，有望在5～10年内推向市场。我国石油资源较缺，但煤储量很丰富，而用煤生产甲醇已是成熟技术，再用甲醇为燃料，经热分解后制成纯氢，作为质子交换膜氢燃料电池的燃料是很有前途的。

2.氢的储存

氢的储存也是一大困难，如使用常压储氢罐，要与燃油汽车行驶相同距离，储氢罐的体积是燃油汽车油箱的3000倍，即使用液化氢或压缩氢，成本高且不说，储氢罐本身也十分笨重，即使储存罐内充满了氢，储存的氢也只占整个储存罐重量的5%～7%。另一种办法是将氢储存到某些金属原子里，这些金属被加热时可吸收比其体积大上千倍的氢气，金属冷却后氢被锁在金属原子里，当金属再次受热时氢又被释放出来，不过就储存的量来讲，比储存罐也好不了多少，因此，研制高效率、低成本的储氢方法也是人们着力解决的问题。

2.1.5　蓄电池的技术状况检查

1. 检查电解液密度

用吸式密度计检测电解液密度，方法如图 2-11 所示。

(1)用密度计测量相对密度

对于普通的铅蓄电池，用密度计测量蓄电池的密度，再根据表 2-5 判断放电程度。

(2)观察充电状态指示器

对于免维护蓄电池，多数均设有内装式密度计(充电状态指示器)，根据指示器的颜色判定。绿色表示充足电；当变黑和深绿色时，说明存电不足，应予以充电；当显示浅黄色或者无色透明时，必须更换蓄电池。

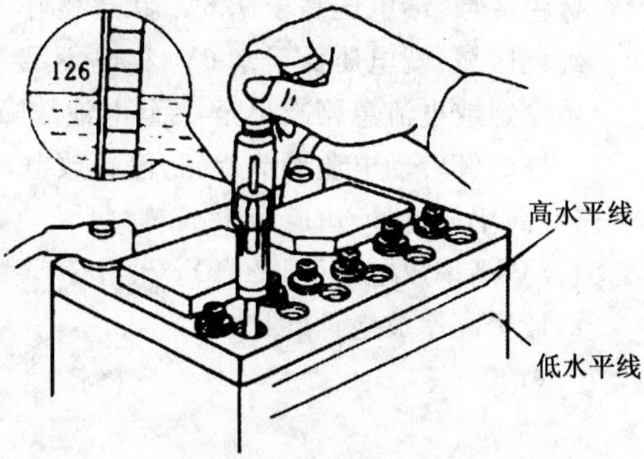

图 2-11　检测电解液密度

注意：同时检测温度值，进行修正。大电流放电或加注蒸馏水后，静置半小时再测。蓄电池充电状态与密度的关系如表 2-5 所示。

表 2-5　蓄电池充电状态与密度的关系

充电状态/%	100	75	50	25	0
电解液的相对密度/(g/cm^3)	1.27	1.23	1.19	1.15	1.11

2. 模拟起动放电检测

对于技术状态良好的蓄电池，当以起动电流或规定的放电电流连续放电 15s 时，端电压应不低于规定值。

(1)蓄电池检测仪

1)电流选择(表 2-6)

表 2-6　根据容量选择电流表

蓄电池容量/(A·h)	放电电流/A	放电时间/s	端电压/V
>100	200～300	15	10.2
50	100～170	15	9.6
50	70～120	15	9.0

2)操作步骤

①将“电流调节旋钮”逆时针旋转至切断放电电路。

②将电流检测电缆上正(红)、负(黑)夹夹到蓄电池正、负极柱上。

③将电压检测线上正(红)、负(黑)夹夹到蓄电池正、负极柱上。

④顺时针转动电流调节旋钮至规定放电电流,放电 15s。

⑤观察电压表指针位置,判断蓄电池技术状况。

指针位置:蓄电池状态

蓝色区域:端电压高于 9.6V,状态良好

红色区域:端电压低于 9.6V,存电不足

不稳定或电流急剧减小至 0:蓄电池故障

⑥逆时针转动电流调节旋钮,停止放电。

(2)高率放电计

1)3V 高率放电计(图 2-12)

2)12V 高率放电计(图 2-13)

图 12-12　3V 高率放电计

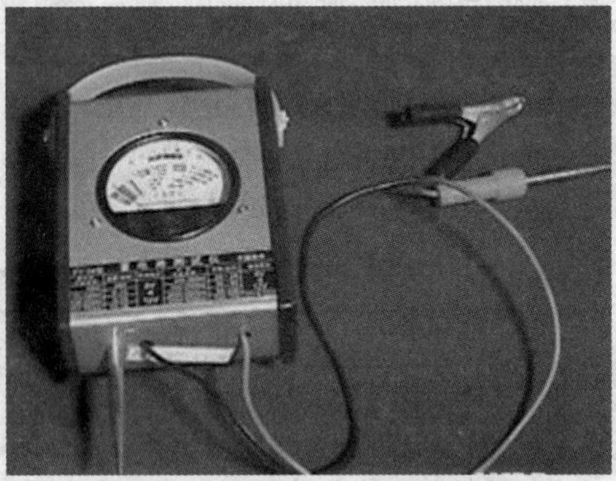

图 12-13　12V 高率放电计

测 12V 电池,蓄电池充满电,密度在 1.24g/cm^3,接入时间为 10～15s。

电压能保持在 10.5～11.6V 以上,存电量为充足,蓄电池无故障。

电压能保持在 9.6～10.5V,存电量为不足,蓄电池无故障。

电压能保持在 9.6V 以下,存电量严重不足或蓄电池有故障。

3.检查电解液液面高度

(1)目测

电解液液面应在蓄电池外壳上、下液面线之间。

(2)用玻璃管测量(图 2-14)

用内径为 4～6mm、长度约 150mm 的玻璃管检测电解液液面高度。要求液面高出隔板上沿 10～15mm。对于半透明式蓄电池,液面应位于最高和最低液面标记之间。液面过低时,应补加蒸馏水;液面过高时,应用密度计吸出部分电解液。当液面过低时,应加注蒸馏水,以恢复正常的液面高度。除非确知电解液溅出,否则不许添加硫酸溶液。

2.1.6　蓄电池的充电

1. 充电种类

(1)初充电

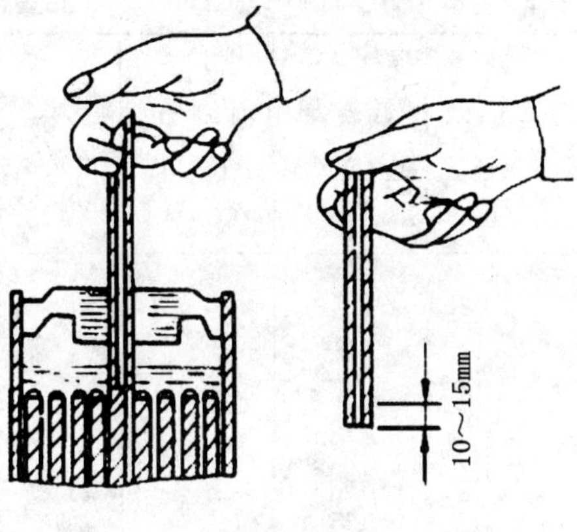

图 2-14　检查电解液液面方法

首先按蓄电池制造厂规定，加注一定密度的电解液，电解液加入蓄电池之前，温度不得超过 30℃，注入电解液后，应静置 3～6h。此时，若液面因电解液渗入极板而降低，应补充到高出极板上缘 15mm。然后，将蓄电池正负极分别与充电机正负极相接，并按充电规范中初充电电流进行充电。因为新蓄电池在储存中，可能有一部分硫化，充电时易于过热，所以，初充电一般电流较小。充电过程通常分两个阶段进行，第一阶段充电至电解液中放出气泡，单格电压达 2.4V 为止；第二阶段将充电电流减半，继续充到电解液中剧烈放出气泡(沸腾)，电解液比重和电压连续 3h 稳定不变为止。全部充电时间为 60～70h。充电过程中，应经常测量电解液温度，当上升到 40℃时，应将电流减半；如继续上升到 45℃，则应停止充电，待冷至 35℃以下时再充电。充电临近完毕时，应测量电解液比重，如不合乎规定，应用比重为 1.400 的电解液或蒸馏水进行调整，调整后应再充电 2h，直到符合规定为止。

(2)补充充电

蓄电池在车辆上使用时，常有充电不足现象，应根据需要进行补充充电，一般每月至少 1 次，如发现下列现象，必须随时进行充电。

1)当电解液密度下降到 1.150g/cm^3 以下时。

2)冬季放电超过 25%，夏季超过 50%。

3)灯光比平时暗淡，起动机无力。

4)单格电池电压降到 1.7V 以下时。

补充充电电流值如表 2-8 所示，常分两阶段进行，方法和初充电相同，一般为 13～16h。

(3)预防硫化过充电

蓄电池在使用中，常因充电不足而造成硫化。为预防起见，每隔 3 个月进行一次预防硫化过充电，即用平时补充充电的电流值将电池充足，中断 1h，再用 12h 的补充充电电流值进行充电至沸腾为止。如此重复几次，直至刚接入充电，蓄电池立即沸腾时为止。

(4)锻炼循环充电

蓄电池在使用中常处于部分放电的情况，参加化学反应的活性物质有限，为迫使相当于额定容量的活性物质都能参加工作，以避免活性物质长期不工作而收缩，可每隔 3 个月进行一次锻炼循环，即在正常充足电后，用 20h 放电率放完电，再正常充电后送出使用。

表 2-8　　铅蓄电池的充电电流规范

蓄电池型号	额定容量/(A·h)	额定电压/V	初次充电				补充充电		
			第一阶段		第二阶段		第一阶段		第二阶段
			电流/A	时间/h	电流/A	时间/h	电流/A	时间/h	电流/A 时间/h
3-Q-75	75	6	5	25～35	3	20～30	7.5	10～11	4
3-Q-90	90		6		3		9.0		5
3-Q-105	105		7		4		10.5		5
3-Q-120	120		8		4		12.5		6
3-Q-135	135		9		5		13.5		7
3-Q-150	150		10		5		15.0		7
3-Q-195	195		11		7		19.5		10
									3～5
6-Q-60	60	12	4	25～35	2	20～30	6	10～11	3
6-Q-75	75		5		3		7.5		4
6-Q-90	90		6		3		9.0		4
6-Q-105	105		7		4		10.5		5
6-Q-120	120		8		4		12		6
									3～5

2.充电方法

(1)恒流充电法

恒流充电法是用调整充电装置输出电压或改变与蓄电池串联电阻,保持充电电流强度不变的充电方法。控制方法简单,但由于电池的可接受电流能力是随着充电过程的进行而逐渐下降的,到充电后期,充电电流多用于电解水,产生气体,使出气过甚,因此,常选用阶段充电法。

(2)阶段充电法

此方法包括二阶段充电法和三阶段充电法。

1)二阶段法采用恒电流和恒电压相结合的快速充电方法。首先,以恒电流充电至预定的电压值。然后,改为恒电压完成剩余的充电。一般两阶段之间的转换电压就是第二阶段的恒电压。

2)三阶段充电法在充电开始和结束时采用恒电流充电,中间用恒电压充电。当电流衰减到预定值时,由第二阶段转换到第三阶段。这种方法可以将出气量减到最少,但只能作为一种快速充电方法使用,受到一定的限制。

(3)恒压充电法

充电电源的电压在全部充电时间里保持恒定的数值,随着蓄电池端电压的逐渐升高,电流逐渐减少。与恒流充电法相比,其充电过程更接近于最佳充电曲线。用恒定电压快速充电，由于充电初期蓄电池电动势较低，充电电流很大，随着充电的进行，电流将逐渐减少，因此，只需简易控制系统。

这种充电方法电解水很少，避免了蓄电池过充电。但在充电初期，电流过大，对蓄电池寿命有很大影响，且容易使蓄电池极板弯曲，造成电池报废。鉴于这种缺点，恒压充电很少使用，只有在充电电源电压低而电流大时采用。例如，汽车运行过程中，蓄电池就是以恒压充电法充电的。

(4)快速充电法

1)脉冲式充电法

这种充电法不仅遵循蓄电池固有的充电接受率，而且能够提高蓄电池充电接受率，从而打破了蓄电池指数充电接受曲线的限制，这也是蓄电池充电理论的新发展。

脉冲充电方式首先是用脉冲电流对电池充电，然后让电池停充一段时间，如此循环。充电脉冲使蓄电池充满电量，而间歇期使蓄电池经化学反应产生的氧气和氢气有时间重新化合而被吸收掉，使浓差极化和欧姆极化自然而然地得到消除，从而减轻了蓄电池的内压，使下一轮的恒流充电能够更加顺利地进行，使蓄电池可以吸收更多的电量。间歇脉冲使蓄电池有较充分的反应时间，减少了析气量，提高了蓄电池的充电电流接受率。

2)REFLEXTM 快速充电法

这种技术是美国的一项专利技术，它主要面对的充电对象是镍镉电池。由于它采用了新型的充电方法，解决了镍镉电池的记忆效应，因此，大大降低了蓄电池快速充电的时间。铅酸蓄电池的充电方法和对充电状态的检测方法与镍镉电池有很大的不同，但它们之间可以相互借 REFLEXTM 充电法的一个工作周期，包括正向充电脉冲、反向瞬间放电脉冲、停充维持 3 个阶段。

3)变电流间歇充电法

这种充电方法建立在恒流充电和脉冲充电的基础上。其特点是将恒流充电段改为限压变电流间歇充电段。充电前期的各段采用变电流间歇充电的方法，保证加大充电电流，获得绝大部分充电量。充电后期采用定电压充电段，获得过充电量，将电池恢复至完全充电态。通过间歇停充，使蓄电池经化学反应产生的氧气和氢气有时间重新化合而被吸收掉，使浓差极化和欧姆极化自然而然地得到消除，从而减轻了蓄电池的内压，使下一轮的恒流充电能够更加顺利地进行，使蓄电池可以吸收更多的电量。

4)变电压间歇充电法

在变电流间歇充电法的基础上，又有人提出了变电压间歇充电法。与变电流间歇充电方法不同之处在于第一阶段的不是间歇恒流，而是间歇恒压。在每个恒压充电阶段，由于是恒压充电，充电电流自然按照指数规律下降，符合电池电流可接受率随着充电的进行逐渐下降的特点。

5)变电压变电流波浪式间歇正负零脉冲快速充电法

由于兼具脉冲充电法、REFLEXTM 快速充电法、变电流间歇充电法及变电压间歇充电法的优点，变电压变电流波浪式间歇正负零脉冲快速充电法得到发展应用。脉冲充电法充电电路的控制一般有两种：

①脉冲电流的幅值可变，而 PWM(驱动充放电开关管)信号的频率是固定的。

②脉冲电流幅值固定不变,PWM 信号的频率可调。

脉冲电流幅值和 PWM 信号的频率均固定,PWM 占空比可调,在此基础上加入间歇停充阶段,能够在较短的时间内充进更多的电量,提高蓄电池的充电接受能力。

3.蓄电池充电的注意事项

蓄电池充电时有许多安全注意事项,应该严格遵守。由于免维护蓄电池不需要添加蒸馏水,以下充电注意事项只是针对传统铅酸蓄电池。

(1)严格遵守各种充电方法的充电规范。

(2)将充电机与蓄电池连接充电时,应将蓄电池的正负极对应地和充电机的正负极相连。蓄电池的极柱上一般都标有“+”、“-”记号,或正极柱上涂有红色标记。如果标记模糊不清,就观察极柱的颜色,使用过的蓄电池正极柱呈深棕色,负极柱呈淡灰色。

(3)充电时,导线必须连接可靠。充电时应先接牢电池线,再打开充电机的电源开关。停止充电时应先切断电源,再拆下电池线。在充电过程中,不要连接或断开充电机引线。

(4)在充电过程中,要密切观察各单格电池的电压和密度变化,及时判断其充电程度和技术状况。

(5)在充电过程注意各单格电池的温升情况,以免温度过高,影响蓄电池的使用性能。

(6)室内充电时,打开蓄电池加液孔盖,使气体顺利逸出,以免发生事故。

(7)充电室要安装通风装置,严禁在蓄电池附近产生电火花、明火和吸烟。

2.2 交流发电机检测

2.2.1 交流发电机的分类

发电机是汽车电器的主要电源。汽车电源系统主要由蓄电池、发电机和电压调节器等组成。发电机由汽车发动机驱动,在发动机正常工作时,发电机对除起动机以外的所有用电设备供电,并向蓄电池充电,以补充蓄电池在使用中所消耗的电能。

汽车发电机有交流发电机和直流发电机两类。目前主要有硅整流交流发电机、感应子式交流发电机等几种,其中以硅整流交流发电机应用最为普遍,其内部带有二极管整流电路,将交流电整流为直流电,已基本取代了传统的直流发电机。

更换发电机时应选用同型号的发电机。不同型号的发电机使用保养有所差别,熟悉发电机的分类也是有益和必要的。

汽车用交流发电机有不同的分类方法。常用的有按总体结构分类、按磁场绕组搭铁方式分类和按整流器结构不同分类。

1.按总体结构分类

按总体结构,交流发电机分为普通交流发电机(外装电压调节器)、整体式交流发电机(内装电压调节器)、带泵交流发电机、无刷交流发电机、永磁交流发电机等。

(1)普通交流发电机(外装电压调节器)

没有特殊装置、特殊功能的汽车交流发电机称为普通交流发电机。这种交流发电机往往外装电压调节器，在载货汽车和大型客车上运用较普遍。如解放 CA1091 型载货汽车用的 JF1522 型交流发电机、东风 EQ1090 型载货汽车用的 JF132 型交流发电机等。

(2)整体式交流发电机(内装电压调节器)

交流发电机的电压调节器安装在交流发电机的内部，形成整体式的交流发电机。轿车用的交流发电机普遍采用整体式交流发电机。如上海桑塔纳 JFZ1913Y、一汽奥迪等轿车用的 JFZ1813Z 型交流发电机。

(3)带泵交流发电机

带有真空泵的交流发电机利用发电机的轴把真空泵和交流发电机连成一个整体，真空泵连接在汽车的真空助力制动装置上，可以把真空罐内的空气吸出来，使真空助力制动装置的真空罐内形成真空，满足汽车制动的需要。此种发电机主要用于没有真空源的柴油发动机汽车上，作为真空助力系统中的真空动力源以及其他用途的真空源。

(4)无刷交流发电机

没有电刷和滑环的交流发电机称为无刷交流发电机，例如福建仙游电机厂生产的 JFW14X 型无刷交流发电机。

(5)永磁交流发电机

转子的磁极采用永磁材料的交流发电机称为永磁交流发电机。

2. 按磁场绕组搭铁方式分类

按磁场绕组搭铁方式，交流发电机分为内搭铁交流发电机、外搭铁交流发电机。

(1)内搭铁式交流发电机

磁场绕组的一端引出来，形成磁场接线柱，而另一端与发电机壳相连接，如东风 EQ1090 型车用的 JFl32 型交流发电机。

(2)外搭铁式交流发电机

磁场绕组的两个端子都和发电机外壳绝缘，引出来形成两个磁场接柱，磁场绕组是通过调节器搭铁的，如解放 CAl091 型车用的 JFl52D、JFl522A 型交流发电机。目前，大多数汽车都采用外搭铁式交流发电机。

3. 按整流器结构不同分类

(1)六管交流发电机

整流器由三只正和三只负共六只硅二极管组成，是目前应用最为广泛的型式。如东风 EQl090 车用的 JFl32 型，解放 CAl091 型车用的 JFl522A、JFl52D 型交流发电机等。

(2)八管交流发电机

在六管交流发电机的基础上，增加两个中性点二极管，形成八管交流发电机，其整流器总成共有八只二极管，如天津夏利 TJ7130 型微型轿车用的 JFZ1542 型交流发电机。

(3)九管交流发电机

在六管交流发电机的基础上，增加三个磁场二极管形成九管交流发电机，其整流器共有九只二极管，如北京 BJl022 型轻型载重车用的 JFZ141 型交流发电机、斯太尔

(STEYR)汽车用的 JFZ2518A 型交流发电机。

(4)十一管交流发电机

在六管交流发电机的基础上,同时增加 2 个中性点二极管和 3 个磁场二极管形成十一管交流发电机,其整流器总成共有十一只二极管,如桑塔纳轿车用的 JFZ1913Z 型交流发电机。

4.国产交流发电机的型号

根据中华人民共和国汽车行业标准 QC/T73-1993《汽车电器设备产品型号编制方法》的规定,国产汽车交流发电机型号主要由五大部分组成,如表 2-9 所示。

表 2-9　国产汽车交流发电机型号表示方法

产品代号	电压等级代号	电流等级代号	设计序号	变形代号
1	2	3	4	5

第 1 部分为产品代号。交流发电机产品名称代号有 JF、JFZ、JFB、JFW 四种,分别表示交流发电机、整体式交流发电机、带泵交流发电机和无刷交流发电机。

第 2 部分为电压等级代号。用 1 位阿拉伯数字表示:1 表示 12V;2 表示 24V;6 表示 6V。

第 3 部分为电流等级代号。用 1 位阿拉伯数字表示,其含义如表 2-10 所示。

表 2-10　电流等级代号

电流等级代号	1	2	3	4	5	6	7	8	9
电流/A	≤19	20～29	30～39	40～49	50～59	60～69	70～79	80～89	≥90

第 4 部分为设计代号。按产品的先后顺序,用阿拉伯数字表示。

第 5 部分为变型代号。交流发电机以调整臂的位置作为变型代号。从驱动端看,Y 表示右边;Z 表示左边;无表示中间。

例如:JF152 表示交流发电机,其电压等级为 12V,输出电流大于 50A,第 2 次设计。

桑塔纳、奥迪 100 型轿车所使用的 JFZ1913Z 型交流发电机,其含义为电压等级为 12V、输出电流大于 90A、第 13 次设计、调整臂位于左边的整体式交流发电机。

2.2.2　交流发电机的原理、构造及特性

1.汽车交流发电机

目前,国内外汽车上广泛使用的发电机是硅整流发电机。硅整流发电机包括一个三相同步交流发电机和数个整流硅二极管,利用硅二极管将发电机定子绕组中所感应的三相交流电整流为直流电。由于发电机先产生交流电,因此也称为交流发电机。

(1)三相交变电动势的产生

汽车用硅整流发电机的工作原理示意如图 2-15 所示。

当磁场绕组接通直流电源时即被激励,转子的爪级被磁化为 N 极和 S 极。其磁力线由 N 极出发,穿过转子与定子之间很小的气隙进入定子铁心,最后又通过气隙回到相邻的 S 极。

当转子旋转时,磁力线和定子绕组之间产生相对运动,在三相定子绕组中产生交流电动势。交流电动势的频率 f(Hz)为:

$$f=pn/60 \tag{2-1}$$

式中:p 为磁极对数;n 为发电机转速(r/min)。

当汽车用硅整流发电机中,由于转子磁极呈鸟嘴形,其磁场的分布近似正弦规律,所以交流电动势也近似正弦波形。三相电枢绕组在定子槽中是对称绕制的,因此,三相交流电动势大小相等,相位差互为 120°电角度,其瞬时值为:

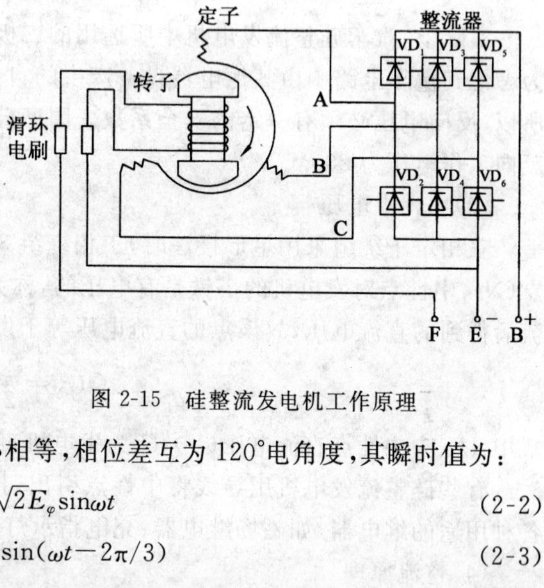

图 2-15　硅整流发电机工作原理

$$e_A=\sqrt{2}E_\varphi\sin\omega t \tag{2-2}$$

$$e_B=\sqrt{2}E_\varphi\sin(\omega t-2\pi/3) \tag{2-3}$$

$$e_C=\sqrt{2}E_\varphi\sin(\omega t-4\pi/3) \tag{2-4}$$

式中:E_φ 为每相电动势的有效值(V);ω 为电角速度,$\omega=2\pi f=\pi pn/30$。

每相电动势的有效值 E_φ 为:

$$E_\varphi=4.44k\varphi_m fN \tag{2-5}$$

式中:k 为绕组系数,采用整距集中绕组时 $k=1$;f 为感应电动势的频率(Hz);

N 为每相绕组匝数;φ_m 为每极磁通(Wb)。

(2)整流二极管

定子绕组中感应出的交流电动势,是靠 6 个硅二极管组成的三相桥式整流电路改变为直流电的。二极管具有单向导电性:

1)当给二极管加上正向电压(正极电位高于负极电位)时,导通,即呈现低电阻状态。

2)当给二极管加上反向电压(正极电位低于负极电位)时,截止,即呈现高电阻状态。

由此得出，在某一时刻，总是正极电位最高和负极电位最低的一对管子导通。利用二极管的这种单向导电性，就可以把交流电变为直流电。

发电机输出直流电压的平均值为：

$$U=1.35U_L=2.34U_\varphi\text{（星形连接）} \tag{2-6}$$

$$U=1.35U_L=1.35U_\varphi\text{（三角形连接）} \tag{2-7}$$

式中：U_L 为线电压的有效值（V）；U_φ 为相电压的有效值（V）。

星形连接的三相绕组 $U_L=\sqrt{3}U_\varphi$；三角形连接的三相绕组 $U_L=U_\varphi$。

由于三相桥式整流电路中，在交流电的每一个周期内，每只二极管只有 1/3 时间导通，所以每只二极管的平均电流 I_D 为负载电流 I 的 1/3，即：

$$I_D=\frac{1}{3}I \tag{2-8}$$

每只二极管所承受的最高反向电压 U_{DRM} 为线电压的最大值，即：

$$U_{DRM}=\sqrt{2}U \tag{2-9}$$

实际上，汽车硅整流发电机中所选用的二极管其最高反向工作电压要高的多，这是因为考虑到汽车电路中由其他电器设备产生的自感电动势可能会作用于发电机的二极管，所以，反向电压必须有一定的安全系数。国产硅整流发电机配用的 ZQ 型二极管，其最高反向工作电压为 200V。

(3)中性点电压

三相定子绕组采用星形接法时，三相绕组 3 个末端的公共接点称为三相绕组的中性点(N)，中性点对发电机的搭铁是有电压的，称为中性点电压。它是通过 3 个负极管子整流后得到的直流电压，故该点的直流电压等于发电机直流输出电压的一半，即：

$$U_N=\frac{1}{2}U \tag{2—10}$$

式中：U_N 为中性点直流电压（V）；U 为发电机直流电压（V）。

有些硅整流发电机用导线将中性点引出，接线柱标记为“N”。中性点通常用来控制各种用途的继电器，如磁场继电器、充电指示灯继电器等。

(4)整流原理

1)六管交流发电机的整流原理

在交流发电机中，整流器利用硅二极管的单向导电性进行整流，六管交流发电机的整流装置实际相当于由六个硅整流二极管组成的三相桥式整流电路，三相桥式整流电路及电压波形如图 2-16 所示。三个二极管 VD_1、VD_3、VD_5 组成共阴极接法，而三个二极管 VD_2、VD_4、VD_6 组成共阳极接法。每个时刻有 2 个二极管同时导通，其中一个在共阴极组，一个在共阳极组，同时导通的两个管子总是将发电机的电压加在负载两端。

在 $t_1 \sim t_2$ 时间内，A 相的电位最高，而 B 相的电位最低，故对应 VD_1、VD_4 处于正向导通状态，电流从 A 相出发，经 VD_1、负载 R_L、VD_4 回到 B 相构成回路，如图 2-17(a)所示。此时发电机的输出电压为 A、B 相间的线电压。

在 $t_2 \sim t_3$ 时间内，A 相的电位最高，而 C 相的电位最低，故对应 VD_1、VD_6 处于正向导通状态，电流从 A 相出发，经 VD_1、负载 R_L、VD_6 回到 C 相构成回路，如图 2-17(b)所示。此时发电机的输出电压为 A、C 相间的线电压。

在 $t_3 \sim t_4$ 时间内，B 相的电位最高，而 C 相的电位最低，故对应 VD_3、VD_6 处于正向导通状态，电流从 B 相出发，经 VD_3、负载 R_L、VD_6 回到 C 相构成回路，如图 2-17(c)所示。此时发电机的输出电压为 B、C 相间的线电压。

以此类推，周而复始，在负载上即可获得一个比较平稳的直流脉动电压。发电机输出电压的平均值为：

$$U = 2.34U_{\varphi} \quad (2\text{-}11)$$

式中：U 为输出直流电压平均值(V)；U_{φ} 为发电机相电压有效值(V)。

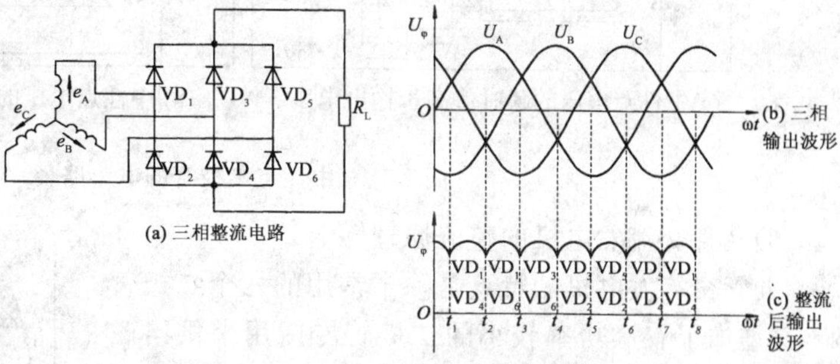

图 2-16　三相桥式整流电路及电压波形

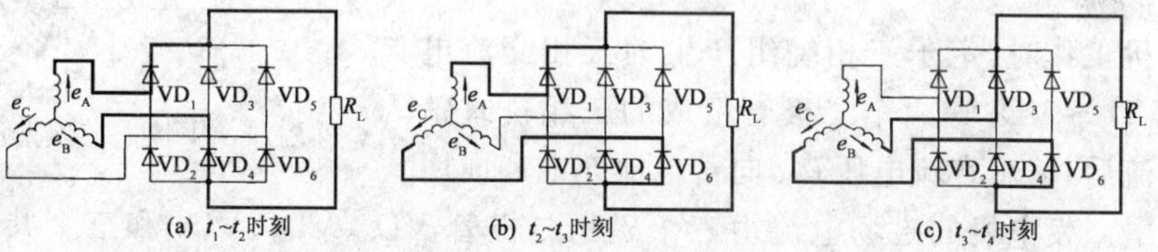

图 2-17　三相桥式整流电路工作原理

2)八管交流发电机的工作原理

八管交流发电机除了三相桥式整流电路的六个二极管外，还有两个中性点二极管。将三相绕组中性点引出，其接线柱的标记为“N”。中性点对发电机外壳(即搭铁)之间的电压叫中性点电压，它是通过两个中性点二极管整流后得到的直流电压，等于发电机直流输出电压的一半。中性点电压一般用来控制各种用途的继电器，如磁场继电器、充电继电器等。

利用中性点二极管可以提高发电机的输出功率，八管交流发电机原理电路如图 2-18 所示。当交流发电机高速运转时，中性点电压的瞬时值高于输出电压时，从中性点输出电流。如图 2-18(a)所示，其输出电路为：定子绕组→中性点二极管 VD_7→负载和蓄电池→负极管→定子绕组。当中性点电压瞬时值低于负极电位时，流过中性点二极管 VD_8 的电流如图 2-18(b)所示，其输出电路为：定子绕组→正极管→接线柱 B→负载和蓄电池→中性点二极管 VD_8→定子绕组。实验证明，加装中性点二极管后，在发电机转速超过 2000r/min 时，其输出功率可提高 11%～15%。

当交流发电机输出电流时，中性点的电压含有交流成分，即中性点三次谐波电压，且幅值随发电机的转速而变化。中性点三次谐波电压如图 2-19 所示。由此可见，二极管 VD_7、VD_8 的作用是充分利用三相绕组中的三次谐波向负载提供直流电。中性点电压可以作为电压调节器的控制信号电压。

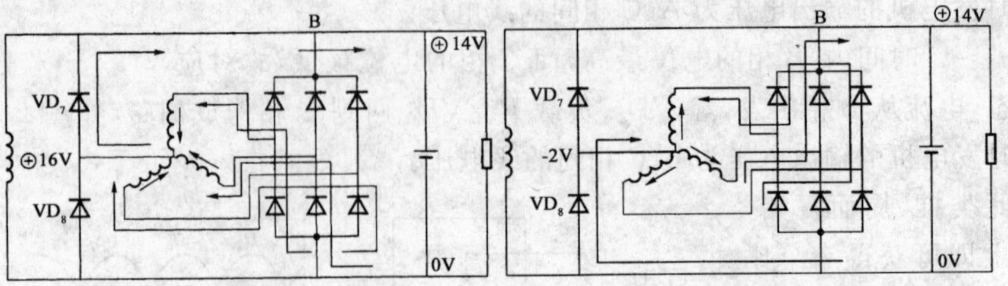

(a)中性点电压的瞬时值高于输出电压　　(b) 中性点电压的瞬时值低于负极电位

图 2-18　中性点二极管的电流路径

3)九管交流发电机的整流原理

九管交流发电机的特点是除了常用的六个二极管外，又增加了三个功率较小的二极管专门用来供给磁场电流，又称为磁场二极管。采用磁场二极管后，可以省去充电指示灯继电器，九管交流发电机充电系统电路如图 2-20 所示。

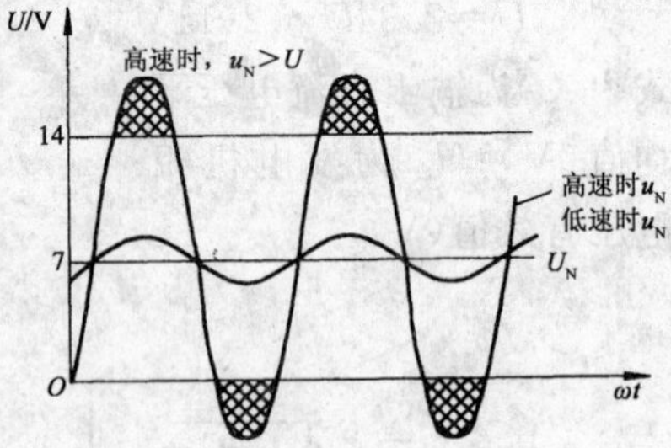

图 2-19　中性点三次谐波电压

发电机工作时，定子三相绕组产生的三相交流电动势，经 $VD_1 \sim VD_6$ 这六个二极管组成的三相桥式整流电路整流后，输出直流电压 U_B 向蓄电池充电和向用电设备供电。发电机的磁场电流由三个磁场二极管 VD_7、VD_8、VD_9 和三个共阳极二极管 VD_2、VD_4、VD_6 组成的三相桥式整流电路整流后的直流电压供给。

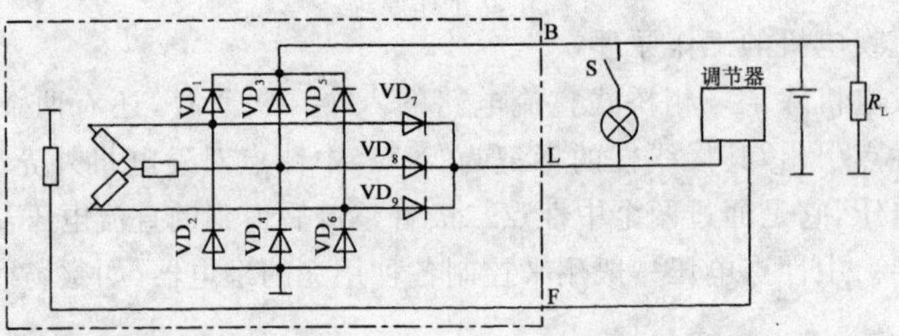

图 2-20　九管交流发电机充电系统电路图

发电机工作时，充电指示灯由蓄电池端电压与磁场二极管输出端 L 的电压 U_L 的差值控制。随着发电机转速升高，U_L 升高，指示灯亮度减弱。当发电机电压达到蓄电池充电电压时，发电机开始自励，此时指示灯因两端的电位相等而熄灭，表示发电机已经正常工作。当发电机转速降低或发电机有故障时，U_L 降低，指示灯发亮。这样利用充电指示灯，不仅可以在停车后提醒驾驶员及时关闭电源开关，还可以指示发电机的工作情况，同时又省去了结构复杂的继电器。

4)十一管交流发电机的工作原理

十一管交流发电机的整流器由六个三相桥式整流二极管、三个磁场二极管和两个中性点二极管组成，十一管交流发电机原理电路如图 2-21 所示。桑塔纳、奥迪 100、丰田皇冠等轿车均装有此类发电机。这种发电机不仅能满足输出功率的要求，还可以使用充电指示灯来指示发电机工作状况。

(5)激磁方法

汽车用硅整流交流发电机，在不接外电源时，本身也可能利用剩磁自激发电，但一方面由于转子剩磁较弱所能感应的电动势较低；另一方面，硅二极管有约 0.6V 的门槛电压，在电压低于门槛电压时，二极管处于截止状态，所以交流发电机只有在较高转速下，才可能自激发电，但这不能满足汽车的用电要求。因此，汽车上用的交流发电机在低转速时，采用他激方式。实际上，汽车发电机必须与蓄电池并联，开始由蓄电池向激磁绕组供电，使发电机电压很快建立起来并转为自激状态，蓄电池被充电的机会就多一些，有利于蓄电池的使用维护。

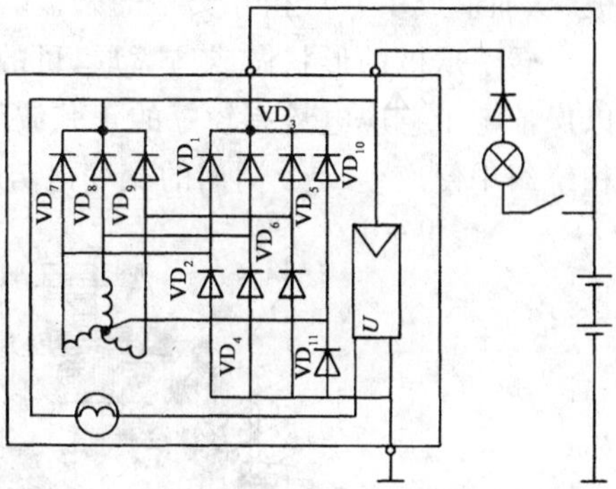

图 2-21　十一管交流发电机原理电路图

就是发电机低速时，蓄电池供给激磁绕组电流，以增强磁场，使发电机输出电压迅速上升。当发电机转速达到一定值后，发电机输出的电压达到蓄电池充电电压时，发电机才开始自激，即利用定子绕组产生的经过整流的直流电供给激磁绕组。

2. 交流发电机的构造

普通硅整流发电机由三相同步交流发电机和 6 只硅二极管组成的三相桥式全波整流器组成。各国生产的交流发电机都大同小异，主要由定子、转子、滑环、电刷、整流二极管、前后端盖、风扇及皮带轮等组成。图 2-22 为 JF1311 型发电机的分解图，图 2-23 为其结构剖视图。

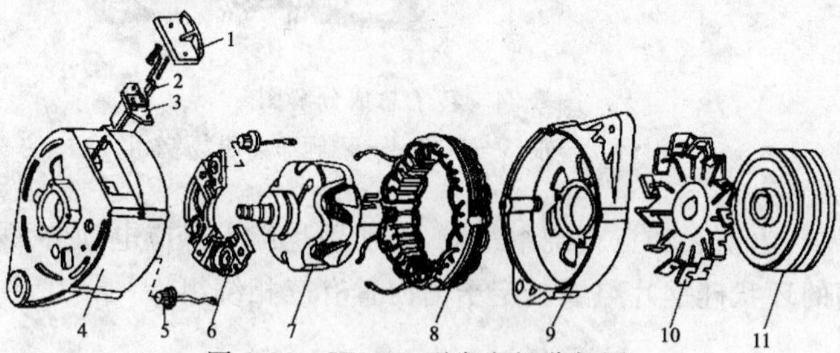

图 2-22　JF1311 型发电机分解图

1—电刷弹簧压盖 2—电刷 3—电刷架

4—后端盖 5—硅二极管 6—散热板 7—转子总成

8—定子总成 9—前端盖 10—风扇 11—三角皮带轮

(1)转子

转子是交流发电机的磁场部分，主要由 2 块爪极、磁场绕组、轴和滑环等组成，如图 2-24 所示。两块爪极各具有 6 个鸟嘴形磁极，压装在转子轴上，在爪极的空腔内装有磁轭，其上绕有磁场绕组(又称励磁绕组或转子线圈)。磁场绕组的两引出线分别焊在与轴绝缘的两个滑环上，滑环与装在后端盖上的两个电刷接触。当两电刷与直流电源接通时，磁场绕组中便有磁场电流通过，产生轴向磁通，使得一块爪极被磁化为 N 极，另一块爪极为 S

极,从而形成了六对相互交错的磁极。

转子爪极的形状做成鸟嘴形,目的是使磁力线在定子、转子之间气隙中是正弦分布,以保证定子感应电势有较好的正弦波形。若磁极对数记为 P,则转子每转一圈,定子的每相绕组中便产生 P 个周期的交变电势。

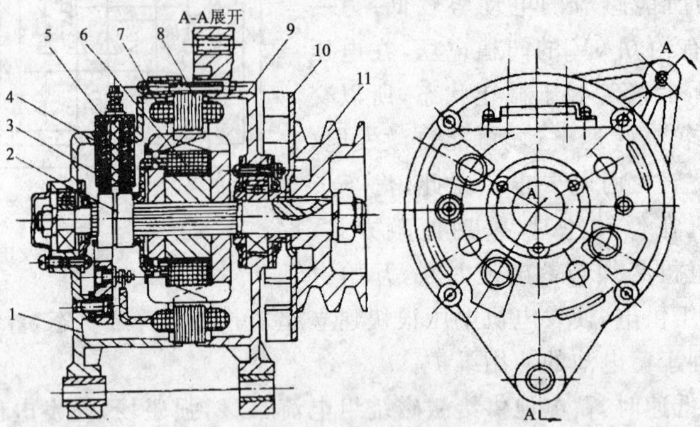

图 2-23 JF1311 型发电机结构剖视图

1—后端盖 2—滑环 3—电刷 4—电刷弹簧 5—电刷架 6—磁场绕组 7—电枢绕组 8—定子铁心 9—前端盖 10—风扇 11—三角皮带轮

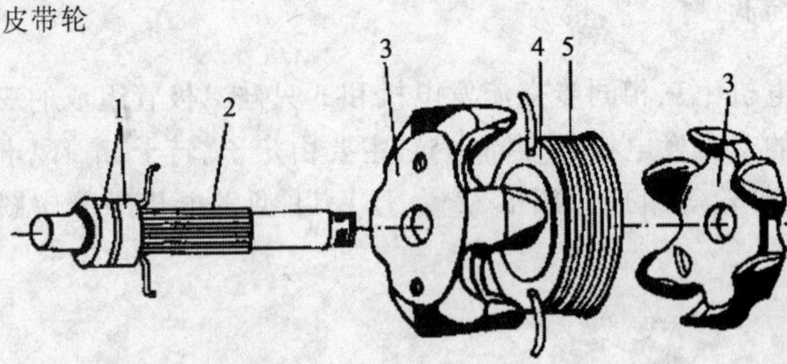

图 2-24 转子总成分解图

1—滑环 2—轴 3—爪极 4—磁轭 5—磁场绕组

(2)定子

定子又叫电枢,由铁心和三相绕组组成,其功用是产生感应电动势。定子铁心由相互绝缘的内圆带槽的环状硅钢片叠成。定子槽内置有三相绕组。

(3)整流器

交流发电机的整流器由 6 只硅二极管接成三相桥式全波整流电路。其作用是:将定子绕组产生的三相交流电转换为直流电;防止蓄电池电流向发电机倒流,避免烧坏发电机。

压装在后端盖上的 3 只硅二极管,引线为负极,外壳为正极,俗称“负极管子”,管壳底部一般涂有黑色标记;压装在铝制元件板上的 3 只硅二极管,与上述情况恰相反,俗称“正极管子”,为了区别,管壳底部一般涂有红色标记。由于这种管子的外壳压装在元件板的 3 个孔中,和元件板接在一起成为发电机的正极,元件板与后端盖之间用尼龙或其他绝缘材料制成的垫片隔开,并固定在后端盖上。元件板经螺栓引至后端盖的外部作为发电机的火线接线柱，标记为“+”或“电枢”，如图 2-25 所示。

3. 交流发电机的特性

车用交流发电机的使用条件与一般的工业上使用的交流发电机不同，其转速变化范围很大。汽油机转速调整倍数一般可达到 6～8 倍，柴油机可达到 3～5 倍。因此，其特性的表示方法与工业用交流发电机有所不同，一般是以转速为基准来表示各参数的关系。交流发电机的特性有空载特性、输出特性和外特性，其中以输出特性最为重要。

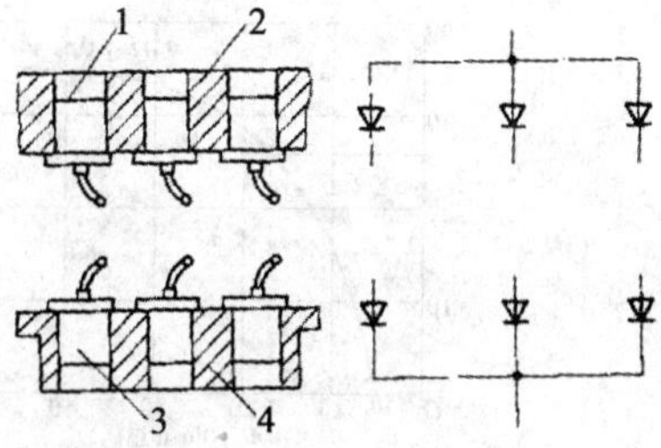

图 2-25 硅二极管安装示意图

1—负极管(黑色标记) 2—后端盖

3—正极管(红色标记) 4—元件板

(1)输出特性

输出特性是研究当发电机的输出电压 U 保持一定时(12V 系列交流发电机规定为 14V，24V 系列交流发电机规定为 28V)，其输出电流与转速之间的关系，即 $U=$常数时，$I=f(n)$的曲线，如图 2-26 所示。

由此看出，当发电机的输出电压保持一定时，其输出功率随转速增加，并且：

1)发电机达到额定电压时的初始转速定为空载转速 n_1，常用来作为选择发电机与发动机速比的主要依据。

2)发电机达到额定电流时的转速定为满载转速 n_2，额定电流一般定为最大输出电流的 2/3。

空载转速与满载转速是测试交流发电机性能的重要依据，在产品说明书上均有规定。使用中，只要测得这两个数据，即可判断发电机的性能良好与否。

3)当转速 n 达到一定值后，发电机的输出电流不再随转速升高而增加。此时的电流又称为发电机的最大输出电流或限流值。由此可见，交流发电机自身具有限制输出电流、防止过载的能力。交流发电机自动限流的原理可简述如下：

交流发电机定子绕组的阻抗 Z 由绕组的电阻 x_r 及感抗 x_L 合成，即

$$Z=\sqrt{x_r^2+x_L^2} \tag{2-12}$$

$$x_L=2\pi fL \tag{2-13}$$

式中：L 为相定子绕组的电感；f 为感应电动势的频率($f=\frac{Pn}{60}$)(P 为磁极对数)。

由于 x_L 与 n 成正比，故发电机定子绕组的阻抗 Z 随发电机的转速升高而增加。高速时，由于 x_r 与 x_L 相比可忽略不计，故认定 Z 与 n 也成正比。此外，随着发电机的输出电流增大，电枢反应加强，磁场减弱，可使定子绕组中的感应电动势下降。两者共同作用的结果，当发电机的转速升高且输出电流达到一定值时，再增加转速，发电机的输出电流不再增加。

(2)空载特性

空载特性是指硅整流发电机空载时，输出电压与转速之间的关系，如图 2-27 所示。从曲线可以看出，随着转速的升高，端电压上升较快，在较低转速下发电机就能从他励转入自励发电，即能向铅蓄电池进行补充充电，进一步证实了硅整流发电机低速充电性能良

好的特点。因此,从空载特性可以判断发电机充电性能是否良好。

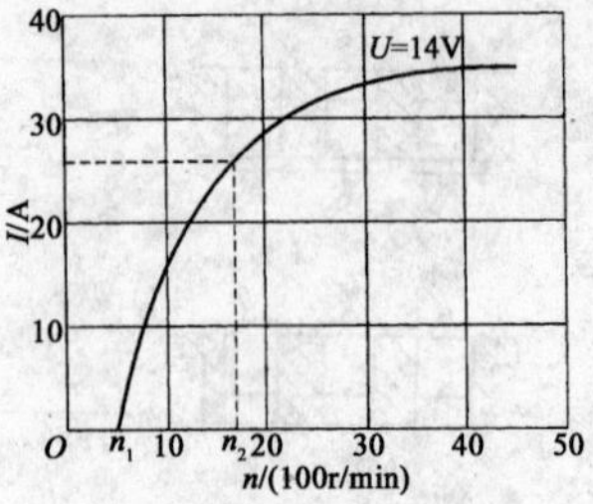

图 2-26　硅整流发电机的输出特性

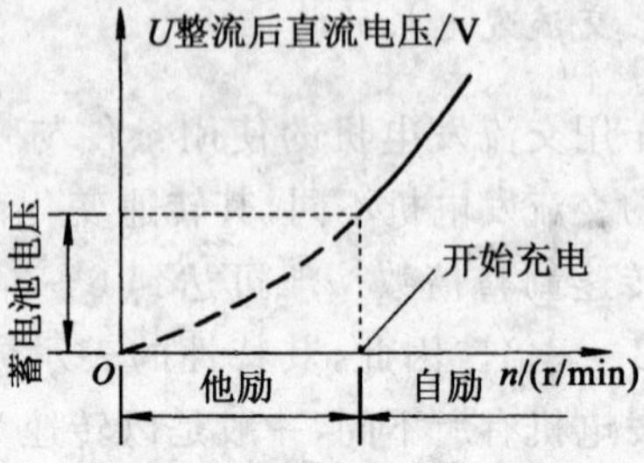

图 2-27　硅整流发电机的空载特性

(3)外特性

外特性是指发电机转速一定时,其端电压与输出电流之间的关系,即 $n=$常数时,$U=f(n)$的曲线,如图 2-28 所示。

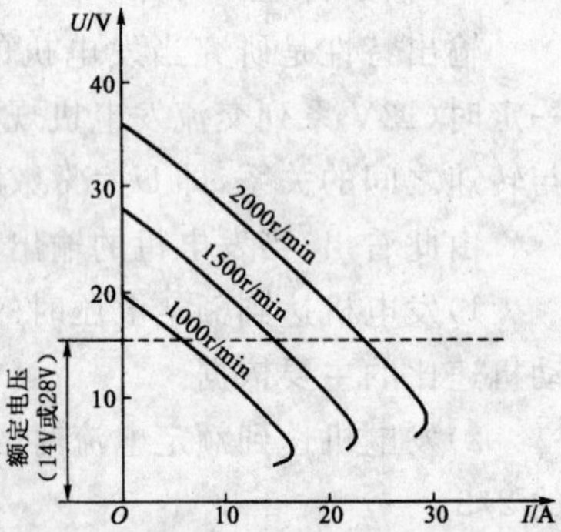

图 2-28　硅整流发电机的外特性

从外特性曲线分析得知,负载增加时,发电机的输出电流 I 增加,发电机的端电压也随之下降。引起端电压下降原因可归纳为:

1)随着发电机的输出电流增加,使得发电机的内压降增大,引起端电压下降。

2)当端电压较高时,由于磁场电流减小,引起磁场减弱,因而使发电机的电动势减小,导致端电压进一步下降。

3)发电机的输出电流增大的较多时,随着电枢反应增强,导致定子绕组中的感应电动势下降,引起端电压进一步下降。

此外,发电机输出电流随负载增加到一定值时,若再继续增加负载,输出电流不再增加,反而同端电压一同下降,此处电流可称为转折电流。其次,当转速增加时,由于感抗增加,而使外特性曲线中电压下降的斜率随转速增加,导致各等速曲线的转折点逐渐靠拢,逐步接近发电机的最大电流值(限流值),由此同样可以证明,交流发电机具有限制输出电流的能力。当发电机短路时,因剩磁电势的作用,可产生短路电流。

由此可知,当发电机高速运转时,不允许突然失去负载,否则,其端电压会急剧上升,致使发电机的二极管或其他电子元件有被击穿损坏的危险。

4.交流发电机的调节器

由于交流发电机的硅整流器具有单向导电性,蓄电池不可能向其定子绕组反向放电,故无需交流发电机调节器设逆向截流器;又因交流发电机的自限流能力,而不需要对输出电流进行调节。但交流发电机由发动机驱动旋转,其转速随着发动机的停运、起动、怠速、常用转速、最高转速、不同工况而大幅度变化,而用电设备通常要求供给恒定电压,根据前边提到的特性曲线,交流发电机必须用电压调节器使得其输出的直流电压在一定的转速范围内基本保持恒定。

(1)电压调节原理

当交流发电机运行时,其端电压可按下式计算:

$$U=E-2U_d-IZ\approx Cn\varphi-IZ \tag{2-14}$$

式中:C 为发电机的结构常数;n 为发电机的转速;φ 为磁极磁通;I 为发电机的输出电流;Z 为发电机的内阻($Z=\sqrt{x_r^{\ 2}+x_L^2}$);$2U_d$ 为整流器上的电压降。

交流发电机的磁通 φ 可根据电流 I_f 计算,即:

$$\varphi=\varphi_0+\frac{I_f}{a+bI_f} \tag{2-15}$$

式中:φ_0 为剩磁通;a、b 为逼近磁化曲线的系数,可通过发电机的空载曲线求得。

若忽略剩磁的影响并考虑磁化曲线的逼近,式(2-13)可整理为:

$$U=\frac{C_nI_f}{a+bI_f}-IZ \tag{2-16}$$

即发电机的转速 n 和负载在很大范围内变化时,要保持发电机电压稳定,就必须改变磁场电流 I_f。由此得出结论,调节磁场电流 I_f 可起到稳定发电机电压的作用。

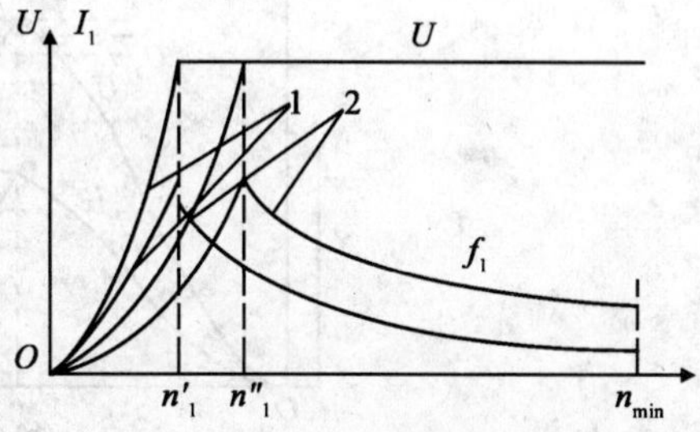

图 2-29　硅整流发电机的工作特性

1—$R=\infty$时　2—$R=R_j$ 时

运用式(2-14)可作出交流发电机的工作特性曲线(图 2-29)。特性曲线研究的是,当发电机的负载不变($R_1=\infty$,$R_2=R_j$)及输出电压为被限定时,磁场电流 I_f 与转速 n 之间关系。特性曲线进一步证实了上述结论的正确性。因此,磁场电流应随转速升高而减小,并随负载增加而增大。

(2)电压调节方法

按磁场电流的调节方式,又可分为两类电压调节器。

1)连续作用的调节器

其所有电路元件的输入及输出参数都是时间的连续函数,并磁场电流的改变取决于电机的转速及负载。可用公式表示为:

$$I_f=\frac{U}{R_f}+R_{tj} \tag{2-17}$$

式中:R_f 为磁场绕组电阻;R_{tj} 为磁场电路的调节电阻,$R_{tj}=f(n,I_f)$。

为此,调节电阻 R_{tj} 必须随转速增加而增大,随负载增大而减小,并且是连续型变化。

2)脉宽调制式调节器

由于脉宽调制式调节器电路简单,容易实现,所以在汽车上得到广泛应用。这种类型的调节器可由各种不同的继电器组成。

调节过程如下:如图 2-30 所示,发电机以转速 n_1 运转,当其电压上升到规定的动作电压 U_2 时,继电器使得磁场电路的参数和调节机构突然改变,磁场电流开始减小,同时发电机的输出电压降低。当发电机输出电压降至恢复电压 U_1 时,继电器又可使磁场电路参数突然恢复到原来状态。磁场电流又随之增加,使发电机的输出电压增加。若再次达到规定的动作电压时，继电器又重新工作，周而复始。此时，发电机在给定转速 n_1 和负载下，发电机电压的平均值 U 和磁场电流的平均值 I_{f1} 可保持不变。

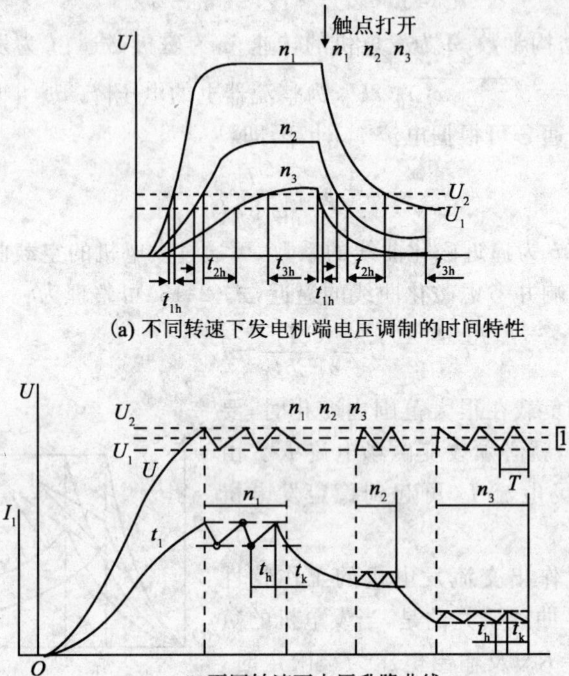

(a) 不同转速下发电机端电压调制的时间特性

(b)不同转速下电压升降曲线

图 2-30　脉宽调制式调节器调制特性

此外，试验证明，当发电机的转速不同时，触点闭合后发电机电压的增长以及触点断开后的电压下降速率也不同[图 2-30(b)]，在发电机转速变化的过程中，$\frac{t_k}{T}$随转速发生变化，磁场的变化范围为 0～1，其中 T 为脉动周期，在数值上，$T=(t_a+t_b)$，这个过程就称为脉宽调制过程，这个比值又可称为触点的相对张开时间。

由此可见，电压调节器的作用就是：当发电机的转速或负荷变化时，通过改变触点相对张开时间来调节磁场电流，使发电机输出电压保持不变。

2.2.3　硅整流发电机故障排除与测试

硅整流发电机每运转 750h(相当于 30000km)后，应拆开检修一次，主要检查电刷和轴承的状况。新电刷的高度是 13mm，磨损至 7～8mm 时应予以更换。轴承如有显著松动，应予更换。

硅整流发电机若不发电，其主要原因多是硅二极管损坏，磁场绕组或定子绕组有断路、短路或搭铁(绝缘不良)等故障所致。

1. 解体前的检查

(1)发电机各接线柱之间的电阻值测量

用万用表($R\times1$ 挡)测量发电机各接线柱之间的电阻值，若不符合规定，应解体发电机进一步检查。

若"F"与"－"端间电阻值过大，则表明炭刷与滑环的接触不良；若阻值大到表明回路不通，则可能是电刷在刷握中卡住或回路有其他断点存在。

若"＋"与"－"、"＋"与"F"端子间的正向电阻值小于正常值，则可能是硅二极管有短路性击穿；若接近正常而运行时又只能输出很小电流，则可能有二极管断路性损坏。

若"＋"与"－"、"＋"与"F"端子的反向电阻大大小于正常值，则表明整流器中至少有两个二极管被击穿而短路。

使用万用表时应注意，指针式万用表和数字式万用表的测试棒的"＋"、"－"极性不同，使用时必须分清楚。正常时的阻值如表 2-11 所示。

表 2-11　　硅整流发电机各接线柱之间的电阻值

发电机型号	"F"与"－"	"＋"与"－"		"＋"与"－"	
		正向	反向	正向	反向
JF1 JF13 JF15 JF21	5～6	40～50	＞1000	50～60	＞1000
JF12 JF22 JF23 JF25	19.5～21	40～50	＞1000	50～70	＞1000

(2)在试验台上对发电机进行发电试验

测出发电机在空载和满载情况下发出额定电压时的最小转速，从而判断发电机的工作是否正常。

试验时，将发电机固定在试验台上，并由调速电机驱动，按图 2-31 接线。合上开关 K_1(由蓄电池供给磁场电流进行他励)，逐渐提高发电机转速，并记下电压升到额定值时的转速，即空载转速。然后断开开关 K_1(由发电机自励)，并合上开关 K_2，同时调节负载电阻，记下额定负载情况下电压达到额定值时的转速，即满载转速。如开始转速过高，或在满载情况下，发电机的输出电流过小，则表示发电机有故障。

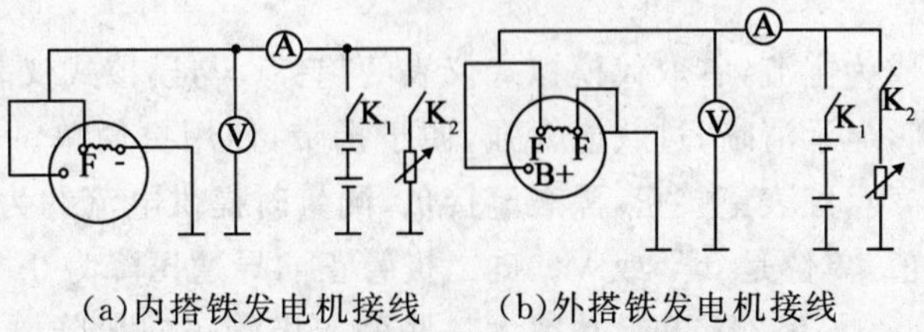

(a)内搭铁发电机接线　(b)外搭铁发电机接线

图 2-31　硅整流发电机空载和发电试验

(3)用示波器观察输出电压波形

当发电机有故障时,其输出电压的波形将会发生变化,因此根据输出电压的波形,就可判断发电机内部二极管以及定子绕组是否有故障。各种情况下输出电压的波形如图2-32所示。

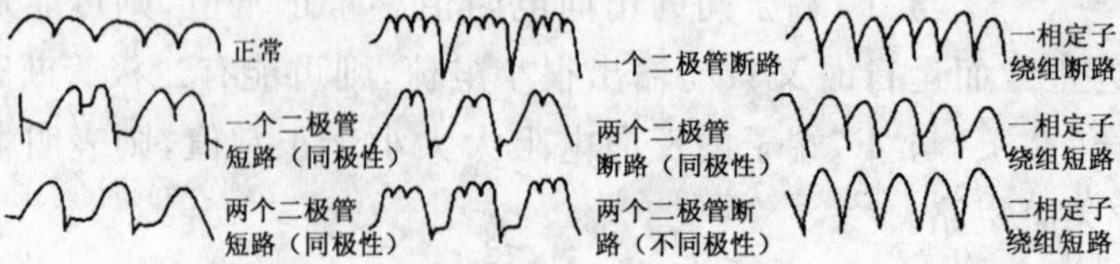

图 2-32 各种情况下输出电压的波形

2.解体后的检查

(1)硅二极管的检查

拆开定子绕组与二极管的连接线后,用万用表($R\times1$ 挡)逐个检查每个硅二极管的性能。其检查方法和要求如图 2-33 所示。

测量压在后端盖上的二极管(正极管子)时,将万用表的“－”测试棒接端盖,“＋”测试棒接二极管的引线,电阻值应 8～10Ω;然后将测试棒交换进行测量,电阻值应在 10000Ω 以上。压在散热板上的三个正极管子是相反方向的,测试结果与负极管子相反。若正、反向测试时,电阻值均为零,则二极管短路;若电阻均为无穷大,则二极管断路。短路和断路的二极管均应更换。

1)数字万用表二极管的测量方法

用 UT6OE 测二极管时的连接方法如图 2-34 所示。

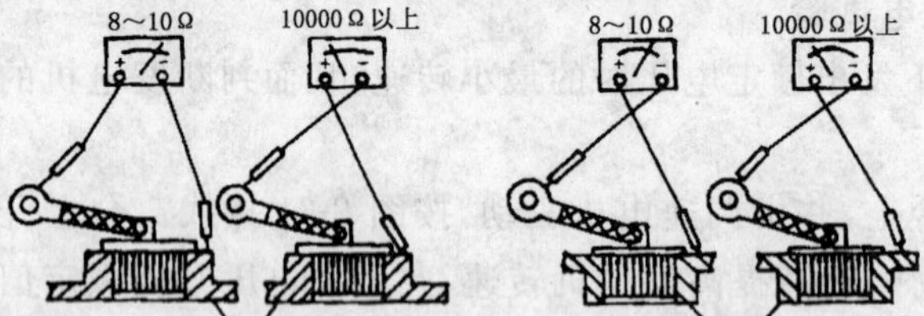

(a) 发动机后端盖　(b) 元件板

图 2-33 用万用表检查硅整流二极管

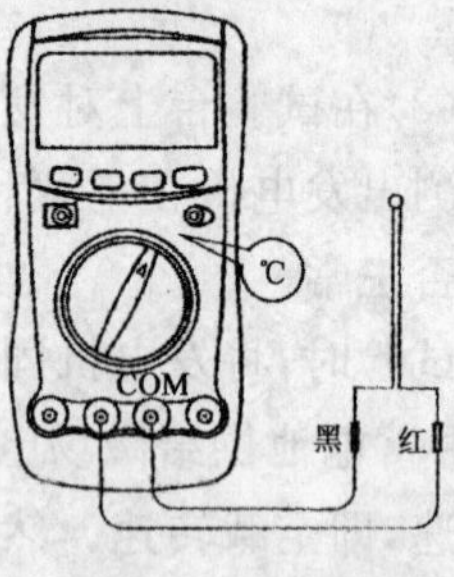

图 2-34 用 UT6OE 测二极管的连接方法

数字式测量仪表已成为主流,有取代模拟式仪表的趋势。与模拟式仪表相比,数字式仪表灵敏度高,准确度高,显示清晰,过载能力强,便于携带,使用更简单。数字万用表二极管挡开路电压约为 2.8V,红表笔接正,黑表笔接负,测量时提供电流约为 1mA,显示值为二极管正向压降近似值,单位是 mV 或 V。硅二极管正向导通压降为 0.3～0.8V,锗二极管锗正向导通压降为 0.1～0.3V,并且功率大一些的二极管正向压降要小一些。如果测量值小于 0.1V，说明二极管击穿，此时正反向都导通。如果正反向均开路说明二极管 PN 节开路。对于发光二极管，正向测量时二极管发光，管压降约 1.7V。

2)使用方法

①使用前，应认真阅读有关的使用说明书，熟悉电源开关、量程开关、插孔、特殊插口的作用。

②将电源开关置于“ON”位置。

③交直流电压的测量：根据需要将量程开关拨至“DCV”(直流)或“ACV”(交流)的合适量程，红表笔插入“V/Ω”孔，黑表笔插入“COM”孔，并将表笔与被测线路并联，即显示读数。

首先要强调的是用数字万用表测量二极管时，实测的是二极管的正向电压值，而指针式万用表测的是二极管正反向电阻的值，所以，使用过指针式万用表测二极管的读者要特别注意这个区别。将红表笔插入“HzVm”插孔，黑表笔插入“COM”插孔，红表笔极性为“＋”，黑表笔极性为“－”。将功能量程开关置于测量挡，再按 SELECT 键选择二极管测试功能，红表笔接被测二极管正极，黑表笔接被测二极管负极。从 LCD 显示屏上读出二极管的近似正向压降值，硅二极管一般为 0.5～0.8V。测量注意事项：如果被测二极管开路或极性接反，显示屏将显示“OL”；当测量在线二极管时，测量前必须断开电源，并将相关的电容放电。

(2)磁场绕组的检查

用万用表检查磁场绕组如图 2-35 所示，若磁场绕组电阻值符合规定值，则说明磁场绕组良好；若电阻小于规定值，说明磁场绕组有短路处；若电阻为无穷大，则说明磁场绕组断路。

按图 2-36 所示的方法检查磁场绕组的绝缘，灯亮说明磁场绕组或滑环搭铁。磁场绕组若有短路、断路和搭铁故障时，一般需要更换转子总成或重绕磁场绕组。

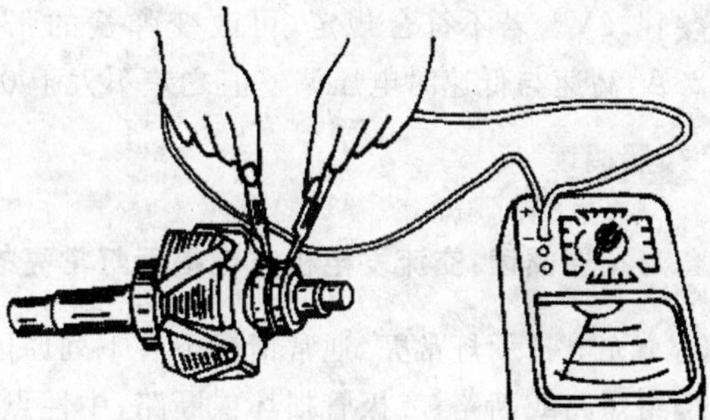

图 2-35 用万用表测量磁场绕组的电阻值

(3)定子绕组的检查

用万用表检查定子绕组是否断路。按图 2-37 所示方法，检查定子绕组的绝缘情况。

定子绕组若有短路、断路和搭铁(绝缘不良)故障，而又无法修复时，则需要重新绕制。发电机修复后，需进行空载和满载试验，性能应符合规定。

(4)调节器故障检查与调整

充电系统出现故障，经检查确认发电机工作正常而调节器有故障时，应将调节器从车上拆下，进行检修。

电磁振动式调节器的检查与调整：

1)触点、电阻和线圈状况的检查

检查触点是否氧化、烧蚀，必要时修复。检查电阻是否烧断以及线圈有无断路、短路等故障。调节器线圈和电阻的阻值应符合规定。

2)各部件间隙的检查与调整

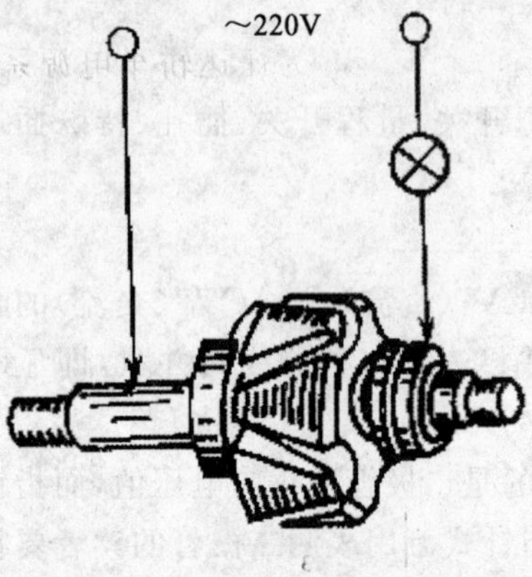

图 2-36　磁场绕组绝缘的检查

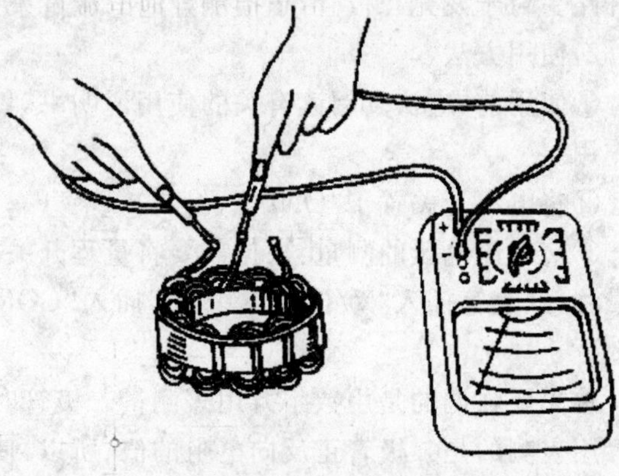

图 2-37　定子绕组断路检查

检查调节器各触点的间隙,其值应符合规定。以 FT61 型调节器为例,衔铁与铁心间的间隙为 1.05~1.15mm,如不符合规定,可将固定触点 K_1 支架 2 上的螺丝松开,然后按需要移动支架 2 即可。高速触点的间隙为 0.2~0.3mm,若不符合规定,可移动触点 K_2 的支架进行调整。发电机转速为 3000r/min,输出电流为 4A,电压调整值为 13.2~14.2V。若不符合规定,可改变弹簧的张力。发电机转速为 3500r/min,输出电流为 23A,高速与低速时电压调整值之差不大于 0.5V。

拓展阅读

拓展阅读:交流发电机充电指示灯常亮故障检修

充电指示灯常亮,通常情况下有下列原因:充电指示继电器不闭合;交流发电机定子绕组短路或断路;二极管损坏或断路;中性点断路或接触不良引起的中性点电压过低。

检查步骤:首先检查 V 型带的工作状态是否正常,然后依次检查:线路是否有短路现象;关闭所有电器测量蓄电池电流,蓄电池是否完好;发电机是否正常;未经熔断器的电路是否正常。

故障现象:桑塔纳汽车发动机转速升至 3000r/min 左右时,充电指示灯即闪亮,且随发动机转速升高而亮度增强。

故障检修:检查充电指示灯线路,无异常发现。当触及发电机传动带轮时,有松旷感。拆检发电机,发现发电机前后轴承晃动,定子铁心有磨痕,滑环磨有两道深槽。原来在发电机高速运转时,因转子剧烈跳动,与定子铁心接触,并影响滑环与碳刷的良好接合,使发电机不能向蓄电池充电,从而导致充电指示灯亮。更换发电机前后轴承并将滑环车圆后装复试车,故障排除。

拓展阅读:电源系统故障诊断与电路测试

整体式交流发电机将电压调节器安装在发电机内部,其电源系统电路多采用充电指示灯代替电流表。为了发电机正常发电，也由点火开关控制输入他励电流，但其数值大小受充电指示灯的限制。由于指示灯泡电流过小(一般为发光二极管)，可以将指示灯与适当电阻并联，此方案多见于德国大众车系和日本尼桑车系。图 2-38 为捷达轿车电源系统电路。

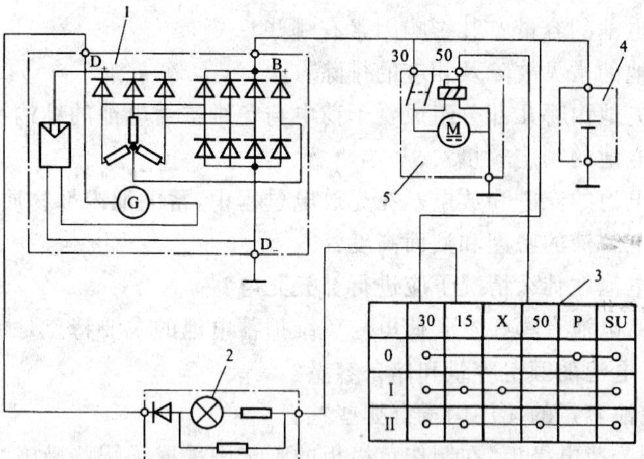

图 2-38　捷达轿车电源系统电路

1—发电机及调节器 2—充电指示灯

3—点火开关 4—蓄电池 5—起动机

1. 电路分析

发电机的工作电路：点火开关处于点火挡(Ⅰ挡)时，发电机的励磁电路的工作电流由蓄电池正极经点火触点 30 与 15 到达充电指示灯，再经发电机励磁绕组、电压调节器到蓄电池负极，形成回路。此时充电指示灯亮，并在发电机的转子定心中产生磁场，发电机处于他励状态。发动机起动后，在曲轴带轮的带动下，转子旋转，于是在定子的三相绕组中产生交流电，然后通过硅二极管整流后在 B_+ 和 D_+ 端输出直流电。发电机发电后，励磁电流由发电机自身提供，进入自励状态，同时由于 D_+ 点电位升高后，充电指示灯的两端电位比较接近，所以充电指示灯熄灭。如果在行车过程中充电指示灯常亮，说明发电机没有发电，应及时检修。

2. 蓄电池亏电故障诊断与分析

(1)现象

蓄电池经常亏电，起动无力。

(2)原因

1)蓄电池自身故障。

2)发电机内有短路、断路等故障，使其不发电。

3)线路有短路、断路现象。

4)线路连接不良。

(3)故障诊断与分析

在使用中出现蓄电池亏电，首先应排除发电机不发电的故障，其次检查线路连接是否可靠、正常，最后检查线路中是否有搭铁短路现象。

复习思考题

1. 简述蓄电池结构及其功用。
2. 什么是蓄电池的容量？其影响因素有哪些？
3. 简述蓄电池的常见故障及相应的排除方法。
4. 汽车用蓄电池由哪几部分组成？干荷电与免维护蓄电池的结构特点是什么？
5. 什么是蓄电池的额定容量？
6. 什么是蓄电池的充电和放电？在充放电过程中，蓄电池内部物质如何变化？
7. 怎样测量电解液的密度和液面高度？
8. 汽车用蓄电池在什么情况下应进行补充充电？
9. 汽车常用蓄电池有哪些？干荷电与免维护蓄电池的主要特点是什么？
10. 什么是蓄电池的额定容量和储备容量？
11. 影响蓄电池容量的使用因素有哪些？
12. 为了得到干荷电极板，在制作负极板的工艺中采取了哪些措施？
13. 将一片正极板和一片负极板插入电解液时，能够得到几伏电压？
14. 在充放电过程中，蓄电池的端电压和电解液密度怎样变化？其原因各是什么？
15. 为什么工业用硫酸和普通水不能用于蓄电池？
16. 解放 CA1091 型汽车用的 6-QA-100 型蓄电池各部分的意义是什么？
17. 汽车交流发电机的功用是什么？由哪几部分组成？
18. 交流发电机定子的功用是什么？由哪几部分组成？
19. 交流发电机转子的功用是什么？由哪几部分组成？
20. 交流发电机型号的含义是什么？
21. 什么是汽车交流发电机的输出特性，其特性有何特点？
22. 汽车交流发电机具有限流保护功能的原因是什么？
23. 为什么八管交流发电机能够提高发电机的输出电流？
24. 九管交流发电机怎样控制充电指示灯来指示充电系统工作情况？

第3章　起动系统故障检修

学习目标

1. 会起动系统的结构原理并熟练拆装。
2. 分析汽车起动系统电路。
3. 能对汽车起动系统故障进行诊断排除。

考核标准

知识要求：

1. 掌握起动机的作用、类型、结构、原理、特性。
2. 正确读识汽车起动电路。

技能要求：

1. 掌握万用表、示波器、故障诊断仪的正确使用。
2. 掌握起动机的故障分析方法；
3. 掌握起动机各部件的检修方法。

教学建议

教具：万用表、示波器、诊断仪、起动机、工单。

建议：起动机拆装、检修及故障诊断内容建议安排在实验室进行。起动机结构原理建议使用多媒体教学。教学参考韩系汽车电器设备构造与维修精品课程。

3.1　起动机的结构及分类

3.1.1　起动机作用

汽车发动机由静止状态转为运转状态的过程称为起动，发动机进入正常工作循环之前必须借助外力来起动。现代汽车发动的起动任务普遍采用电磁控制式起动系统来完成。

起动系统主要由起动机和起动控制电路组成，起动机的功用是利用起动机将蓄电池的电能转换为机械能，再通过传动机构将发动机拖转起动。

3.1.2 起动机构造

起动机一般由三部分组成。

(1)直流串激式电动机，其作用是产生转矩。

(2)传动机构(或称啮合机构)，其作用是：在发动机起动时，使起动机驱动齿轮啮入飞轮齿环，将起动机转矩传给发动机曲轴；而在发动机起动后，使驱动齿轮打滑与飞轮齿环自动脱开。

(3)控制装置(即开关)，用来接通和切断起动机与蓄电池之间的电路。在有些汽车上，还具有接入和隔除点火线圈附加电阻的作用。

起动机的构造如图 3-1 所示。

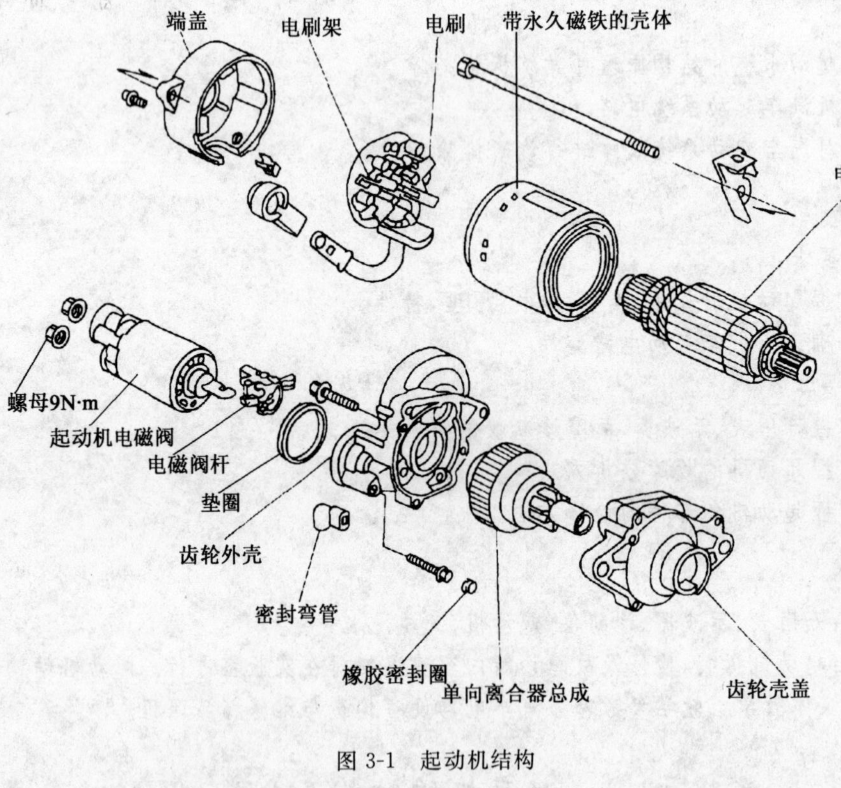

图 3-1 起动机结构

3.1.3 起动机的分类

1.按电动机磁场产生方式不同

励磁式起动机，通过向励磁绕组通电产生磁场，汽车上的起动机普遍都采用直流串励式电动机。永磁式起动机，以永久磁铁做磁极产生磁场，是一种新型起动机。

2.按控制装置分类

(1)直接操纵式起动机，由脚踏或手拉杠杆联动机构直接控制起动机的主要电路来接通或切断电路，也就是机械式，要求起动机、蓄电池靠近驾驶室，操作不便，现在已很少采用。

(2)电磁操纵式起动机，由按钮或点火开关控制继电器，再由继电器控制起动机的主开关来接通或切断主电路，这种方式可以实现远距离控制，操作方便，在现代汽车上广泛应用。

3. 按传动机构啮合方式分类

(1)惯性啮合式起动机，起动机旋转时，啮合小齿轮靠惯性力自动啮入飞轮齿环，起动后，小齿轮又借惯性力自动与飞轮齿环脱离，这种啮合机构结构简单，但不能传递较大的转矩，而且可靠性较差，很少使用。

(2)强制啮合式起动机，利用电磁力拉动杠杆机构，使驱动齿轮强制啮入飞轮齿圈的起动机，可靠性较高，现代汽车广泛应用。

(3)电枢移动式起动机，利用磁极产生的电磁力使电枢产生轴向移动，从而将驱动齿轮啮入飞轮齿圈的起动机，结构比较复杂，用于大功率发动机的汽车，一般用在重型车上。

(4)齿轮移动式起动机，靠电磁开关推动安装在电枢轴孔内的啮合杆，从而使小齿轮啮入飞轮齿圈的起动机。

(5)减速式起动机，也是靠电磁吸力推动单向离合器，使小齿轮啮入飞轮齿圈的起动机，减速起动机是在电枢和驱动齿轮之间装有一级减速齿轮，增大了起动机的转矩。

拓展阅读

使发动机从静止状态过渡到工作状态的全过程，叫发动机的起动。完成起动所需要的装置叫起动系统。

1. 起动条件

(1)起动转矩：能够使曲轴旋转的最低转矩称为起动转矩，起动转矩必须克服压缩阻力和内摩擦阻力矩。起动阻力矩与发动机压缩比、温度、机油黏度等有关。

(2)起动转速：能使发动机起动的曲轴最低转速称为起动转速，在 0℃～20℃时，汽油机的起动转速为 30～40r/min，柴油机的起动转速为 150～300r/min。

2. 起动方式

转动曲轴使发动机起动的方式很多，汽车发动机常用的有两种。

(1)人力起动：起动最为简单，只需将起动手摇柄端头的横销嵌入发动机曲轴前端的起动爪内，以人力转动曲轴。

(2)电动机起动：电动机起动是用电动机作为机械动力，当将电动机轴上的齿轮与发动机飞轮周缘的齿圈啮合时，动力就传到飞轮和曲轴，使之旋转。电动机本身又用蓄电池作为电源。

3.2 直流电动机的结构和工作原理

3.2.1 直流串励式电动机的构造

1. 直流电动机的结构

汽车用起动电动机一般为串励式直流电动机，主要由电枢（转子）、换向器、磁极（定子）以及机壳等部件组成。

(1)电枢与换向器

电枢由电枢轴、电枢铁心和电枢绕组等组成，电枢的结构如图 3-2 所示。

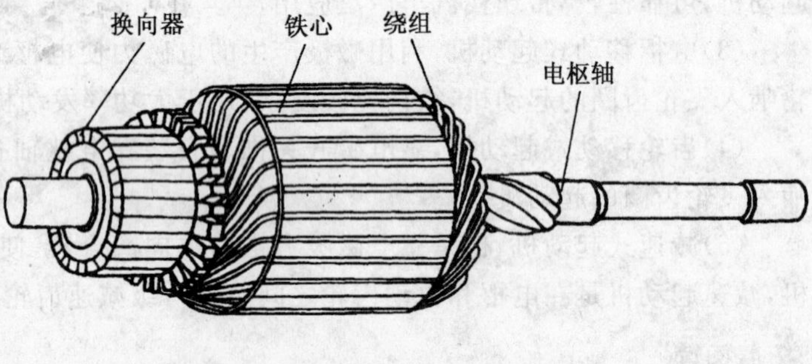

图 3-2 电枢总成

铁心由外圆带槽的硅钢片叠制而成，压装在电枢轴上，电枢绕组嵌装在铁心的槽内。为了得到较大的转矩，流经电枢绕组的电流很大，一般为 200～600A，故电枢绕组采用较粗的矩形裸铜线绕制。为了防止裸铜线绕组间短路，在铜线与铜线之间、铜线与铁心之间，用绝缘纸隔开。裸铜线在高速运转时易在离心力的作用下甩出，因此，在铁心槽口两侧用轧线将铁心挤紧。电枢绕组各线圈的端头均焊接在换向器上。换向器由铜片和云母片相间叠压而成，压装在电枢轴上。

(2)磁极

磁极由固定在机壳上的铁心和缠绕在铁心上的磁场绕组组成。磁极的作用是建立磁场，一般多为 4 个磁极，功率超过 7.35kW 的起动机也有用 6 个磁极的。磁场绕组与电枢绕组串联，用矩形裸铜线绕制。4 个磁场绕组的连接方式有两种，如图 3-3 所示。不管采用哪一种连接方式，4 个磁场绕组所产生的磁极应该是相互交错的，如图 3-4 所示。

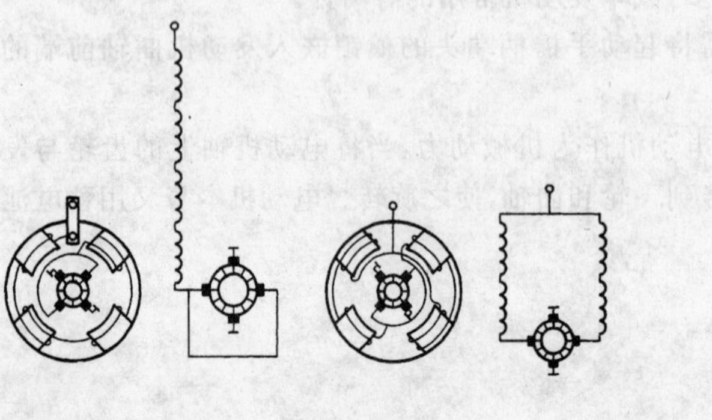
图 3-3 励磁绕组接法

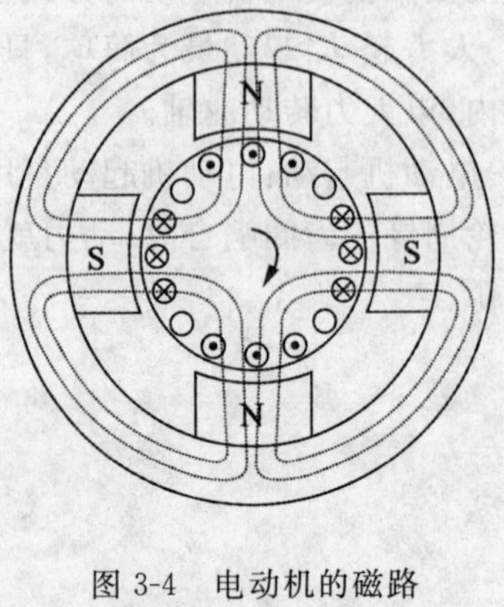

图 3-4 电动机的磁路

(3)电刷与电刷架

电刷与电刷架的作用是将电流引入电动机。电刷一般用铜粉和石墨粉压制而成,以减小电阻,同时增加耐磨性。电刷装在电刷架中,借弹簧压力紧压在换向器上。电动机内装有四个电刷架,其中两个电刷架与机壳直接相连而搭铁,称为搭铁电刷架,如图 3-5 所示。

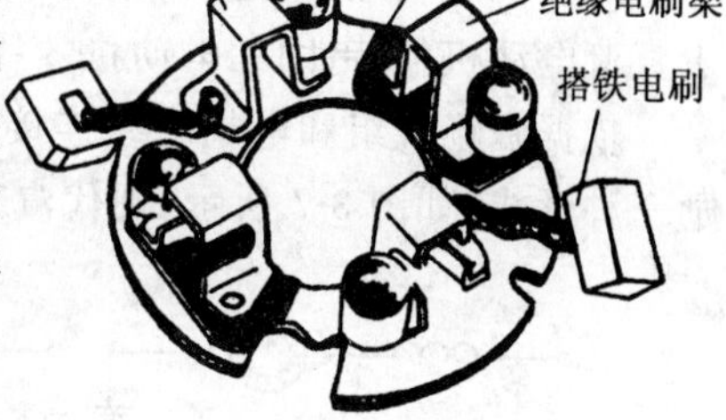

图 3-5　电刷及电刷架

3.2.2　直流电动机的工作原理

直流电动机将电能转变为机械能,其工作原理如图 3-6 所示。由于换向器的作用,在 N 极和 S 极间的导体电流方向保持不变,电磁力形成的转矩方向保持不变,使电枢始终按同一方向转动。

由于一个线圈所产生的转矩不够大,且转速不稳定,因此,电动机的电枢上绕有多组线圈,换向器的片数也随线圈的增加而相应增加,电动机转矩为:

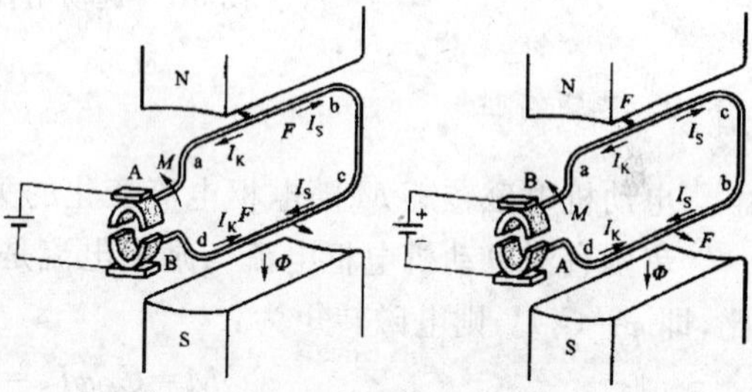

(a)绕组中的电流从 a→d(b)绕组中的电流从 d→a

图 3-6　直流电动机的工作原理

$$M=C_m I_S \Phi$$

式中:C_m 为电机常数,与电机的结构有关;I_S 为电枢电流;Φ 为磁极磁通。

当直流电动机接入电源时,产生的电磁转矩使电枢旋转,而电枢旋转时,其绕组切割磁力线产生感应电动势,其方向按右手定则判断,恰与电枢电流的方向相反,称为反电动势,其大小为:

$$E_f=C_m \Phi n$$

式中:E_f 为反电动势;n 为电动机的转速。

这样,外加电压 U 一部分降落在电枢绕组 R_S 和励磁绕组的电阻 R_L,另一部分则用来平衡电动机的反电动势 E_f,即:

$$U=E_f+I_S R_S+I_S R_L$$

上式称为电动机的电压平衡方程式。由上式可得

$$I_S=\frac{U-E_f}{R_S+R_L}=\frac{U-C_m \Phi n}{R_S+R_L}$$

由上式可知,当电动机轴上的阻力矩增大时,电枢转速就会降低,故 E_f 减小,电枢电流 I_S 增大,电磁转矩($M=C_m I_S \varphi$)也随之增大,直到电动机产生的电磁转矩与阻力矩达到新的平衡为止。反之,电动机负载减小时,电枢转速升高,I_S 减小,电枢转矩 M 也随之减小,直到电磁转矩与阻力矩达到新的平衡为止。可见,串励直流电动机,当负载发生变化时,其转速、电流和转矩将会自动发生变化,以满足负载变化的需要。

3.2.3 串励直流电动机的特性

起动机的转矩、转速、功率与电流的关系称为起动机的特性曲线。起动机的特性取决于直流电动机的特性。

依据磁场绕组和电枢绕组连接方式的不同，起动用直流电动机可分为并励、串励、复励三种形式，如图3-7所示，现代汽车用的起动机大多为串励式直流电动机。

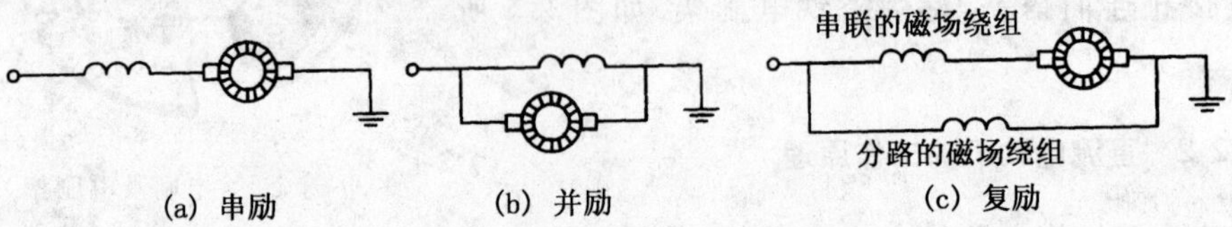

图 3-7 起动用直流电动机示意图

1. 转矩特性

电动机电磁转矩 M 随电枢电流变化的关系称为转矩特性。

串励直流电动机电枢电流与励磁电流是相等的，故在磁路未饱和时，磁通与电流成正比，即 $\varphi=C_1 I_S$，则电磁转矩为：

$$M=C_M\varphi I_S=C_m C_1 I_S^2=CI_S^2$$

即在磁路未饱和时，电磁转矩与电流的平方成正比；在磁路饱和后，电流增大，磁通保持不变，电磁转矩与电枢电流成线性关系，电磁转矩 M 的曲线如图3-8所示。

2. 机械特性

串励直流电动机转速随电磁转矩变化而变化的关系称为机械特性。直流电动机的机械特性曲线如图3-9所示。

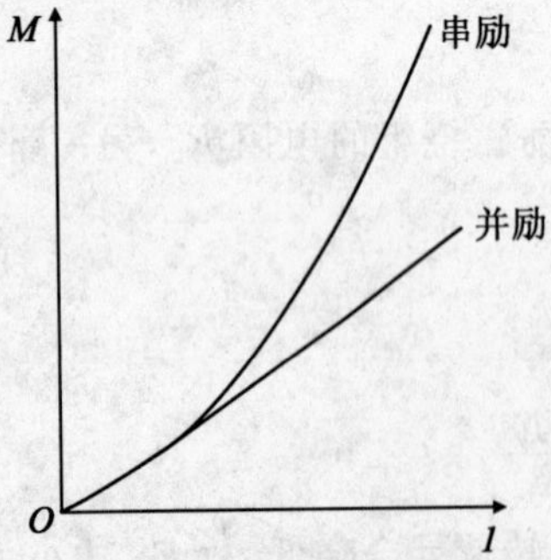

图 3-8 直流电动机转矩特性

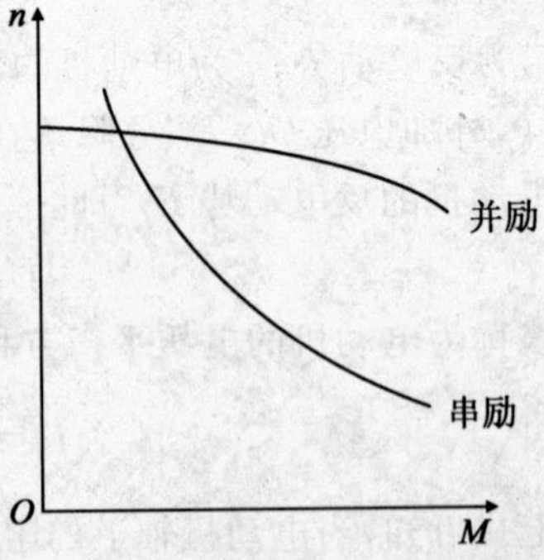

图 3-9 直流电动机的机械特性曲线

串励电动机在输出转矩较大时，电枢电流较大，电流随电动机转速的增加而急剧下降。反之，在输出转矩较小时，电枢电流又随电动机转速的减小而快速上升，故具有较软的机械特性。

从机械特性同样可以看出，串励直流电动机具有轻载转速高、重载转速低的特点。重载转速低，可以保证电动机在起动时(重载)不会超出允许功率而烧毁，使起动安全可靠，这是起动机采用串励直流电动机的又一原因。但由于其轻载或空载时转速很高，容易造成“飞车”事故，故对于功率较大的串励直流电动机，不允许在轻载或空载下运行。

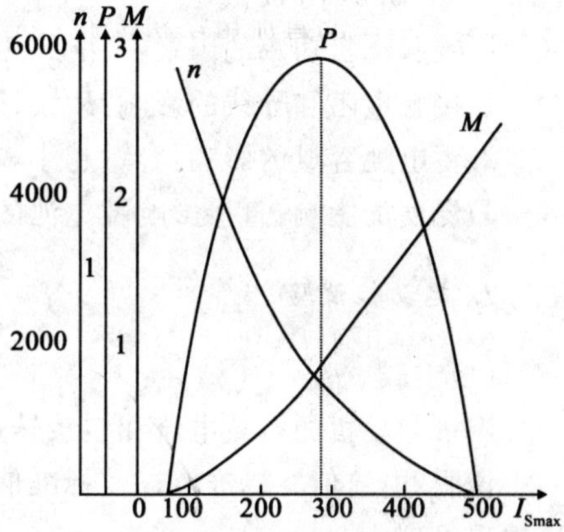

图 3-10 起动机特性曲线

3. 功率特性

起动机功率 P 由电动机电枢转矩 M 和电枢的转速 n 来确定，即：

$$P=\frac{Mn}{9550}$$

由转矩特性、机械特性及上式可得到起动机特性曲线，如图 3-10 所示。

在完全制动状态($n=0$)和空载($M=0$)时，起动机的功率等于零，电枢电流接近制动电流的一半时，电动机输出功率最大。由于起动机起动时间很短，起动机可以最大功率运转，因此将其最大功率作为额定功率。

起动机功率必须保证发动机能够迅速可靠起动，若功率不够，将会增加起动次数，缩短蓄电池寿命。

一般汽油机最低起动转速是 50～70r/min，柴油机是 100～200r/min。

起动机所需功率一般为：

汽油机：=(0.184～0.21)×L(kW)

柴油机：=(0.736～1.05)×L(kW)

式中：L 为发动机的排量。

拓展阅读

1. 直流串励式电动机的特性

(1)转矩特性

起动瞬间：I_{max}，$n=0$，处于完全制动状态，转矩 M 与 I^2 成正比。在起动瞬间，转矩很大，使发动机易于起动.

(2)转速特性

串励式电动机具有轻载转速高、重载转速低的特性，可以保证起动安全可靠，但轻载或空载时，易造成“飞车”事故。对于功率很大的直流串励式电动机，不允许轻载或空载下运行。

(3)功率特性

完全制动时：P 和 n_0 时，M_{max}

空载时：I_{max}，n_{max}，$P=0$

当 $I=0.5I$ 时，P_{max}

影响起动机功率的因素：

1)接触电阻和导线的影响：R 大，L 长，A(横截面积)小，会使 P 减小。

2)蓄电池容量的影响：容量越小，功率越小。

3)温度的影响：直接影响蓄电池的内阻 T 减小，r 增加，P 减小。

2. 起动机试验

(1)空载试验

测量起动机的空载电流和空载转速并与标准值比较。

说明：电流值＞标准值，n＜标准值，表明装配过紧或电枢绕组和励磁绕组内有短路或搭铁现象。

电流值＜标准值，n＜标准值，表明内部电路有接触不良的地方。

注意：每次空载试验不要超过 1min，以免起动机过热。

(2)全制动试验

在空载试验后，通过测量起动机完全制动时的电流和转矩来检验其动机的性能良好与否，需进行全制动试验。

说明：电流大，转矩小，表明此磁场绕组或电枢绕组有短路或搭铁的不良现象。电流小，转矩小，表明起动机接触内阻过大。

注意：时间不得超过 5s，以免烧坏电动机，对蓄电池使用寿命造成不利影响。

3.3 起动机的控制装置、传动机构

3.3.1 起动机的控制装置

控制装置的作用是控制驱动齿轮与飞轮齿圈的啮合与分离、控制电动机电路的接通与切断。常用的控制装置有机械式和电磁式两种。在现代汽车上起动机均采用电磁式控制电路，电磁式控制装置是利用电磁开关的电磁力代替人力操纵拨叉，使驱动齿轮与飞轮啮合或分离。电磁开关分为直接控制式电磁开关和带起动继电器式电磁开关。

在无起动继电器的起动线路中，由点火开关直接控制起动机的电磁开关。

1. 直接控制式电磁开关

直接控制式电磁开关控制电路，在电路中采用起动机的电磁开关作为控制电路的一部分。在各种控制电路中，电磁开关的作用和工作原理都是相同的，图 3-11 是基本的电磁控制电路。

起动时，点火钥匙打到“ST”位，电流由蓄电池正极→“50”端子 8→吸拉线圈 9→导电片→“C”端子 4→起动机励磁绕组→电枢→搭铁→蓄电池负极，起动机慢慢转动，同时，电流由电磁开关“50”端子 8 经保持线圈 10，回到蓄电池负极。吸拉线圈与保持线圈产生同方向的电磁力，在电磁力作用下，铁心压缩回位弹簧，向左移动，带动拨叉，使驱动小齿轮

与发动机飞轮啮合,电磁开关内的接触盘此时将“C”端子与“30”端子、旁通接柱相继接通,电流由蓄电池正极→“30”端子 6→接触盘→“C”端子 4→起动机励磁绕组→电枢→搭铁→蓄电池负极,起动机主电路接通,起动机电枢产生电磁转矩,此时吸拉线圈 9 被短路,保持线圈 8 的电磁力使驱动小齿轮与飞轮保持啮合,保证发动机启动着车。启动后,发动机飞轮转速超过起动机电枢时,单向离合器切断飞轮与小齿轮之间的动力传递,保护起动机。

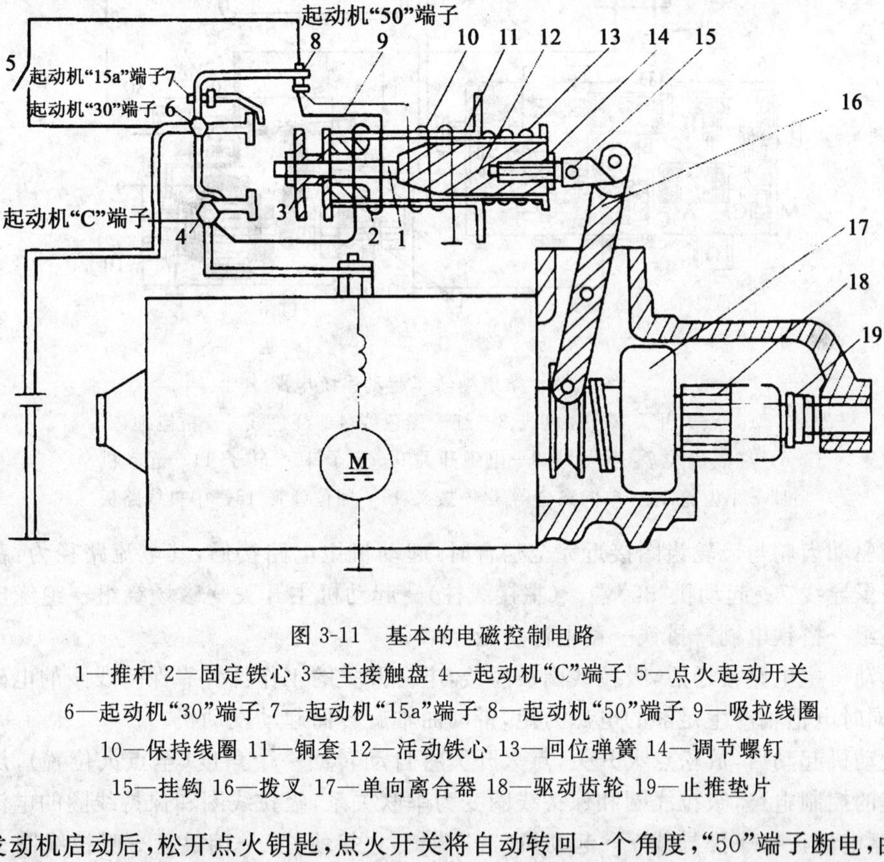

图 3-11　基本的电磁控制电路

1—推杆 2—固定铁心 3—主接触盘 4—起动机“C”端子 5—点火起动开关
6—起动机“30”端子 7—起动机“15a”端子 8—起动机“50”端子 9—吸拉线圈
10—保持线圈 11—铜套 12—活动铁心 13—回位弹簧 14—调节螺钉
15—挂钩 16—拨叉 17—单向离合器 18—驱动齿轮 19—止推垫片

发动机启动后,松开点火钥匙,点火开关将自动转回一个角度,“50”端子断电,由于机械惯性,短时间内接触盘仍将“30”端子 6 与“C”端子 4 接通,蓄电池电流经接触盘→吸拉线圈 9→保持线圈 10→搭铁→蓄电池负极,吸拉线圈与保持线圈产生相反方向的电磁力,接触盘接触不牢,在回位弹簧的作用下,铁心迅速回位,接触盘与“C”、“30”端子分开,起动主电路被断开,起动完毕。

2. 桑塔纳轿车起动系统电路

上海桑塔纳轿车采用的是 QD1225 型起动机,其起动系统电路图如图 3-12 所示。

桑塔纳轿车起动系统工作由钥匙开关(点火开关)直接控制,工作过程为:点火开关置于起动挡,吸拉线圈和保持线圈即被接通。其电流路径为:蓄电池正极→红色导线 4→中央线路板单端子插座 P→中央线路板内部电路→中央线路板单端子插座 P→红色导线 2→点火开关“30”端子→点火开关“50”端子→红黑色导线 3→中央线路板 B8 接点→中央线路板内部线路→中央线路板 C18 接点→红黑导线 6→起动机“50”端子→吸拉线圈→磁场绕组绝缘电刷→电枢绕组→搭铁电刷→保持线圈→搭铁→蓄电池负极。

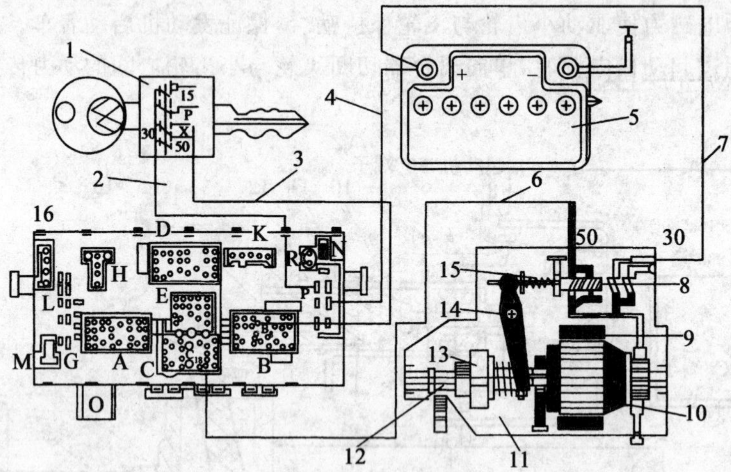

图 3-12 桑塔纳轿车起动系统电路

1—点火开关 2—红色线 3—红—黑色线 4—红色线 5—蓄电池
6—红黑色线 7—黑导线 8—电磁开关 9—定子 10—转子 11—起动机
12—小齿轮 13—单向离合器 14—拨叉 15—回位弹簧 16—中央线路板

当驱动齿轮与飞轮齿圈接近完全啮合时，起动机主电路接通，其电流路径为：蓄电池正极→黑导线 7→起动机“30”端子（主接线柱）→起动机主开关→磁场绕组→绝缘电刷→电枢绕组→搭铁电刷→搭铁→蓄电池负极。

起动机主电路接通后，吸拉线圈被短接，电磁开关的工作位置靠保持线圈的电磁力来维持，同时电枢轴产生足够的电磁力矩，带动曲轴旋转而起动发动机。

发动机起动后，放松点火开关，点火开关将自动转回一个角度（至点火位置），切断起动系统的控制电路，吸拉线圈和保持线圈变为串联关系，吸拉线圈和保持线圈的电流路径改为：蓄电池正极→黑导线 7→起动机“30”端子（主接线柱）→接触盘→吸拉线圈→起动机“50”端子→保持线圈→搭铁→蓄电池负极。

此时，吸拉线圈电流及磁通方向与起动时相反，而保持线圈的电流及磁通方向与起动时相同，因此，两线圈产生的电磁力相互削弱。在回位弹簧 15 的作用下，活动铁心左移复位，起动机主电路切断；与此同时，拨叉带动单向离合器向右移动，使驱动齿轮与飞轮齿圈分离，起动过程结束。

3. 带起动继电器式电磁开关

(1)东风 EQ1090 汽车 QD124 型起动机起动控制电路

东风 EQ1090 汽车使用的 QD124 型起动机是一种带有启动继电器的电磁控制强制啮合式起动机，采用滚柱式单向离合器，驱动齿轮为 11 齿，额定功率 1.5kW，其控制电路如图 3-13 所示。

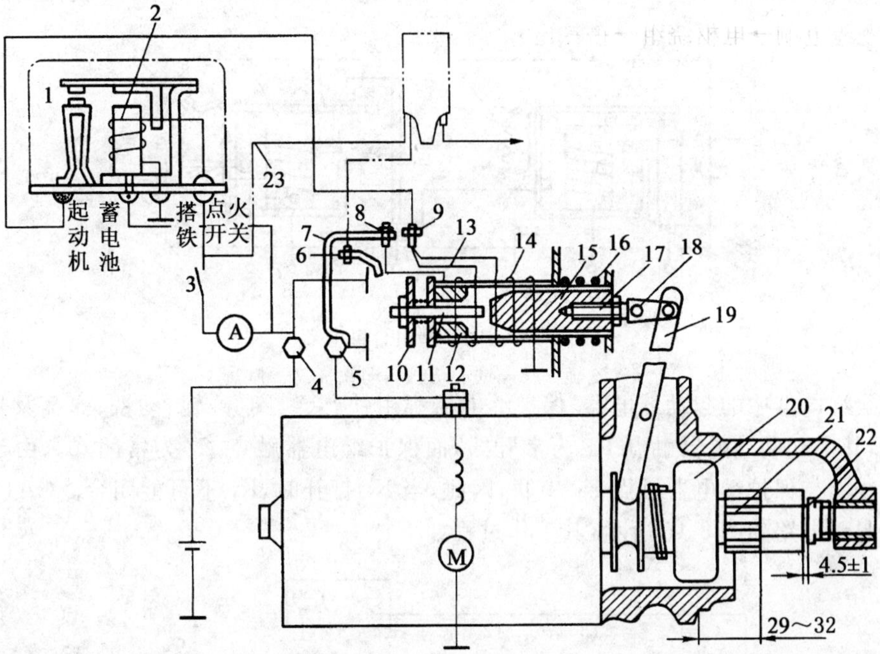

图 3-13　QD124 型起动机控制电路

1—启动继电器触点 2—启动继电器线圈 3—点火开关 4、5—主接线柱
6—辅助接线柱 7—导电片 8—吸引线圈接线柱 9—电磁开关接线柱 10—接触盘
11—活动杆 12—固定铁心 13—吸引线圈 14—保持线圈 15—电磁铁心
16—回位弹簧 17—螺杆 18—连接头 19—拨叉 20—滚柱式离合器
21—驱动齿 22—止推螺母 23—点火线圈附加电阻线

发动机起动时，将点火开关钥匙旋至启动挡位，起动继电器通电后，吸下可动臂使触点闭合，接通了电磁开关线圈电路，起动机投入工作。发动机启动后，只需松开点火开关钥匙，点火开关自动转回到点火工作挡位，启动继电器线圈断电触点打开，电磁开关也随即断开，起动机停止工作。

利用启动继电器控制电磁开关，能减少通过点火开关起动触点的电流，避免烧蚀触点，延长使用寿命。

(2)解放 CA1091 型汽车起动机控制电路

解放 CA1091 型汽车使用的 QD124H 和 QD124A 两种型号的电磁控制起动机，其总成结构和 QD124 型起动机相同，额定功率也相同，都是 1.5kW，但其加装了具有起动保护功能的 JD171 型组合继电器。JD171 型组合继电器如图 3-14 所示。

JD171 型组合继电器由两部分构成：一部分是起动继电器，其作用是与点火开关配合，控制起动机电磁开关中吸引线圈与保持线圈中电流的通断，以保护点火开关；另一部分是保护继电器，它的作用是与起动继电器配合，使起动电路具有自动保护功能，另外还控制充电指示灯。

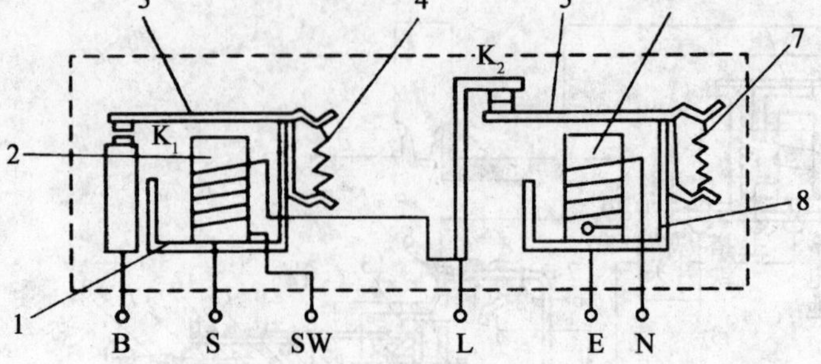

图 3-14　JDl71 型组合继电器

1、8—磁轭 2、6—铁心 3、5—动铁 4、7—弹簧

组合继电器中的起动继电器、保护继电器都由铁心、线圈、磁轭、动铁、弹簧及一对触点组成，其中起动继电器触点 K_1 为常开式，而保护继电器触点 K_2 为常闭式。由于起动继电器线圈与保护继电器触点 K_2 串联，因此，当 K_2 打开时，K_1 不可能闭合。CA1091 型汽车的起动电路如图 3-15 所示，其工作过程如下：

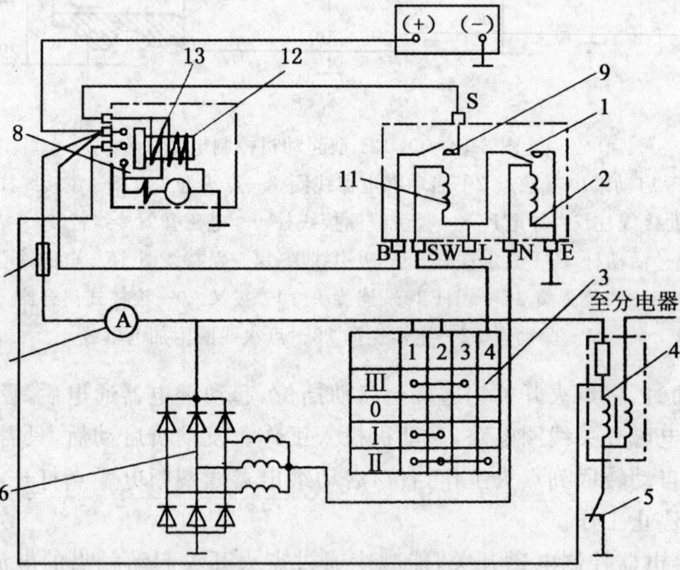

图 3-15　CA1091 型汽车的起动电路

1—保护继电器触点 2—保护继电器 3—点火开关 4—点火线圈 5—断电器 6—发电机 7—电流表 8—起动机 9—起动继电器触点 10—熔断器 11—起动继电器线圈 12—吸引线圈 13—保持线圈

1)当点火开关 3 置于起动挡(II 挡)时，起动继电器线圈 11 通电，电流方向为：蓄电池正极→熔断器 10→电流表 7→点火开关起动触点 II→起动继电器线圈 11→保护继电器常闭触点 1→搭铁→蓄电池负极。起动继电器的常开触点 9 闭合，接通了电磁开关电路。

2)电磁开关电路接通，电流路径为蓄电池正极→起动继电器触点 9→吸引线圈 12 和保持线圈 13→搭铁→蓄电池负极。

3)发动机起动后,松开点火开关,钥匙自动返回点火挡(Ⅰ挡),起动继电器触点 9 打开,切断了电磁开关的电路,电磁开关复位,停止起动机工作。

4)如发动机起动后,点火开关没能及时返回Ⅰ挡。这时组合继电器中的保护继电器线圈由于承受硅整流发电机中性点的电压,使常闭触点打开,自动切断了起动继电器线圈的电路,触点 9 跳开,使电磁开关也断电,起动机便自动停止工作。

5)若在发动机运行时,误将起动机投入使用,由于在此控制电路中,保护继电器的线圈总加有硅整流发电机中性点电压,常闭触点处于打开状态,即使误将点火开关旋至起动挡位,起动继电器线圈也不通,电磁开关不动作,因而起到保护作用。

3.3.2　起动机的传动机构

起动机的传动机构又称啮合机构或啮合器,其主要组成部分是单向离合器。单向离合器的作用是在起动时将电枢的电磁转矩传递给发动机飞轮,而在发动机起动后,发动机带动起动机时,啮合机构立即打滑,即具有单向传递动力的作用。常见的单向离合器有滚柱式、摩擦片式、扭簧式和棘轮式等形式。

1.滚柱式单向离合器

滚柱式单向离合器的结构如图 3-16 所示,驱动齿轮 1 与外壳 2 连接成一体,外壳内装有十字块 3,十字块 3 与花键套筒 8 固定连接,在外壳 2 与十字块 3 形成的 4 个楔形槽内分别装有一套滚柱 4 及压帽与弹簧 5,外壳 2 与护盖 7 相互扣合密封,在花键套筒 8 外面套有移动衬套 11 及缓冲弹簧 10。整个单向离合器总成利用花键套筒 8 套在电枢轴的花键上,离合器总成在传动拨叉作用下,可以在电枢轴上轴向移动,也可以随电枢轴转动。

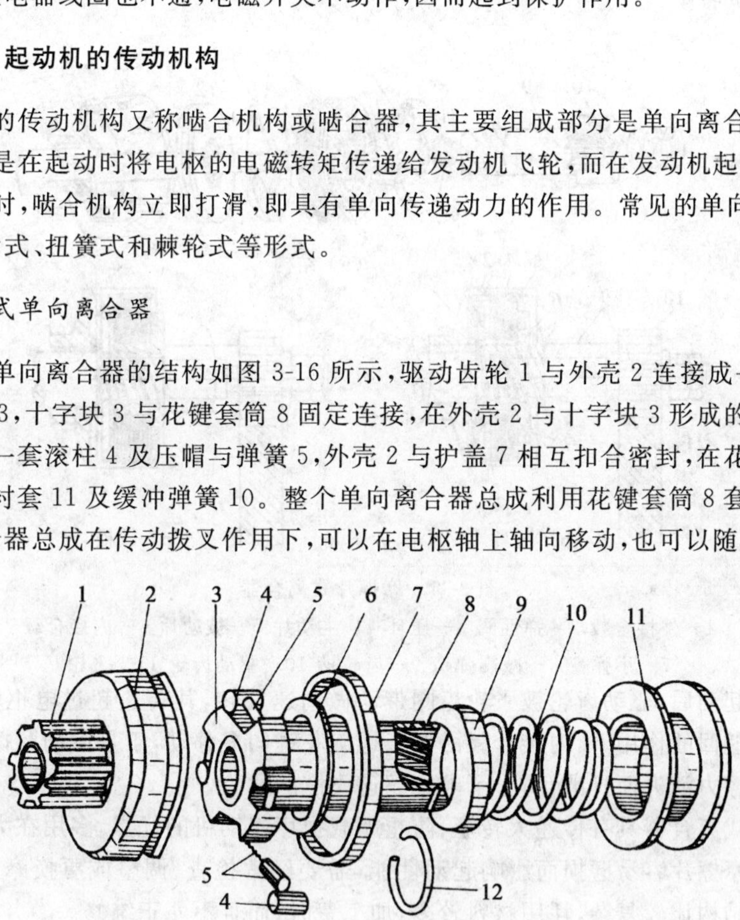

图 3-16　滚柱式单向离合器

1—驱动齿轮 2—外壳 3—十字块 4—滚柱 5—压帽与弹簧 6—垫圈
7—护盖 8—花键套筒 9—弹簧座 10—缓冲弹簧 11—移动衬套 12—卡簧

发动机起动时,电枢轴通过花键套筒带动十字块旋转,这时滚柱 4 在摩擦力的作用下,滚入楔形槽的窄端,将十字块 3 与外壳 2 楔成一体,于是将转矩传给了驱动齿轮 1,带动飞轮齿圈 6 转动,起动发动机。发动机起动后,随着曲轴转速升高,飞轮齿圈将带动驱动齿轮高速旋转,当其转速大于十字块转速时,在摩擦力作用下,滚柱滚入楔形槽的宽端而打滑，这样转矩不能从驱动齿轮传给电枢轴，从而防止了电枢超速飞散。滚柱式单向离合器结构简单，工作可靠，但不能传递大的转矩。

2. 摩擦片式单向离合器

如图 3-17 所示，离合器总成在起动机不工作时，主动、被动摩擦片之间处于放松无摩擦力状态。发动机启动时，通过拨叉推导拨环使内结合毂沿 3 条螺旋花键向右移动，主动和被动摩擦片相互压紧，具有了摩擦力。当驱动齿轮啮入飞轮齿圈时，就能利用起动机转矩驱动曲轴旋转。

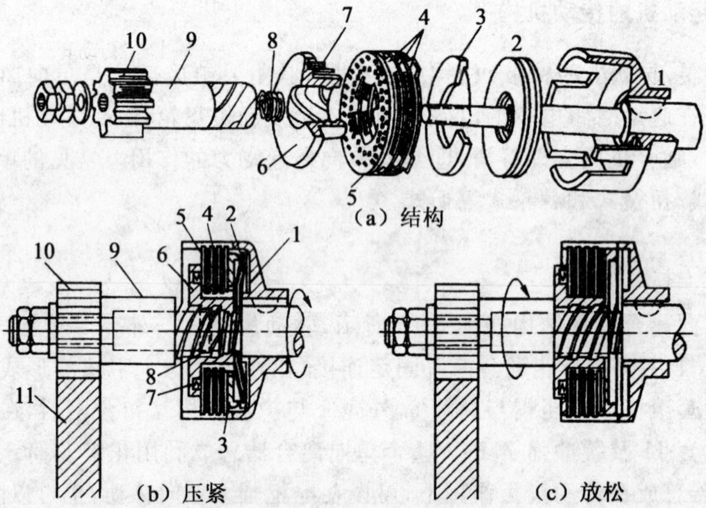

图 3-17　摩擦片式离合器

1—外接合毂 2—弹性圈 3—压环 4—主动片 5—被动片 6—内接合毂
7—小弹簧 8—减震弹簧 9—齿轮柄 10—驱动齿轮 11—飞轮

发动机起动后，驱动齿轮被飞轮齿圈带动做高速旋转，其转速超过电枢转速时，在惯性力和拨叉返回的作用下，内接合毂沿 3 条螺旋花键向左移动，于是主动摩擦片和被动摩擦片间的摩擦力消失而打滑，防止了电枢超速飞散的危险。

摩擦片式离合器具有传递大转矩、防止超载损坏起动机的优点，多用在大功率起动机上。但由于摩擦片容易磨损而影响起动性能，需要经常检查、调整或更换摩擦片。此外，这种离合器结构比较复杂，耗用材料较多，加工费时，而且不便于维修。

3. 弹簧式单向离合器

弹簧式单向离合器的结构如图 3-18 所示，花键套筒 6 套在电枢轴的螺旋花键上，驱动齿轮 1 套在电枢轴的光滑部分，两者之间用两个月形键 3 连接，使驱动齿轮 1 与花键套筒 6 之间不能做轴向移动，但可以相对转动。在驱动齿轮柄和花键套筒外装有扭力弹簧 4，弹簧的两端各有 1/4 圈内径较小，分别箍紧在齿轮柄和花键套筒上。

起动发动机时，电枢轴带动花键套筒 8 转动，扭力弹簧 5 顺着其螺旋方向将齿轮柄与花键套筒 8 包紧，起动机转矩经扭力弹簧 5 传给驱动齿轮 2，起动发动机。发动机起动后，驱动齿轮转速高于花键套筒，扭力弹簧放松，驱动齿轮与花键套筒松脱，发动机的转矩不能传给电动机电枢。弹簧式单向离合器结构简单，寿命长，成本低。但其轴向尺寸较大，因此，主要用在一些大功率起动机上。

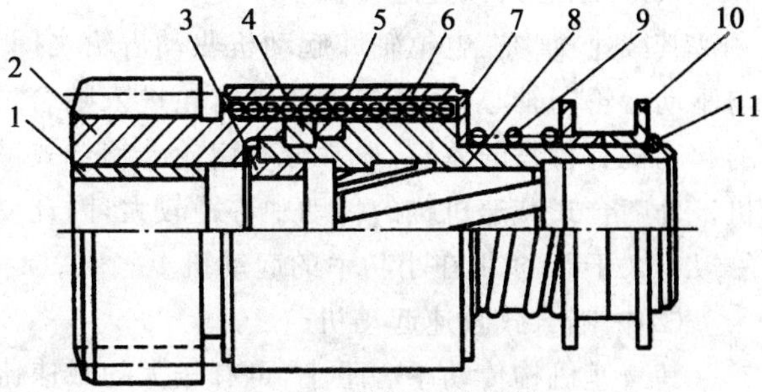

图 3-18　弹簧式离合器

1—衬套 2—驱动齿轮 3—挡圈 4—月形圈 5—扭力弹簧 6—护套 7—垫圈 8—传动套筒 9—缓冲弹簧 10—移动衬套 11—卡簧

3.3.3　起动机的型号和分类

根据中华人民共和国行业标准 QC/T73-93《汽车电器设备产品型号编制方法》规定，起动机的型号如下：

1　2　3　4　5

第 1 部分为产品代号：起动机的产品代号 QD、QDJ、QDY 分别表示起动机、减速起动机及永磁起动机。

第 2 部分为电压等级代号：1 表示 12V，2 表示 24V，3 表示 6V。

第 3 部分为功率等级代号：其含义如表 3-1 所示。

第 4 部分为设计序号。

第 5 部分为变形代号。

例如：QD124：表示额定电压为 12V、功率为 1～2kW、第 4 次设计的起动机。

例如：QD1225：表示额定电压为 12V、功率为 1～2kW、第 25 次设计的起动机。

表 3-1　功率等级代号的含义

功率等级代号	1	2	3	4	5	6	7	8	9
功率/kW	0～1	1～2	2～3	3～4	4～5	5～6	6～7	7～8	8～9

拓展阅读

减速起动机

1. 减速起动机的概念

在起动机的电枢轴与驱动齿轮之间装有齿轮减速器的起动机，称为减速起动机。串激式直流电动机的功率与其转矩和转速成正比，可见，当提高电动机转速的同时降低其转矩时，可以保持起动机功率不变。故当采用高速、低转矩的串激式直流电动机作为起动机时，在功率相同的情况下，可以使起动机的体积和质量大大减小。但是，起动机的转矩过低，不能满足起动发动机的要求。为此，在起动机中采用高速、低转矩的直流电动机时，在电动机的电枢轴与驱动齿轮之间安装齿轮减速器，可以在降低电动机转速的同时提高其转矩。

2. 减速起动机的分类

减速起动机的齿轮减速器有外啮合式、内啮合式、行星齿轮式等三种不同形式。

(1)外啮合式减速起动机

其减速机构在电枢轴和起动机驱动齿轮之间利用惰轮作中间传动，且电磁开关铁心与驱动齿轮同轴心，直接推动驱动齿轮进入啮合，无须拨叉。因此，起动机的外形与普通的起动机有较大的差别，通常分有惰轮外啮合式减速起动机和无惰轮外啮合式减速起动机。外啮合式减速机构的传动中心距较大，因此受起动机构的限制，其减速比不能太大，一般不大于5，多用在小功率的起动机上。

(2)内啮合式减速起动机

其减速机构传动中心距小，可有较大的减速比，故适用于较大功率的起动机。但内啮合式减速机构噪声较大，驱动齿轮仍需拨叉拨动进入啮合，因此，起动机的外形与普通起动机相似。

(3)行星齿轮式减速起动机

减速机构结构紧凑、传动比大、效率高。由于输出轴与电枢轴同轴线、同旋向，电枢轴无径向载荷，震动轻，整机尺寸减小。另外，行星齿轮式减速起动机还具有如下优点：

1)负载平均分配在三个行星齿轮上，可以采用塑料内齿圈和粉末冶金的行星齿轮，使质量减轻、噪声降低。

2)尽管增加行星齿轮减速机构，但是起动机的轴等其他结构与普通起动机相同，故配件可以通用。

因此，行星齿轮式减速起动机应用越来越广泛，丰田系列轿车和部分奥迪轿车也都采用了行星齿轮式减速起动机。

3.4 起动机的试验与检修

3.4.1 起动机的正确使用和维护

1. 起动机的使用注意事项

为了延长起动机的使用寿命，并保证能迅速、可靠、安全地工作，起动机的正确使用和维护要求如下：

(1)起动机工作时的电流很大(一般为200～600A，有些柴油机高达1000A)，因此，每次接通起动机的时间不应超过5s，再次起动时应间隔15s～2min，如果有连续第三次起动时，应在检查排除故障的基础上停歇15min后再使用，否则会严重影响蓄电池和起动机的使用寿命。

(2)冬季或低温情况下冷车起动时，应先预热发动机，然后再使用起动机。

(3)起动发动机时将变速杆置于空挡位置并踩下离合器踏板，严禁挂挡起动来移动车辆。

(4)发动机起动后，必须立即切断起动机控制电路，松开点火开关(或起动按钮)，使起动机停止工作，以减小单向离合器不必要的磨损。

(5)发动机工作时，严禁将起动机投入工作。

(6)当发动机连续几次不能起动时，应对起动电路以及发动机有关系统进行检查，排除故障后再起动。

(7)发动机起动后，如起动机不能停转，应立即关闭电源总开关，或拆除蓄电池搭铁线，查找故障。

2. 起动机维护要点

(1)经常检查起动电路各导线连接是否牢固，绝缘是否良好。

(2)起动机机体和各部件应经常保持清洁干燥。汽车每行驶 3000km 后，应检查并清洁换向器。

(3)汽车每行驶 5000～6000km 后，应检查电刷的磨损程度及电刷的弹簧压力。

(4)经常检查传动机构和控制装置的活动部件，并按规定进行润滑。

(5)起动机一般每年应进行一次维护性检修，可视实际情况适当地缩短或延长。

3.4.2 起动机试验

起动机试验的目的是检验起动机的技术状况。试验时必须采用良好且充足电的蓄电池，蓄电池的容量和电压应和试验起动机的功率和额定电压相匹配，通常只进行空转试验和全制动试验。

1. 空转试验

空转试验的目的是检查起动机内部是否有电器故障和机械故障。空转试验的方法如图 3-19 所示。

起动机不带负荷，接通电源，测量起动机的空载转速与电流，并与标准值进行比较，以判断起动机有无故障。若测得的起动机电流超出标准值，而转速低于标准值，则可能是起动机的电枢轴弯曲、轴承与电枢轴不同心、轴承磨损等造成的，也可能是电枢绕组和磁场绕组与机体短路或匝间短路所致；若电流和转速均低于标准值，则表明导线连接处或起动机内部电路接触不良，电刷弹簧弹力过小等。

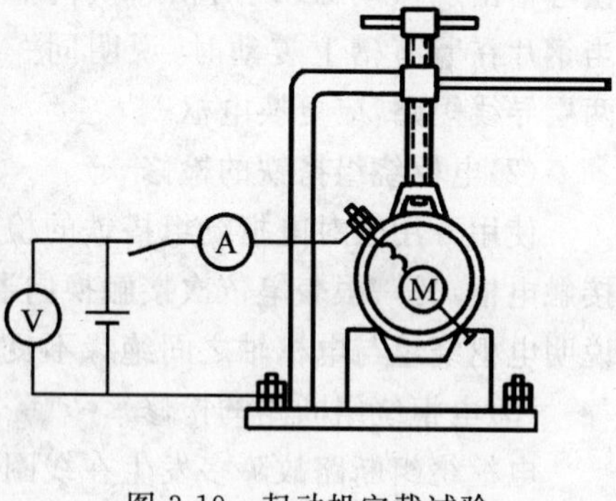

图 3-19 起动机空载试验

此外，空转试验时，换向器上不应有强烈火花，电枢旋转应平稳，不应有机械碰擦声。试验的时间不能超过 1min，以免引起起动机过热。

2. 全制动试验

全制动试验方法如图 3-20 所示。试验的目的是检测起动机全制动时的电流和转矩，以判断起动机是否有机械和电器故障。其转矩不得低于标准转矩的 90%。

3.4.3 起动机的检修

首先将待修起动机外部的尘污、油污清除干净，拆去防尘箍。然后用钢丝提起电刷弹簧，取出电刷，拆下起动机贯穿螺栓，使后端盖、起动机外壳、电枢分离，最后拆下中间轴承板、拨叉和单向离合器。单个总成是否进一步分解，应视具体情况而定。

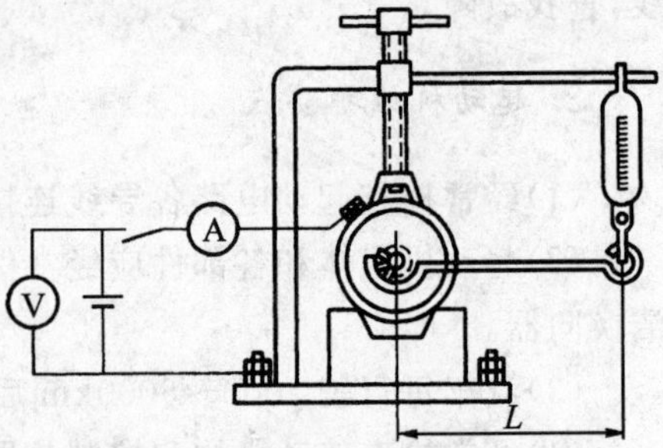

图 3-20 起动机的全制动试验

1. 电枢的检修

电枢绕组的常见故障有匝间短路、断路或搭铁等。

(1)电枢绕组短路的检修

电枢绕组发生短路故障时，利用电器万能试验台上的电枢感应仪进行检查。电枢绕组短路检查如图 3-21 所示，把电枢放在电枢感应仪上，当测试仪通电后将铁片置于电枢铁心上，并一边转动电枢一边移动铁片。当铁片在某一部位产生振动时，说明绕组有短路故障。不间断地慢慢转动电枢一圈，将钢片依次逐个放置于各线槽上，对每一故障处做出标记。

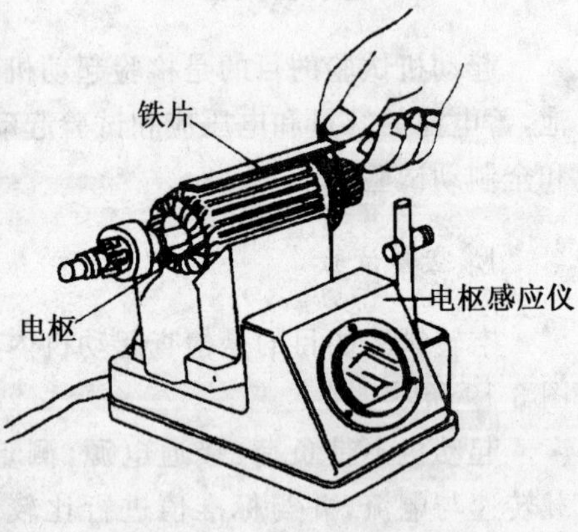

图 3-21 电枢绕组短路检查

起动机电枢绕组采用波绕法时，当钢片在 4 个铁心槽出现振动时，说明相邻换向器铜片间短路；当钢片在所有槽上震动时，说明同一个槽中上、下两层导线短路，应更换电枢。

(2)电枢绕组搭铁的检修

使用万用表对电枢绕组搭铁的检查：用 $R\times 10\text{K}$ 挡检测，如图 3-22 所示，用一根表笔接触电枢，另一根表笔依次接触换向器铜片，万用表指针不应摆动，即电阻为无穷大，否则说明电枢绕组与电枢轴之间绝缘不良有搭铁之处。

(3)电枢绕组断路的检修

电枢绕组断路故障多发生在线圈端部与换向器的连接处。由于长时间大电流运转或电枢铁心与磁极铁心摩擦，使得电枢温度过高，焊锡熔化，而使焊在换向器上的线头脱焊所致，一般较易发现。电枢绕组断路的检查可按图 3-23 所示，用 $R\times 1$ 挡，将两个表笔分别接触换向器相邻的铜片，测量每相邻两换向片间是否相通，如万用表指针指示“0”，说明电枢绕组无断路故障，若万用表指针在某处不摆动，即电阻值为无穷大，说明此处有断路故障，应更换电枢。

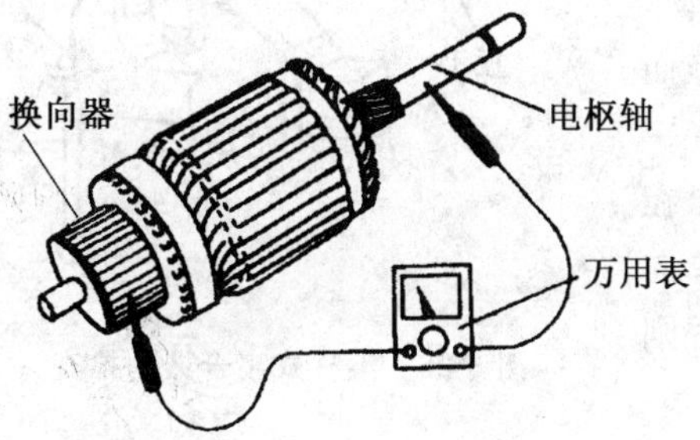

图 3-22　电枢绕组搭铁检查

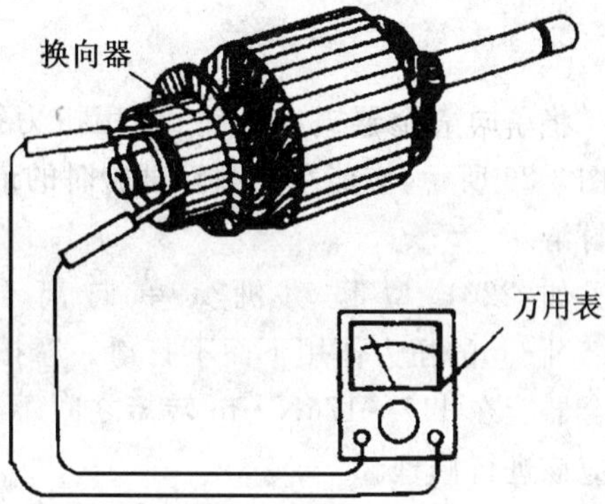

图 3-23　电枢绕组断路检查

2. 磁场绕组的检修

(1)磁场绕组断路的检修

首先通过外部验视，看其是否有烧焦或断路。若外部验视未发现问题，可用万用表电阻×1 挡检测，如图 3-24 所示。两表笔分别接触起动机外壳引线(即电流输入接线柱)与磁场绕组绝缘电刷接头，如果测得的电阻值为无穷大，说明磁场绕组断路，应予以检修或更换。

(2)磁场绕组对壳体短路的检修

用万用表检查磁场绕组的正极端与定子壳体之间的电阻，如图 3-25 所示，电阻值应为无穷大。否则，表示磁场绕组与壳体短路，应予以检修或更换。

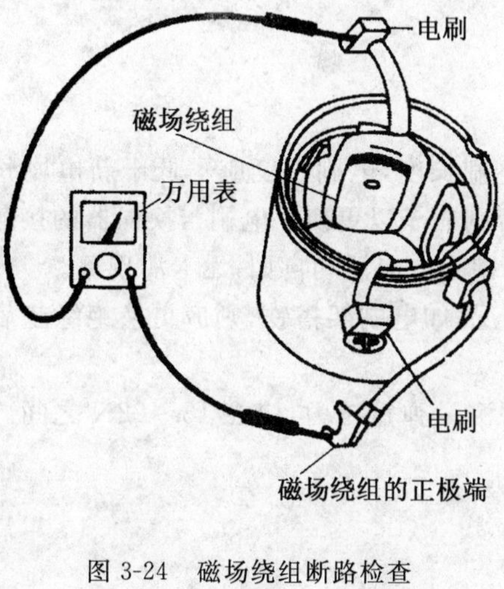

图 3-24　磁场绕组断路检查

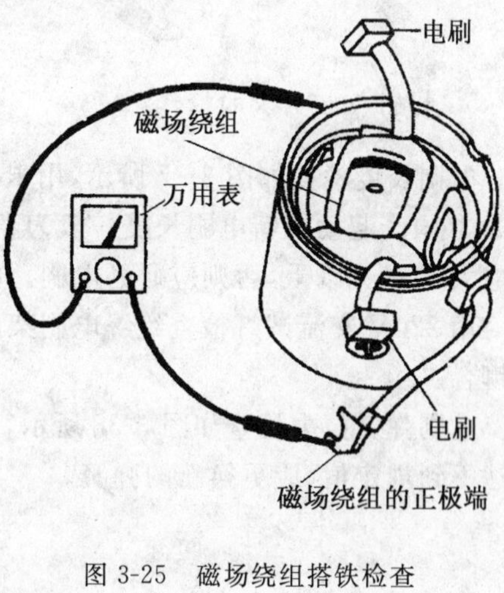

图 3-25　磁场绕组搭铁检查

3. 单向离合器的检修

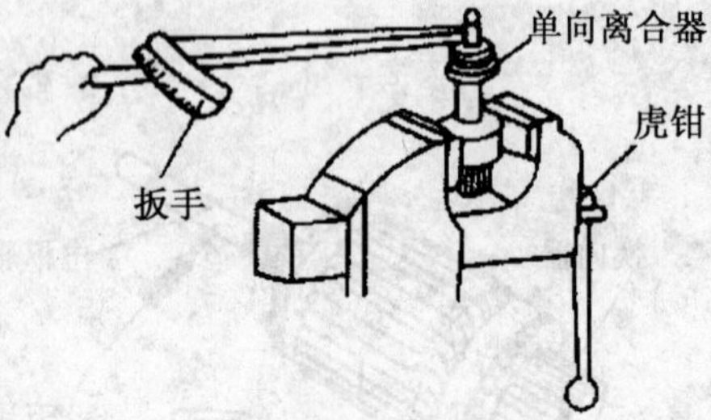

图 3-26　滚柱式离合器的检查

将单向离合器夹在虎钳上，用扭力扳手转动，如图 3-26 所示，应能承受制动试验时的最大转矩而不打滑。

如 2201 型起动机其单向离合器能在 25.5N·m的扭力作用下而不打滑。摩擦片式单向离合器能在 117～176N·m 转矩之间不打滑，否则就应该进行修理。

4. 轴承的检修

起动机各轴承与轴颈及轴承孔间均不得有松旷、歪斜等现象。

各轴承的配合间隙应符合机电检修工艺标准的要求。国产主要车型的起动机轴承的配合数据如表 3-2 所示。

表 3-2　　**起动机各轴承的配合数据**

名称	标准间隙/mm	允许最大间隙/mm	轴承外径与孔的过盈量/mm
前端盖轴承	0.05	0.10	0.005～0.075
后端盖轴承	0.05	0.10	0.005～0.095
中间轴承	0.15	0.30	0.05～0.095
驱动齿轮轴承	0.006	0.15	0.02～0.095

5. 电刷与电刷架的检修

电刷长度检查如图 3-27 所示，用卡尺检查电刷长度，电刷长度应不低于新电刷长度的 2/3(国产起动机新电刷长度一般为 14mm)，否则应予以更换。电刷与换向器的接触面积应大于 75%以上，否则应研磨电刷。电刷在电刷架内应活动自如，无卡滞现象。

用 220V 交流试灯检查绝缘电刷架的绝缘情况，如电刷架搭铁，则应更换绝缘垫后重新铆合。

电刷弹簧拉力检查如图 3-28 所示，用弹簧秤测量弹簧拉力，应在 18～22N 之间。如果达不到规定值，应更换新的弹簧。

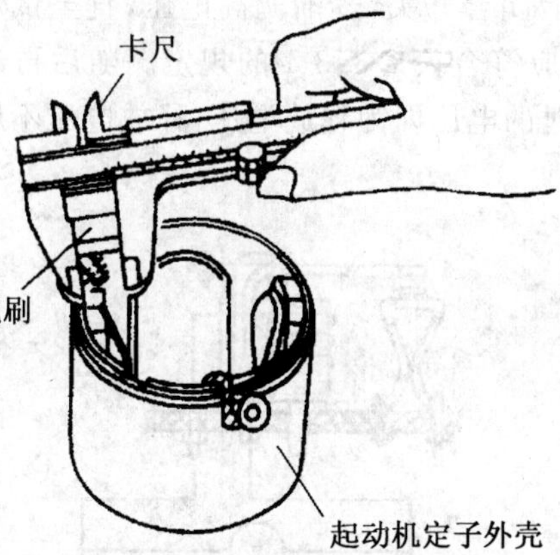

图 3-27 电刷长度检查

图 3-28 电刷弹簧拉力检查

6. 电磁开关的检修

(1)检查接触盘表面和触点表面

轻微烧蚀可用 0 号砂布打光,严重烧蚀应予修复或更换。

(2)检查吸引线圈和保持线圈

用万用表 $R\times1$ 挡检查吸引线圈和保持线圈的电阻值。若已断路或有严重短路,应重绕。重绕时应注意导线的直径、匝数以及绕线的方向均应与原来的相同。常见起动机电磁开关的线圈数据如表 3-3 所示。

表 3-3　起动机电磁开关线圈数据

起动机形式	线圈名称	导线/mm	绕向(从顶端看)	匝数	电阻(20℃)/Ω
ST614	吸引线圈	QZØ0.83/Ø0.92	同方向	250±5	0.83～0.85
	保持线圈	QZØ0.83/Ø0.92		250±5	1.07～1.14
321	吸引线圈	QØ0.9	同方向	235^{+5}_{-3}	0.6±0.05
	保持线圈	QØ0.83		250±3	0.97±0.1
	起动开关线圈	Ø0.21		700±10	13±0.6
QD124	吸引线圈	Ø0.9	同方向	235^{+5}_{-3}	0.6±0.05
	保持线圈	Ø0.83		245±3	0.97±0.1
QD124A	吸引线圈	Ø1.25	同方向	200^{+5}_{-3}	0.33±0.03
	保持线圈	Ø0.75			1.29±0.12

(3)电磁开关的测试

1)电磁开关闭合电压和释放电压的检查

将电磁开关装回起动机上,按图 3-29 接线,并在起动机驱动齿轮和限位垫圈之间放一垫块以模拟驱动齿轮与飞轮齿环顶齿状态，然后闭合开关，逐渐调高电压，直至试灯发亮。灯亮瞬间的电压即为电磁开关的闭合电压，应符合表 3-3、3-4 的规定。随后再逐渐调低电压，直到电磁开关释放，试灯熄灭，这一瞬时的电压即为释放电压，释放电压不应大于标称电压的 40%。

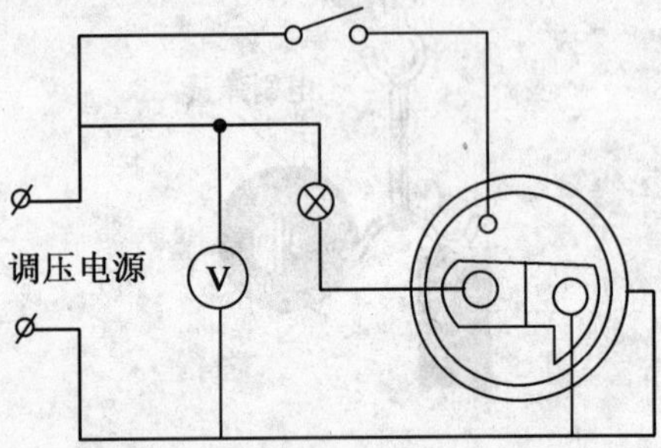

图 3-29　电磁开关吸放性能试验

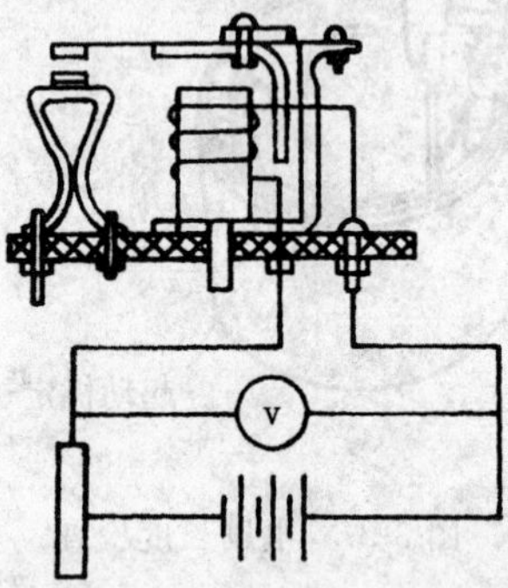

图 3-30　起动继电器的检查方法

表 3-4　电磁开关的闭合电压

环境温度/°C	标称电压/V	
	12	24
23	≤9	≤24

2)电磁开关断电能力的检查

当起动机处于制动状态时，切断电源，其主触点应可靠断开，否则，说明电磁开关有故障。

7. 起动继电器的检修

检查方法如图 3-27 所示。先将滑线式变阻器调至最大值，然后逐渐减小电阻，在触点刚闭合时，电压表的读数即为闭合电压。再逐渐增大电阻，当触点刚刚打开时的电压表的读数即为断开电压。

闭合电压和断开电压应符合表 3-5 的规定，否则应予调整。

表 3-5　起动继电器触点闭合和断开电压

名称	12V 系统	24V 系统
触点闭合电压/V	6～7.6	14～16
触点断开电压/V	3～5.5	4.5～8

8. 组合继电器的检修

起动继电器应测试其闭合电压与断开电压。测试线路如图 3-31(a)所示。先将滑线式变阻器调至最大值，接通开关 K，逐渐减小电阻，当试灯亮的瞬间，电压表的读数即为闭合电压，应不大于 6.6V。然后逐渐增大电阻，当试灯熄灭的瞬间，电压表的读数即为断开电压，应不大于 3V。

保护继电器也应测试其动作电压与释放电压。测试线路如图 3-31(b)所示。将滑线式变阻器调至最大值，接通开关 K，试灯亮。逐渐减小电阻值当试灯熄灭的瞬间，电压表的读数即为动作电压，应为 4.5～5.5V。然后再逐渐增大电阻值，当试灯再次亮的瞬间，电压表的读数即为释放电压，应小于 3V。

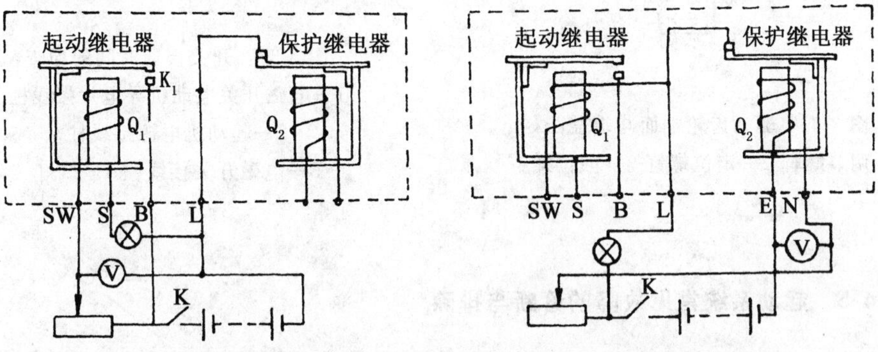

(a)起动继电器性能测试　　(b)保护继电器性能测试

图 3-31　组合继电器性能测试

3.3.4　起动机的调整

1. 起动机驱动齿轮端面与端盖凸缘间距的调整

起动机不工作时，驱动齿轮端面与端盖凸缘之间的距离如表 3-6 所示。间距不当，可通过定位螺钉 2 调整，如图 3-31 所示。无定位螺钉时，则需用加减垫片进行调整。

表 3-6　　起动机驱动齿轮与后端盖凸缘间的距离

车型	东风 EQ1090 系列汽车	北京 BJ2020N 汽车	解放 CA1091 系列汽车
间距/mm	29～32	32.5～34	31～32

2. 开关接通时间的调整

接触盘与主电路接通时刻，驱动齿轮与限位螺母的间距应为 4.5±1mm，若不符合要求，则通过调节螺杆 1 进行调整，如图 3-31 所示。

检验调整方法是：首先拆掉电磁开关与电动机之间的导电片，再按图 3-32 接线，在驱动齿轮端面与限位螺母之间插入 4.5±1mm 厚的塞规，闭合开关 S，若试灯不亮，说明触点接通时间过迟，应将调节螺杆慢慢旋出至试灯亮为止；如果试灯点亮，也应将调节螺杆旋入至试灯不亮，再慢慢旋出至试灯点亮即可。

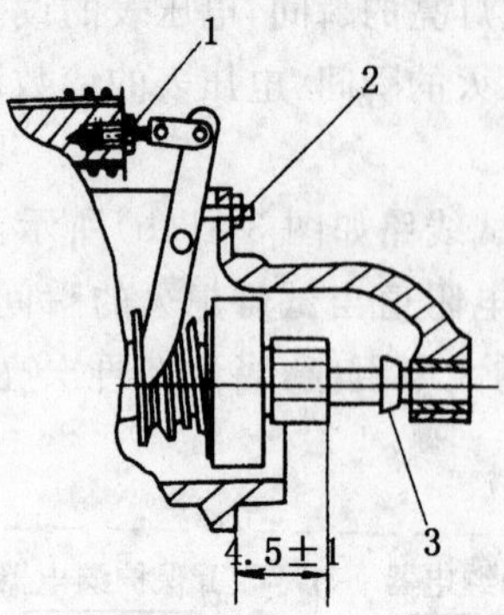

图 3-31　驱动齿轮端面与端盖凸

1—调节螺杆 2—定位螺钉 3—限位螺钉

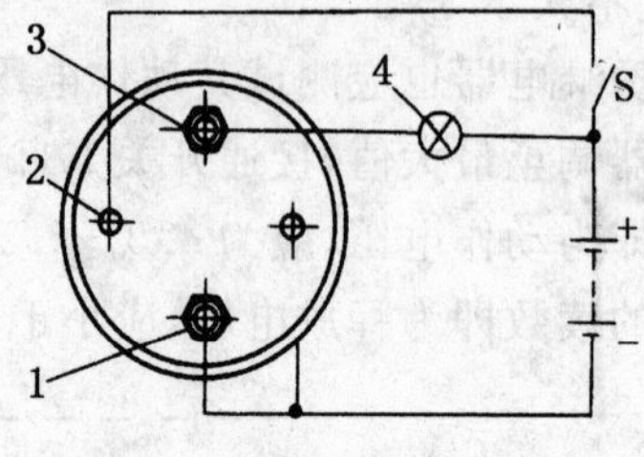

图 3-32　开关接通时间的检查

1—电磁开关电动机导电片接线柱

2—起动机电源接线柱

3—电磁开关接线柱 4—试灯

3.4.5　起动系统常见故障的诊断与排除

1. 起动机不转

接通起动开关后起动机不运转，该故障的原因如下：

(1)蓄电池过度放电，导线接头松动或太脏。

(2)起动机电磁开关触点烧蚀或因调整不当而未闭合。

(3)磁场绕组或电枢绕组断路、短路或搭铁。

(4)绝缘电刷搭铁。

(5)起动继电器触点不能闭合。

判断：首先应检查蓄电池充电情况和导线连接情况，若蓄电池充足电、接线良好，则故障出自起动机或起动机开关。可用起子将起动机开关两接线柱连通，若起动机空转正常，则应对电磁开关、起动继电器、起动开关进行检修；若起动机不转，则故障在起动机内部，应拆下起动机进一步检修。

2. 起动机运转无力

若蓄电池充足电，接线也正常，而起动机运转无力，该故障的原因如下：

(1)换向器过脏。

(2)电刷磨损过甚或电刷弹簧压力不足，使电刷接触不良。

(3)磁场绕组或电枢绕组局部短路。

(4)起动机电磁开关触点烧蚀。

(5)发动机起动阻力矩过大。

判断：拆下起动机防尘箍，取出电刷，观察换向器表面有无烧蚀与污垢，以及电刷与压簧是否良好，再视情况对起动机进一步拆检。

3. 起动机驱动齿轮与飞轮不能啮合且有撞击声

该故障的原因如下：

(1)起动机驱动齿轮或飞轮齿圈磨损过甚或已损坏。

(2)电动机开关闭合过早，起动机驱动齿轮尚未啮合就已快速旋转。

判断：首先将起动机电磁开关接通时机调迟，缩短活动铁心拉臂长度，如故障不能排除，则须拆下起动机进行检修。

4. 松开起动开关后起动机仍运转

该故障的原因如下：

(1)起动机电磁开关在电路接通时因强烈火花将触点烧结在一起。

(2)驱动齿轮轴变形、脏污，驱动齿轮在轴上滑动阻力过大，或回位弹簧太软。

(3)因匝间短路造成吸拉线圈和保持线圈有效匝数比改变。

判断：立即断开蓄电池搭铁线使起动机停转，首先检查点火开关导线是否接错及起动继电器触点是否常开，若都正常，则必须对起动机进行拆检。

复习思考

1. 什么是汽车用起动机的起动功率？其值如何确定？
2. 什么是直流电动机转矩自动平衡原理？
3. 影响起动机工作性能的因素有哪些？
4. 蓄电池容量对起动机性能有何影响？
5. 如何减小起动系统电路电阻？
6. 冬季蓄电池保温对提高蓄电池工作性能有何意义？
7. 起动机电枢轴上的传动键槽有哪两种？其作用是什么？
8. 起动机单向离合器的作用是什么？滚柱式离合器端部为何做成圆角并削有斜角？
9. 滚柱式离合器缓冲弹簧的作用是什么？
10. 起动机常用的传动机构有几种？各有何优缺点？
11. 控制装置的作用是什么？起动机减小的一般步骤是什么？
12. 起动继电器闭合电压过高过低有何影响？
13. 为什么离合器的传动导管与电枢轴采用螺旋键槽配合？
14. 为什么要进行起动机驱动齿轮端面凸缘距离的调整？

第4章　点火系统故障检修

学习目标

1. 点火系统的作用及类型。
2. 传统点火系统的组成、部件结构。
3. 传统点火系统的工作原理和工作特性。
4. 电子点火系统的组成、部件结构。
5. 电子点火系统的工作原理和工作特性。
6. 微机控制点火系统的组成、部件结构。
7. 微机控制点火系统的点火提前角和反馈控制的知识。
8. 电子点火系统的典型故障分析及解决方法。

考核标准

知识要求：

1. 了解点火系统的作用及类型。
2. 了解传统点火系统的组成、部件结构和工作原理。
3. 理解电子点火系统的组成、部件结构和工作原理。
4. 理解微机控制点火系统的组成、部件结构和工作原理。
5. 掌握微机控制点火系统的点火提前角和反馈控制的知识。
6. 掌握电子点火系统的典型故障分析及解决方法。

技能要求：

1. 能够拆装、检测与诊断点火系统各主要部件。
2. 能够分析点火系统控制电路。
3. 能够根据接线路连接点火系统电路。
4. 能够根据点火波形进行故障诊断。
5. 能够诊断、排除桑塔纳点火系统故障。

教学建议

教具：万用表、解码仪、发动机台架、桑塔纳轿车等。

建议：应依据高职学生的特点，授课时注重理论和实践的紧密结合；尽可能使用多媒体教学、实物课堂教学及现场教学；讲授内容应体现实用，对过于复杂的理论分析，工作应简化，重点放在使用、维护与故障诊断上。

4.1　点火系统简介

汽车发动机中的燃烧室里，装有火花塞，其产生电火花，点燃可燃混合气。在火花塞两电极之间加上直流电压后，可燃混合气会产生电离。当电压升高到一定值时，火花塞两级气体间隙被击穿，产生电火花，此时活塞处于压缩行程的上止点附近，从而使气体燃烧产生巨大的压力推动活塞向下运动。

点火系统的作用：将电池或发动机的低电压变成高电压（15～20kV），再按照发动机各气缸的工作次序，点燃气缸中的可燃混合气。

4.1.1　对点火系统的性能要求

点火系统应在发动机各种不同工况和使用条件下，保证可靠而准确地点燃混合气。为此，点火装置应满足三个基本要求。

1. 产生足以击穿火花塞间隙的高电压

火花塞电极击穿而产生火花时所需要的电压称为击穿电压。点火系统产生的次级电压必须高于击穿电压，才能使火花塞跳火。火花塞击穿电压的大小与电极之间的距离（火花塞间隙）、气缸内的压力和温度、电极的温度、发动机的工作状况等因素有关。

影响火花塞击穿电压的因素 { 火花塞两电极之间的距离 ↑；气缸压力 ↓；气缸中空气的温度 ↑ } 击穿电压 ↓

火花塞电极的间隙越大，气体中的电子和离子受电场力的作用越小，越不容易发生碰撞电离，击穿电压也就越高，如图 4-1 所示，气缸内气体压力越高，而温度越低时，混合气的密度越大，离子自由运动的距离越短，越不容易发生碰撞电离，击穿电压也越高，如图 4-2 所示。

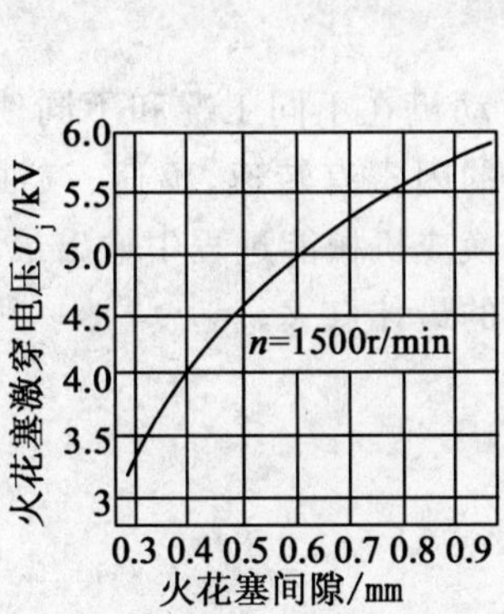

图 4-1　火花塞电极间隙与击穿电压的关系

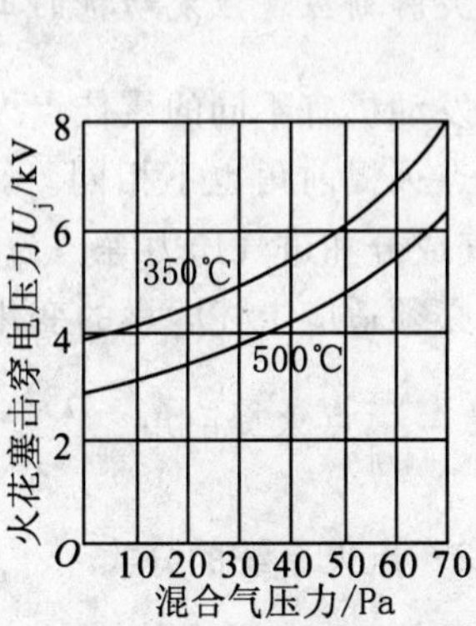

图 4-2　混合气与击穿电压的关系

发动机工况不同，火花塞的击穿电压也不同，其值随发动机转速、负荷、压缩比、点火提前角和混合气成分而改变。发动机高速工作时，气缸内的温度升高，使气缸的充气量减小，致使气缸中压力减小，因而火花塞的击穿电压随转速的升高而降低，如图 4-3 所示。发动机在起动和急加速时击穿电压升高，而全负荷且稳定工作状态时击穿电压较低。混合气过稀和过浓时，击穿电压都会升高，如图 4-4 所示。

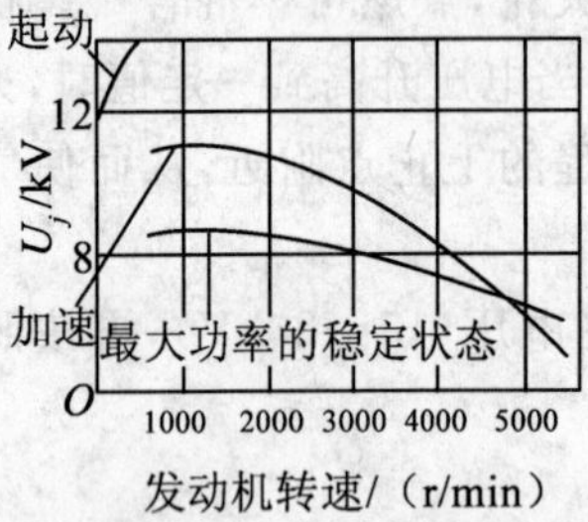

图 4-3 火花塞击穿电压与发动机转速的关系

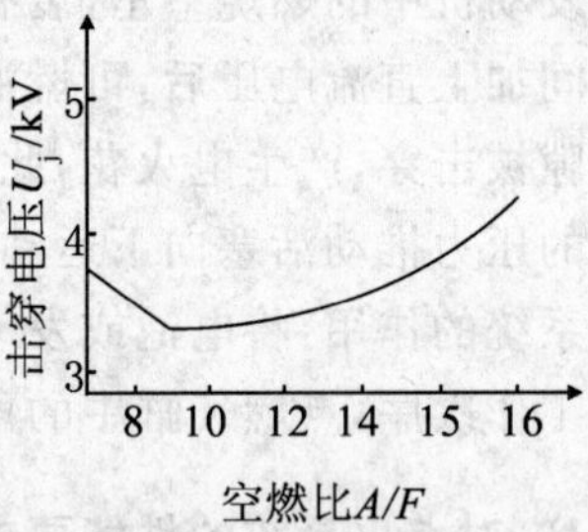

图 4-4 火花塞击穿电压与空燃比的关系

2. 火花应具有足够的能量

为使混合气点燃可靠，火花应具有一定的能量。发动机正常工作时，由于混合气压缩终了的温度已接近其自燃温度，因此所需的火花能量很小（1～5mJ）。传统点火系统能发出 15～50raj 的火花能量，足以点燃混合气。但在发动机起动、怠速以及节气门突然急剧打开时，仍需较高的火花能量。为了保证可靠点火，一般应保证有 50～80raj 的点火能量，起动时应大于 l00mJ 的火花能量。

点火能量不足时，会使发动机起动困难，发动机的动力性下降，油耗和排污增加，甚至使发动机不能工作。

3. 点火时刻应适应发动机的工况变化

不同发动机有不同的最佳点火提前角，而且同一发动机在不同工况和不同使用条件下的最佳点火提前角也不相同。影响最佳点火提前角的因素有转速、负荷、汽油的辛烷值、混合气成分和进气压力等。为使发动机在把热能转换成机械能过程中输出最大功率，点火系统必须适应上述因素的变化，实现在不同工况下的最佳点火。

转速 ↑ ⎫
　　　　⎬ 点火提前角 ↑
负载 ↓ ⎭

4.1.2 点火系统的分类

点火系统根据不同的分类标准，分类方式很多。目前，汽车上最广泛使用的点火系统为电感放电式蓄电池点火系统，又分为传统点火系统、电子点火系统和微机控制点火系统三大类。其中微机控制点火系统又分为有分电器与无分电器两类，现在大多数轿车均采用无分电器式点火系统。

(1)按点火电源分类：
- 磁电机式：应用在摩托车及大型拖拉机上
- 蓄电池式：应用广泛

(2)按存储能量的方式分类：
- 电感储能式：应用广泛
- 电容储能式：赛车

(3)按点火信号产生的方式分类(电子点火系统)：
- 磁感应式
- 霍尔效应式
- 光电式
- 电磁振荡式

(4)按有无分电器方式分类：
- 有分电器：逐步淘汰
- 无分电器：广泛使用

(5)按发展历史分类：
- 传统点火系统：二十世纪初出现，已淘汰
- 电子点火系统：二十世纪 60～70 年代，逐步淘汰
- 微机控制点火系统：二十世纪 70 年代末至今，广泛应用

拓展阅读

★邢台职业技术学院《汽车电器设备》精品课程网站：

http://www1.xpc.edu.cn/dept/yzk/qichesheng/lessonweb/lilun/4_dianhx/1gshu.htm

4.2　传统点火系统

4.2.1　传统点火系统组成与工作原理

1. 传统点火系统的组成

传统点火系统的组成如图 4-5 所示。

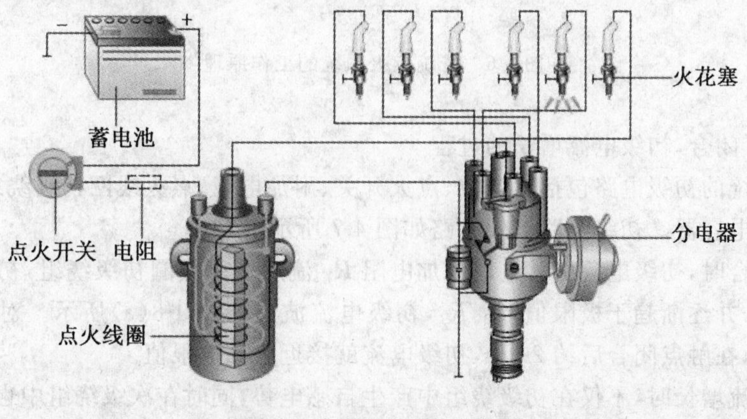

图 4-5　传统点火系统的组成

(1)电源提供点火系统工作时所需的能量，由蓄电池和发电机构成。

(2)点火开关用来控制点火系统的初级电路。

(3)点火线圈相当于自耦变压器，用来将电源供给的 12V、24V 或 6V 的低压直流电转变为 15～20kV 的高压直流电。

(4)分电器由断电器、配电器、电容器和点火提前调节装置等组成。它用来在发动机工作时接通与切断点火系统的初级电路，使点火线圈的次级绕组中产生高压电，并按发动机要求的点火时刻与点火顺序，将点火线圈产生的高压电分配到相应气缸的火花塞上。

(5)火花塞由中心电极和侧电极组成，安装在发动机的燃烧室中，用来将点火线圈产生的高压电引入燃烧室，点燃燃烧室内的可燃混合气。

(6)高压导线用以连接点火线圈与分电器中心插孔以及分电器旁电极和各缸火花塞。

(7)附加电阻改善点火性能和起动性能。

2. 工作原理

在传统点火系统中，蓄电池或发电机供给 12V 低电压，经点火线圈和断电器转变为高电压，再经配电器分送到各缸火花塞，使电极间产生电火花。

发动机工作时，断电器轴连同凸轮，一起在发动机凸轮轴的驱动下旋转。断电器凸轮转动时，断电器触点交替地闭合和打开，因此，传统点火系统的工作原理可分为触点闭合，初级电流增长；触点打开，次级绕组产生高压；火花塞电极间火花放电三个阶段。传统点火系统的工作原理如图 4-6 所示。

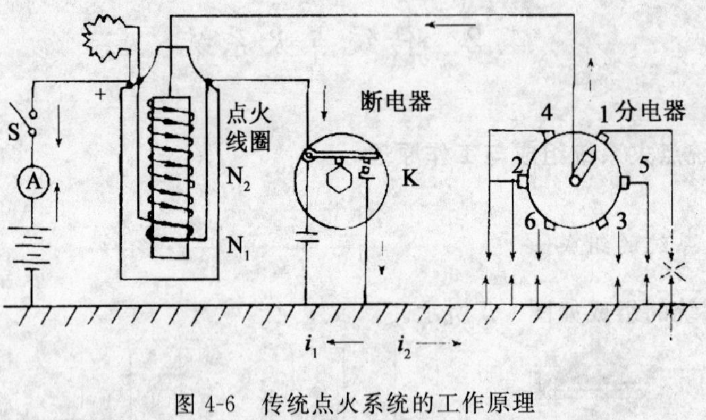

图 4-6　传统点火系统的工作原理

(1)触点闭合，初级电流增长的过程

点火系统的初级电路包括蓄电池、点火开关、附加电阻、点火线圈初级绕组、分电器的断电触点及电容器。初级电路等效电路如图 4-7 所示。

触点闭合时，初级电流由蓄电池附加电阻 R_f 流过点火线圈初级绕组，初级电流按指数规律增长，并逐渐趋于极限值 U_B/R_f，初级电流波形如图 4-8(a)所示。对汽车上的点火线圈而言，在触点闭合后约 20ms，初级电流就接近于其极限值。

初级电流增长时，不仅在初级绕组中产生自感电势，同时在次级绕组中也会感应出电

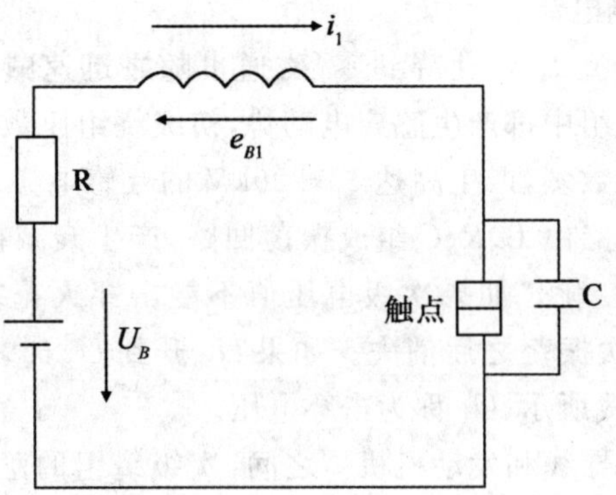

图 4-7 初级电路等效电路

势，为 1.5～2kV，不能击穿火花塞间隙，次级电压波形如图 4-8(b)所示。其电路是低压电路，电流从蓄电池正极→电流表→点火开关→附加电阻→点火线圈初级绕组 N_1→断电器触点 K→搭铁→蓄电池负极。

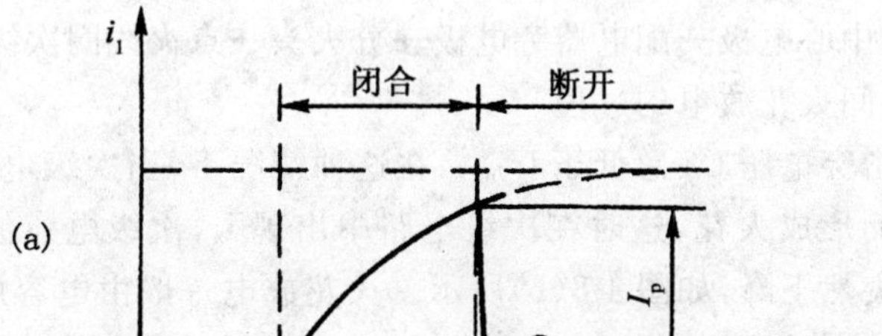

图 4-8 传统点火的工作过程波形图

(a)初级电流波形 (b)次级电压波形 (c)次级电流波形

(2)触点打开，次级绕组产生高压的过程

触点闭合后，初级电流按指数规律增长，当闭合时间为 t_b、i_1 增长到 I_p 时，触点被凸轮顶开，I_P 称为初级断电电流。

触点打开后，初级电流 I_p 迅速降到零，磁通也随之迅速减少，如图 4-8(a)所示。此时，在初级绕组和次级绕组中都产生感应电动势，初级绕组匝数少，产生 200～300V 的自感电势，次级绕组由于匝数多，产生高达 15～20kV 的互感电势 U_2，如图 4-8(b)所示。

触点打开后，初级电路由 L、R、C 组成振荡回路，产生衰减振荡。在次级绕组中的感应电动势也发生相应的变化。如果次级电压值不能击穿火花塞间隙，则 U_2 将按图 4-8(b)中的虚线变化，在几次振荡之后消失。如果 U_2 升到 U_j 时，火花塞间隙被击穿，则电压的变化如图 4-8(b)实线所示，U_j 称为击穿电压。

在次级绕组中，高压导线和发动机机体之间，次级绕组的匝与匝之间，火花塞中心电极与侧电极之间，均有一定的电容，称为分布电容，用 C_2 表示。实际上有热损失和磁损失。

发动机工作时，在断电器触点分开瞬间，次级电路中分火头恰好与侧电极对准。高压电路在触点打开瞬间，以点火线圈次级绕组为高压电源，以火花塞电极间隙为负载，其电流回路为：点火线圈次级绕组"＋"接线柱→附加电阻→点火开关→电流表→蓄电池→搭线→火花塞旁电极、中心电极→配电器旁电极→分火头→点火线圈次级绕组"－"接线柱。

(3)火花塞电极间火花放电的过程

通常火花塞的击穿电压 U_j 总低于 U_{2max}，在这种情况下，当次级电压 U_2 达到 U_j 时，就使火花间隙击穿而形成火花，这时在次级电路中出现 i_2，次级电流波形如图 4-8(c)所示。同时次级电压突然下降，如图 4-8(b)所示。火花放电一般由电容放电和电感放电两部分组成。所谓电容放电是指火花间隙被击穿时，储存在 C_2 中的电场能迅速释放的过程，其特点是放电时间极短(1μs 左右)，但放电电流很大，可达几十安培。跳火以后，火花间隙的电阻减小，线圈磁场的其余能量将沿着电离的火花间隙缓慢放电，形成电感放电，又称火花尾，其特点是放电时间持续较长，达几毫秒，但放电电流较小，约几十毫安，放电电压较低，约 600V。实验证明，电感放电持续的时间越长，点火性能越好。

发动机工作期间，断电器凸轮每转一周(曲轴转两周)，各缸按点火顺序轮流点火一次。若要停止发动机的工作，只要断开点火开关、切断初级电路即可。

1. 工作特性及影响因素

图 4-9 为传统点火系统的工作特性。

点火系统供给的点火能量与电压高低，直接影响发动机的性能，而影响次级电压的因素很多，下面着重论述使用条件对次级电压的影响。

(1)发动机转速的影响

次级电压随转速升高而降低的现象，是发动机高速运转时容易断火的原因。如果在图 4-9 中作一条相当于发动机最不利情况下所需击穿电压的水平虚线，则水平虚线与特性曲线的交点即为发动机的极限转速，超过此转速将不能保证可靠点火，即发生所谓"高速断火现象"。

(2)发动机气缸数的影响

由前述可知，次级电压的最大值将随发动机气缸数的增加而降低。这是因为凸轮的

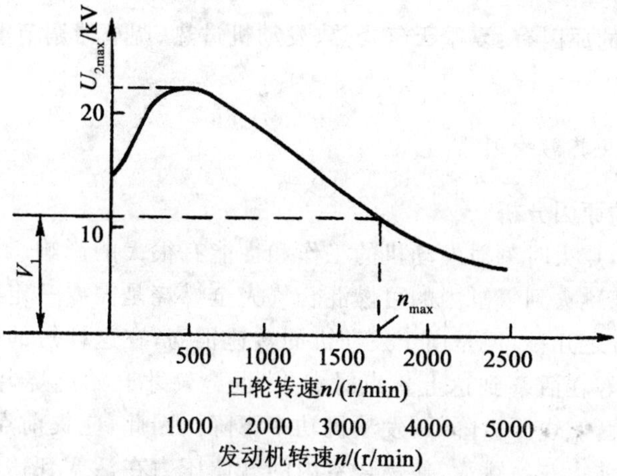

图 4-9 传统点火系统工作特性

凸角数与气缸数相同，发动机的气缸数越多，凸轮每转一周触点闭合与打开的次数就越多，于是，触点闭合时间缩短，次级电压最大值 U_{2max} 下降。

(3)火花塞积炭的影响

当积炭渣存在于火花塞绝缘体时，相当于在火花塞电极之间并联了一个电阻 R_j，使次级电路闭合，于是在次级电压还未上升到火花塞击穿电压时，就通过积炭产生漏电，使次级电压下降，造成点火困难。

当火花塞由于积炭严重而不能跳火时，可用“吊火”的方法临时补救。即拔出高压线使它与火花塞间保留 3～4mm 的附加间隙，如图 4-8(b)所示，使次级电压上升过程中不发生泄漏，当次级电压上升到一定值后，将火花塞间隙与附加间隙同时击穿，则火花塞便能正常跳火，但这种方法只能应急，不能长期使用，否则会使点火线圈因负担过重而损坏。

(4)触点间隙的影响

在使用中，触点间隙大小是否合适，将影响 U_{2max} 值，当触点间隙大时，触点闭合角变小，U_{2max} 下降。触点间隙小时，β 角增大，I_p 增大，故 U_{2max} 可以提高。但是如果间隙太小，会使触点分开，火花加强而下降缓慢，反而会降低次级电压。因此，触点间隙应按制造厂规定进行调整。

(5)电容的影响

由前述可知，U_{2max} 随 C_1、C_2 的减小而增高，但实际上，当 C_1 过小时，U_{2max} 反而要降低。

这是因为 C_1 过小时，起不到灭弧作用，触点分开时将产生较强的火花，消耗一部分初级线圈中的磁场能量，从而降低了 U_{2max} 火花严重时，i_1 下降速率减慢，U_{2max} 也要下降，一般 C_1 取 0.15～0.25μF 为宜。

次级分布电容 C_2 也有同样影响，但受结构限制，C_2 不可能过小。为了避免无线电干扰，有时在点火装置中设有屏蔽，此时 C_2 将有所增加。

(6)点火线圈温度的影响

在使用中当点火线圈过热时，由于初级绕组的电阻值增大(铜有正的温度系数)，初级电流减小，从而使U_{2max}降低。

点火线圈过热的原因有：夏季天气炎热、发动机过热、调节器调节电压过高，使初级电流增大等。

4. 点火提前角及其影响因素

(1)点火提前的原因分析

发动机工作时，点火时刻对发动机的工作和性能有很大的影响。混合气燃烧有一定的速度，即从火花塞跳火到气缸内的可燃混合气完全燃烧是需要一定时间的。虽然这段时间很短，不过千分之几秒，但是由于发动机的转速很高，在这样短的时间内曲轴却转过较大的角度。若恰好在活塞到达上止点时点火，混合气才开始燃烧，活塞已开始向下运动，使气缸容积增大，燃烧压力降低，发动机功率下降。因此，应提前点火，即在活塞到达压缩行程上止点之前火花塞跳火，使燃烧室内的气体压力在活塞到达压缩行程上止点后10°～15°时达到最大值。这样，混合气燃烧时产生的热量，才能在做功行程中得到最有效的利用，从而提高发动机的功率。

如图 4-10 所示为四冲程发动机在不同的点火时间情况下的示功图。各曲线所包围的面积为发动机实际的输出功率，点火过早或过迟都会降低发动机的输出功率。

若点火过早，则活塞还在向上止点移动时，气缸内压力已达到很大数值，这时气体压力作用的方向与活塞运动的方向相反，在示功图上出现了套环，此时，发动机有效功减小，发动机功率也将下降。如果点火过迟，在活塞到达上止点时才点火，则混合气一边燃烧，活塞一边下行，即燃烧过程在容积增大的情况下进行，同时炽热的气体与气缸壁接触的面积增加，热传导损失增大，因而转变为有效功的热量相对减小，气体最高压力降低，从而导致发动机过热，功率下降。

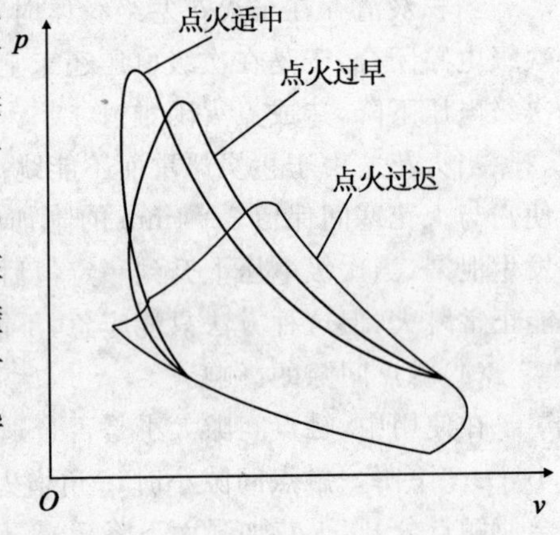

图 4-10　不同点火提前角的示功图

(2)点火提前角概念

从点火时刻起到活塞到达压缩上止点，这段时间内曲轴转过的角度称为点火提前角。能使发动机获得最佳动力性、经济性和最佳排放性能的点火提前角，称为最佳点火提前角。发动机工作时，最佳点火提前角不是固定值，它随很多因素而改变。

(3)影响点火提前角的因素

影响点火提前角的主要因素是发动机的转速和混合气的燃烧速度。混合气的燃烧速度又与混合气的成分、发动机的结构及其他(燃烧室的形状、压缩比等)一些因素有关。

1)发动机转速对点火提前角的影响

发动机的最佳点火提前角随发动机转速 n 的提高而增大。转速提高，则单位时间内曲轴转角变大。如果混合气的燃烧速率不变，则最佳点火提前角数值应按线性增加。但当转速升高时，混合气的压力、温度增高，扰流也增强，使燃烧速度随之加快，因此，最佳点火提前角应地随发动机转速升高而增大，但不是线性的(图 4-11)。

2)发动机负荷变化对点火提前角的影响

在相同转速下，随着发动机负荷的增大，最佳点火提前角将随之减小。这是由于发动机负荷大即节气门开度大时，吸入气缸的混合气量增多，压缩行程终了时的压力和温度增高，使燃烧速度加快，这就需要相应地减小点火提前角(图 4-12)。

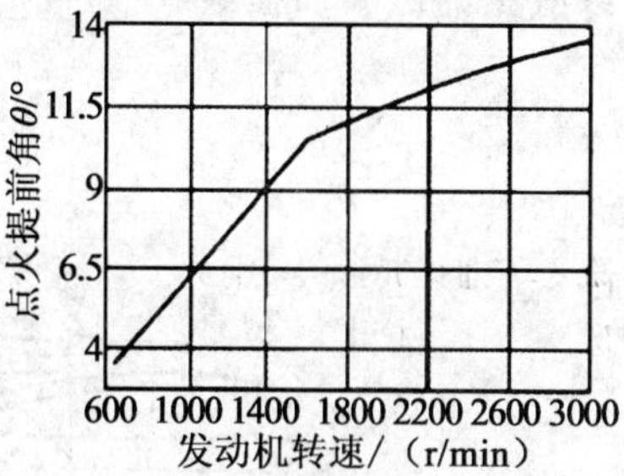

图 4-11　最佳点火提前角与发动机转速的关系

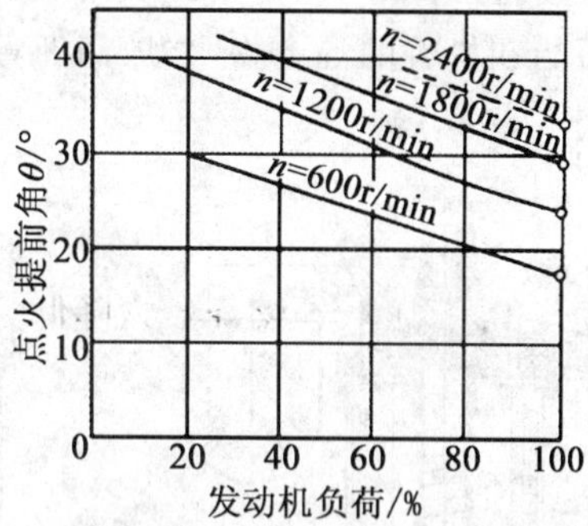

图 4-12　最佳点火提前角与负荷的关系

3)燃油的品质对点火提前角的影响

燃油的辛烷值不同，其抗爆性也不同，辛烷值高的抗爆性越好，我们希望发动机在工作时处于轻微爆震的状态，不同品质的燃油对应不同的点火提前角。当发动机换用不同牌号的汽油时，点火提前角也必须作适当调整。为此，要求点火系统的构造还应实现适当的点火提前角手动调节，过去有些车型的点火系统中配有辛烷值校正器，可以在进行手动调节时指示调节的角度。

4)其他因素

在发动机转速不变的情况下，燃料燃烧速度的变化会引起发动机最佳点火提前角的变化。影响燃烧速度的因素有过量空气系数、进气压力、压缩比等。除此之外，点火提前角还与排气净化、发动机水温等诸多因素有关。因此，单靠离心调节机构或真空调节机构是不能满足要求的，必须有一种更为先进的控制手段，这就是微机控制电子点火系统。

4.2.2　传统点火系统主要元件的结构与检查

1. 点火线圈

点火线圈的作用是将电源提供的低压电转换成点火所需的高压电，使火花塞电极能击穿跳火。按其磁路结构形式的不同，分为开磁路点火线圈和闭磁路点火线圈。

(1)开磁路点火线圈

开磁路点火线圈的基本结构如图 4-13 所示，主要由铁心、一次绕组、二次绕组、胶木盖、绝缘座等组成。

胶木盖中央突出部分为高压插孔，其余的接线柱为低压接线柱。为了减少涡流和磁滞损失，点火线圈的铁心用 0.3～0.5mm 厚的硅钢片叠成，外面套有绝缘套管。铁心上绕有一次绕组和二次绕组。一次绕组通常用直径为 0.5～1.0mm 的漆包线绕 240～370 匝；二次绕组通常用直径为 0.06～0.10mm 的漆包线绕 11000～30000 匝。由于一次绕组中流过的电流较大，发热量大，所以绕在二次绕组绝缘层的外面，有利于散热。当低压电流过一次绕组时，铁心被磁化，其磁路如图 4-14 所示。由于磁路上下都暴露在空气中并未构成闭合磁路，所以称为开磁路点火线圈。为了增强绝缘性能，绕组绕好后要在真空中浸以石蜡和松香的混合物，并填满沥青或变压器油，以减少漏磁和加强绝缘性，同时防止潮气侵入。

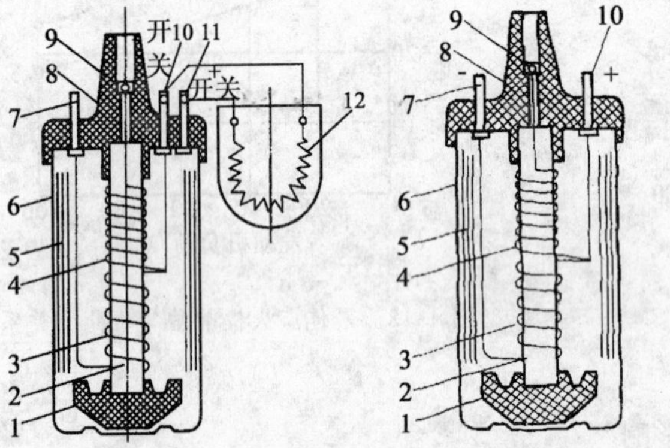

(a) 三接线柱式点火线圈　(b) 二接线柱式点火线圈

图 4-13 开磁路点火线圈结构

1—绝缘座 2—铁心 3—一次绕组 4—二次绕组
5—导磁钢套 6—外壳 7—“－”接线柱 8—胶木盖
9—高压线接头 10—接起动机接线柱
11—“＋”接线柱 12—附加电阻

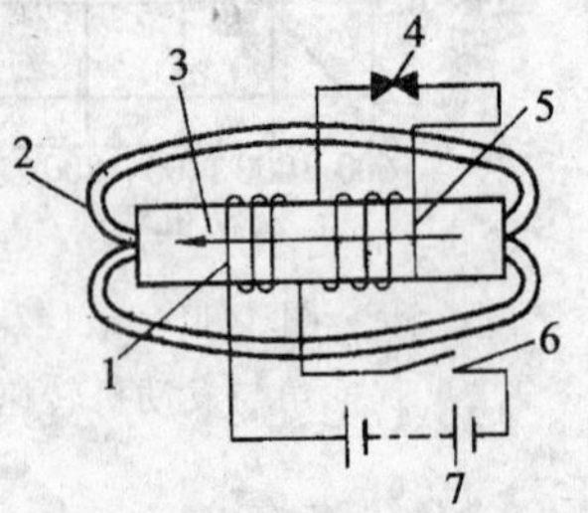

图 4-14 开磁路点火线圈的磁路

1—绝缘座 2—铁心 3—一次绕组
4—二次绕组 5—导磁钢套
6—外壳 7—“－”接线柱
8—胶木盖 9—高压线接头
10—接起动机接线柱
11—“＋”接线柱 12—附加电阻

根据低压接线柱的数目不同，点火线圈有二接线柱式和三接线柱式之分。

如图 4-13(a)所示的三接线柱的点火线圈的胶木盖上，有低压接线柱 7、10 和 11，它们分别接断电器、起动机附加电阻短路接线柱和点火开关。

如图 4-13(b)所示为二接线柱式点火线圈无附加电阻，而用一根导线接至点火开关。这根导线是一根热敏电阻线，被称作附加电阻线，起到三接线柱点火线圈中的附加电阻的作用。

(2)闭磁路点火线圈

闭磁路点火线圈的结构如图 4-15 所示。传统的开磁路点火线圈中，次级绕组在铁心中的磁通通过导磁钢套构成回路，磁力线的上、下部分从空气中通过，磁路的磁阻大，磁通损失大，转换效率低(约 60%)。闭磁路点火线圈的铁心是“日”字形或“口”字形，铁心内绕有初级绕组，在初级绕组外面绕有次级绕组，其铁心构成闭合磁路，磁路中只设有一个微小的气隙。闭磁路点火线圈漏磁少，磁阻小，能量损失小，变换效率高，可使点火线圈小型化。

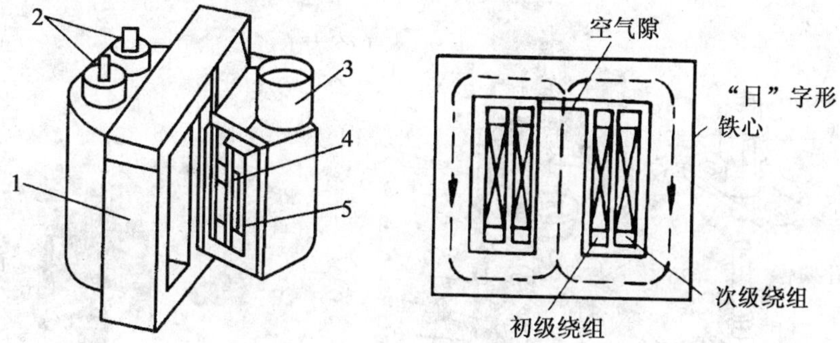

图 4-15　闭磁路点火线圈

1—"日"字形铁心 2—一次绕组接线柱

3—高压接线柱 4—一次绕组 5—二次绕组

(3)点火线圈的检查

直观检查:点火线圈一般出现故障较少,使用中应注意其表面清洁干燥。点火线圈的常见故障主要有线圈短路、断路、绝缘盖裂纹、跳火能力低及线圈发热等。绝缘盖破裂或外壳损伤,应更换。用手抚摸点火线圈,稍有微热为良好,若是感到烫手,则此线圈已经损坏。

仪表检测:用万用表欧姆挡进行检测,分别检测点火线圈的初级线圈和次级线圈的阻值,根据阻值是否在标准范围之内判定其是否良好。

就车检查:通过跳火实验判断故障发生部位,检测方法:打开点火开关,将分电器盖上的中央高压线拔出,距发动机机体(不要有沾着油类易燃物)表面约 6mm。一手拨断电器活动触点,使之由闭合到断开,此时高压线端头与机体之间应有强烈的蓝色火花跳火。若高压线与缸体间无火花跳火,即可断定点火线圈损坏、点火线圈技术状况不良,应更换;若其跳火微弱,说明线圈有搭铁或漏电之处,低压线路有毛病,应检修。

2. 分电器

分电器由断电器、配电器、点火提前角调节装置和电容器等组成,如图 4-16 所示,是传统点火系统中结构最复杂、功能最多的一个设备。

分电器的壳体由铸铁制成,下部压有石墨青铜衬套,分电器轴在衬套内旋转。分电器由凸轮直接或间接控制。断电器控制点火线圈产生高压电,配电器将高压电分配到各缸,点火提前调节装置随发动机转速、负荷等变化调节点火提前角。

(1)断电器

1)断电器的组成

断电器是一个串联在点火线圈初级绕组电路中控制低压电流的开关设备,由活动触点、固定触点及凸轮组成,如图4-17所示,其作用是周期性地接通和切断点火线圈低压电路。断电器触点由钨合金制成,固定触点经底板直接搭铁。活动触点与壳体之间是绝缘的,它通过触点臂、触点弹簧片与分电器低压接线柱相通。活动触点臂有孔一端松套在活动底板的销轴上,通过触点臂弹簧片的弹力紧压在凸轮上。凸轮具有与发动机气缸数相同的凸角,凸轮与拨板制成一体,装在分电器轴上,经离心重块由分电器轴驱动。旋动偏心螺钉可改变固定触点的位置,从而可以调整断电器触点的间隙。触点之间的间隙一般

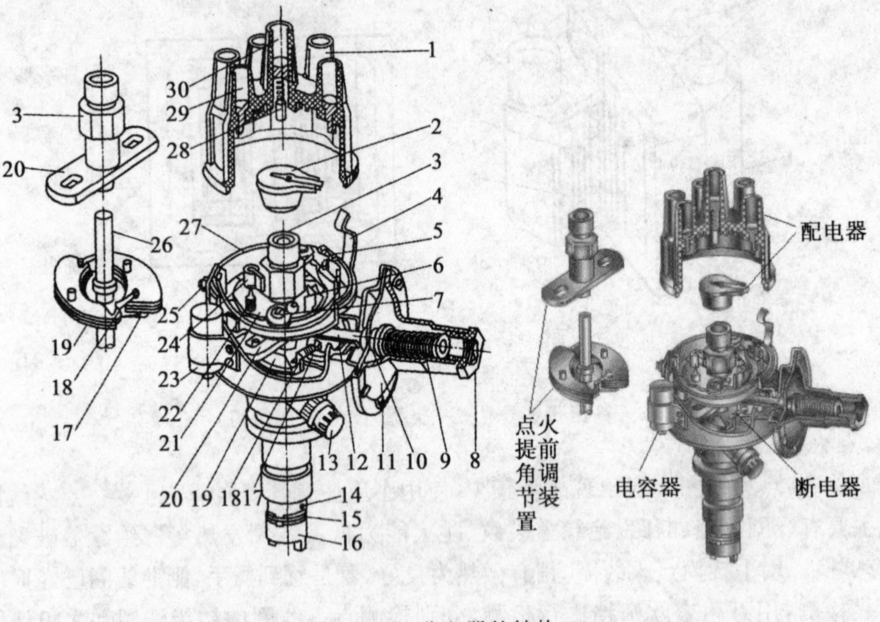

图 4-16　分电器的结构

1—分电器盖 2—分火头 3—断电器凸轮 4—分电器盖弹簧夹
5—断电器弹簧及固定夹 6—活动触点及支架 7—固定触点 8—接头 9—弹簧
10—真空调节器膜片 11—真空调节器外壳 12—拉杆 13—油杯 14—固定销及联轴节
15—联轴节钢丝 16—轴 17—离心调节器底板 18—离心重块拉紧弹簧 19—离心重块
20—横板 21—断电器底板 22—真空调节器拉杆及弹簧 23—电容 24—油毡
25—接线柱 26—分电器轴 27—分电器壳 28—中心触点 29—侧接线孔 30—中央接线孔

为 0.35～0.45mm。

2)断电器的检查

主要检查触点间隙和接触表面，若触点表面有轻微烧蚀，应用细砂纸打磨；严重时可用细锉修磨或更换。同时活动触点与固定触点中心线应重合，触点间隙及弹簧张力应符合标准。

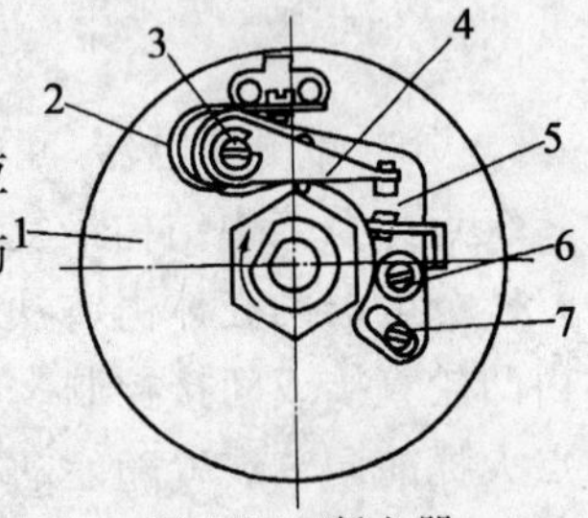

图 4-17　断电器

1—固定盘 2—片簧
3—销钉 4—活动触点臂
5—托板 6—固定螺钉
7—调节螺钉

(2)配电器

1)配电器的组成

配电器用来将点火线圈中产生的高压电，按发动机的工作次序轮流分配到各气缸的火花塞上。它主要由胶木制成的分电器盖和分火头组成。分电器盖上有一个深凹的中央高压线插孔，以及数目与发动机气缸数相等的若干个深凹的分高压线插孔，各高压线插孔的内部都嵌有铜套。分火头套在凸轮轴顶端的延伸部分，此延伸部分为圆柱形，但其侧面铣切出一个平面，分火头内孔的形状与之符合，借此保证分火头与凸轮同步旋转，并使分火头与分电器盖上的旁电极保持正确的相对位置。

2)配电器的检查

检查分电器盖的绝缘状况，如图 4-18(a)所示，万用表置 $R\times10\text{k}\Omega$ 挡，分电器中央插孔与各旁电极插孔之间的电阻应大于 50kΩ；否则分电器有裂纹或积污，应清洁或更换。

检查分火头的绝缘状况，如图 4-18(b)所示，用上述方法检查时电阻应大于 50kΩ，或将分火头放在机体上，将分电器中央高压线距分火头 3～4mm。触点分开时若有火花为分火头漏电，应更换。

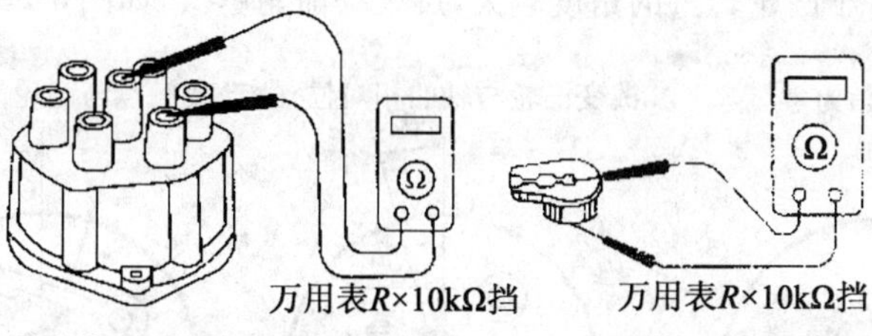

图 4-18 配电器的故障检查

(3)电容器

1)电容器的结构

电容器的作用是当触点分开时可减小触点间的火花，防止触点烧蚀，同时，由于电容器能吸收触点分开时的电能，使初级电流迅速切断，提高了磁场变化的速率，从而提高次级电压。

电容器安装在分电器的壳体上，目前发动机点火系统所用的电容器一般均为纸质电容器。其极片为两条狭长的金属箔带，用两条同样狭长的很薄的绝缘纸与极片交错重叠，卷成圆筒形，在浸渍蜡绝缘介质后，装入圆筒形的金属外壳中加以密封。一个极片与金属外壳在内部接触，另一极片与引出外壳的导线连接。电容器外壳固定在分电器外壳上搭铁，使电容器与断电器触点并联，其结构如图 4-19 所示

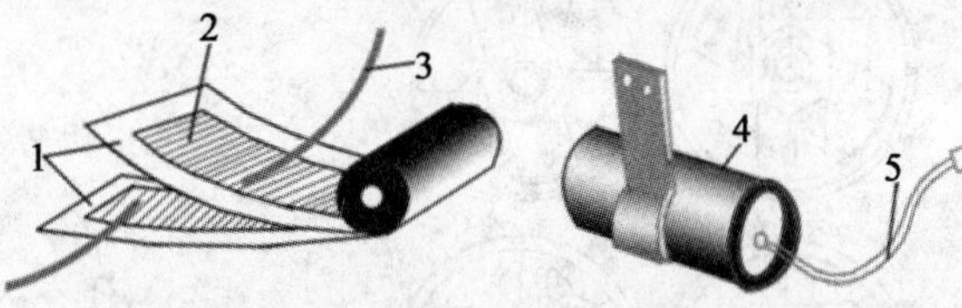

图 4-19　电容器结构图

1—纸带 2—箔带 3—软导线 4—外壳 5—引线

2)电容器的检查

在汽车上检查时，可分别在有无电容器的情况下，拨动触点，对比观察高压跳火情况。若有电容器时跳火火花强，无电容器时不跳火或火花弱，说明电容器良好，否则应更换。

(4)点火提前角调节机构的结构

为了实现点火提前，必须在压缩行程接近终了、活塞到达上止点之前，便使断电器触点分开。从触点分开到活塞到达上止点这段时间越长，曲轴转过的角度越大，即点火提前角越大。因此，调节断电器触点分开的时刻，即改变触点与断电器凸轮或断电器凸轮与分电器轴

之间的相对位置，便可以调节点火提前角，调节点火提前角的方法有两种，一种是保持触点不动，将断电器凸轮相对于分电器轴顺旋转方向转过一个角度 θ，凸轮提前将触点顶开，使点火提前。凸轮相对于轴转过的角度越大，点火提前角越大。另一种调节方法是凸轮不动(不改变凸轮与轴的相对位置)，使断电器触点相对于凸轮逆着旋转方向转过一个角度 θ，也可使点火提前。触点相对于凸轮转过的角度越大，点火提前角越大，如图 4-20 所示。

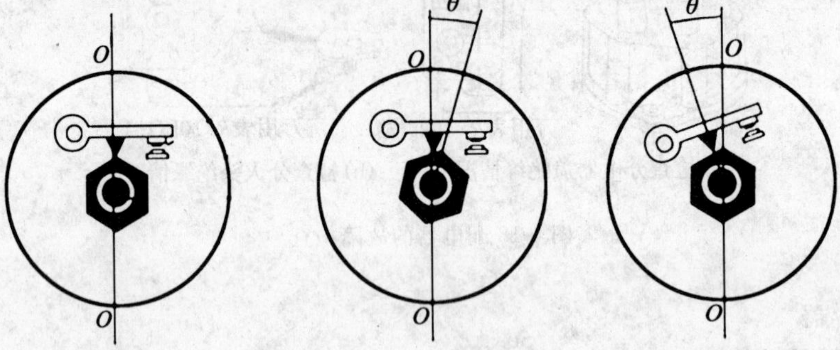

图 4-20　点火提前调整

1)离心点火提前机构

离心点火提前机构的功能是在发动机转速发生变化时自动调节点火提前角，它通常装在断电器固定底板的下部，结构如图 4-21(a)所示。在分电器轴上固定有托板，两个重块分别套在托板的柱销上，重块另一端由弹簧拉住，凸轮和拔板为一体，套在分电器轴的上端，而拨板两端的孔则插在离心块的销钉上。

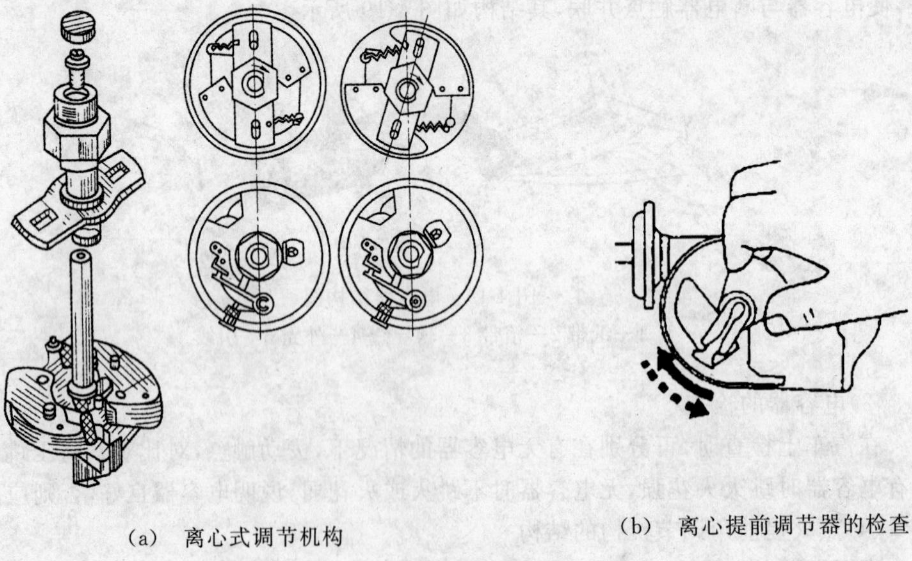

(a)　离心式调节机构　　(b)　离心提前调节器的检查

图 4-21　离心式点火提前机构

随着发动机转速升高，重块的离心力增大，克服弹簧拉力绕柱销转动一个角度，销钉推动拨板，使凸轮沿旋转方向相对于分电器轴转过一个角度，点火提前角增大。转速下降时，弹簧将重块拉回，使提前角自动减小。

有的离心点火提前机构每个重块设有一粗一细两个弹簧，两个弹簧弹性不同。粗弹簧安装后成为自由的状态，细的一根安装后略呈拉紧状态。在低速范围内，只有细弹簧起作用，当转速提高到一定程度后，两根弹簧同时起作用，点火提前角成正比增大，以后又趋于平缓，即点火提前角与转速不是线性关系，使之更符合发动机转速变化时对点火提前角的要求。

离心点火提前调节机构检查如图 4-21(b)所示，将分电器轴固定，用手捏住凸轮（或转子）分火头，将其顺旋转方向转到极限位置后松手，应能自动回到原位，否则应修理或更换。

2)真空点火提前机构

真空点火提前机构的功能是在发动机负荷变化时，自动调节点火提前角，它安装在分电器壳体的外侧，内部构造如图 4-22(a)所示。

真空点火提前机构壳内装有膜片，将其内部分成两个腔室，位于分电器壳体一侧的腔室与大气相通，另一腔室连接到节气门附近。膜片中心固装着拉杆，通过销钉和断电器活动底板连接在一起，拉杆运动可带动断电器活动底板随之转动。

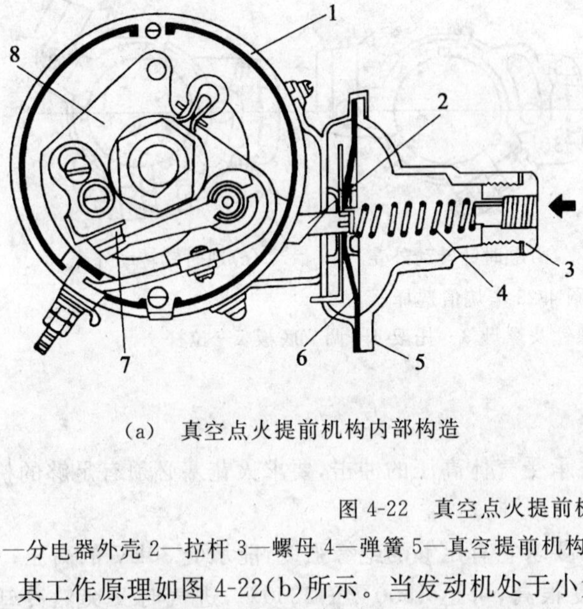

(a)　真空点火提前机构内部构造

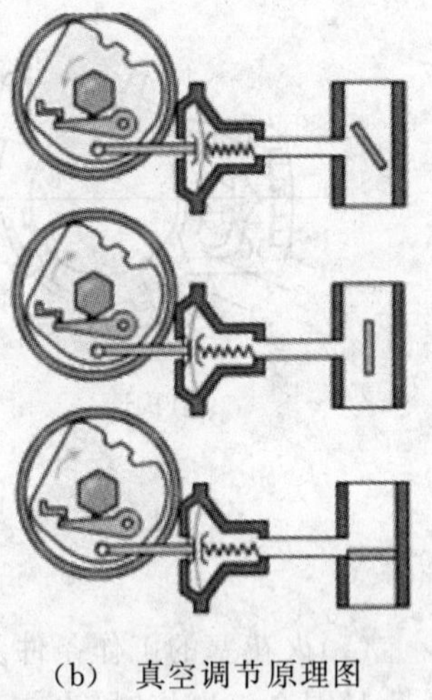

(b)　真空调节原理图

图 4-22　真空点火提前机构

1—分电器外壳 2—拉杆 3—螺母 4—弹簧 5—真空提前机构外壳 6—膜片 7—触点 8—断电器托盘

其工作原理如图 4-22(b)所示。当发动机处于小负荷时，节气门开度小，小孔处真空度较大，吸动膜片向右拱曲，拉杆推动活动板带着断电器触点逆分电器轴旋转方向转动一定角度，使点火提前角增大。节气门开度大时（负荷增大），小孔处真空度降低，膜片在弹簧力作用下，使点火提前角自动减小。怠速时，节气门接近全闭，小孔处于节气门上方，真空度几乎为零，使点火提前角很小或基本不提前，以保证怠速稳定运转。

真空点火提前调节机构检查，如图 4-22(c)所示，用真空泵在吸气管处抽真空时，膜片能带动调节器拉杆和断电器底板移动；否则应修理或更换。

3)辛烷值选择器

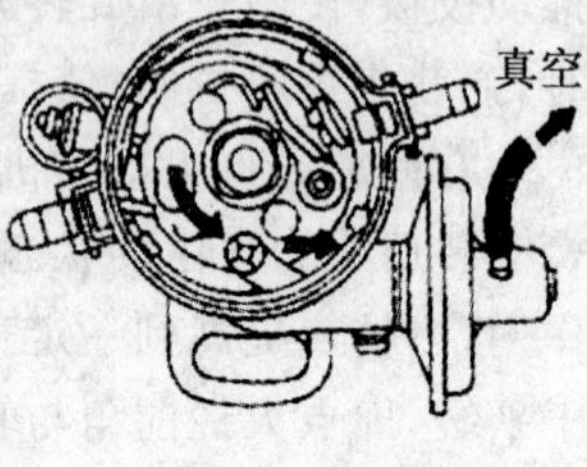

4.2-22(c) 真空点火提前调节机构检查

点火提前角的手动调节装置也称辛烷值校正器。在换用不同品质的汽油时,为适应不同汽油的抗爆性能,常需调整点火时间。不同形式的分电器,其辛烷值校正器的结构也不同,但基本原理相同。通过转动分电器的壳体来带动触点,使触点与分电器轴做相对移动,从而改变点火提前角。逆凸轮旋转方向转动分电器外壳时,点火提前角增大;反之,则点火提前角减小。如图 4-23 所示。

壳体转动多少,一般可以从刻度板上看出。每转动一个刻度相当于曲轴转 2°角。调整时,先旋松调整托架的固定螺钉,然后转动外壳,顺时针转动为推迟(转至"－"号),逆时针转动为提前(转至"＋"号)。

3.火花塞

火花塞的作用是把高压导线送来的脉冲高压电放电,击穿火花塞两电极间空气,产生电火花以引燃气缸内的混合气体。火花塞装于气缸盖的火花塞孔内,下端电极伸入燃烧室,上端连接分缸高压线。火花塞是点火系统中工作条件最恶劣、要求高和易损坏部件。

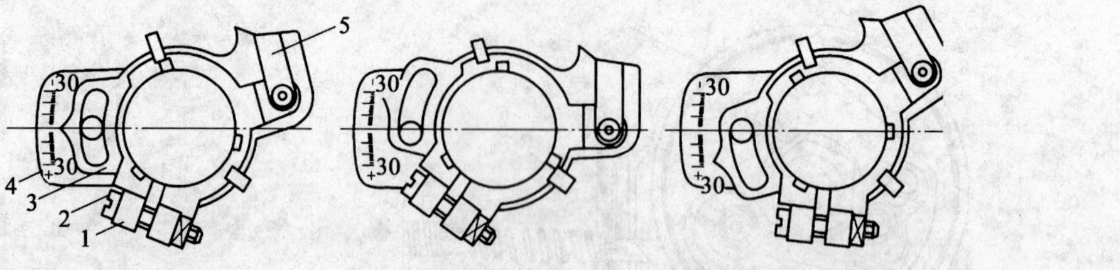

图 4-23 辛烷值选择器

1—调节臂 2—夹紧螺钉及螺母 3—托架 4—调节底板 5—拉杆

(1)火花塞的工作条件及其要求

1)混合气燃烧时,火花塞下部将承受气体高压的冲击,要求火花塞必须有足够的机械强度。

2)火花塞承受着交变的高电压,要求它有足够的绝缘强度,能承受 30kV 的高压。

3)混合气燃烧时,燃烧室内温度很高,可达 1500℃～2200℃,进气时又突然冷却至 50℃～60℃,因此要求火花塞不但耐高温,而且能承受温度剧变,不出现局部过冷或过热。

4)混合气的燃烧产物很复杂,含有多种活性物质,如臭氧、一氧化碳和氧化硫等,易使电极腐蚀,因此要求火花塞耐腐蚀。

5)火花塞的电极间隙影响击穿电压,所以要有合适的电极间隙。火花塞安装位置要合适,以保证有合理的着火点。火花塞气密性应当好,以保证燃烧室不漏气。

(2)火花塞的构造和类型

1)火花塞的结构

火花塞主要由接线帽、瓷绝缘体、中心电极、侧电极和壳体等部分组成,其结构如图 4-24 所示。在钢质壳体 6 的内部固定有高氧化铝陶瓷绝缘体 9,金属杆 8 位于绝缘体中心孔的上部,金属杆 8 的上端有接线螺母 10,用来接高压导线,下端装有中心电极 1。中心电极 1 与金属杆 8 之间用导电玻璃密封,铜质内垫圈 3、7 起密封和导热作用。钢质壳体 6 的上部有便于拆装的六角平面,下部有螺纹以便旋装在发动机气缸盖内,壳体 6 下端固定有弯曲的侧电极 2。电极一般采用耐高温、耐腐蚀的镍锰合金钢或铬锰氮、钨、镍锰硅等合金制成,以提高散热性能。火花塞电极间隙为 0.6～0.7mm,电子点火间隙可增大为 1.0～1.2mm。

发动机工作时,火花塞发火部位吸收热量并向冷却系统散发的性能,称之为火花塞的热特性。火花塞要能正常工作,其下部绝缘体裙部的温度应保持在 500℃～700℃,这样才能使落在绝缘体上的油滴烧干净,不至于形成积炭,通常把这个温度称为火花塞的"自净温度"。

2)火花塞的类型

影响火花塞热特性的主要因素是火花塞裙部的长度。裙部较长时,受热面积大,吸收热量多,而散热路径长,散热速度慢,裙部温度容易上升,把这种火花塞称为"热型"火花塞,适用于低速、低压缩比的小功率发动机。反之,当裙部较短时,吸热少,散热路径短,散热速度快,裙部温度较低,把这种火花塞称为"冷型"火花塞,适用于高速、高压缩比的大功率发动机。

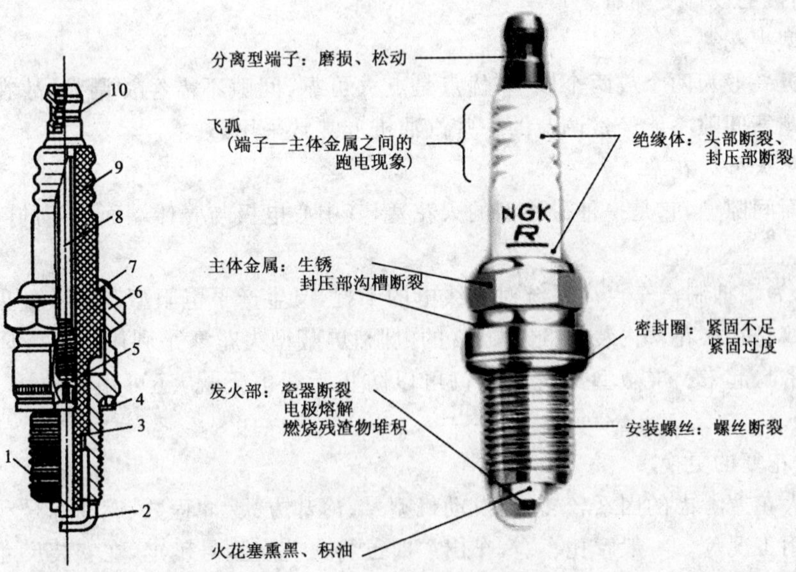

图 4-24　火花塞结构图

1—中心电极 2—侧电极 3、7—内垫圈 4—多层密封圈

5—导电玻璃 6—壳体 8—金属杆 9—绝缘体 10—接线螺母

火花塞的热特性常用热值或热数来标定,我国是以火花塞绝缘体的裙部长度来标

定，并以 1～11 以内的阿拉伯数值作为热值代号，如表 4-1 所示。

表 4-1 **热值代号**

热值代号	1	2	3	4	5	6	7	8	9	10	11
热特性	热型……………………………………………………………………冷型										

热值过高，即散热过快，易使火花塞温度过低，点火头部产生积炭，引起跑电，使火花塞打不出火来；而热值过低，散热不够，使火花塞温度过高，会导致爆燃等，易使火花塞头部陶瓷烧损，电极溶解。

3)常见的种类

①准型火花塞

其绝缘体裙部略缩入壳体端面，侧电极在壳体端面以外，是使用最广泛的一种。

②缘体突出型火花塞

绝缘体裙部较长，突出于壳体端面以外。它具有吸热量大、抗污能力好等优点，且能直接受到进气的冷却而降低温度，因而也不易引起炽热点火，故热适应范围宽。

③电极型火花塞

其电极很细，特点是火花强烈，点火能力好，在严寒季节也能保证发动机迅速可靠地起动，热范围较宽，能满足多种用途。

④座型火花塞

其壳体和旋入螺纹制成锥形，因此不用垫圈即可保持良好密封，从而缩小了火花塞体积，对发动机的设计更为有利。

⑤极型火花塞

侧电极一般为两个或两个以上，优点是点火可靠，间隙不需经常调整，故在电极容易烧蚀和火花塞间隙不能经常调节的一些汽油机上常常采用。

⑥面跳火型火花塞

即沿面间隙型，它是一种最冷型的火花塞，其中心电极与壳体端面之间的间隙是同心的。

此外，为了抑制汽车点火系统对无线电的干扰，又生产了电阻型和屏蔽型火花塞。电阻型火花塞是在火花塞内装有 5～10kΩ 的电阻，屏蔽型火花塞是利用金属壳体把整个火花塞屏蔽密封起来。屏蔽型火花塞不仅可以防止无线电干扰，还可用于防水、防爆的场合。

(3)火花塞的更换

选择火花塞考虑的因素较多，如发动机型号、冷却方式、冲程数、燃油标号和使用环境温度及常用工况等。一般摩托车、汽车出厂时已将火花塞型号确定，在安装尺寸相符的情况下，用户可根据环境温度、道路条件、机器新旧对火花塞的热值作选择。如国产火花塞标准条件下一般采用的热值型号为 5(日本 NGK 为 7.8)，当气温低于 5℃时，就应选用热值再低一级的火花塞以保证火花塞裙部的工作温度。对于旧发动机而言，选用热值低一级的火花塞，可抵制因机件磨损窜油对火花塞的污染。

拓展阅读

1. 火花塞的常见故障

(1)火花塞严重烧蚀

火花塞顶端起疤、破坏或电极熔化、烧蚀,都表明火花塞已经毁坏,应更换。更换时应检查烧蚀的症象以及颜色的变化,以便分析产生故障的原因。

1)电极熔化且绝缘体呈白色

表明燃烧室内温度过高。这可能是燃烧室内积炭过多,使气门间隙过小等引起的排气门过热或是冷却装置工作不良,也可能是火花塞未按规定力矩拧紧等。

2)电极变圆且绝缘体结有疤痕

表明发动机早燃,可能是点火时间过早或者汽油辛烷值低,火花塞热值过高等原因。

3)绝缘体顶端碎裂

爆震燃烧是绝缘体破裂的主要原因,而点火时间过早、汽油辛烷值低、燃烧室内温度过高,都可能导致发动机爆震燃烧。

4)绝缘体顶端有灰黑色条纹

这种条纹标明火花塞已经漏气,应更换。

(2)火花塞有沉积物

火花塞绝缘体的顶端和电极间有时会粘有沉积物,严重时会造成发动机不能工作,清洁火花塞可暂时得到补救。为了保持良好的性能,必须查明故障根源。

1)油性沉积物

火花塞上有油性沉积物,表明润滑油进入燃烧室内。如果只是个别火花塞,则可能是气门杆油封损坏。如果各缸火花塞都粘有这种沉积物,表明气缸窜油,应检查空气滤清器和通风装置是否堵塞。

2)黑色沉积物

火花塞电极和内部有黑色沉积物,表明混合气过浓,可以增高发动机运转速度,并持续几分钟,就可烧掉留在电极上一层黑色的煤烟层。

2. 火花塞拆装注意事项

(1)拔下高压线接头时应轻柔,操作时不可用力摇晃火花塞绝缘体,否则会破坏火花塞密封性能。

(2)发动机冷却后方可拆卸,当旋松所要拆卸的火花塞后,用一根细软管逐一吹净火花塞周围的污物,以防火花塞旋出后污物落入燃烧室内。

(3)螺丝周围、火花塞电极和密封垫必须保持清洁,干燥无油污,否则会引发漏电、漏气、火花减弱等故障。

(4)安装时,先用套筒将火花塞对准螺孔,用手轻轻拧入,拧到约螺纹全长的 1/2 后,再用加力杠杆紧固。若拧动时手感不畅,应退出检查是否对正螺口或螺纹中有无夹带杂质，切不可盲目加力紧固，以免损伤螺孔，殃及缸盖，特别是铝合金缸盖。

(5)应按要求力矩拧紧，过松会造成漏气，过紧使密封垫失去弹性，同样会造成漏气。锥座型火花塞由于不用密封垫，遵守拧紧力矩尤显重要。

4.3 电子点火系统

4.3.1 电子点火系统分类

普通电子点火系统一般由电源、分电器(包括信号发生器)、电子点火组件(点火控制器)、点火线圈、火花塞和配电部分组成。

目前国内外汽车上使用的电子点火系统主要分为有触点的电子点火系统和无触点的电子点火系统两大类。无论是哪一类电子点火系统，都是利用电子元件(晶体三极管)作为开关来接通或断开点火系统的初级电路，通过点火线圈来产生高压电。

1. 有触点的电子点火系统

有触点的电子点火系统用减小触点电流的方法，减小触点火花，改善点火性能，它是一种半导体辅助点火装置，因此也称为半导体辅助点火系统。

除了与传统点火系统一样具有电源、点火开关、分电器、点火线圈、火花塞之外，半导体辅助点火系统还在点火线圈初级绕组的电路中，增加了由三极管 VT 和电阻、电容等组成的点火控制电路，断电器的触点串联在三极管的基极电路中，控制三极管的导通与截止，其电路原理如图 4-25 所示。

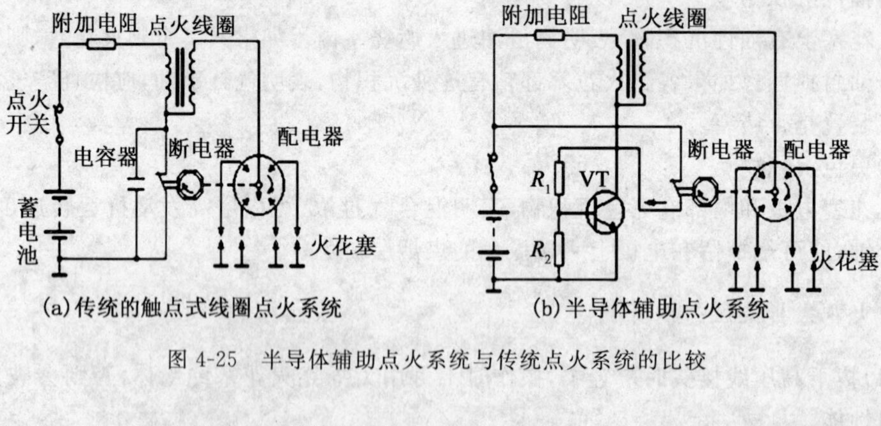

图 4-25　半导体辅助点火系统与传统点火系统的比较

晶体三极管 VT 用作电流开关控制初级电路的电流。凸轮式断电器只用来控制晶体管的基极电流。断电器触点闭合时，三极管处于导通状态，初级电路导通；当断电器触点分开时，三极管的基极电路被切断，三极管由导通变为截止，切断了点火线圈初级绕组的电路，初级电流迅速下降到零，在点火线圈次级绕组中产生高压电，击穿火花塞间隙，点燃混合气。

发动机工作时，断电器触点不断地闭合、分开，控制三极管的导通与截止和初级电路的通断，控制点火系统的工作。

与传统触点式点火系统相比，半导体辅助点火系统的主要优点是：

(1)可以用较小的触点电流，控制较大的初级电流。机械式触点在必要的频率下长期工作时，所承载的最大电流为5A，而半导体辅助点火系统的初级电流则不受此值的限制。由于线圈储存的能量与初级电流的平方成正比，因此半导体辅助点火系统的点火线圈的能量有很大增加(需要专用的点火线圈)，与此相关的次级电压、火花持续时间和火花电流都增加，点火性能有了较大改善。

(2)因为断电器的开关不需要通过大的电流，所以延长了触点的使用寿命。

半导体辅助点火系统的主要缺点仍是触点带来的问题：高速时触点的震动，使触点不能及时闭合；断电器凸轮的磨损会改变点火时刻；触点需要经常清洁等。

2. 无触点电子点火系统

无触点电子点火系统主要由点火信号发生器(传感器)、点火控制器、点火线圈、分电器、火花塞等组成。

系统中用大功率的晶体管代替了白金触点，起开关作用。点火控制器根据点火信号发生器的输入信号，控制大功率晶体管的导通与截止，以诱发点火线圈产生次级电压。自20世纪80年代以来，汽车上广泛应用无触点电子点火系统。目前所说的电子点火系统多指无触点电子点火系统。

如图4-26所示为无触点电子点火系统的电路原理图。

点火信号发生器取代了传统点火系统断电器中的凸轮，用来判定活塞在气缸中所处的位置，并将非电量的活塞位置信号转变成为脉冲电信号输送到点火控制器，从而保证火花塞在恰当的时刻点火。所以，点火信号发生器实际就是一种感知发动机工作状况、发出点火信号的传感器。

分电器主要包括配电器和真空提前装置，它们的作用、结构和工作原理与传统点火系统对应部分完全相同。

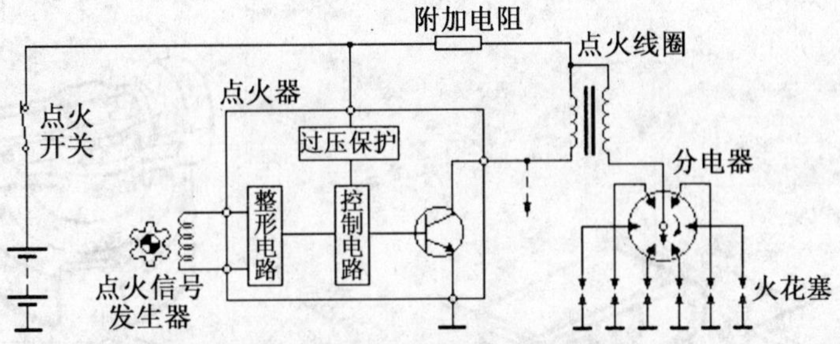

图4-26　无触点电子点火系统工作原理图

无触点点火系统从根本上消除了由触点所引起的缺点，使发动机具有准确而稳定的点火正时。闭合角和恒流控制功能，也使发动机在所有转速下都有可靠的点火。但由于它仍采用真空和机械的方法来调节点火提前，因而还存在以下缺点：

(1)点火提前角的控制不够精确,考虑影响点火提前角的因素不全面。

(2)为避免大负荷时的爆燃,必须采用妥协方式减小点火提前角。

按点火信号发生器(传感器)类型不同,常见的无触点电子点火系统可分为磁感应式、霍尔式和光电式电子点火系统三种类型。

4.3.2 点火信号发生器

点火信号发生器的作用是产生点火信号,即切断点火线圈初级绕组的电流,在次级绕组中感应高压电(比如传统点火系统中的触点)。目前,汽车上运用的非接触式点火信号发生器根据工作原理可分为磁感应式、霍尔效应式、光电式。

1. 霍尔式信号发生器

霍尔式电子点火系统其信号发生器是利用霍尔效应(Halleffect)原理制成的,即利用只有在直流电压和磁场同时作用于霍尔触发器时,才能在触发器中产生电压信号的现象制成传感器,在发动机工作时产生点火信号。

当电流 I 通过放在磁场中的半导体基片(即霍尔元件),且电流方向与磁场方向垂直时,在垂直于电流与磁场的半导体基片的横向侧面上,即产生一个与电流和磁场强度成正比的霍尔电压 U_H(图 4-27)。霍尔电压 U_H 可用下式表示

$$U_H=\frac{R_H}{d}IB \qquad (4-2)$$

式中 R_H 为霍尔系数;d 为基片厚度;I 为电流;B 为磁感应强度。

这一现象叫做霍尔效应。由上式可知,当电流 I 为定值时,霍尔电压 U_H 与磁感应强度 B 成正比,即霍尔电压随磁感应强度的大小而变化,与磁通的变化速率无关。利用这一效应即可制成霍尔发生器,准确地控制发动机气缸的点火时间。

霍尔式点火信号发生器如图 4-28 所示,主要由与分火头制成一体的触发叶轮、霍尔集成电路、带导磁板的永久磁铁、触发开关等组成,触发叶轮的叶片数与发动机的气缸数相等。

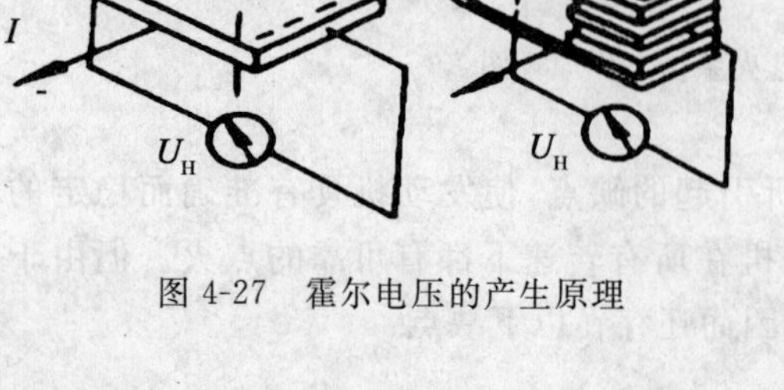

图 4-27 霍尔电压的产生原理

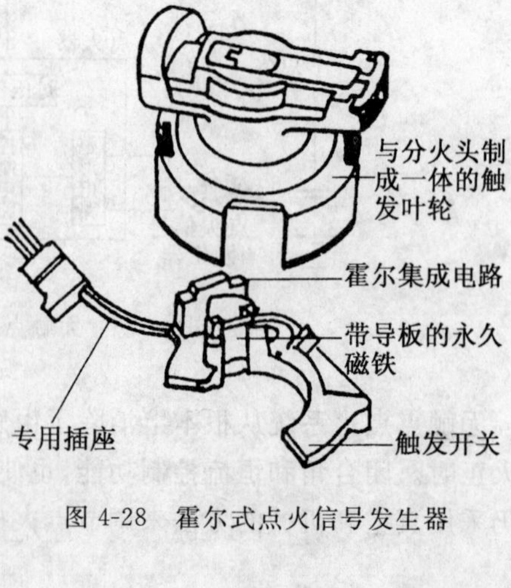

图 4-28 霍尔式点火信号发生器

霍尔传感器原理:信号转子上的叶片数目等于缸数,叶片转离磁铁时,磁场通过霍尔元件会产生 20mV 左右的霍尔电压,当叶片转到磁铁与霍尔元件之间时,磁场不通过霍尔元件,则不产生霍尔电压,当分电器轴带动叶片旋转一周时,霍尔元件就会产生与缸数相同的电脉冲信号。

霍尔信号发生器完成功能时的波形如图 4-29 所示,信号发生器输出方波中,高低电位的时间比由触发叶轮叶片的分配角(叶片宽度)决定。桑塔纳轿车使用的分电器高低电位的时间比为 7∶3。点火器就是靠信号发生器输入这样的方波信号进行触发并控制点火系统工作的。

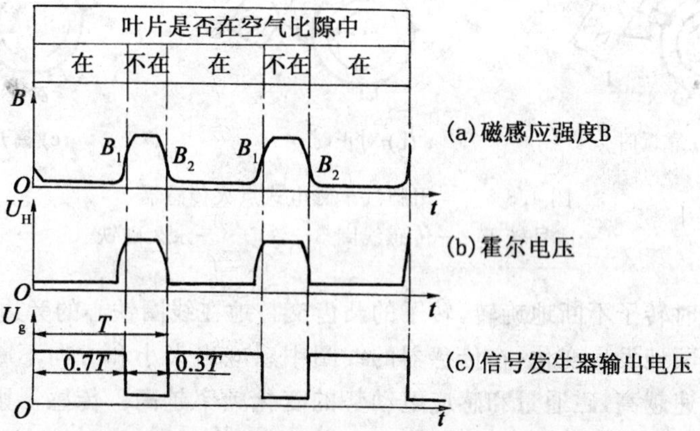

图 4-29 霍尔信号发生器完成功能时的波形

2. 磁感应式点火信号发生器

磁感应式点火信号发生器的结构如图 4-30 所示。它采用电磁感应原理制成的。其作用是产生与发动机曲轴位置相应的磁感应电压脉冲信号,并输给点火器作为点火控制信号。它由信号转子、永久磁铁、磁轭和感应线圈组成。永久磁铁、磁轭和感应线圈组成定子总成,固定在活动底板上,可由真空点火提前机构调节定子总成与分电器轴的相对位置。信号转子安装在分电器轴上,凸轮齿数与发动机气缸数相等。

如图 4-31(a)所示,转子凸齿靠近磁轭时,空气间隙减小,磁路的磁阻减小,磁通量增大,此时,感应电动势正向增大。

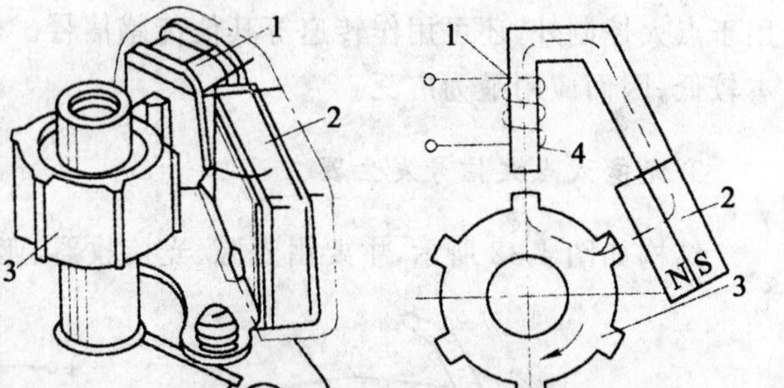

(a)结构简图　(b)工作原理

(c)点火信号波形

图 4-30　磁感应式点火信号发生器

1—感应线圈 2—永久磁铁 3—信号转子 4—磁轭

如图 4-31(b)所示，转子凸齿正对磁轭时，空气间隙最小，磁路的磁阻最小，磁通量最大(几乎不变化)，此时，感应电动势为零

如图 4-31(c)所示，转子凸齿离开磁轭时，空气间隙增大，磁路的磁阻增大，磁通量减小，此时，感应电动势负向增大。

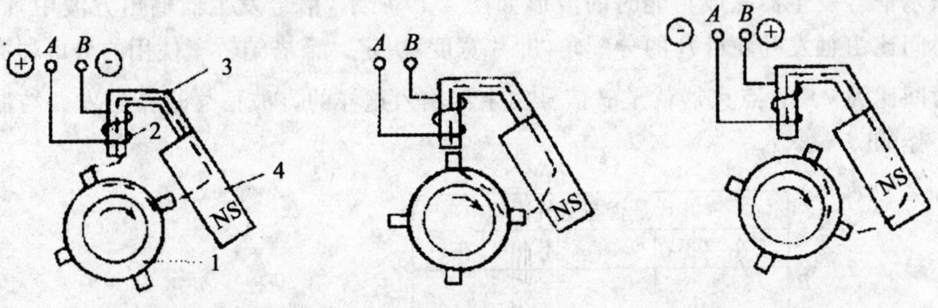

图 4.3-8　丰田牌汽车磁电式点火传感器

1—信号转子 2—传感线圈 3—铁心 4—永久磁铁

发动机工作时转子不断地旋转，转子的凸齿交替地在线圈铁心的旁边扫过，使线圈铁心中的磁通量不断地发生变化，在传感器的线圈中感应出大小和方向不断变化的感应电动势。转子的转速越高，磁通量和感应电动势的变化频率越高。传感器则不断地将这种交变型电压信号输入点火控制器，作为发动机工作时的点火信号。一般情况下，转速变化时，磁感应式点火信号发生器输出的信号电压的变化范围可达 0.5～100V。这一信号除用于点火控制外，还可用作转速等其他传感信号。磁感应式点火信号发生器结构简单，成本较低，因而应用最为广泛。

3.光电式点火信号发生器

结构如图 4-32 所示，主要由光源、光接收器、遮光盘等组成。

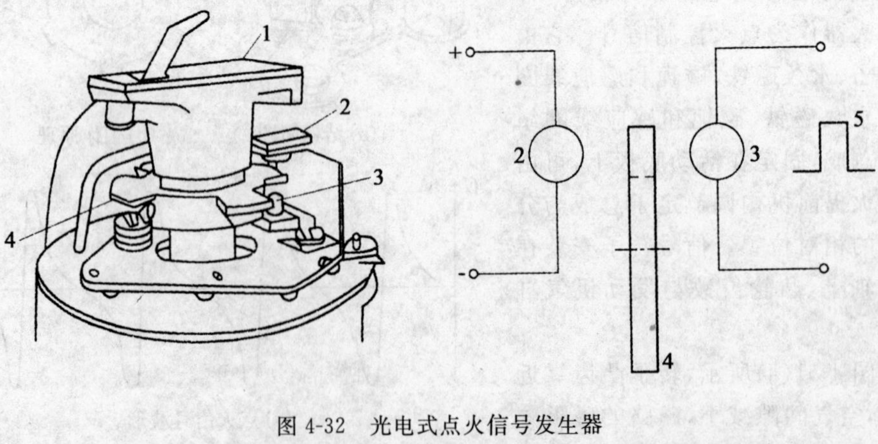

图 4-32　光电式点火信号发生器

1－分火头 2－发光元件 3－光敏元件 4－遮光转子 5－信号波形

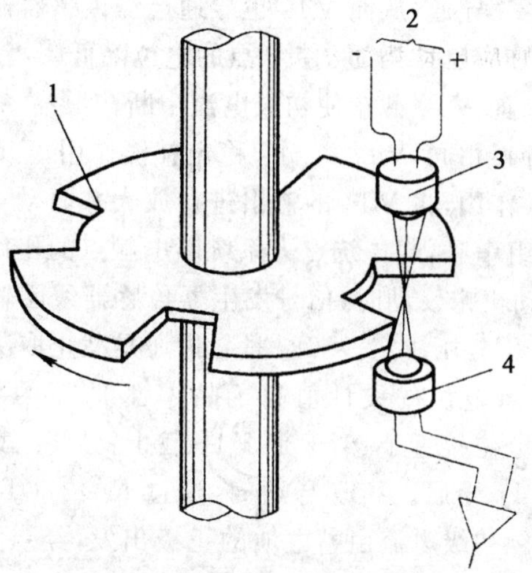

图 4-33　光电式点火信号发生器

1—遮光盘 2—电源 3—光源

4—光接收器 5—输出信号

发光二极管通电发出的红外线，经聚集照射光敏晶体管，光敏晶体管导通，输出低电平；当信号转子转动到某叶片遮挡住光源时，光敏晶体管截止，输出高电平，如图 4-33 所示。光敏晶体管输出的脉冲信号经电子控制器处理后，相应地控制点火线圈初级电路的通断。优点：输出电压幅值不受发动机转速影响，可靠性高。

遮光盘一般用金属或塑料制成，安装在分电器轴上，位于分火头下面。遮光盘的外缘介于光源与光接收器之间，遮光盘的外缘上开有缺口，缺口数等于发动机气缸数。缺口处允许红外线光束通过，其余实体部分则能挡住光束。当遮光盘随分电器轴转动时，光源发出的射向光接收器的光束被遮光盘交替挡住，因而光接收器（光敏二极管或光敏三极管）交替导通与截止，形成电脉冲信号。该电信号引入点火控制器即可控制初级电流的通断，从而控制点火系统的工作。遮光盘每转一圈，光接收器输出的电信号的个数等于发动机气缸数，正好供每缸各点火一次。

4.3.3 点火控制器

点火控制器的作用是按照点火信号发生器的电压信号接通或断开点火线圈初级电路，使点火线圈次级绕组产生高电压。

1. 与电磁式信号发生器相配用的点火控制器

丰田汽车磁脉冲式信号放大器（点火器）组装在一个小盒内。如图 4-34 所示，其工作原理是利用信号发生器产生的电压信号，控制三极管 VT_2 的导通与截止，从而控制大功率管 VT_5 的导通与截止，使点火线圈工作。三极管 VT_1 的发射极与基极相连，在此电路中相当于一个发射极为正、集电极为负的二极管。当传感器输出的交变信号电压使 A 点的电位高于 P 点的直流电位时，VT_1 因承受反向电压而截止。这时，P 点的电位高于

VT_2 的工作电位，所以 VT_2 导通，从而 VT_3 也导通。当传感器输出的交变信号电压使 A 点的电位低于 P 点的电位时，VT_1 导通，使 P 点的电位降低。当 P 点的电位低于 VT_2 的工作电位时，VT_2 截止，从而 VT_5 截止使初级电流中断。

五个三极管的作用各不相同，VT_1 主要起稳定补偿作用；VT_2 为触发管，起信号检测作用；VT_3 和 VT_4 起放大作用，将 VT_2 的输出进行放大并驱动 VT_5；VT_5 为大功率三极管，它与点火线圈初级绕组串联，起传统点火系统断电触点的作用。

接通点火开关 S，发动机未发动时，信号发生器传感器线圈输出电压为零。P 点的电位由 R_1 与传感线圈电阻 R 分压决定。VT_2 是导通还是截止取决于 P 点的电位。P 点的直流电位是一定的，且 P 点电位的设计值高于晶体管 VT_2 的导通电压，使 VT_2 导通。VT_2 导通时 VT_3 的基极电位接近于零，于是 VT_3 截止。VT_3 截止时，蓄电池通过 R_5 向 VT_4 提供基极电流，使 VT_4 导通。VT_4 导通时，通过 R_7 给 VT_5 提供正向偏压，VT_5 导通，于是初级电路被接通。初级电流由蓄电池的正极出发，经点火开关、点火线圈的一次绕组、晶体三极管 VT_5、搭铁流回蓄电池的负极。

于是，初级绕组中有电流流过，在线圈中形成磁场。

发动机运转，感应线圈输出信号电压加在 P 点上，当信号电压为正（A 点为"+"，B 点为"−"）时，VT_1 截止，P 点仍保持较高电压，该电位高于 VT_2 的工作电位，所以 VT_2 导通，VT_3 截止，VT_4 和 VT_5 导通，在传感器线圈产生正向信号电压的瞬间，与发动机不转时一样，VT_2 和 VT_5 继续导通，点火线圈初级电流继续保持接通。当信号电压为负（A 点为"−"，B 点为"+"）时，VT_1 导通，P 点电位降低，VT_2 截止。蓄电池通过 R_2 向 VT_3 提供基极电流，使 VT_3 导通，其集电极电位降低，VT_4 和 VT_5 截止，于是初级电路被切断，二次绕组中产生高压电，击穿火花塞间隙，点燃混合气。

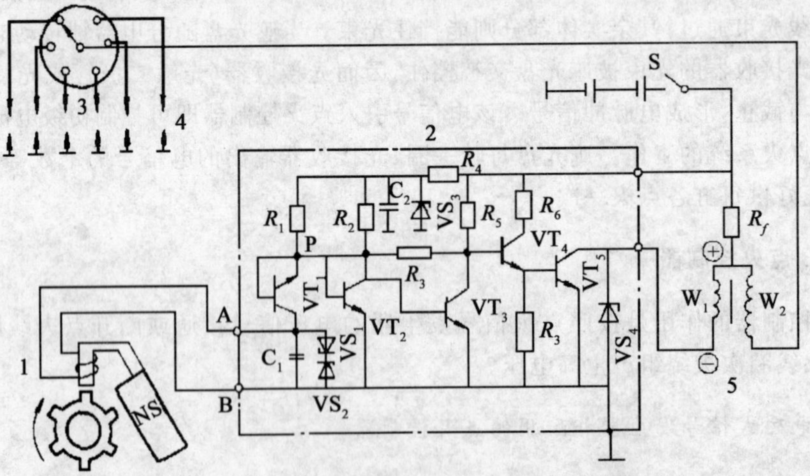

图 4-34　丰田汽车磁脉冲信号放大器电路

1—信号发生器 2—脉冲信号放大器 3—分电器 4—火化塞 5—点火线圈

2. 与霍尔式信号发生器相配用的点火控制器

以桑塔纳轿车霍尔式电子点火系统线路为例讲解(图 4-35),根据霍尔信号发生器的方波信号,控制点火线圈的初级电路连接或切断实现点火。

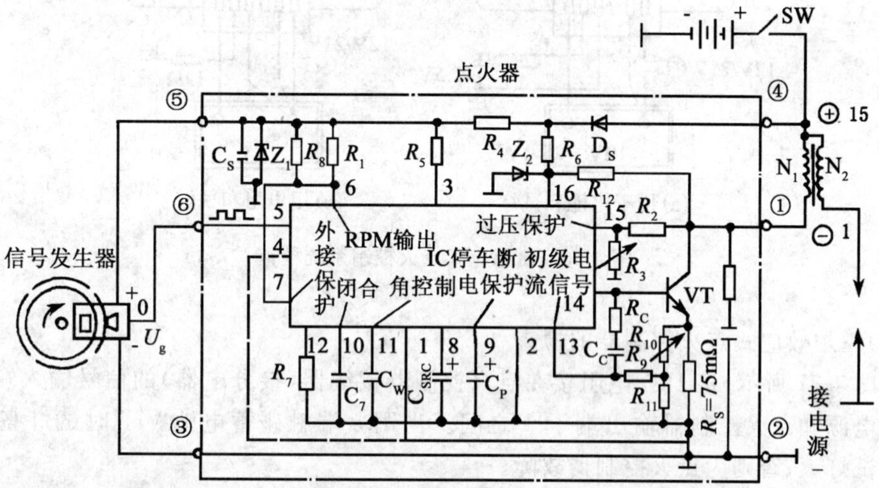

图 4-35　桑塔纳轿车霍尔式电子点火系统线路

当点火开关 SW 接通,发动机转动,霍尔式传感器触发叶轮的叶片进入传感器的气隙时,传感器输出高电平(U_g=9.8V),通过连接器端子 6 加到点火控制器集成电路端子 5,点火控制器内部电路根据发动机转速、电源电压和点火线圈的特性参数工作,并适时控制端子 14 输出高电平使达林顿三极管 VT 导通,接通点火线圈初级绕组电流。

当传感器触发叶轮的叶片离开气隙时,传感器输出的信号电压由高电平(9.8V)转变为低电平(0.1V)并输入点火控制器,控制器接收到该信号电压后,立即控制端子 14 输出低电平使三极管 VT 截止,切断点火线圈初级电流,次级绕组中便感应产生出高压电,供各缸火花塞跳火点燃可燃混合气。

该车的点火电子组件除接通和切断初级电路外,还具有限流控制、导通角控制、停车断电保护等功能。

3. 点火控制器的检查

(1)磁脉冲式无触点点火系统中传感器输入信号为交变的电压信号,可以用 1.5V 干电池作为输入信号,用试灯或电压表检查控制器的状态。

用干电池和试灯进行检查:将 1.5V 干电池[图 4-36(a)]交替地接在点火控制器两个输入端子时,试灯也随着交替地亮、灭;否则点火控制器故障,应更换。

用干电池和电压表进行检查:将电压表接点火线圈“—”接线柱,当干电池交替地接在控制器输入端时,电压表的读数应在 1~2V 和 12V 之间交替变化;否则点火控制器故障。

用电阻和试灯进行检查:将 1kΩ 电阻[图 4-36(b)]接在点火控制器的输入端子 2,以

a 端触碰一下蓄电池负极时，试灯亮 0.5s 后熄灭；否则为点火控制器故障。

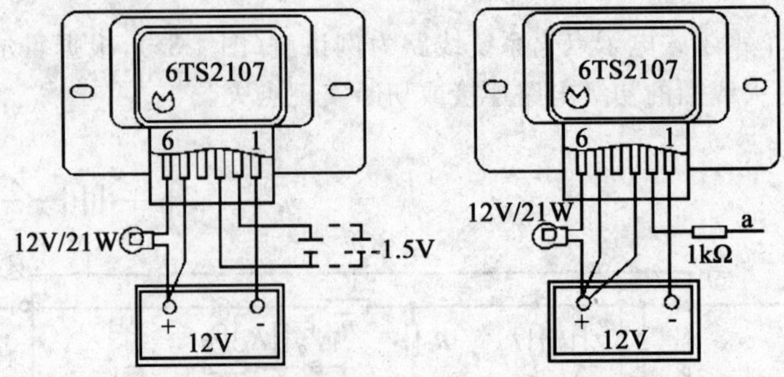

(a)用干电池和试灯　　(b)用电阻和试灯

图 4-36　磁感应式点火控制系统检查

(2)霍尔效应式点火控制器的检查

如图 4-37 所示，将 1kΩ 电阻接在点火控制器接线器(接分电器)的信号输入端 S，试灯接在电源和点火控制器输出端子 1 之间。当用 a 端触碰蓄电池"＋"时试灯亮，触碰"－"时试灯灭；否则为点火控制器故障。

4.3.4　其他元件及特点

(1)分电器

电子点火系统的分电器与传统点火系统的分电器不同，主要区别在于电子点火系统取消了断电器(触点和凸轮)和电容器，增加了点火信号发生器(信号转子和传感部分)。有些点火控制器能够随着发动机转速变化自动调节点火提前角，所以这些分电器去掉了离心提前调节机构，只保留真空提前调节机构，配电器的结构则无变化。

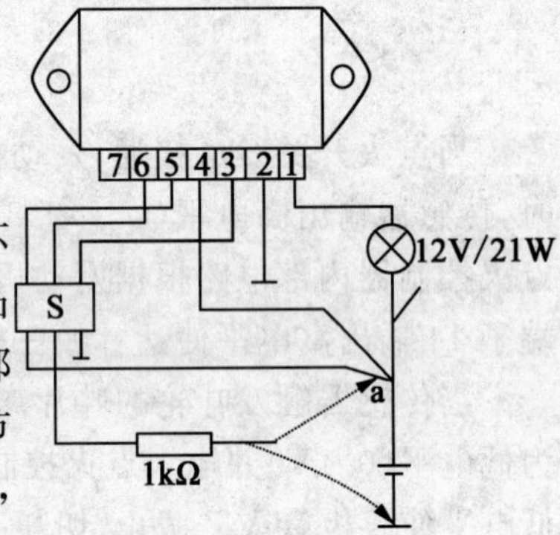

图 4-37　霍尔式点火控制器的检查

(2)点火线圈

电子点火系统所采用的点火线圈是用点火控制器控制其初级电路通断的，所以其初级电流可以增大，点火线圈的电感和电阻一般较小。因此，一般情况下，不能和传统点火系统点火线圈互换。

(3)火花塞

由于普通电子点火系统的点火能量提高，火花塞电极间隙比传统点火系统的火花塞电极间隙增大，一般为 0.8～1.0mm，为了适应稀薄混合气燃烧，有的甚至达到 1.0～1.2mm，并且各种车型差异也较大，在检查、调整、维修时，应严格依据原车说明书执行。

(4)高压线

为了减轻无线电干扰，电子点火系统采用的高压线为有一定电阻的高压阻尼线，阻值一般在几千欧至几十千欧不等。火花塞插头和分火头也都有一定的电阻，一般为几千欧。

拓展阅读

★奥迪 100 型 2.6L 轿车电子点火系统的检修：

http://www.qipei.hc360.com/tech/04/wxal1/qcdq/gc/yqdz/00008/5.htm

★富康轿车无触点电子点火系统的检修：

http://www.bd4z.com/xiu123/show.php? news_id＝3481

★浙江省劳动和社会保障厅技工教研室.电子点火系统维修入门.杭州：浙江科技出版社，2002

4.4　微机控制点火系统

目前，国内外汽车上广泛应用的点火系统主要有无触点点火系统和微机控制点火系统，近年来，由于微电子技术的迅速发展，微机控制点火技术不断完善，并在各国汽车的点火系统中得到广泛应用，并已经成为当今的主流按。

4.4.1　微机控制的点火系统的组成与工作原理

微机控制点火系统能实现最佳点火提前角的控制，从而提高发动机的动力性，降低燃油消耗量和有害气体的排放量。

微机控制点火系统主要由各类传感器、发动机控制器 ECU、点火控制器、点火线圈、火花塞等组成(图 4-38)。

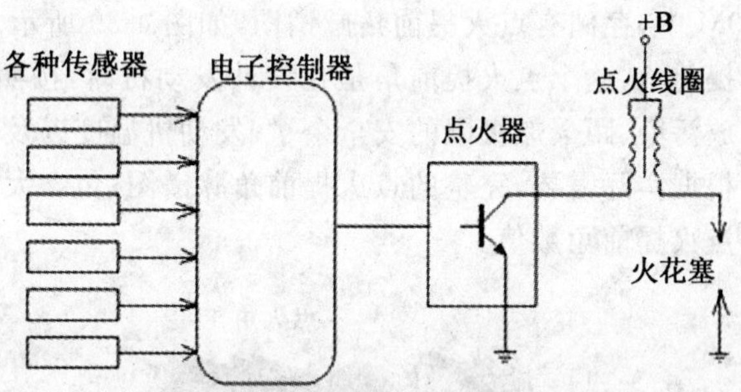

图 4-38　微机控制点火系统的组成

1. 信号输入装置

信号输入装置主要包括各类传感器和开关，传感器主要用于检测反馈发动机工况信息，为 ECU 提供点火提前角的控制依据。其中，最主要的传感器有转速传感器、曲轴位置传感器、凸轮轴位置传感器、空气进气量传感器、水温传感器、节气门位置传感器、爆震传感器、进气温度传感器等，各类车上的传感器的类型、数量、结构及安装位置各不尽相同，但是作用大同小异。

各类开关信号主要用于修正点火提前角，这类开关主要有起动开关、空调开关、空挡开关等。

2. 电子控制单元(ECU)

电子控制单元(ECU)是点火系统的控制中枢，在 ECU 的存储器中存储着发动机在各种工况下的最佳点火提前角，根据发动机各传感器的输入信息及内存数据，进行运算、处理、判断，然后输出指令(信号)，控制执行器(点火器)的动作，达到快速、准确控制发动机工作的目的。

3. 执行器

点火器为电子控制单元的执行机构，它根据电子控制单元输出的指令(信号)，通过内部大功率管的导通与截止，控制初级电流的通断，完成点火工作。有些点火器还具有恒流控制、闭合角控制、气缸判别、点火监视等功能。

点火控制器的电路、功能和结构随车型有所不同，有的与 ECU 制作在同一块电路板上，如北京现代系列的发动机的控制系统；有的为独立总成，如点火控制器与点火线圈安装在一起，桑塔纳 2000GSI 型轿车发动机的点火控制器、帕萨特 B5 轿车的点火控制器等。

4.4.2 微机控制点火系统的控制功能

1. 点火提前角控制

在 ECU 的 ROM 中，存储有点火提前角脉谱图，如图 4-39 所示。该图包含每一个发动机工况点的点火提前角，这个点火提前角是在设计发动机时，按照预定的准则要求，对燃油消耗、转矩、排放污染、距爆燃极限的安全余量、发动机温度以及车辆的行驶性能等优化处理后得到的。根据实际需要，完整的点火提前角脉谱图，包含大约 1000 到 4000 个独立的可重复使用的点火提前角数值。

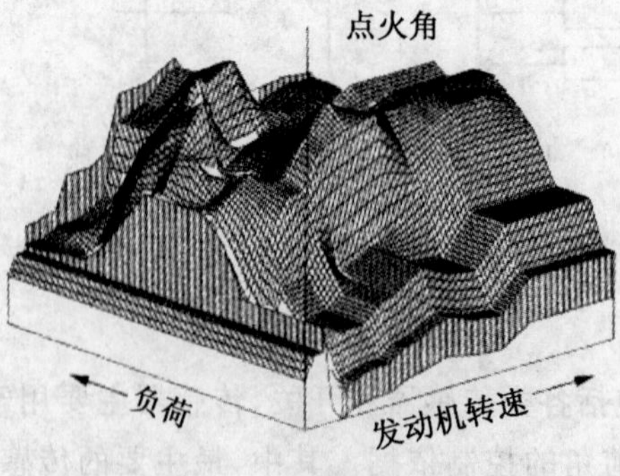

图 4-39 点火提前脉谱图

发动机工作时，ECU 综合各传感器的输入信息，从 ROM 中选出最适当的点火提前角，再根据曲轴转速与位置传感器和凸轮轴位置传感器(同步信号传感器、判缸传感器)的信号，控制大功率三极管的导通与截止，即控制点火线圈初级电流的通与断。

下面以 NISSAN 公司的 ECCS 点火系统为例加以叙述。

例如在某种运转工况下，ECU 选出的最佳点火提前角是 30°。因曲轴转速与位置传感器的 120°信号，是在上止点前 70°时发出的。因此，ECM 在接收到 120°信号时，即可知道某缸活塞处于压缩上止点前 70°的位置。又因为 ECU 在 120°信号输入以后，再经过 4°的曲轴转角才开始计数 1°信号。因此，当 ECU 计数到 36 个 1°信号后，在第 37 个 1°信号输入的同时，截止大功率管切断初级电路。

又如，在电源电压为 14V 时，导通时间为 5ms。若此时曲轴转速为 2000r/min，则导通时间相当于 60°的曲轴转角。因为六缸发动机的发火间隔角为 120°，所以在大功率管截止期间，曲轴转过角度为（120°－60°＝60°）。因此，ECU 从大功率管截止时开始计数 1°信号，当数到第 61 个 1°信号时，大功率管开始导通，如图 4-40 所示。

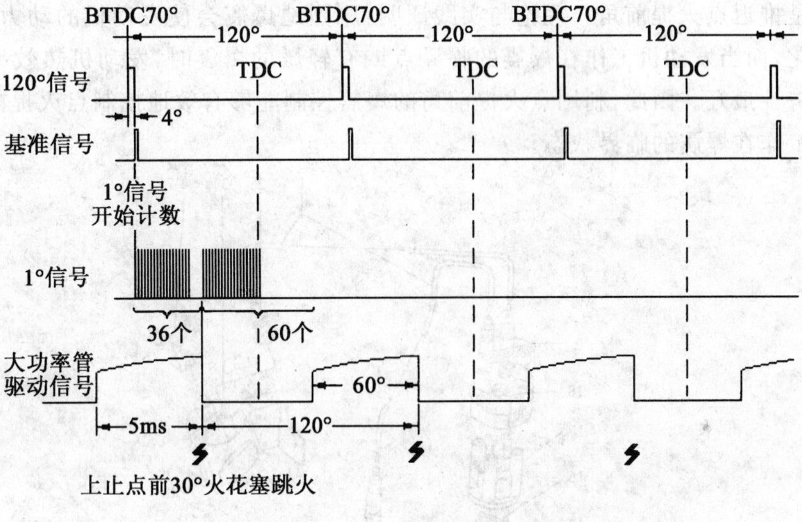

图 4-40　点火提前角为 30°、曲轴转速为 2000r/min、导通时间为 5ms 时的点火控制原理

在微机控制点火系统中，点火提前角的控制按照发动机起动期间和正常运行工况期间两种基本工况实现控制。发动机正常运行期间，ECU 要根据实测的有关发动机各种工况信息，确定最佳点火提前角。最佳点火提前角包括初始点火提前角、基本点火提前角和修正点火提前角。修正点火提前角又包括暖机修正、过热修正和怠速稳定修正。

2. 通电时间控制

根据点火原理，微机控制的点火系统点火线圈的一次电路被接通后，其一次电流是按指数规律增长的，一次断开电流直接影响点火能量和二次电压最大值 U_{2max}。一次电路被断开瞬间，一次电流所能达到的值即断开电流与一次电路接通的时间长短有关。只有通电时间达到一定值时，一次电流才可能达到饱和，进而获得较高的二次电压。因此，必须保证有足够的通电时间。但如果通电时间过长，点火线圈又会发热并使电能消耗增大。

考虑到上述两方面的要求，必须要控制一个最佳通电时间。

对通电时间进行控制，就是对点火闭合角进行控制。系统对闭合角进行控制时，ECU 的内存中存储了根据电源电压和发动机转速确定的点火闭合角三维数据表格。ECU 通过查找表格内的数据，即可计算确定最佳的点火闭合角。

另外，蓄电池电压变化也会影响一次电流，如蓄电池电压下降时，在相同的通电时间里一次电流所达到的值将会减小，因此必须对通电时间进行修正。

3. 爆燃控制

汽油发动机获得最大功率和最佳燃油经济性的有效方法之一是增大点火提前角，但是点火提前角过大又会引起发动机爆震。爆震的主要危害一是噪声大，二是导致发动机使用寿命缩短甚至损坏，发动机在大负荷状态工作时，这种可能性更大。消除爆震最有效的方法就是推迟点火提前角。理论与实践证明：剧烈地爆震会使发动机的动力性和经济性严重恶化，而当发动机工作在爆震的临界点或有轻微的爆震时，发动机热效率最高，动力性和经济性最好。因此，利用点火提前角的爆震控制能够有效地控制点火提前角，从而使发动机工作在爆震的临界状态。

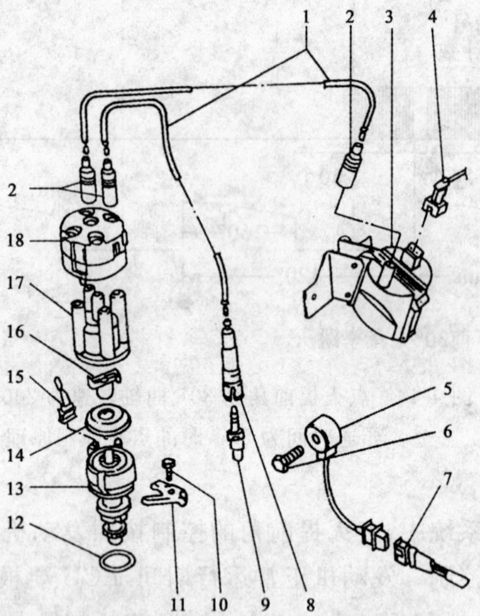

图 4-41　电子点火控制系统零部件图

1—点火导线 2—带抗干扰元件插座（电阻 0.9～1.1kΩ）3—点火线圈
4—点火线圈插头 5—爆震传感器（G61，位于发动机体上，拧紧力矩 6～20N·m）
6—螺栓（拧紧力矩 20N·m）7—爆震传感器插头 8—火花塞插头（电阻 4.5～5.5kΩ）
9—火花塞（拧紧力矩 25N·m）10—螺栓（拧紧力矩 25N·m）11—分电器压板
12—O 形圈 13—带霍尔传感器的分电器（G40）14—防尘盖
15—分火头（电阻值 1.1kΩ）17—分电器盖 18—屏蔽罩

4.4.3　有分电器的微机控制点火系统

桑塔纳 2000GLi 型轿车采用的是带分电器的电子控制点火系统，它是 Motrinic1.5.4 电子控制燃油喷射系统的一个子系统。其突出特点是将点火系统与燃油喷射系统复合在一起，由一个电控单元(ECU)来控制，结构简单、工作可靠。ECU 控制的点火子系统主要由点火线圈、分电器、火花塞、带抗干扰元件的连接插座、爆震传感器、点火导线等组成，其结构如图 4-41 所示。

分电器用压板装在发动机缸盖上，分电器转子直接装在凸轮轴端头上，由凸轮轴驱动。点火线圈放在蓄电池正极处点火开关的上方，当初级电流流通时，点火线圈的初级绕组经 ECU 中的点火晶体管搭铁，分电器将点火线圈的高压电分配到各个火花塞上。点火子系统根据发动机温度、进气温度、转速、节气门开度、蓄电池电压、爆震信号并利用 ECU 中的综合特性图，控制点火提前角(点火时刻)、闭合角及爆震，使之处于最佳状态。

4.4.4　无分电器微机控制点火系统

1. 无分电器点火系统优点

无分电器点火系统(丰田称之为 DLI：Distributor－lessIgnitionSystem；通用称之为 DIS：DirectIgnitionSystem)取消了传统的分电器，没有分火头和分电器盖，它将点火线圈产生的高压电直接输送给火花塞，因此又称微机控制直接点火系统。我国一汽大众生产的部分奥迪轿车和捷达轿车、上海大众汽车公司生产的部分桑塔纳 2000 型轿车等也相继采用了无分电器点火系统。无分电器点火系统正逐步成为点火系统的主流。这种系统的优点是：

(1)由于取消了分电器，所以布置紧凑。

(2)不存在分火头与分电器盖旁电极之间的火花，因此有效地降低了点火系统对无线电的干扰。同时由于高压回路中的阻抗减小，点火更加可靠。

2. 无分电器微机控制点火系统组成

无分电器微机控制点火系统由低压电源、点火开关、微机控制单元(ECU)、点火控制器、点火线圈、火花塞、高压线和各种传感器等组成。有的无分电器点火系统还将点火线圈直接安装在火花塞上方，取消了高压线。

DLI 系统的高压配电方式有同时点火方式、单独点火方式和二极管分配方式三种。

3. 无分电器微机控制单独点火方式

BOSCH 公司于 1983 年开发并采用了如图 4-42 所示的单独点火方式，即一个火花塞配用一只点火线圈。这种点火方式的优点如下：

(1)由于可以取消高压导线，将点火线圈直接安装在火花塞顶上。因而能量损失小，电磁干扰也大大减少。

(2)特制的点火线圈的充放电时间极短，能在高达 9000r/min 的宽转速范围内，提供足够点火电压和点火能量。

单独点火方式特别适合在双凸轮轴发动机上配用，点火线圈安装在两根凸轮轴中间，每只点火线圈压装在各缸火花塞上，在布置上很容易实现。奥迪轿车四气门五缸发动机的点火线圈安装情况，每个点火线圈通过导向座用四个螺钉固定在气缸盖的盖板上，然后再扣压到各缸火花塞上，如图 4-43 所示。

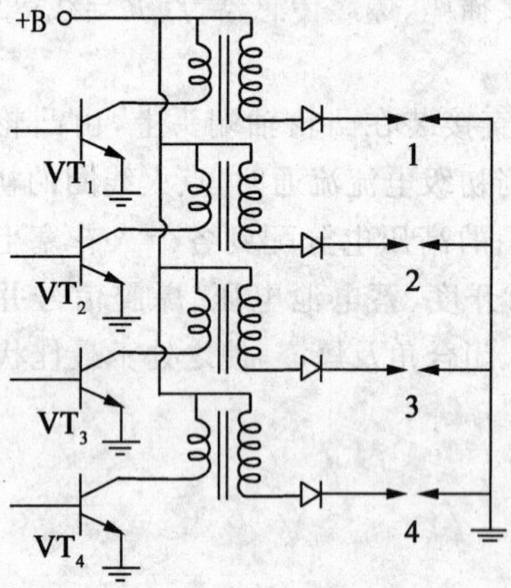

图 4-42　单独点火方式

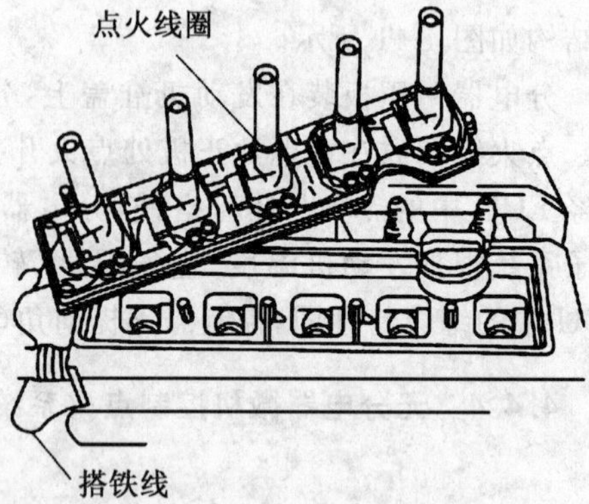

图 4-43　奥迪五缸发动机点火线圈的安装

4. 无分电器微机控制同时点火方式

所谓同时点火方式是指一个点火线圈有两个高压输出端，它们分别与一个火花塞相连，同时为两个气缸点火，如图 4-44 所示。这种方式要求共用一只点火线圈的两个气缸的工作相位差 360°曲轴转角，这样在一缸火花塞在压缩上止点跳火的同时，另一缸则在排气上止点跳火。由于压缩缸内的压力高，所需的击穿电压也较高；而排气缸内的压力很小，并且在燃烧末期气体中有导电离子存在，使得火花塞很容易跳火，能量损失小。因此，跳火时的大部分电压降都加在压缩缸的火花塞上，从而保证了压缩缸的正常点火。

在大功率三极管导通的瞬间，点火线圈的次级绕组会产生大约 1000V 的电压。由于无分电器点火系统没有附加的配电器间隙，1000V 电压全部作用在火花塞上。如果此时活塞正处于进气行程末期与压缩行程初期之间，缸内的压力较小，则很可能使火花塞跳火，产生回火现象，造成发动机不正常运转。

为了防止这种现象的产生，在电路中串联一个二极管，如图 4-44(b)所示。当大功率管导通时，由于二极管的反向截止功能，1000V 的高压电无法使火花塞跳火。而当大功率管截止时，高压电可顺利地通过二极管使火花塞跳火。

双缸同时点火方式只用于气缸数为双数的发动机上。图 4-44(c)是四缸发动机双缸同时点火方式。发动机采用同时点火方式时，点火线圈实际是由若干个相互屏蔽的、独立的点火线圈组装起来形成的一个点火线圈组件。每个独立的点火线圈初级绕组的一端通过点火开关与电源正极相连，另一端由点火控制器的大功率三极管控制搭铁。次级绕组两端分别接到两个气缸的火花塞上，使两个气缸的火花塞同时跳火。

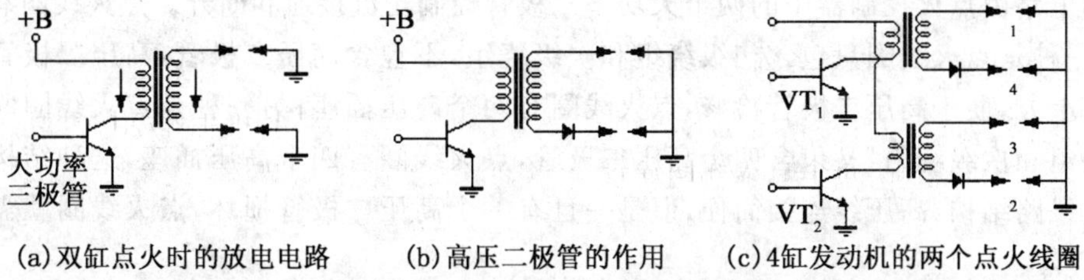

图 4-44　双缸同时点火方式示意图

5. 无分电器微机控制二极管分配点火方式

二极管配电方式是利用二极管的单向导通特性，对点火线圈产生的高压电进行分配的同时点火方式。与二极管配电方式相配的点火线圈有两个初级绕组、一个次级绕组，相当于是共用一个次级绕组的两个点火线圈的组件。次级绕组的两端通过四个高压二极管与火花塞组成回路，其中配对点火的两个活塞必须同时到达上止点，即一个处于压缩行程上止点时，另一个处于排气行程上止点。微机控制单元根据曲轴位置等传感器输入的信息，经计算、处理，输出点火控制信号，通过点火控制器中的两个大功率三极管，按点火顺序控制两个初级绕组的电路交替接通和断开。利用四个高压二极管的单向导电性，交替地对 1、4 缸和 2、3 缸进行点火，如图 4-45 所示。由于点火线圈有两组初级绕组，且电流方向相反，所以点火时在次级绕组产生的电压极性相反。当功率三极管 VT_1 截止时，点火线圈次级绕组产生上正下负的高压电，这时，高电压二极管 VD_1、VD_4 导通，1、4 缸火花塞跳火；当功率三极管 VT_2 截止时，点火线圈次级绕组产生下正上负的高压电，这时，高电压二极管 VD_2、VD_3 导通，1、4 缸火花塞跳火。

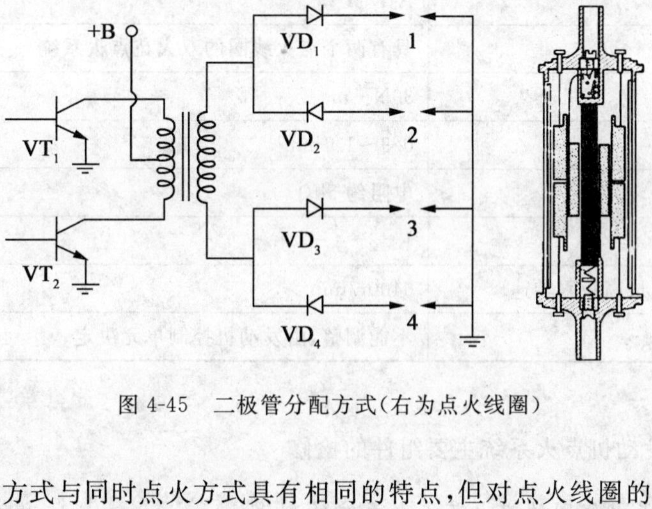

图 4-45　二极管分配方式(右为点火线圈)

二极管分配方式与同时点火方式具有相同的特点，但对点火线圈的要求更高。二极管配电方式配用的点火线圈有两个初级绕组(或一个初级绕组被中心抽头分成两个部分，组成两个初级绕组)和一个次级绕组。次级绕组有两个输出端，每个输出端又分别接两个方向相反的高压二极管，这样次级线圈通过四个高压二极管与火花塞组成回路；两个初级绕组的电路由点火控制器中的两个大功率三极管控制轮流接通和断开。点火线圈有两种形式：一种是点火线圈只包含初级绕组和次级绕组，不包含高压二极管，高压二极管装在火花塞上方，便于高压二极管检修，点火线圈有两个高压插座；另一种是点火线圈既包含初级绕组和次级绕组，又包含四个高压二极管，点火线圈有四个高压插座，这种结构有利于简化线路结构，高压线连接简便，但是一旦有一个高压二极管损坏，点火线圈就需要更换。

拓展阅读

桑塔纳 AJR 发动机点火系统组件的检修

一、概述

1. 检查注意事项

(1)发动机运转时，不要触摸或拔下点火线。

(2)由于汽油系统是有压力的，松汽油管接头前或松开测试接头前，要注意在接头下面垫布块。

(3)用起动机带动发动机旋转时，应拔下点火线圈插头和所有喷油器插头。

(4)拔下或插上喷油器插头或点火系统的插头或测试导线、清洁发动机、拆装蓄电池之前，要关闭点火开关。

2. 点火系统技术数据

桑塔纳 2000GSi 轿车点火系统的技术数据如表所列。

发动机代号	AJR
点火系统型式	具有两个点火线圈的双火花点火系统
火花塞扭紧力矩	30N·m
火花塞电极间隙	0.9～1.1mm
火花塞插头	电阻约 5kΩ
点火次序	1—3—4—2
由控制单元切断的最高极限转速	6400r/min
点火提前角	不能调整，由发动机控制单元决定

二、AJR 型发动机点火系统主要组件的检修

1. 具有两个点火线圈的双火花点火系统的测试

AJR 型发动机点火系统采用无分电盘双火花直接点火系统。点火线圈发生故障，发动机立即熄火或不能起动，ECU 不能检测到该故障信息。如果一个火花塞由于开路使这

个点火回路断开，那么和它共用一个点火线圈的火花塞也因电器线路故障而不能跳火。如果一个火花塞由于短路而不能跳火，但电器回路没有断开，那么和它共用一个点火线圈的火花塞仍然能够跳火。图 4-46 为 AJR 型发动机点火系统电路接线图。

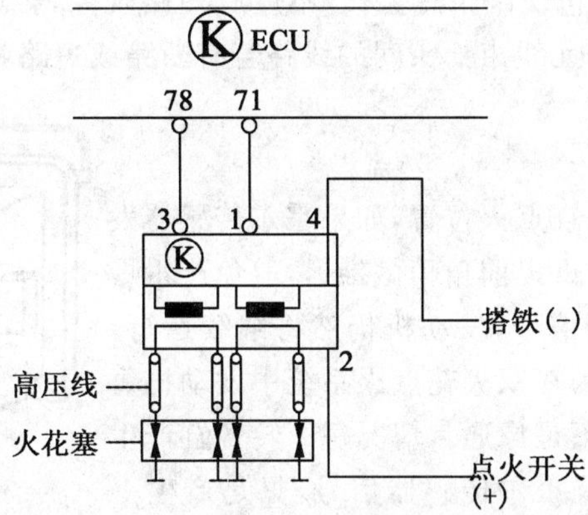

图 4-46　AJR 型发动机点火系统电路接线图

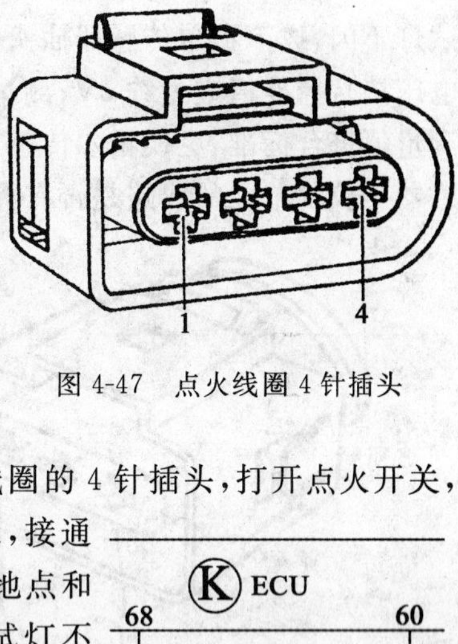

图 4-47　点火线圈 4 针插头

拔下点火线圈 4 针插头，用发光二极管测试灯连接蓄电池正极和插头上端子 4(图 4-47)，发光二极管测试灯应亮。如果测试灯不亮，检查端子 4 和接地点的线路是否有断路。

测试点火线圈的供电电压：拔下点火线圈的 4 针插头，用发光二极管测试灯连接在发动机接地点和插头上端子 2 之间，打开点火开关，发光二极管测试灯应亮。如果测试灯不亮，检查中央电器 D 插头 23 端子与 4 针插座端子 2 之间线路是否断路。

测试点火线圈工作：拔下 4 个喷油器的插头和点火线圈的 4 针插头，打开点火开关，用发光二极管测试灯连接发动机接地点和插头上端子 1，接通起动机数秒，测试灯应闪亮，然后用测试灯连接发动机接地点和端子 3，接通起动电动机数秒，测试灯应闪亮。如果测试灯不闪，检查点火线圈插头上端子和发动机控制单元线束的插头间导线是否开路或短路，如果线路正常，应更换发动机 ECU。

2. 爆震传感器的测试

桑塔纳 2000GSi 型发动机采用两爆震传感器，分别安装在气缸体进气管侧第 1、2 缸和第 3、4 缸之间。爆震传感器发生故障时，发动机 ECU 能检测到故障信息，并能使发动机进入紧急状态下运行，此时各缸都相应推迟点火提前角约 15°，发动机输入功率明显下降。爆震传感器的连接电路如图 4-48 所示。

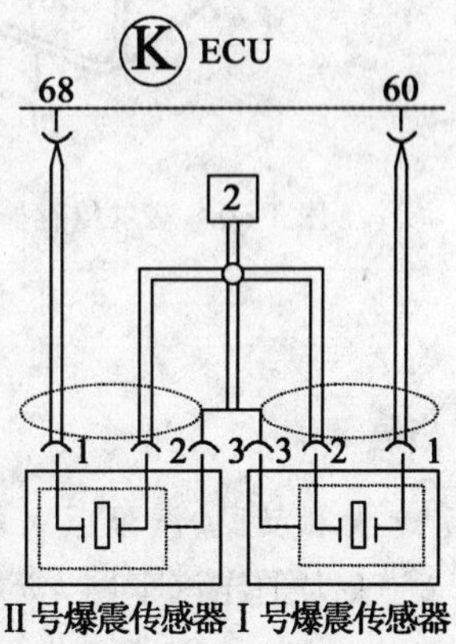

图 4-48 爆震传感器连接电路图

为了试验爆震传感器的工作情况，可用 08 功能"读测量数据块"，选择 13、14、15、16 显示组。如果在 08 功能中不能实现爆震传感器的测试，可查询故障代码。为了确保爆震传感器功能完好，必须按规定扭紧力矩(20N·m)紧固。

爆震传感器的三个端子之间(图 4-49)不应有短路现象，否则，更换爆震传感器。传感器插头和发动机控制单元线束插头间的线路若有断路或短路，应排除故障。

3. 霍尔传感器的测试

霍尔传感器发送第 1 缸点火位置，如果霍尔传感器发生故障，爆震控制关闭，点火提前角稍微推迟，避免产生爆震。如果没有霍尔传感器信号，发动机仍然将继续运行，并且能再次起动，这是因为在双火花点火系统中发动机每一转各缸产生 1 次火花，不是像通常情况每 2 转各缸产生 1 次火花。另外，由于没有霍尔传感器信号，只是产生一转的偏差，对喷射来说影响不大。

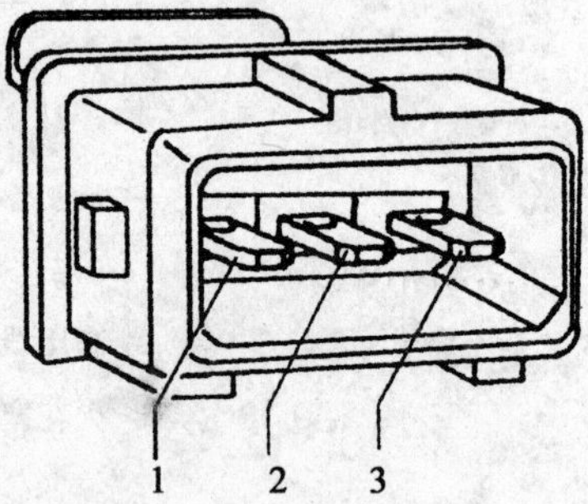

图 4-49 爆震传感器端子图

不拔下霍尔传感器插头，用测试灯从背面连接插头端子 1 和 2(图 4-50)，接通起动电动机几秒钟，发动机每转 2 转测试灯必须闪一下，如果测试灯不闪，拔下霍尔传感器插头，打开点火开关，测量插头端子 1 和 3 的电压(量程为 20V 电压挡)，标准值应为约 5V；测量插头端子 2 和 3 的电压，标准应接近蓄电池电压。如果测量值符合标准，更换霍尔传感器；如果测量值不符合标准，应按图 4-51 所示检查霍尔传感器与控制单元的线路是否有开路或短路。

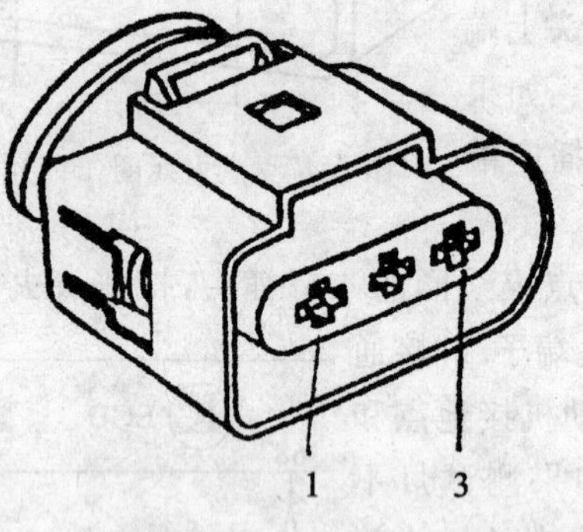

图 4-50 霍尔传感器插头端子图

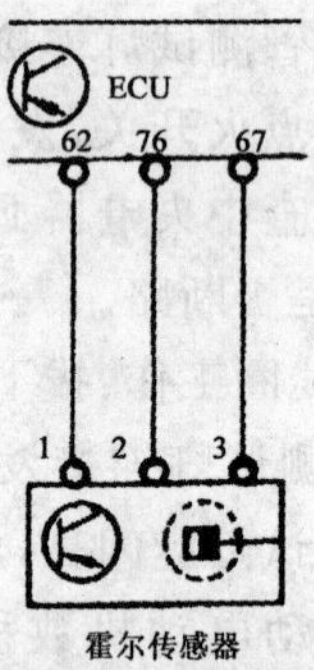

图 4-51 霍尔传感器与控制单元连接电路图

拓展阅读

★麻友良. 汽车点火系统原理与故障检修实例机. 北京：械工业出版社，2010

★太平洋汽车网，资料：汽车电子点火系统的故障检查及排除方法：http://www.pcauto.com.cn/playcar/qcby/0402/44026.html

★资料：磁感应式电子点火系统故障的诊断与排除方法 http://www.qipei.hc360.

com/tech/04/wxal1/qcdq/gc/yq/00004/6.htm

★资料:霍尔式电子点火系统故障检测分析 http://www.c－cnc.com/qc/news/news.asp? id＝9962

复习思考

1. 为使发动机正常工作,对点火系统提出了哪些要求?
2. 什么是点火提前角?试分析影响最佳点火提前角的因素有哪些?
3. 点火系统有哪些类型?各有什么优、缺点?
4. 传统点火系统由哪些部件组成?各部件起什么作用?
5. 电子点火系统由哪些部件组成?各部件起什么作用?
6. 电子点火系统是如何工作的?
7. 无触点分电器有哪几部分组成?各部分起什么作用?
8. 点火提前机构的作用是什么?它是如何工作的?
9. 点火信号发生器有哪些类型?它是如何工作的?怎样检测其性能?
10. 电子点火器的作用是什么?一般具有哪些功能?如何检测其性能?
11. 什么是火花塞的自净温度?"热型"、"冷型"火花塞如何区分?各自有什么特点?
12. 试画出桑塔纳车电子点火系统的组成框图,并分析其工作过程。
13. 微机控制点火系统的组成及特点是什么?
14. 桑塔纳 AJR 发动机点火系统组件的检修步骤及要点是什么?

第5章 照明与信号系统

学习目标

1. 会汽车照明与信号系统元器件的拆装、调整。
2. 会分析照明与信号系统的电路图。
3. 能排除照明与信号系统的常见故障。

考核标准

知识要求：掌握汽车照明与信号系统的组成和功用，以及照明与信号系统的结构和工作原理。

技能要求：能够正确拆装照明与信号系统的元器件，并能根据电路图对照明与信号系统的常见故障进行诊断和排除。

教学建议

教具：汽车万用表、汽车示波器、常用工具、实训汽车、汽车电器综合实训台、汽车维修手册、多媒体设备、各种维修资料、任务工单。

建议：前照灯的拆装内容建议安排在实验室进行，其他内容建议使用多媒体教学。

5.1 汽车照明系统

汽车灯具大体分为照明用的灯具和信号及标志用的灯具，俗称灯系，是汽车安全行驶的主要装备。根据其功用可分为照明设备、灯光信号设备、声响报警装置等。常见的汽车外部灯具如图5-1所示。

汽车的照明设备主要由灯具、电源和电路（包括控制开关）三大部分组成。照明设备主要用于照明道路，标示车辆宽度，照明车厢内部、仪表及夜间检修等。

(1)前照灯

前照灯安装在汽车头部的两侧，灯光光色为白色。其主要用途是照亮车辆前方的道路和物体，尤其用于夜间照明，确保行车安全。同时还利用远光、近光交替变换作为夜间超车、会车信号，有些车型也兼做超车信号灯。

(2)雾灯

前雾灯安装在前照灯附近或比前照灯稍低的位置,灯光光色为黄色;后雾灯采用单只时,应安装在车辆纵向平面的左侧,灯光光色为红色。雾灯的主要用途是用于在雾天、雨天、雪天或尘土弥漫等能见度较低的情况下,作为道路照明和为迎面及后面来车提供灯光信号。

(3)倒车灯

倒车灯安装在汽车尾部,灯光光色为白色。倒车灯主要用于倒车时汽车后方道路照明和警告其他车辆与行人,兼备灯光信号装置的功能。

(4)牌照灯

牌照灯安装在汽车尾部牌照上方,灯光光色为白色。牌照灯主要用于照亮车辆牌照,要求夜间在车后 20m 处能看清楚牌照号码。

(5)内部照明系统

主要由顶灯、仪表灯、工作灯、行李箱灯、踏步灯组成。灯光光色为白色,主要是为驾驶员、乘客提供照明便利。

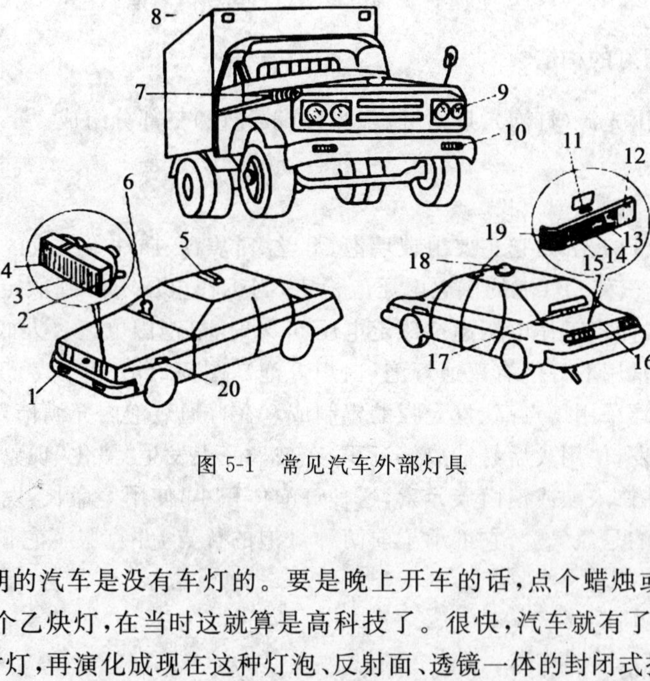

图 5-1　常见汽车外部灯具

拓展阅读

20 世纪初期的汽车是没有车灯的。要是晚上开车的话,点个蜡烛或煤油灯,想要再亮一些,就点上个乙炔灯,在当时这就算是高科技了。很快,汽车就有了可以照射前方路面的点光源投射灯,再演化成现在这种灯泡、反射面、透镜一体的封闭式投射灯。

随着汽车日新月异的发展变化,现代汽车的照明与信号装置已发展成十分复杂的系统,其用电量仅次于起动系统,是汽车电器设备重要的独立分支,而且也日益智能化,并且在智能化的范围中不断延伸。就以最重要的前照灯来说,不仅其光学系统的结构材料不断改进,对其控制方法更从开关控制到电子线路以至纳入车身计算机直接控制的一部分。现代轿车上车灯多达 50 多个,往往完成同一功能可用多种不同的结构和方式来实现。如今,汽车照明与信号装置已是汽车的三大安全部件之一,是最主要的主动安全装置。

5.2 汽车前照灯

5.2.1 照明要求

由于汽车前照灯的照明效果直接影响着夜间交通安全，世界各国都以法律形式规定了汽车前照灯的照明标准，以确保夜间行车的安全。

1. 前照灯应能保证车前有明亮而均匀的照明

前照灯应能使驾驶员能看清车前100m内路面上的障碍物。随着汽车行驶速度的提高，对汽车前照灯的照明距离也相应的要求越来越远，现代高速汽车其照明距离已达到200～400m。

2. 前照灯应能防止炫目

以免夜间两车相会时，使对面来车驾驶员炫目而造成交通事故。

5.2.2 前照灯的构造

前照灯一般由光源(灯泡)、反射镜、配光镜(散光镜)三部分组成。

1. 灯泡

灯泡是前照灯的光源，它主要由玻璃泡、灯丝、对焦盘、插片等组成。灯泡的额定电压有6V、12V、24V三种。灯泡的供电电压应稳定，当工作电压下降到额定电压的40%时，灯泡便不会发亮，而当工作电压超过额定电压55%时，灯泡因电流过大而立即烧坏。

汽车前照灯常用的灯泡有普通灯泡(白炽灯泡)[图5-2(a)]和卤素灯泡[图5-2(b)]，两种灯泡的灯丝均采用熔点高、发光强的钨制成。在普通灯泡内充满惰性气体，这种灯泡不能防止钨的蒸发，使用久后易造成钨沉积，在玻璃壳上发生“黑化”现象。卤钨灯泡内充满了惰性气体，并掺入碘或溴卤族元素，这种灯泡体积小，使用寿命长，发光效率高。目前汽车前照灯常用的是氙气灯，它继承了前两种灯泡的优点，并克服了它们的缺点，得到了广泛地应用。

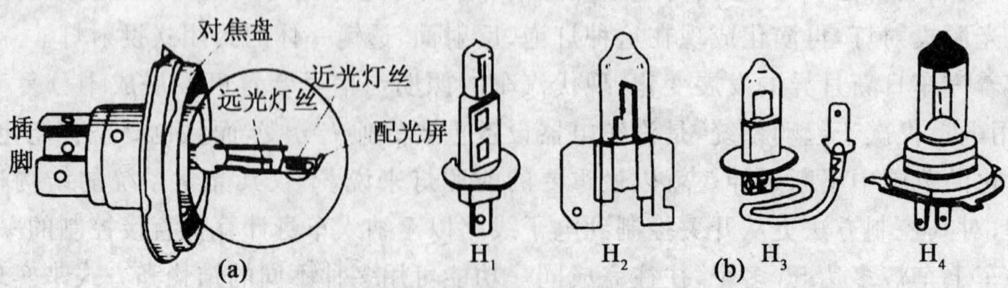

图5-2 汽车前照灯常用的灯泡

2. 反射镜

前照灯的灯泡的光度不大，如果没有反射镜，驾驶员只能辨清车前 6m 处有无障碍物，反射镜的功用是将灯泡的光线聚合并导向远方，如图 5-3 所示为反射镜反射灯泡光线的情况。反射镜的表面是抛物线的旋转体表面，光源位于焦点上。反射镜聚合了灯泡的绝大部分光线集中一条窄光束，使光强度增强几百倍，能把车前 100～150m处的路段照得足够清楚。

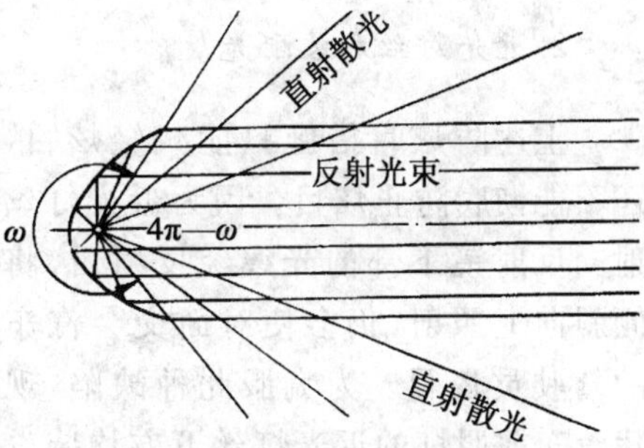

图 5-3　反射镜反射灯泡光线的情况

3. 配光镜

配光镜又称散光玻璃，散光玻璃是表面有棱的玻璃，是透镜和棱镜的组合体，如图 5-4 所示。它能将光线折射向所要求的方向，使车前面和路缘都能得到良好而均匀的照明，如图 5-4(b)(c)所示。

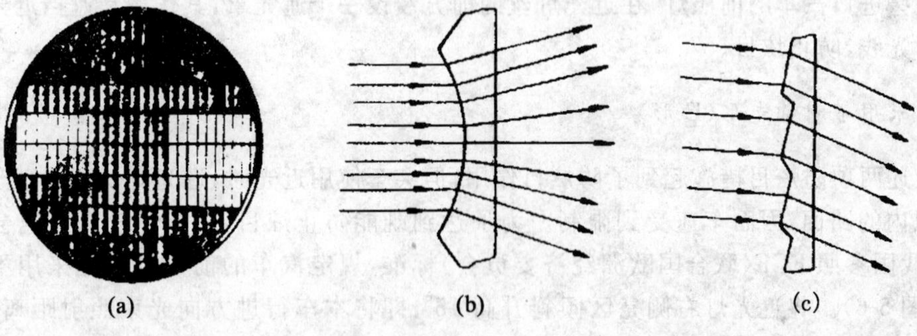

图 5-4　配光镜

5.2.3　防炫目原理

当强光束突然摄入人眼时，视网膜受到刺激，因瞳孔来不及收缩而本能地闭上眼睛的现象称为炫目。为保障夜间会车安全，汽车前照灯必须具有良好的防炫目措施。目前国产汽车防炫目措施有三项，先进轿车还有更严格的防炫目措施。

1. 采用远、近光束变换

夜间公路行车且对面无来车时，使用远光灯，以增大照明距离，保证行车安全。夜间公路行车会车、夜间市区行车有路灯或尾随其他汽车行驶时，使用近光灯。远光灯丝装于呈旋转抛物面的反射镜的焦点处[图 5-5(a)]。根据反射原理，远光灯丝的光线经反射镜聚光、反射后，沿光学轴线以平行光束射向远方，照亮车前方 150m 以上的路面。又由于配光镜的合理配光，使远光既能保证足够的照射距离，又有一定的光线覆盖面。近光灯丝装于反射镜焦点的上方或前上方[图 5-5(b)]。根据光学原理，近光灯丝产生的光线经反射镜反射后，光束的大部分将倾斜向下射向车前的路面。光束的大部分向下斜射，所以可避免对方驾驶员炫目。

为实现上述防炫目的目的，前照灯灯泡中装有远光与近光两根灯丝，由变光开关控制其电路。

2. 近光灯丝加装配光屏

上述防炫目措施只能减轻炫目，还不能彻底防止炫目。因为近光灯丝射向反射镜下部的光线经反射后，将倾斜向上照射，仍会使对面交会汽车的驾驶员炫目。为克服此种缺陷，现代汽车前照灯的近光灯丝下方均装设配光屏(又称遮光罩、护罩或光束偏转器)，用以遮挡近光灯丝射向反射镜下半部的光线，消除反射后向上照射的光束，提高防炫目效果。

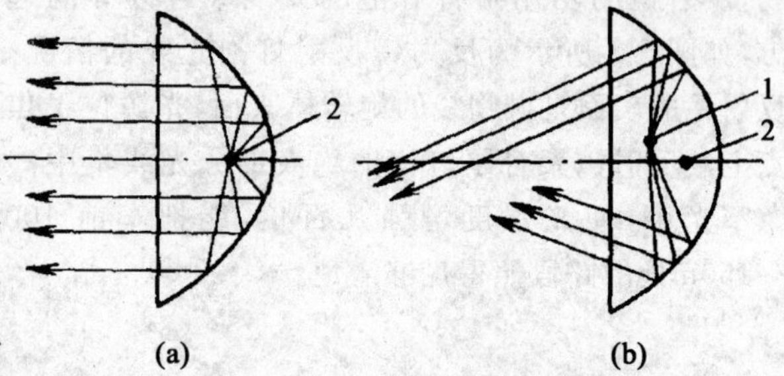

图 5-5　远、近光灯光束
1—远光灯丝 2—近光灯丝

有些进口汽车的前照灯，在近光灯丝的前方装设一个遮光罩，其作用是遮挡近光灯丝的直射光线，防止炫目。

3. 采用不对称光形(E 形)

上述两项防炫目措施起到了防炫目作用，但会车使用近光时，近光灯仅能照亮车前方50m 以内的路面，因而车速受到限制。为了达到既能防止炫目，又能以较高车速会车的目的，我国参照 ECE(联合国欧洲经济委员会)标准，规定汽车的前照灯近光采用不对称光形(图 5-6)。将近光灯右侧亮区倾斜升高 15°，即将本车行进方向光束照射距离延长。不对称光形是将遮光罩单边倾斜 15°形成的。欧洲型前照灯左侧近光亮区升高 15°。

这种光形的产生既有遮光罩的作用，也有配光镜的作用。

4. Z 字形光形

为了改善会车时的照明条件，使对面来车驾驶员不炫目，有些汽车使用了 Z 字形近光光形(图 5-7)，该光形能使本车行进方向亮区平行升高，较 E 形不对称光形更加优越。

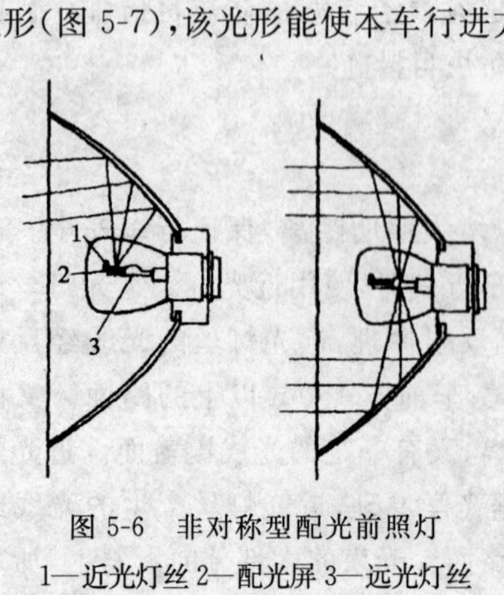

图 5-6　非对称型配光前照灯
1—近光灯丝 2—配光屏 3—远光灯丝

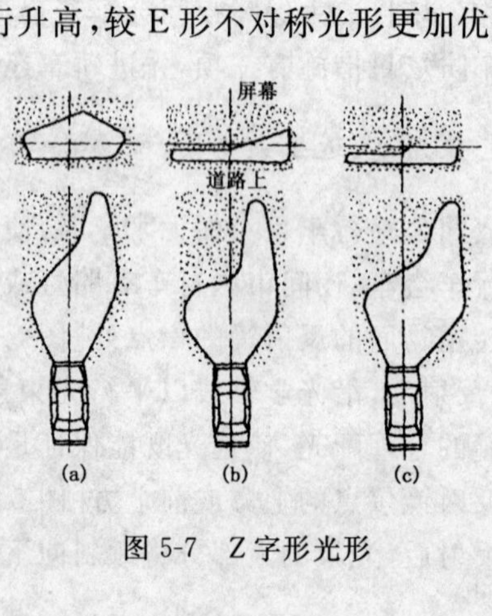

图 5-7　Z 字形光形

5.2.4　前照灯的类型

汽车前照灯按照安装数量不同可分为两灯制前照灯和四灯制前照灯。两灯制前照灯指每只灯具有远、近光双光束;四灯制指前照灯内侧一对为远光单光束,外侧一对为远、近光双光束。

按照安装方式不同可分为外装式前照灯和内装式前照灯。外装式前照灯指整个灯具在汽车上外露安装;内装式前照灯指灯壳嵌装于汽车车身内部,只留配光镜、装饰圈裸露在外。

按照光学组件的结构不同,可将前照灯分为可拆式、半封闭式、封闭式三种。

1. 可拆式前照灯

可拆式前照灯是最早使用的一种,由于反射镜和配光镜分别安装而构成组件,因此气密性差,反射镜易受湿气和尘埃污染而降低反射能力,严重降低照明效果,目前已很少采用。

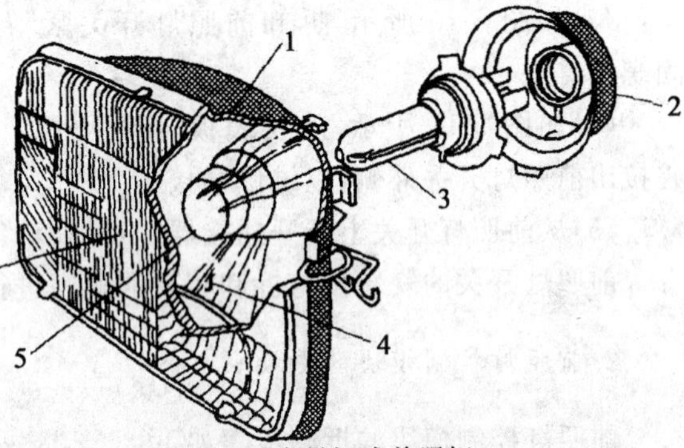

图 5-8　半封闭式前照灯

1—灯罩 2—灯泡卡盘 3—灯泡 4—反光镜 5—玻璃球面 6—配光镜

2. 半封闭式前照灯

半封闭式前照灯的结构如图 5-8 所示,其配光镜靠卷曲反射镜边缘上的牙齿而紧固在反射镜上,两者之间垫有橡胶密封圈,灯泡只能从反射镜后端装入。当需要更换损坏的配光镜时,撬开反射镜边缘的牙齿,安上新的散光镜后,再将牙齿复原。由于半封闭式前照灯减少了对光学组件的影响因素,维修方便,因此得到广泛使用。

3. 封闭式前照灯

封闭式前照灯(俗称“真空灯芯”)反射镜和配光镜用玻璃制成一体,里面注以惰性气体。灯丝焊在反射镜底座的灯丝支架上,反射镜的反射面经真空镀铝。根据配光镜形状可分圆形[图 5-9(a)]和矩形[图 5-9(b)]。

封闭式前照灯完全避免了反射镜的污染,反射效率高,照明效果好,使用寿命长。但灯丝烧断后,需要更换整个光学组件,成本较高。

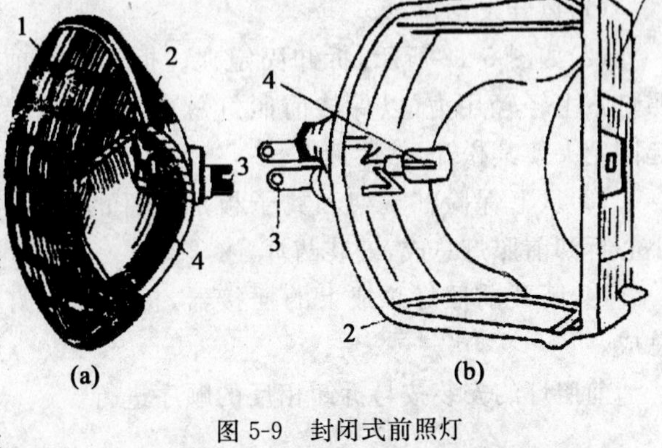

图 5-9　封闭式前照灯

1—配光镜 2—反光镜 3—接头 4—灯丝

6.2.5　前照灯的维护与拆装

下面以上海别克轿车为例,简要地介绍一下照明系统的拆装,其他车型可参考进行拆装。

1. 前照灯开关的更换

前照灯开关的拆卸步骤如下：

(1)必要时可用塑料平刃工具作为辅助工具，在靠进开口盖外侧，向后拉左侧仪表板连接部，松开固定夹。

(2)从铰链轴后部，松开左仪表板通道盖板前缘并拆卸盖板。

(3)如图 5-10 所示，拆卸前照灯开关紧固螺栓。

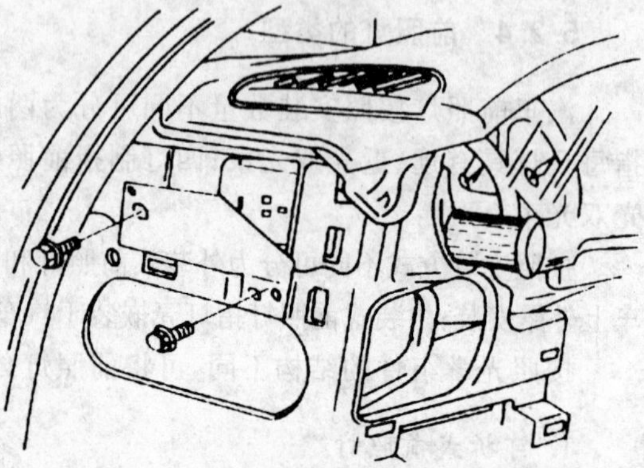

图 5-10　前照灯开关紧固螺栓的拆卸

(4)如图 5-11 所示，从仪表板(IP)上小心拉出前照灯开关外侧，以维修插接器。

(5)从前照灯开关上断开插接器。

前照灯开关的安装按与拆卸相反的顺序进行。

2. 前照灯控制模块的更换

前照灯控制模块的拆卸步骤如下：

(1)断开蓄电池负极拉线。

(2)拆卸左侧仪表板绝缘体。

(3)断开前照灯控制模块上的插接器。

(4)松开固定凸耳并从车身控制模块(BCM)支架上向下退出前照灯模块并拆卸。

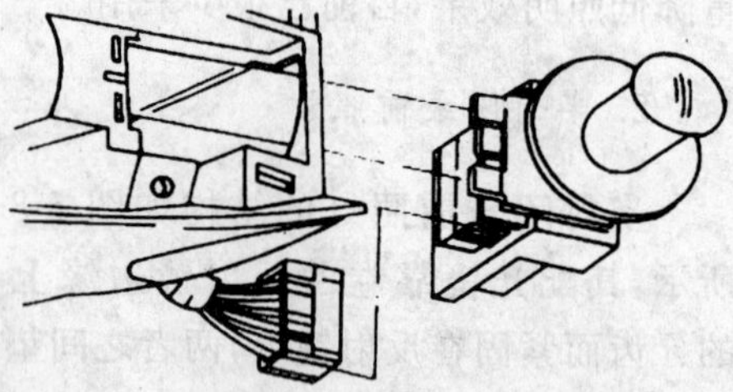

图 5-11　前照灯开关的拆卸

前照灯控制模块的安装按与拆卸相反的顺序进行。

3. 前照灯的拆装

前照灯的拆卸步骤如下：

(1)掀开发动机罩。

(2)如图 5-12 所示，拆卸固定夹。拆卸时在前照灯罩上轻轻用力，以保持前照灯总成的位置，提起固定夹使其松开，然后拆下。

(3)从上保险杠支架和翼子板加强件的槽中，小心拆卸前照灯总成，安装凸耳。

(4)断开前照灯总成上的插接器，拆卸前照灯总成。

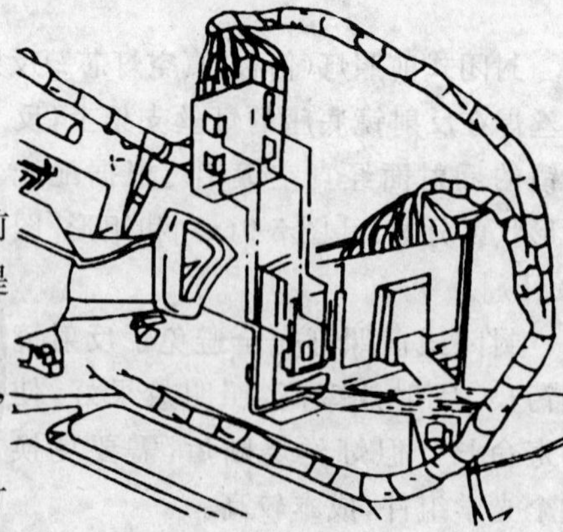

图 5-12　前照灯控制模块的更换

前照灯的安装按与拆卸相反的顺序进行。

5.2.6　灯光系统故障诊断与排除

1. 故障检查方法

(1)断路故障检查

1)用试灯检查:将试灯的一端夹在发动机或车架上(即搭铁),接通灯开关,把试灯的另一端与蓄电池到该灯之间连线上的各接点相接触,如灯亮,再与第二个接点接触……直至试灯不亮为止。断路处即在试灯亮时的测试点与试灯不亮时的测试点之间。

2)用万用表直流电压挡检测:其方法与试灯相同。万用表"－"表笔搭铁,"＋"表笔分别与蓄电池到该灯之间连线上各接点相接触,检测其电源电压是否正常,如不正常,则断路发生在有电压指示灯和无电压指示两个被测试点之间的这段线路中。

(2)搭铁故障检查

当接通灯开关时,熔断器立即烧坏,说明开关所接通的灯系线路有短路搭铁故障,其搭铁部位在灯开关与灯之间。

1)用试灯方法检查:首先断开导线与灯及灯开关连接处的导线,将试灯一端与蓄电池"＋"极相连接,另一端与接灯(或灯开关)的线头相连接,如试灯亮,说明有搭铁故障存在,此时逐个拆开从灯开关到灯之间导线上的各个接点,如灯灭,则搭铁故障发生在灯灭时拆开点与上一个拆开点之间的导线上。

2)用万用表电阻挡检查:将万用表一只表笔搭铁,另一只表笔与接灯的导线线头相连接,如万用表读数为零,说明有搭铁故障存在。检查方法与试灯方法相同。

2. 灯光系统常见故障

灯光系统常见故障及其排除如表 5-1 所示。

表 5-1　　灯光系统常见故障及其排除

故障现象	故障原因	故障排除
所有灯全不亮	1.起动蓄电池至灯总开关之间导线断路 2.起动灯总开关损坏 3.起动电源总熔断器断	检修 更换 更换
远光灯或近光灯不亮	1.起动变光器损坏 2.起动导线断路或导线插接器接触不良或灯泡坏 3.起动远光灯或近光灯的熔断器损坏	更换 检修或更换 更换
远光灯或近光灯不亮	1.起动灯光继电器损坏 2.起动导线断路或短路 3.起动灯总开关损坏	更换 检修 更换

续表

故障现象	故障原因	故障排除
大灯灯光暗淡	1.起动熔断器松动	检修
	2.起动导线接头松动	检修
	3.起动大灯开关或继电器触点接触不良	检修或更换
	4.起动发电机输出电压低	检修
	5.起动用电设备漏电,负荷增大	检修
	6.起动搭铁不良	检修

拓展阅读

为满足前照灯更亮、更远、更美观的要求,现在的轿车上出现了投射式前照灯、高亮度弧光灯、氙气大灯以及LED灯等。

1.投射式前照灯

投射式前照灯外型特点是装有很厚的无刻纹的凸型散光镜,由于反射镜是椭圆形的,所以外径很小,结构如图5-13所示。

投射式前照灯的反射镜近似于椭圆形状,它具有两个焦点。第一焦点处放置灯泡,第二焦点在灯光中形成。凸形散光镜的焦点与第二焦点是一致的。来自灯泡的光利用反射镜聚成第二焦点,再通过散光镜将聚集的光投射到前方。投射式前照灯采用的光源为卤素灯泡。

采用投射式前照灯,可利用的光束增多,若将反射镜做成扁长断面,很多光束便可横向扩散,不仅结构紧凑,而且经济实用。

在第二焦点附近设有遮光板,可遮挡上部分光,形成明暗分明的配光。由于它的这种配光特性可适用于前照灯近、远光灯,也可用作雾灯。

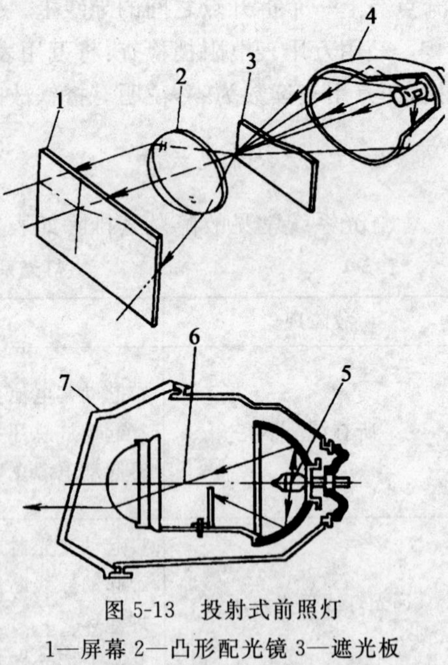

图5-13 投射式前照灯

1—屏幕 2—凸形配光镜 3—遮光板 4—椭圆反射镜 5—第一焦点(F) 6—第二焦点(F)7—总成

2.高亮度弧光灯

高亮度弧光灯结构如图5-14所示,这种灯的灯泡里没有传统灯泡的灯丝,取而代之的是装在石英管内的两个电极,管内充有氙及微量金属(或金属卤化物)。在电极上加上足够高的引弧电压(5~12kV)后,气体开始电离而导电。此时气体原子处于激发状态,由于电子发生能而开始发光;0.1s后,电极间蒸发了少量水银蒸气,光源立即转入水银蒸气弧光放电,待温度上升后再转入卤化物弧光灯工作。采用多种气体是为了易于起动,加快起动。

弧光放电前照灯由弧光灯组件、电子控制器和升压器三大部件组成。其灯泡发出的光色成分和日光灯非常相似,亮度是目前卤素灯泡的 2.5 倍,寿命可达卤素气体灯泡的 5 倍。由于灯泡点燃达到灯泡正常工作温度后,维持电弧放电的功耗仅为 35W,所以可节约 40%的电能。

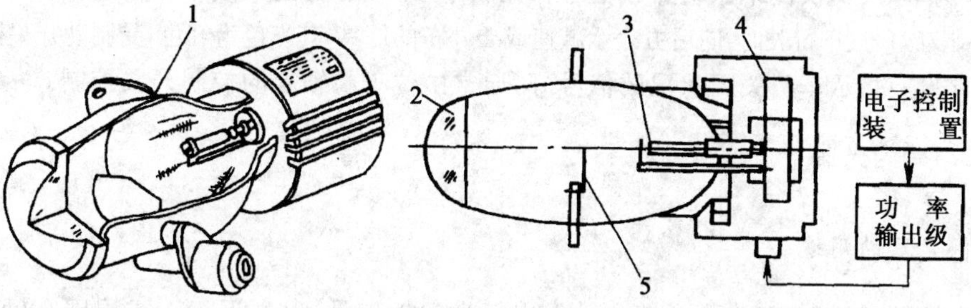

图 5-14　高亮度弧光灯
1—总成 2—透镜 3—弧光灯 4—引燃及稳弧部件 5—遮光板

3. 氙气大灯

氙气大灯的全称是 HID(High Intensity Discharge)气体放电灯,又称高强度放电灯或者气体放电灯。它的发光原理是利用正负电刺激氙气(Xenon)与稀有金属的化学反应发光。在 HID 的灯管内还有一颗小小的玻璃球,这其中就充满了氙气及少许稀有金属,在电流作用下进行化学反应,就会发出亮光、色调与太阳光接近的光芒,这是传统卤素灯所难以达到的光亮度,可有效地减少驾驶人的视觉疲劳,此外,氙气大灯功率消耗小,使用寿命长。

4. LED 灯

在 20 世纪 80 年代中期,LED 开始被用作汽车中央高位刹车灯(CHMSL)。进入 20 世纪 90 年代,汽车仪表 LCD 面板背光照明普遍采用 LED 这种固态新光源。进入 21 世纪后,随 LED 功率和亮度的提升,除了汽车前照灯外,LED 全面进入了汽车照明和信号系统的应用。

LED 在汽车内部的照明主要包括一般照明用顶灯、阅读灯、美容化妆灯、门锁灯等等。其达到的目的是提供放松和友好的和谐气氛,以减轻驾驶员的疲劳,改善和提高驾驶的舒适程度。在全车 LED 灯具中,最难也是最后投入使用的则是车头前照灯。

5.3　汽车信号系统

汽车上灯光除照明作用外,还有一些信号灯,作为汽车使用中指示其他车辆或行人的灯光信号(或标志)。汽车上常用的信号灯主要有:

(1)转向信号灯:汽车转向时告知周围车辆和行人的灯具,发出亮、灭交替的闪光信号,颜色为琥珀色,受转向开关和闪光器控制。

(2)转向指示灯:安装在仪表板上,显示汽车转向并指示转向灯工作情况的灯具,它与转向信号灯并联,并一起工作。

(3)危急报警信号灯:在紧急情况下能发出闪光报警信号的灯具。通常由转向灯兼任,这种情况下前后左右转向灯同时点亮。它受危急报警开关和闪光器控制。

(4)示宽灯:标志汽车宽度轮廓的灯具,大型车上还装有示高灯,统称示廓灯。

(5)倒车灯:提供倒车照明兼顾信号作用,提醒车辆后方的人或车注意避让。

(6)制动灯:汽车行驶时,向后方表示减速或要停车的灯具,其光色为红色,受制动开关控制。

(7)门灯:指示车门关闭状况的信号灯,通常由位于门轴处的控制开关控制。

5.3.1 闪光器

1.闪光器的用途

当车辆转向时,与灯泡配合能自动发出灯光闪烁信号,以告诉行人或周围车辆,从而保障行车安全。闪光器可制成带监察的,当转向信号灯有损坏时,仪表板指示灯的状态将变化;也可制成带危险信号报警的闪光器,如车辆紧急停车时,危险报警闪光器能带动前后左右的转向信号灯同时闪光,而闪光频率不变;也有带多节挂车使用的闪光器,这种闪光器要求有较大的功率;还有制成声响闪光或带音乐声响的闪光器。

2.闪光器种类及其工作原理

常见闪光器有电热丝式、电容式、翼片式、晶体管式、集成电路式等。翼片式、晶体管式结构简单、体积小、闪光频率稳定、监控作用明显、工作时伴有响声,过去应用较广泛,现在逐步被性能更好的集成电路式电子闪光器所代替。

(1)电热丝式闪光器

电热丝式闪光器是利用镍铬丝的热胀冷缩特性接通或断开转向灯电路,从而实现转向信号灯及转向指示灯的闪烁的。如图 5-15 所示为 SD56 型电热丝式闪光器的结构与工作原理。

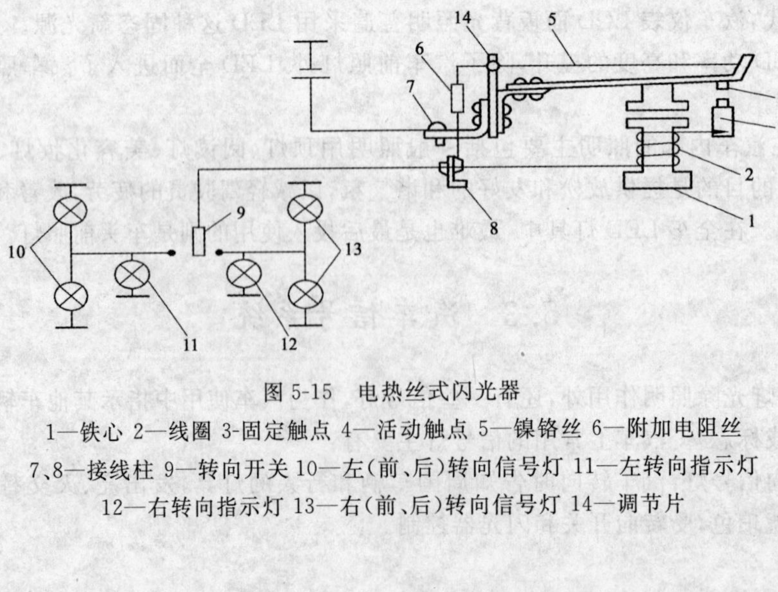

图 5-15　电热丝式闪光器

1—铁心 2—线圈 3-固定触点 4—活动触点 5—镍铬丝 6—附加电阻丝
7、8—接线柱 9—转向开关 10—左(前、后)转向信号灯 11—左转向指示灯
12—右转向指示灯 13—右(前、后)转向信号灯 14—调节片

(2)电容式闪光器

电容式闪光器结构如图5-16所示,它由一只大容量电解电容器和双线圈继电器组成。其工作原理为:接通转向灯开关(左或右)后,串联线圈经触点、转向信号灯构成回路,且电流较大,产生较强磁场,吸动衔铁,使触点张开。此过程中,串联线圈通电时间极短,转向信号灯不亮。触点张开后电容器经串联线圈、并联线圈、转向灯开关、转向灯及转向指示灯构成充电回路。由于充电电流很小,此时,转向灯与转向指示灯不亮。触点在串并联线圈的合成磁场(方向相同)作用下,仍保持张开状态。电容器充足电后,并联线圈电流消失,铁心吸力减小,触点在复位弹簧作用下闭合,转向灯与转向指示灯亮;同时,电容器经并联线圈及触点放电。由于串联线圈与并联线圈磁场方向相反,铁心吸力极小,触点保持闭合状态。当电容器放电结束后,并联线圈电流消失,铁心吸力在串联线圈磁场作用下增强,触点再次张开,转向灯与转向指示灯变暗,电容器再次放电。如此周而复始,转向灯与转向指示灯不停地频率闪烁。

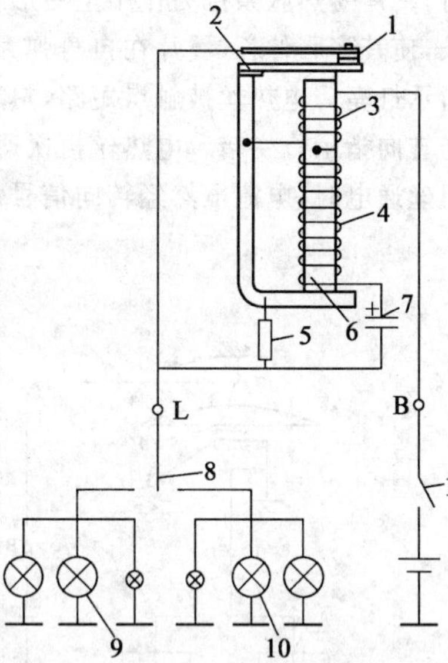

图5-16 电容式闪光器

1—触点 2—弹簧片 3—串联线圈 4—并联线圈 5—灭弧电阻 6—铁心 7—电解电容器 8—转向灯开关 9—左转向信号灯及指示灯 10—右转向信号灯及指示灯 11—电源开关

电容式闪光器具有监控功能,当一侧转向灯有一只或一只以上转向灯泡烧断或接触不良时,闪光器就使该侧转向灯接通时只亮不闪,以告示该侧转向灯电路异常。

(3)翼片式闪光器

翼片式闪光器分为直热翼片式、旁热翼片式两种。

1)直热翼片式闪光器

直热翼片式闪光器主要由翼片、热胀条、触点等组成(图5-17)。

工作原理:静态时,弹性翼片在热胀条(热膨胀系数较大的金属板条)的拉力下呈弓形,触点处于闭合状态。接通转向等开关后(左或右),转向信号灯与转向信号指示灯电路接通,灯亮。

电路如下:蓄电池正极→翼片→转向灯开关→转向灯及转向指示灯→搭铁→蓄电池负极。由于电流流经热胀条,热胀条伸长。翼片在自身弹力作用下伸直,动触点随热胀条向上移动与静触点分离。电路被切断,转向信号灯与转向信号指示灯熄灭。热胀条中电流消失后,冷却收缩,牵动翼片再次呈弓形,活动触点下移与固定触点再次闭合,电路接通,转向灯与转向指示灯又亮。如此反复变化,产生了闪烁的转向信号,同时发出“啪嗒”、“啪嗒”响声。

2)旁热翼片式闪光器

旁热翼片式闪光器与直热翼片式闪光器主要不同点在于热胀条上绕有电热丝(图5-18)。电热丝下端与热胀条相接,上端与静触点相连,匝间与热胀条绝缘。工作原理:静态时，翼片受热胀条拉力作用呈弓形，触点张开。转向灯开关闭合后，电热丝通电加热热胀条，使其膨胀伸长，翼片在自身弹力作用下伸直，使触点闭合。触点闭合后，转向灯与转向指示灯亮。电热丝被触点短路，热胀条冷却收缩，翼片被拉呈弓形，触点再次张开，转向灯与转向指示灯变暗。电热丝再次通电，如此周期性动作，转向灯产生闪烁灯光信号。当电阻丝通电时，电流虽然经转向信号灯构成回路，但电流很小，转向灯不会亮。

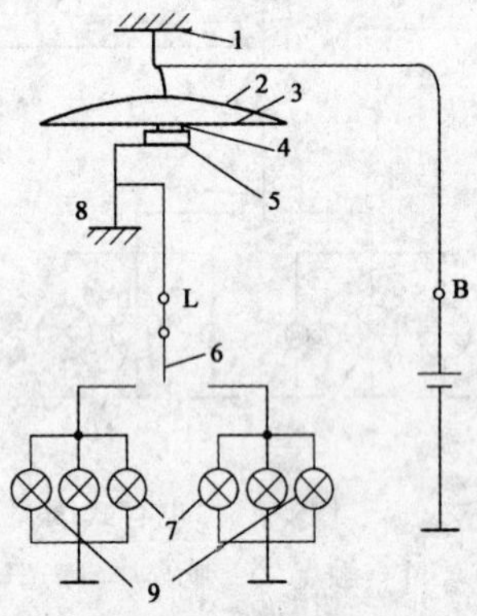

图 5-17　直热翼片弹跳式闪光器

1、8—支架 2—翼片 3—热涨条 4—动触点 5—静触点 6—转向开关 7—转向指示灯 10—转向信号灯

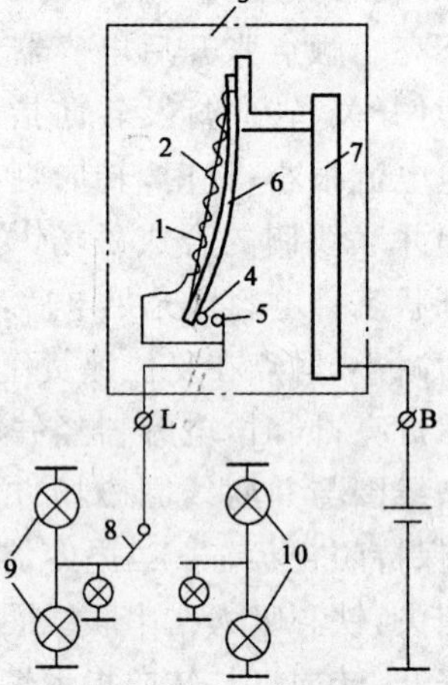

图 5-18　旁热翼片弹跳式闪光器

1—热涨条 2—电阻丝 3—闪光器 4—动 触点 5—静触点 6—翼片 7—支架 8—转向开关 9—左转向信号灯及指示灯 10—右转向信号灯及指示灯

(4)电子式闪光器

电子式闪光器分晶体管式和集成电路式两类。晶体管闪光器分有触点式和无触点式两种：有触点式晶体管闪光器如图 5-19 所示，无触点晶体管闪光器如图 5-20 所示。

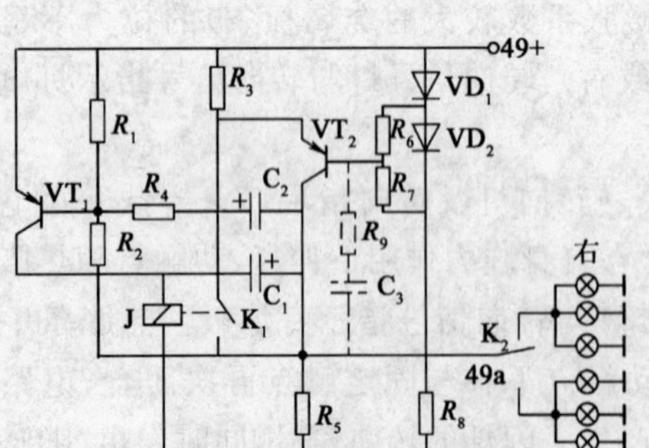

图 5-19　有触点式晶体管闪光器工作原理图

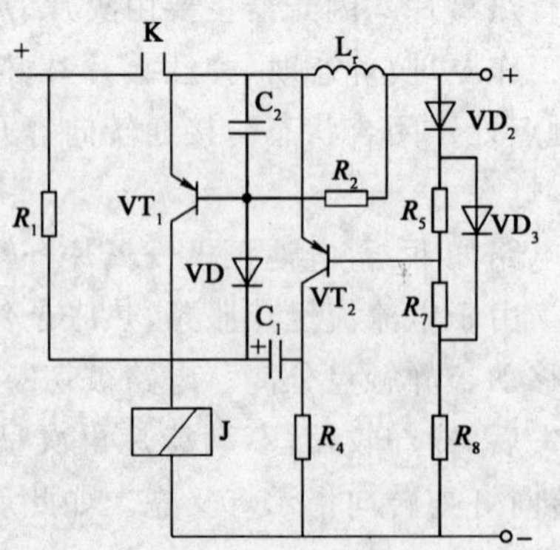

图 5-20　无触点式晶体管闪光器工作原理图

集成电路闪光器与晶体管闪光器的不同之处就是用集成电路 IC 取代了晶体管振荡器，这类闪光器也分有触点式和无触点式两种。图 5-21 为 SGF-141 型有触点式集成电路闪光器电路，图 5-22 为带有蜂鸣器无触点式集成电路闪光器电路。因集成电路成本的降低，所以该类型闪光器在汽车上得到了广泛的使用。

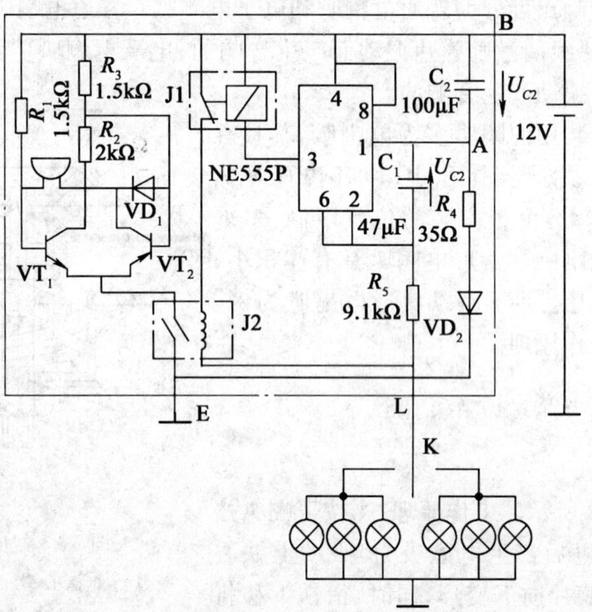

图 5-21　有触点式集成电路闪光器工作原理图

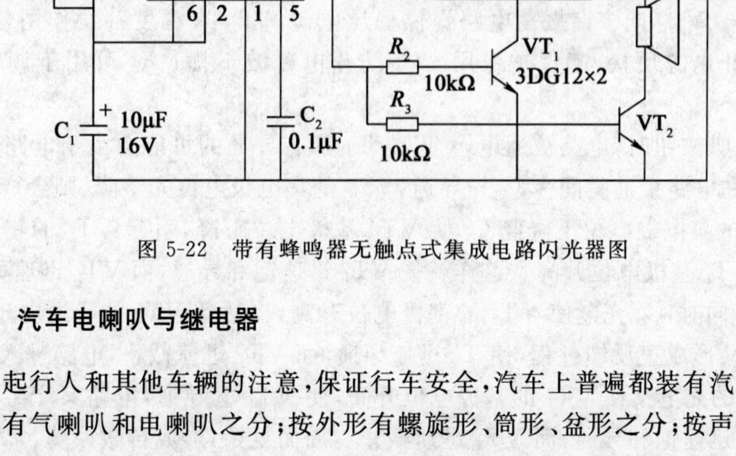

图 5-22　带有蜂鸣器无触点式集成电路闪光器图

5.3.2　汽车电喇叭与继电器

为了引起行人和其他车辆的注意，保证行车安全，汽车上普遍都装有汽车喇叭。喇叭按发音动力有气喇叭和电喇叭之分；按外形有螺旋形、筒形、盆形之分；按声频有高音和低音之分；按接线方式有单线制和双线制之分。

气喇叭是利用气流使金属膜片振动产生音响，外形一般为筒形，多用在具有空气制动装置的重型载重汽车上。电喇叭是利用电磁力使金属膜片振动产生音响，其声音悦耳，广泛使用于各种类型的汽车上。

电喇叭按有无触点可分为普通电喇叭和电子电喇叭。普通电喇叭主要是靠触点的闭合和断开，控制电磁线圈激励膜片振动而产生音响的；电子电喇叭中无触点，它是利用晶体管电路激励膜片振动产生音响的。

目前汽车上所装用的喇叭多为电喇叭，其具有结构简单、使用维修方便、体积小、声音悦耳等优点。在中小型汽车上，由于安装的位置限制，多采用螺旋形和盆形电喇叭。盆形电喇叭具有体积小、重量轻、噪声小等优点。下面以盆形电喇叭为例，介绍普通电喇叭工作原理。

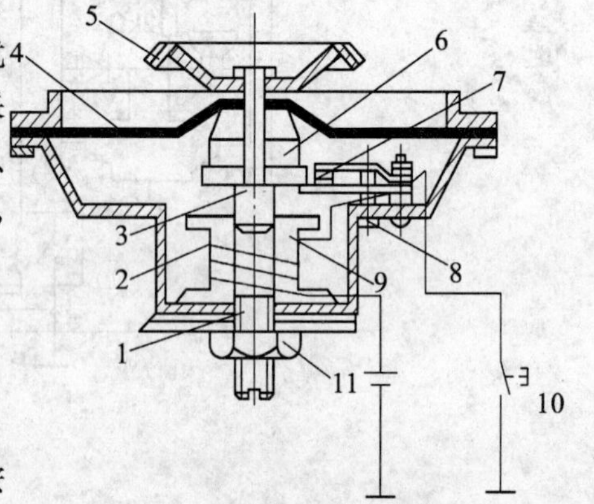

图 5-23 盆形电喇叭结构

1—下铁心 2—线圈 3—上铁心 4—膜片 5—共鸣板 6—衔铁 7—触点 8—调整螺母 9—铁心 10—按钮 11—锁紧螺母

1. 电喇叭结构与原理

(1)盆形电喇叭

结构如图 5-23 所示。工作原理：当按下喇叭按钮时，喇叭线圈通电后产生电磁吸力，吸动上铁心及衔铁下移，带动膜片向下变形，同时，衔铁下移将触点打开，线圈断电，电磁力消失，上铁心及衔铁在膜片弹力的带动下复位，触点再次闭合。重复周期开始，使膜片与共鸣板产生共鸣发声。喇叭线圈的供电电路为：蓄电池正极→喇叭线圈→触点→喇叭按钮→搭铁→蓄电池负极。

(2)电子电喇叭

由于普通电喇叭存在触点易烧蚀、氧化、故障率较高等缺陷，现在生产的轿车中已开始用无触点的电子电喇叭替代普通电喇叭，其电路如图 5-24 所示。

工作原理：VT_1、VT_2、和 C_1、C_2 及 $R_1 \sim R_8$ 组成多谐振荡电路。VT_3、VT_4、VT_5 组成功率放大电路。VD_2 向多谐振荡电路提供稳压电源，VD_1 有温度补偿作用，使振荡频率稳定，VD_3 防止电源反接，起保护作用。C_3 防止电磁波干扰。R_6 可用于调节喇叭的音量。

当按下喇叭按钮时，电路被通电，VT_1、VT_2 都有导通的可能。由于电路参数不可能完全一致，设在电路接通瞬间 VT_1 先导通，VT_1 的集电极电位先下降，则会产生如下正反馈过程：VT_1 的集电极电位下降经 C_1 使 VT_2 基极电位下降，引起 VT_2 的集电极电位上升，经 C_2 使 VT_1 基极电位升高。这样就使 VT_1 迅速饱和导通，而 VT_2 迅速截止，电路进入暂时稳态。同时，C_1 充电使 VT_2 的基极电位升高，当达到 VT_2 的导通电压时，VT_2 开始导通，电路又形成正反馈过程，使 T_2 迅速导通，而 VT_1 迅速截止，电路进入新的暂时稳态。同时，C_2 的充电又使 VT_1 的基极电位升高，使 VT_1 又导通，电路又产生一个正反馈过程，使 VT_1 迅速饱和导通，而 VT_2 迅速截止。周而复始，形成自激振荡。VT_2 截止时，

VT_3 也截止，VT_4、VT_5 导通，喇叭线圈中有电流通过，产生电磁力吸动膜片，喇叭发出声响。VT_2 导通时，VT_3 也导通，VT_4、VT_5 截止，喇叭线圈中无电流通过，膜片复位。

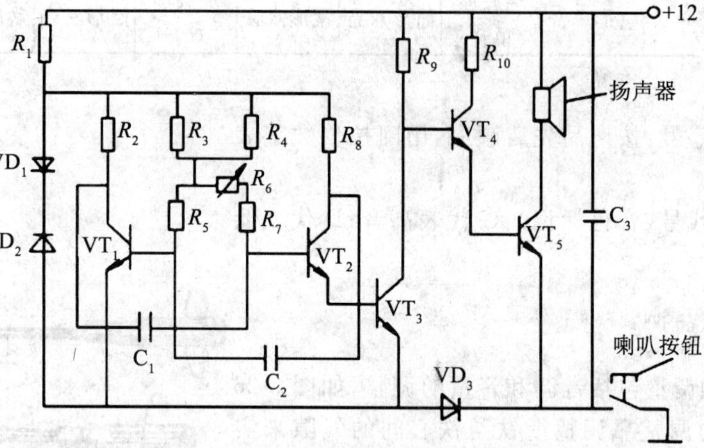

图 5-24 电子电喇叭电路器图

2. 喇叭继电器

汽车上常装有两个不同音频的喇叭，其耗用的电流较大（15～20A），若用按钮直接控制，按钮容易烧坏。故常采用喇叭继电器控制，其结构与接线方法如图 5-25 所示。

喇叭继电器由一个磁化线圈和一对常开的触点构成。当按下喇叭按钮时，喇叭继电器线圈通电产生电磁力，触点闭合，大电流通过触点臂、触点流入喇叭线圈，喇叭发音。由于喇叭继电器线圈的电阻较大，因此通过按钮的电流很小，故可起到保护按钮的作用。

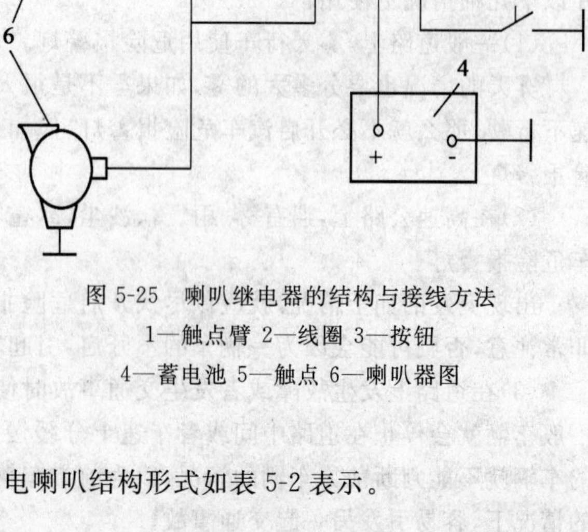

图 5-25 喇叭继电器的结构与接线方法

1—触点臂 2—线圈 3—按钮

4—蓄电池 5—触点 6—喇叭器图

3. 电喇叭的型号

电喇叭的型号主要由五部分组成。

（1）产品代号：DL 代表触点式电喇叭；DLD 代表无触点的电子式电喇叭。

（2）电压等级代号：1 代表 12V；2 代表 24V。

（3）结构代号：各结构代号所表示的电喇叭结构形式如表 5-2 表示。

表 5-2　　电喇叭结构代号

代号	1	2	3	4	5	6	7	8	9
结构形式	筒形单音	盆形单音	螺旋形单音	筒形双音	盆形双音	螺旋形双音	筒形三音	盆形三音	螺旋形三音

(4)设计序号:按产品先后顺序,用阿拉伯数字表示。

(5)变型代号(音色标记):G 代表高音;D 代表低音。

4.电喇叭的调整

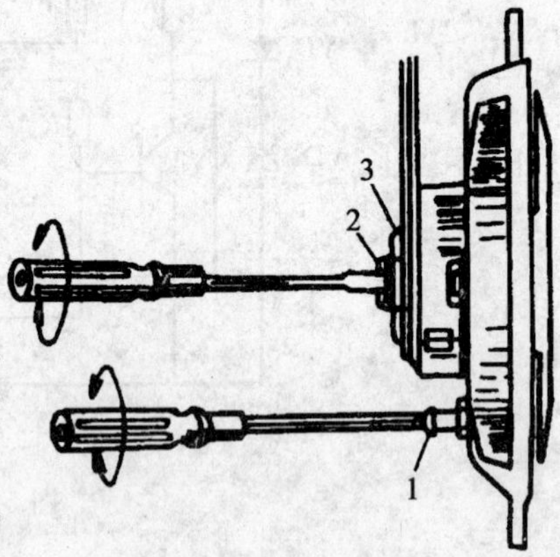

图 5-26　电喇叭的调整

1—音量调整螺钉 2—音调调整螺钉 3—锁紧螺母

电喇叭的调整包括音调和音量的调整,如图 5-26 所示。音调的调整靠调整衔铁与铁心间的气隙来实现,铁心气隙小时,膜片的振动频率高,气隙大时,膜片的振动频率低(即音调低)。铁心气隙值一般为 0.7～1.5mm。调整方法是:松开锁紧螺母,转动一下铁心,使上、下铁心间的间隙调至合适量,拧紧锁紧螺母即可。音量的调整靠调整喇叭内触点顶压力(即控制喇叭线圈的电流大小)来实现,触点的接触压力增大时,喇叭的音量则变大,反之音量变小。调整方法是:旋转音量调节螺钉,逆时针方向转动时,触点压力增大,音量增大,顺方向转动时,触点压力减小,音量减小。

拓展阅读

当汽车有紧急情况时,按下危险警报开关,则所有转向灯一起闪烁,通常称为“双闪”,它作为一种信号,提醒其他车辆与行人注意本车发生了特殊情况。危险报警闪光灯主要在以下几种情况下使用:

(1)一般道路上,雾天行车使用危险报警灯。

雾天的情况也要分多大的雾,如果雾不是很大,能见度还不会影响到按照道路规定车速下行驶,那么就不必开启汽车危险报警灯,但如果是大雾,能见度很低,一定开启汽车危险报警灯。

(2)在高速公路上,遇有雾、雨、雪、沙尘、冰雹等情况,低能见度小于 100m 时,使用汽车危险报警灯。

出现突发的如上情况,就应该尽快开启危险报警灯,车辆尽快缓速驶离高速公路,要非常注意,否则可能会因为一辆车的不开启,引起车辆连续追尾的事故。

(3)在道路上发生故障或者发生交通事故时使用危险报警灯。这样的情况一旦发生,一般车辆就会停止在道路中间或者车速十分缓慢。而如果不开启危险报警灯,后面到来的车辆就不能判断前方车辆的情况,以为前方车辆在正常行驶,尤其是道路车辆比较拥挤的情况下,容易引发另一起交通事故。

(4)牵引故障机动车时,牵引车和被牵引车均应当开启危险报警灯。

牵引车辆车速较慢,而且有时候跟在后方的车辆并不能看出前方是在牵引,以为在正常行驶,如果不注意,就会造成追尾事故。

(5)在道路上临时停车时要开启危险报警灯。

临时停车一般都是车辆发生故障或者车主有紧急事情,这时候开启危险报警灯是告诫其他车辆注意。

除上述情况外,机动车在道路上行驶时,可不能随意开启危险报警灯。如果随意使用,按照现在的有关规定,机动车不按规定使用灯光的也要罚款 100 元,因此,正确地使用危险报警灯而不乱用危险报警灯,是每个驾驶员都应该知道的常识。

复习思考

1. 前照灯为什么要分远光和近光？各有何作用？
2. 为了防止炫目,汽车前照灯在结构上采用了哪些措施？
3. 汽车前照灯的类型主要有哪些？
4. 汽车照明系统常见的故障及原因有哪些？
5. 试述电热式、电容式、晶体管式及集成电路式式闪光器的工作原理。
6. 电子电喇叭是如何工作的？
7. 简述汽车电喇叭继电器的工作原理。
8. 电喇叭的音量、音调如何调整？试举例说明。

第6章　仪表及报警灯系统

学习目标

1. 会根据汽车仪表信息确定汽车各系统工作状况。

2. 会分析仪表及报警系统的电路图。

3. 能排除仪表及报警灯系统的常见故障。

考核标准

知识要求：掌握汽车仪表及报警灯系统的组成与功用以及结构和工作原理。

技能要求：能够正确使用电压表和电流表，并能根据电路图对仪表与报警灯系统的常见故障进行诊断和排除。

教学建议

教具：汽车万用表、汽车示波器、常用工具、实训汽车、汽车电器综合实训台、汽车维修手册、多媒体设备、各种维修资料、任务工单。

建议：仪表板的拆装和故障灯检测诊断内容建议安排在实验室进行，其他内容建议使用多媒体教学。

6.1　汽车仪表

6.1.1　汽车仪表

汽车仪表与报警指示灯系统安装在仪表板上，由各种仪表、报警指示灯组成。

汽车仪表主要包括车速里程表、发动机转速表、冷却液温度表、燃油量表、机油压力表等，用于指示汽车运行的有关参数；报警灯主要包括机油压力过低警告灯、制动液面过低警告灯、发动机警告灯、ABS故障警告灯、安全气囊故障警告灯等，用于警示有关系统的故障；指示灯主要有转向指示灯、前照灯远、近光指示灯、驻车指示灯、制动指示灯、雾灯等，用于指示汽车运行状态。

早期的载货汽车采用分离式结构，将各个独立的仪表与报警指示灯布置在仪表板上。

现代汽车均采用组合式仪表，即仪表板采用同一块电路板并布置有各种仪表和报警指示灯。北京现代索纳塔轿车采用组合式仪表，仪表与报警指示灯系统的组成如图 6-1 所示。

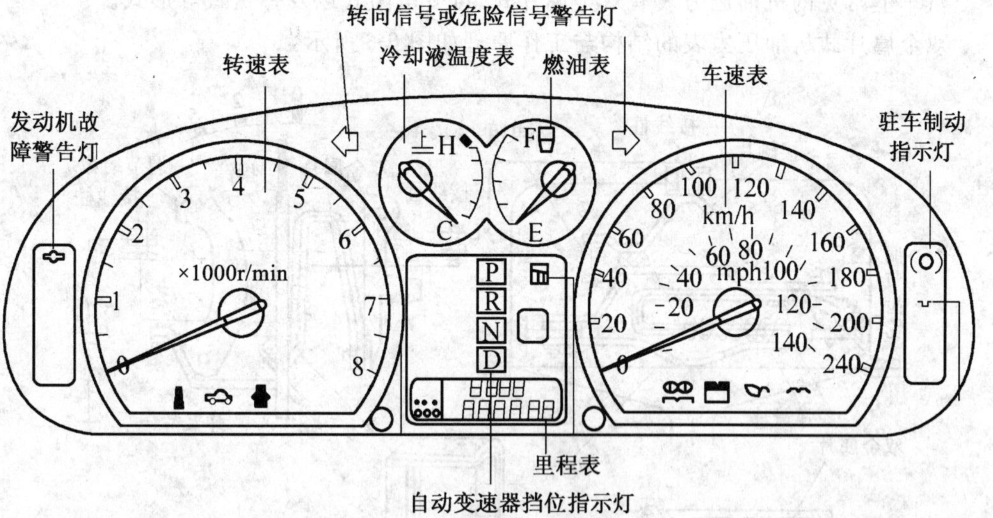

图 6-1　北京现代索纳塔轿车仪表板

6.1.2　电流表

载货汽车常采用电流表指示蓄电池的充、放电电流的大小。电流表根据其原理不同可以分为磁电式、热电式和电动式等，根据结构形式分为磁电式和动磁式。由于磁电式电流表具有结构简单、抗震性能好等优点，在汽车上得到了广泛的应用。

磁电式电流表的内部结构如图 6-2 所示，两块黄铜板(或锌合金)固定安装在绝缘胶木板上，两块黄铜板分别与两个接线柱相连，在两块黄铜板上面还装有一块永久磁铁，该永久磁铁同时也是连接两块黄铜板的导体。在该线圈中间，装有可以左右自由转动的软钢转子，指针与软钢转子固定在一起。

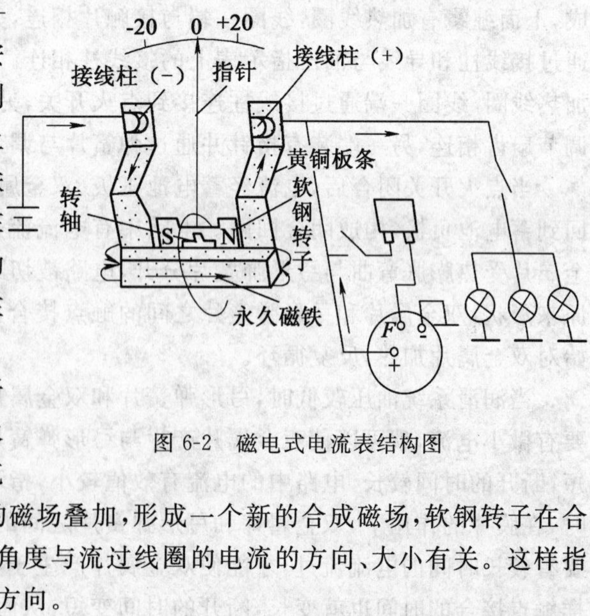

图 6-2　磁电式电流表结构图

当线圈中没有电流时，软钢转子在永久磁铁的磁化作用下，保持与永久磁铁平行的方向；当线圈中有电流流过时，线圈产生的磁场和永久磁铁的磁场叠加，形成一个新的合成磁场，软钢转子在合成磁场作用下转动。其转动的方向和角度与流过线圈的电流的方向、大小有关。这样指针在表盘上就能指示出电流的大小和方向。

6.1.3 机油压力表

汽车上常见的机油压力表有双金属片式、可变电阻式以及弹簧式等形式。

双金属片式机油压力表的结构与工作原理如图 6-3 所示。

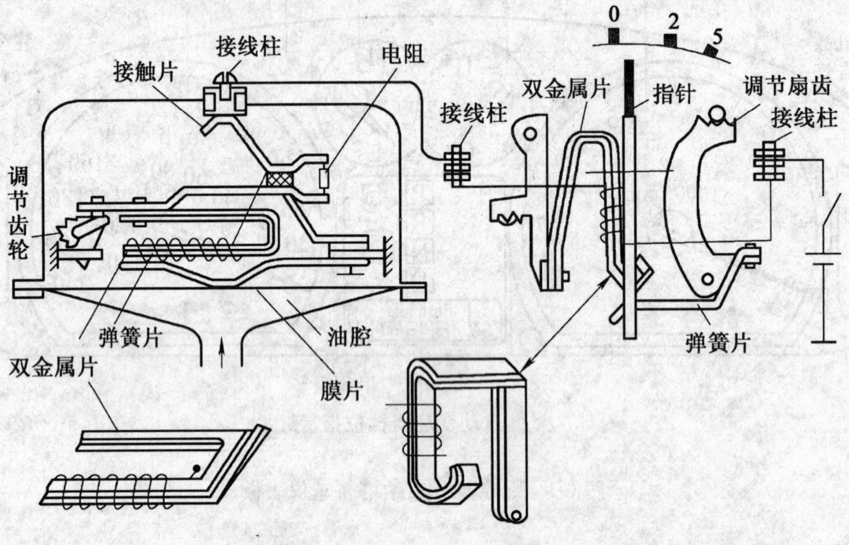

图 6-3 双金属片式机油压力表及工作电路

双金属片式机油压力表的传感器通过管接头安装在发动机的主油道中。膜片下侧的空腔与润滑系统相通，膜片上侧中心位置与弓形弹簧片接触，弓形弹簧片的右端固定并搭铁，左端上侧焊有触点，并与双金属片接触，双金属片是由两种热膨胀系数不同的材料构成，上面缠绕有加热线圈，线圈一端与接触片相连，另一端与双金属片的触点相连，接触片通过接线柱和导线与油压指示表上的接线柱相连。油压指示表中的双金属片上也缠绕有加热线圈，线圈一端通过接线柱连接到点火开关，另一端与接线柱相连。双金属片一端与调节扇齿相连，另一端装有指针并通过弹簧片与调节扇齿相连。

当点火开关闭合后，电流经蓄电池正极、双金属片上的加热线圈、弓形弹簧片和搭铁，回到蓄电池负极，构成闭合回路。电路中有电流流过时，加热线圈就对双金属片加热，双金属片受热膨胀弯曲与弓形弹簧片分开，电路被切断。经过一段时间，双金属片冷却恢复原来形状，双金属片和弓形弹簧片之间的触点接合，这样又构成闭合回路，加热线圈又开始对双金属片加热，反复循环。

当润滑系统油压较低时，弓形弹簧片和双金属片的触点之间的作用力较小，电路中只要有微小电流，就可以使双金属片产生与弓形弹簧片触点分离的变形，这样接合的时间较短，断开的时间较长，电路中的电流有效值较小，指示机油压力较低；当润滑系统油压升高时，在膜片的作用下，双金属片和弓形弹簧片之间的触点接合面积增大，这样线圈中就需要有较长时间的电流流过，才能使双金属片产生于弓形弹簧片分离的受热膨胀变形。这样触点接合的时间也就变长，断开的时间变短，从而电路中电流的有效值就增大。电路中电流的有效值的大小又表现为双金属片的变形大小，最终表现为指针的偏移量。电流有效值大，指针偏移量也就较大，指示机油压力较高。

6.1.4　水温表

水温表又称为冷却液温度表，用来指示发动机冷却液温度。

水温表的温度指示表可以分为双金属片式和电磁式，而水温传感器可以分为双金属片式和热敏电阻式。由于双金属片式是根据材料的热胀冷缩热性质设计的，故也称为电热式。

桑塔纳轿车电热式冷却液温度表的组成和工作原理如图 6-4 所示。冷却液温度表传感器为负温度系数热敏电阻，当发动机冷却液温达到 115℃左右时，水温表传感器阻值为 62Ω，此时冷却液温度表指示满刻度，同时冷却液液面警告灯应闪光报警。当发动机低温工作时，电阻值在 500Ω 左右，冷却液温度指针指向低温刻度。双金属片因受热变形而带动指针转动，而变形量取决于流经双金属片上电阻丝电流的大小。

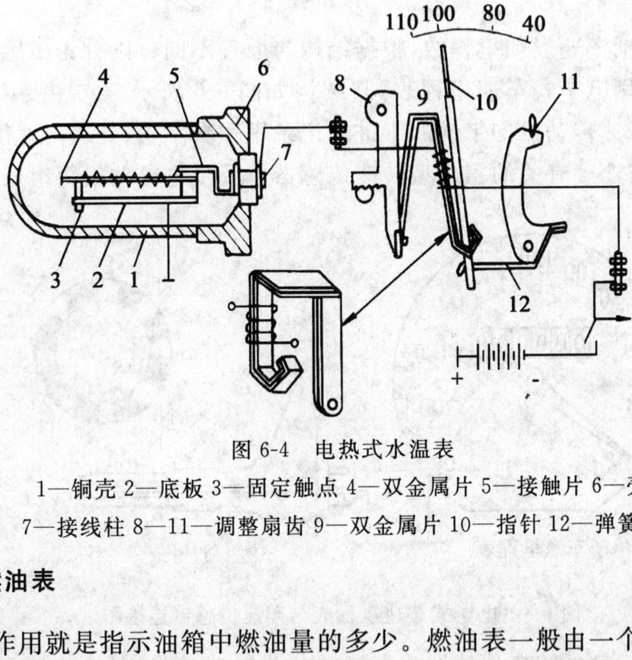

图 6-4　电热式水温表

1—铜壳 2—底板 3—固定触点 4—双金属片 5—接触片 6—壳
7—接线柱 8—11—调整扇齿 9—双金属片 10—指针 12—弹簧片

6.1.5　燃油表

燃油表的作用就是指示油箱中燃油量的多少。燃油表一般由一个装在油箱中的传感器和仪表板上的燃油显示表构成。根据燃油表显示结构的工作原理不同可以分为电磁式和电热式（双金属片式）两种。

电热式燃油表的结构构成如图 6-5 所示，燃油表传感器为滑动电阻，燃油表与冷却液温度表及其指示灯共用一个稳压电源，仪表工作电压为 9.5～10.5V。

电流自蓄电池正极经电热式稳压器的双金属片、加热线圈、燃油表传感器中的电阻器和滑片，最后回到蓄电池负极。当燃油箱中的油面高度和浮子处于最低位置时，滑片位于电阻器的最右端，此时电阻最大（560Ω），而电流最小，加热线圈产生的热量也最少，使得双金属片产生较小的变形，指针处于“0”位；反之，当燃油箱中的油加满时，电阻最小（50Ω）而电流最大，指针移至燃油表最右端的“1”位。

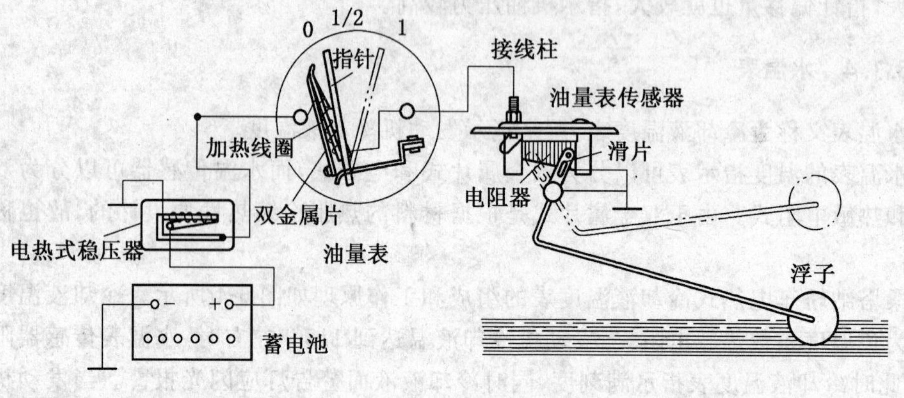

图 6-5　电热式燃油表

6.1.6　车速里程表

车速里程表包括车速表和里程数，根据结构与原理不同可以分为磁感应式和电子式。奥迪 100 型轿车采用电子式车速里程表，其结构如图 6-6 所示。它主要由动圈式车速测量机构、行星齿轮减速传动机构带动的十进制记录里程数字轮、处理与速度有关的脉冲信号的线路板、接收与速度有关的霍尔型转速传感器以及步进电动机等组成。

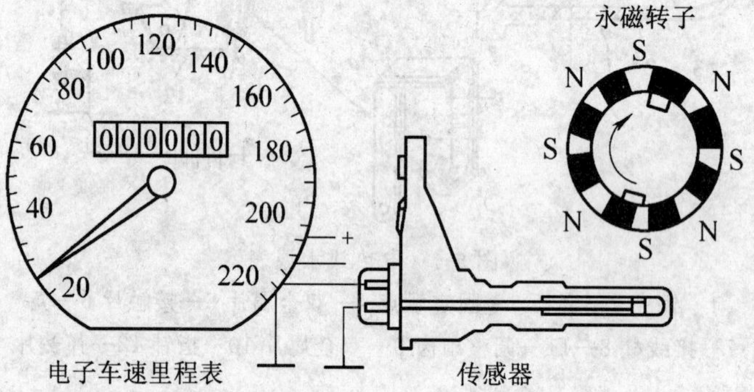

图 6-6　电子式车速里程表与车速传感器连接图

安装在变速器后部的车速传感器将车速转化为脉冲信号，经由电子元器件组成的电路处理后，输出电流驱动动圈式测量机构，带动指针偏转一定的角度。由于车速传感器产生的脉冲频率经电路处理后，与输出的电流相对应，因此指针指示相应的车速。输入的脉冲频率由电路分频处理后，驱动步进电动机，经行星齿轮减速累计行驶里程。

传统的磁感应式车速里程表其结构和工作原理如图 6-7 所示。里程表由软轴、三对蜗轮蜗杆、中间齿轮、单程里程计数器、总里程计数器和复零机构组成。软轴与变速器输出轴齿轮相啮合，仪表盘上的两个计数器中，上面一个计数器共有 6 个计数轮，记录总行驶里程，下面一个计数器共有 4 个计数轮，记录短程行驶里程，按下车速表下方的复零按钮，可将短程计数器复零。

汽车行驶时，与变速器输出轴齿轮啮合的软轴驱动三对蜗轮蜗杆转动，第三个蜗轮带动总里程计数器最右边一个计数轮转动，并从右至左逐级驱动其余 5 个计数轮。单程计数器的右边一个计数轮由总里程计数器上的右边的一个计数轮通过中间齿轮驱动，并从右至左逐级驱动其余 3 个计数轮。两里程计数器的任何一个计数轮转动一圈，就使其左边相邻的计数轮转动 1/10 圈，从而累计出行驶里程。

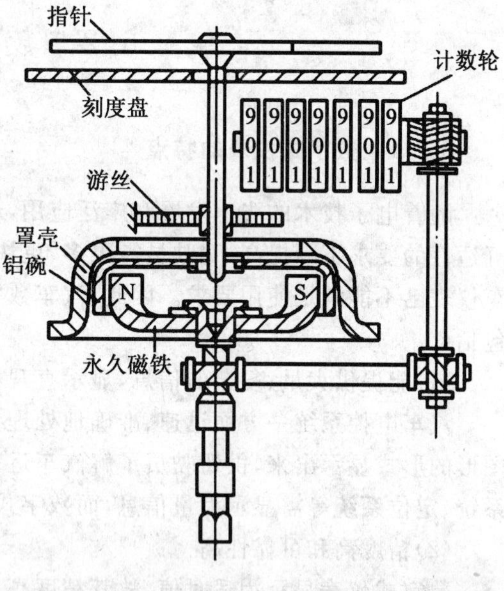

图 6-7　磁感应式车速里程表结构和工作原理

6.1.7　发动机转速表

发动机转速表有机械式和电子式两种类型。电子式发动机转速表的结构简单，性能稳定可靠，并且安装方便，得到了广泛的应用。

电子式转速表还分为柴油机用和汽油机用两种形式，其不同之处在于其脉冲信号来源不同。柴油机传感器信号来源于安装在飞轮壳上的传感器或与发动机曲轴联结的测速发电机。汽油机的传感器信号来源于点火系统的初级线圈的脉冲电压。汽油机用电子式发动机转速表的工作原理如图 6-8 所示。

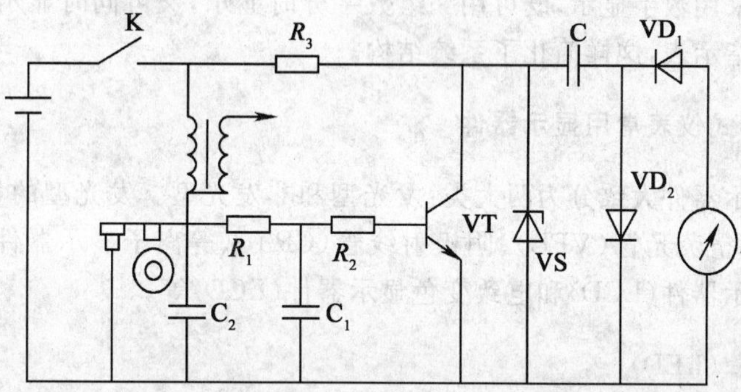

图 6-8　电子转速表电路

当初级电路导通时，三极管 VT 截止，电容 C 被充电，充电电流由蓄电池正极→点火开关→电阻 R_3→电容 C→二极管 VD_2→蓄电池负极。当初级电路截止时，三极管 VT 导通，电容器 C 放电，放电电流通过三极管 VT→转速表→二极管 VD_1。当发动机工作时，点火系统初级电路不停地通与断，电容 C 不停地充放电。因为初级电路通断的次数与发动机转速成正比，所以转速表中电流平均值与发动机转速成正比，从而可用电流平均值标定发动机的转速。

6.2 数字式仪表

6.2.1 数字式仪表的特点

随着电子技术的飞速发展和广泛应用，现代汽车对安全性、经济性、排放性以及驾乘舒适性的要求不断提高，驾驶员需更多、更快地了解车辆运行信息，而常规机电模拟式汽车仪表已不能满足使用要求。因此，汽车数字式仪表越来越多地装配于车辆上。其优点包括：

(1)能提供大量、复杂的信息，显示直观

汽车电控系统一方面迅速、准确地处理各种复杂的信息，另一方面需以数字、文字或图形的形式显示出来，供驾驶员了解汽车运行状况。此外，汽车的故障自诊断系统、导航系统、定位系统等需显示大量信息，而数字式仪表完全能够满足这种使用要求。

(2)精度高和可靠性高

数字式仪表显示为适时值，故其精度高，又因无运动部件，故障率低，系统可靠性高。

(3)可满足小型、轻量化的要求

数字式仪表既可适用于各种传感器和电控系统，可实现小型轻薄化，又提高了仪表台附近的空间利用率。

(4)具有一表多用的功能

数字式仪表采用数字显示，既可用一组数字分时显示，又可同时显示多个信息，不必为每一信息设置指示表，这样简化了系统结构。

6.2.2 数字式仪表常用显示器件

汽车电子显示器件大致分为两大类：发光型和非发光型。发光型的显示器件有发光二极管(LED)、真空荧光管(VFD)、阴极射线管(CRT)、等离子显示器件(PDP)等；非发光型的有液晶显示器件(LCD)和电致变色显示器件(ECD)等。

1. 发光二极管(LED)

发光二极管是一种把电能转换成光能的固态发光器件，实际上也是一种晶体管，它是应用最广泛的低压显示器件，其结构如图 6-9 所示。

发光二极管一般都是用半导体材料，如砷化镓(GaAs)、磷化镓(GaP)、磷砷化镓(GaAsP)和砷铝化镓(GaAlAs)等制成。当在正、负极引线间加上适当正向电压后，二极管导通，半导体晶片便发光，通过透明或半透明的塑料外壳显示出来。发光的强度与通过管芯的电流成正比。外壳起透镜作用，可利用它来改变发光型式和发光颜色以适应不同的用途。当反向电压加到二极管上，二极管截止，管芯无电流通过，不再发光。

发光二极管可通过透明的塑料壳发出红、绿、黄、橙等不同颜色的光，以便需要时使用。发光二极管可单独使用，也可用于组成数字、字母或光条图。发光二极管响应速度较快、工作稳定、可靠性高、体积小、重量轻、耐震动、寿命长，因此汽车电子仪表中常用发光二极管作为汽车仪表板上的指示灯、数字符号段或不太复杂的图符显示。

2. 液晶显示器件(LCD)

液晶显示器件(LCD)是一种新型的非发光型平板显示器件，其结构如图 6-10 所示。它有两块厚约 1mm 的玻璃基板，基板上涂有透明的导电材料，以形成电极图形，两基板间注入主层 5～20μm 厚的液晶，再在两玻璃基板的外表面分别贴上前偏振片和后偏振片，并将整个显示板完全密封，以防湿气和氧气侵入，这便构成透射式 LCD。

由于液晶显示器件为非发光型显示器件，所以只有在光亮的环境中才能观察液晶显示器的内容。由于在较暗的环境中难于观察液晶显示器的内容，因此在汽车上所用的液晶显示器通常采用白炽灯作为背景照明光源，这便削弱了它所具有的低功耗之优点；其次是 LCD 的低温响应特性较差；再就是 LCD 的显示图形不够华丽明显，这是所有非发光显示器件共有的缺陷。

但是，液晶显示的优点很多，其电极图形设计的自由度极高。设计成任意显示图形的工艺都很简单，这是作汽车用显示器件的一个很重要的优点，而且其工作电压低，一般为 3V 左右，功耗小($1\mu W/cm^2$)，且能很好地与 CMOS 电路相匹配。因为它的这些优点，故 LCD 常作为汽车电子钟和彩色光杆式仪表板，在汽车上得到应用。

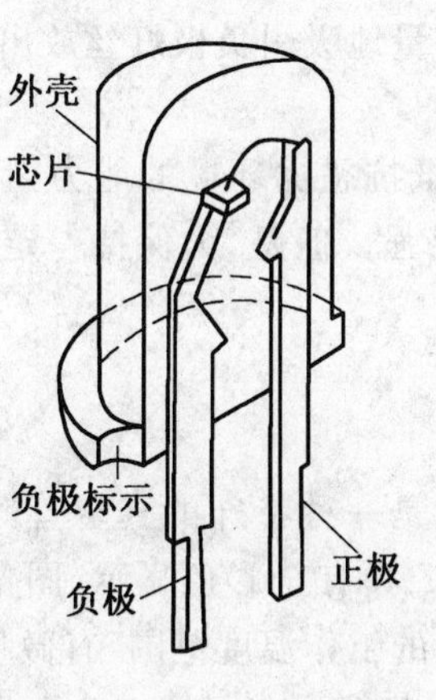

图 6-9 发光二极管结构图

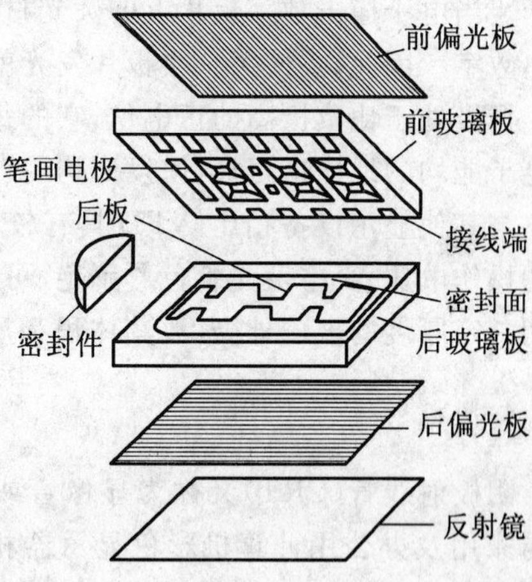

图 6-10 液晶显示器结构

3. 真空荧光管

真空荧光管实际上是一种低压真空管，是最常用的数字显示器。如图 6-11 所示，它由钨丝、栅极和涂有磷光物质的屏幕构成，均被封闭在抽真空后充以氩气或氖气的玻璃壳内。负极是一组细钨丝制成的灯丝，钨丝表面涂有一层特殊材料，受热时释放出电子。多个涂有荧光材料的数字板片为正极，夹在负极与正极之间用于控制电子流的为栅极。正极接电源正极，每块数字板片接有导线，导线铺设在玻璃板上，导线上覆盖绝缘层，数字板片在绝缘层上面。

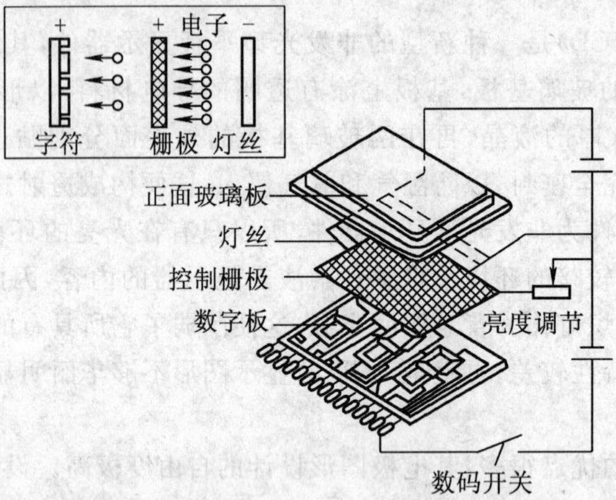

图 6-11 真空荧光管的组成

当施加正向电压时，即灯丝与电源负极相接，屏幕与电源正极相接时，电流通过灯丝并将灯丝加热至 600℃左右，从而导致灯丝释放出电子，数字板片会吸引负极灯丝放出的电子。当电子撞击数字板片上的荧光材料时，使数字板发光，通过正面玻璃板的滤色镜显示出数字。因此，要使某一块板片发光就需在它上面施加正向电压，否则该板片就不会发光。栅极处于比负极高的正电位，它的每一部分都可等量地吸引负极灯丝放出的电子，确保电子能均匀地撞击正极，使发光均匀。

与其他显示设备相比，VFD 具有较高的可靠性和抵抗恶劣环境的能力，且只需要较低的操作电压，真空荧光管色彩鲜艳、可见度高、立体感强。但是，为保持一定强度，必须采用一定厚度的玻璃外壳，故其体积和重量较大。

4. 阴极射线管(CRT)

阴极射线管(CRT)又称为显像管或电子束管。它是一种特殊的真空管，其结构、原理与家用及办公用计算机彩色显示器相同。由于 CRT 具有全彩色显示、图像显示的灵活性大、分辨率和对比度高等特点，具有 -50℃～100℃的工作温度范围，有微秒(μs)级以下的响应速度，它是目前显示图像质量最高的一种显示器件。但是，CRT 作为汽车仪表盘显用器件体积太大，即使扁平型的 CRT 作为汽车用，也还存在一些缺点。随着现代汽车向高度信息化显示的方向发展，CRT 已进一步小型化，一些大汽车公司推出了 CRT 信息中心。

6.2.3 汽车电子仪表的显示方法

发光二极管、液晶显示器件与真空荧光显示器等均可以用以下数种显示方法提供给驾驶员。

1.字符段显示法

字符段显示法通常是真空荧光管、发光二极管或液晶显示器采用的方法。它是一种利用七段、十四段或十六段小线段进行数字或字符显示的方法。用七段小线段可以组成数字0～9,用十四(或十六)段小线段可以组成数字0～9与字母A～Z,每段可以单独点亮或成组点亮,以便组成任何一个数字、字符或一组数字、字符。每段都有一个独立的控制荧屏,由作用于荧屏的电压来控制每段的照明。为显示特定的数位,电子电路选择出代表该数位的各段,并进行照明。当用发光二极管进行显示时,也是用电子电路来控制每段发光二极管,方法与真空荧光显示器相同。如图6-12所示为用七只发光二极管组成的数字显示板。

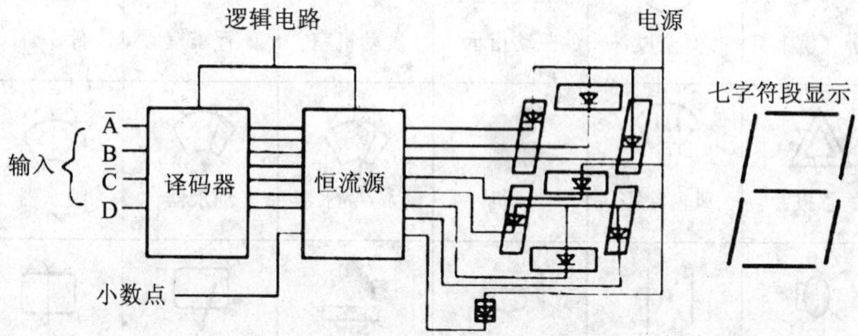

图6-12 发光二极管构成的七字符段显示电路

2.点阵显示法

点阵是一组成行和成列排列的元件,有7行5列、9行7列等。点阵元素可为独立发光的二极管或液晶显示,或是真空荧光管显示的独立荧屏。电子电路供电照明各点阵元素,数字0～9和字母A～Z可由各种元素组合而成,如图6-13所示,图a为发光二极管组成的5×7点阵显示的数字与字母,图b为5×7点阵显示板。

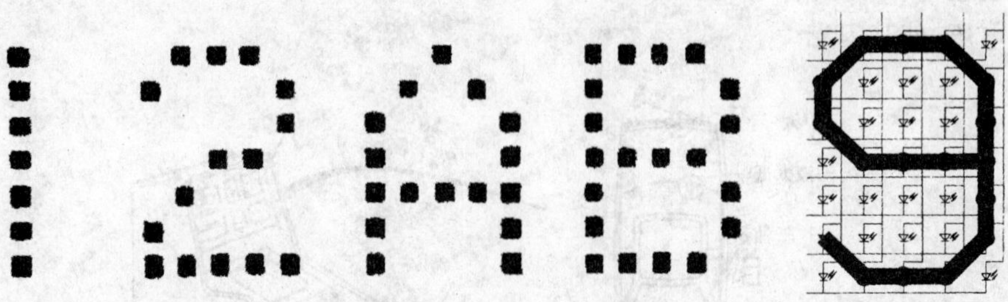

(a)5×7点阵显示的数字和字母　　(b)5×7点阵显示板

图6-13 发光二极管组成的5×7点阵显示板

3.特殊符号显示法

真空荧光管与液晶显示器还可取代数字与字母,显示特殊符号。图6-14为电子仪表显示板显示的国际标准 ISO 符号。

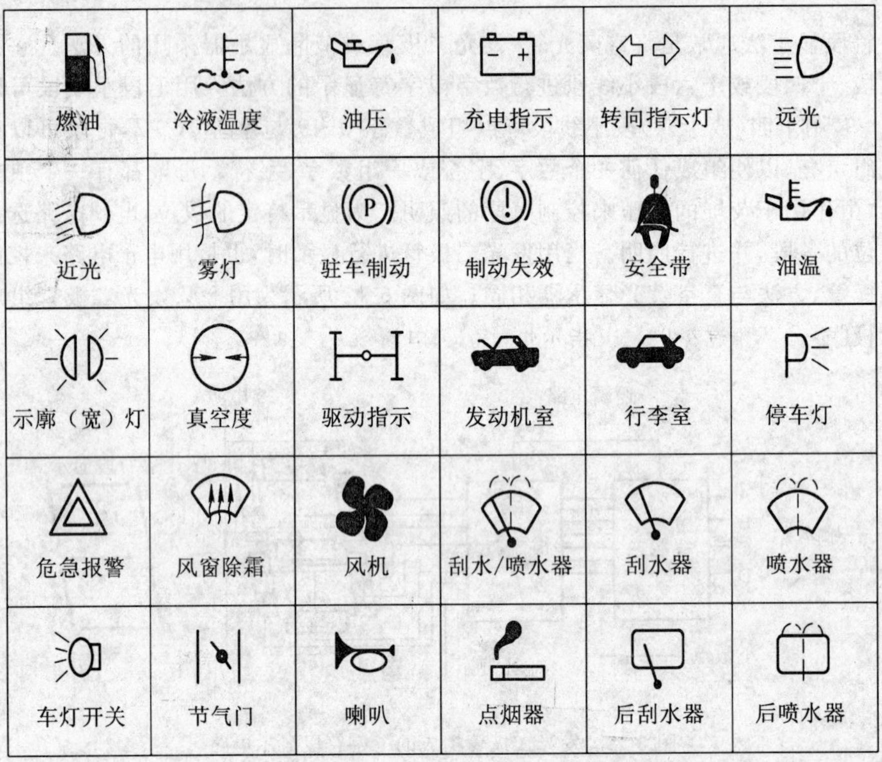

图 6-14　国际标准 ISO 符号

4. 图形显示法

图形显示法就是利用图形显示的方法。如图 6-15 所示为用图形显示大灯、小灯与制动灯故障以及清洗液与燃油量存量的方法。在汽车顶视外观图的某些部位装有发光二极管显示装置，当某个部位出现故障时，传感器即向电子控制组件提供信息，控制发光二极管上的电压，使其闪光。

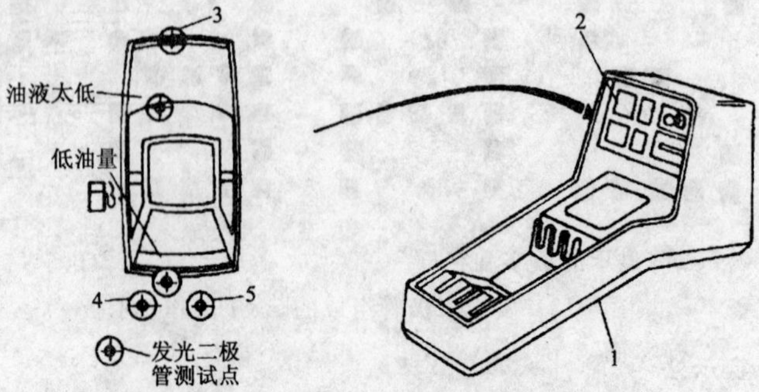

图 6-15　用发光二极管作图形显示

1—座架 2—图形显示警告器 3—大灯 4—尾灯 5—制动灯

6.3　报警装置

汽车报警灯用于监视各部件的运行情况，并在仪表板上显示出来，以保证汽车的安全行驶。报警灯系统包括充电指示灯、制动气压过低警告灯、水温过高警告灯和制动液液面过低警告灯等。报警灯一般由传感器和红色报警灯组成。

6.3.1　充电指示灯

充电指示灯的作用是指示发电机、调节器的工作状况。由于充电指示灯比电流表的成本低，目前大多数汽车以充电指示灯取代了电流表。

6.3.2　机油压力过低报警灯

在许多汽车上，除了装有机油压力表外，还装有机油压力过低报警装置，在机油压力过低时，报警灯亮，提醒驾驶员进行检修和保养。

弹簧管式机油压力过低警告灯的电路如图 6-16 所示，盒形传感器内有一个管形弹簧。

管形弹簧的一端经传感器接头与润滑系统的主油道相连，另一端密闭，上面焊有动触点。当润滑系统的机油压力过低时，管形弹簧的变形较小，动触点和静触点接触，使报警灯所在的电路构成回路，报警灯亮。当润滑系统机油压力超过设定值时，则管形弹簧的变形使得动触点和静触点分离，报警灯所在的电路断路，报警灯熄灭。

膜片式机油压力过低报警系统的传感器结构如图 6-17 所示。膜片的上侧面承受弹簧向下的弹力，下侧面承受润滑油路的压力。当润滑系统的压力过低时，膜片在弹簧作用下向下移动，使动触点和静触点接触，报警电路接通，报警灯亮。

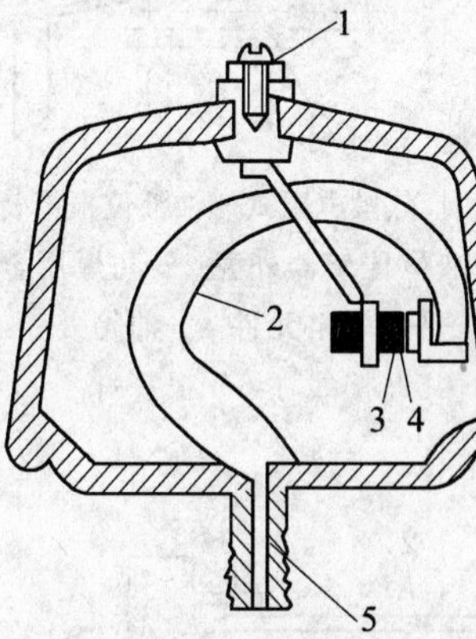

图 6-16　弹簧管式油压报警灯开关

1—接柱 2—管形弹簧 3—静触点 4—动触点 5—管接头

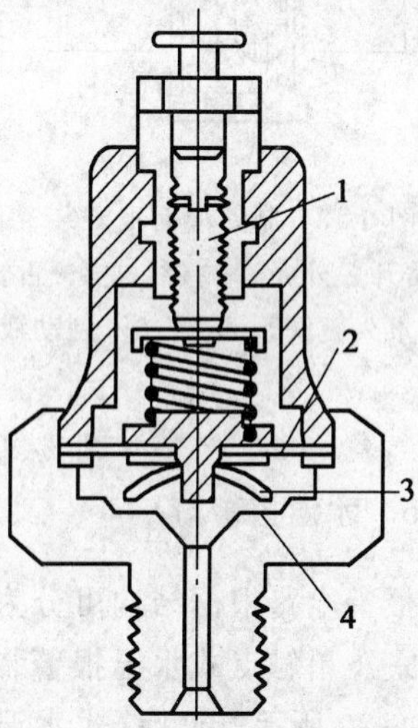

图 6-17　膜片式油压报警灯开关

1—弹簧片 2—触点 3—膜片

6.3.3 制动液面报警灯

制动液面报警装置是在制动液储存罐里的液面低于设定值时报警，以确保行车安全。制动液面报警装置的结构与电路原理如图 6-18 所示。该装置的外壳 1 固定，壳内为舌簧开关，舌簧开关的两个接线柱接入报警灯所在电路，壳外的浮子上装有永久磁铁。当液面下降到规定值时，永久磁铁和浮子下降，舌簧开关在永久磁铁的作用下闭合，打开点火开关后报警灯点亮；当液面高于规定值，则舌簧开关断开，报警灯熄灭。

6.3.4 燃油液位报警装置

燃油液位报警装置是在油箱内的燃油低于设定值时报警提示驾驶员注意加油，其结构与电路原理如图 6-19 所示，整个装置主要由热敏电阻元件和报警灯等组成，热敏电阻元件安装在油箱内的特定位置。打开点火开关，燃油量过低，液面低于热敏电阻时，由于热敏电阻暴露在空气中，散热效果较差，温度升高，电阻值变小，则报警灯所在电路中的电流值变大，能够使报警灯点亮；当燃油液面高于热敏电阻，热敏电阻浸泡在燃油中，散热效果较好，自身温度降低，电阻值变大，报警灯所在电路中电流很小，报警灯不发光。

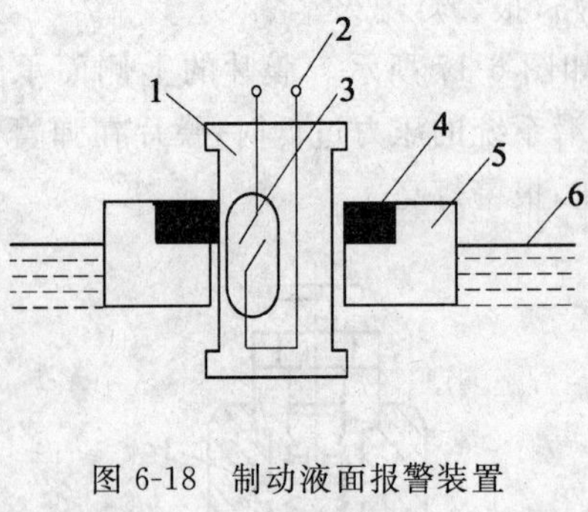

图 6-18 制动液面报警装置
1—舌簧开关外壳 2—接线柱 3—舌簧开关
4—永久磁铁 5—浮子 6—制动液面

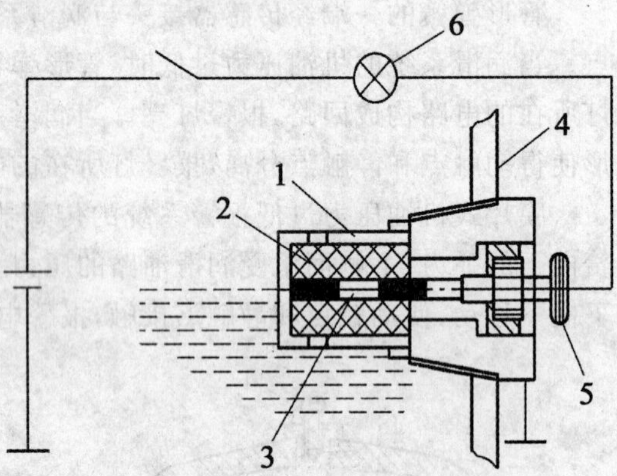

图 6-19 热敏电阻式燃油液位报警装置
1—燃油液位传感器外壳 2—防爆用金属网
3—热敏电阻元件 4—油箱外壳
5—接线柱 6—报警灯

6.3.5 水温报警灯

水温报警电路根据结构可分为单触点式和双触点式。单触点式水温报警装置的结构原理如图 6-20 所示，单触点式水温报警电路只能在水温高过设定值时，双金属片才向下弯曲，其左端的触点与静触点接合使电路导通，报警灯亮；而双触点式水温报警装置除了

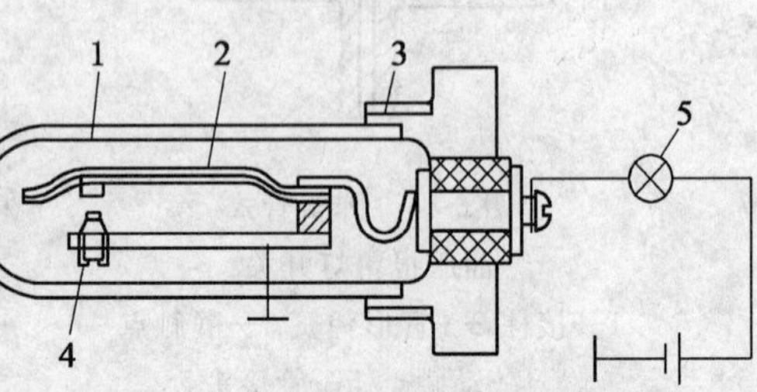

图 6-20 冷却液温度报警灯电路
1—套管 2—双金属片 3—螺纹接头
4—静触点 5—报警灯

具有以上功能外，还能在水温低于设定值时，双金属片向上弯曲，接合绿灯(水温过低指示灯)所在电路，提示驾驶员注意暖机。只有当水温在正常范围内时，红灯和绿灯才都不亮，说明冷却系统工作正常。

6.4　汽车仪表系统故障检修

6.4.1　燃油表不工作故障检修

故障现象：接通点火开关，燃油表不摆动。

故障可能原因：燃油表损坏；燃油传感器搭铁不良；燃油表至燃油传感器之间的连线不良或传感器损坏；燃油传感器连接不良或损坏。

故障诊断：首先检查燃油表至传感器之间连接导线的端头是否松脱。若连接良好，则用导线将传感器接线端子搭铁，同时查看燃油表指针是否偏摆。若指针偏摆，说明燃油表良好，故障出在传感器上；若指针仍不动，可将燃油表至燃油传感器接线搭铁，若指针摆动，说明燃油表至传感器之间连线断路或传感器损坏；若此时指针仍不动，则燃油表损坏，应更换。故障诊断流程如图 6-21 所示。

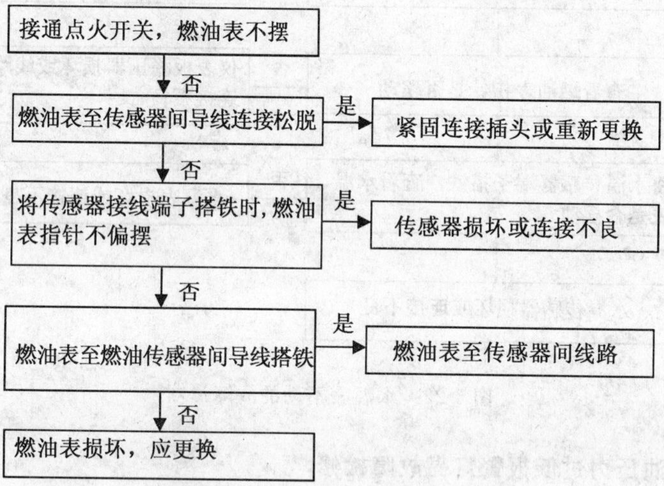

图 6-21　燃油表不动的故障诊断

6.4.2　水温表不动故障检修

故障现象：发动机水温达到正常工作温度 80℃～90℃时，水温表不动。

故障原因：蓄电池亏电或连接不良；水温表故障；仪表电路电源线连接不良或其保险丝烧断；水温传感器损坏或线路连接不良；仪表板稳压器损坏。

故障诊断：当接通点火开关水温表指针不动时，应查看充电指示灯是否发亮。若充电指示灯不亮，说明电源线路有故障，应检查蓄电池搭铁线是否接牢。若电流表指针指示放电或充电指示灯发亮，说明电源线路良好，故障出在水温表、水温传感器及其线路上。此时可查看机油压力表指针有无指示。若机油压力表指针无指示，说明仪表电路保险丝烧断或仪表电源线端头松脱与断路。若机油压力表指针有指示读数，说明仪表电源线路良好，可查看燃油表有无指示。若燃油表指针指在“0”位置，说明仪表稳压器故障。将水温传感器的接线端子搭铁，同时查看水温表指针是否偏摆。若水温表指针不动，说明水温表加热线圈烧断或水温表至传感器之间的连接出现故障。若水温表指针摆动，说明水温传感器出现故障，应予以更换。故障诊断流程如图 6-22 所示。

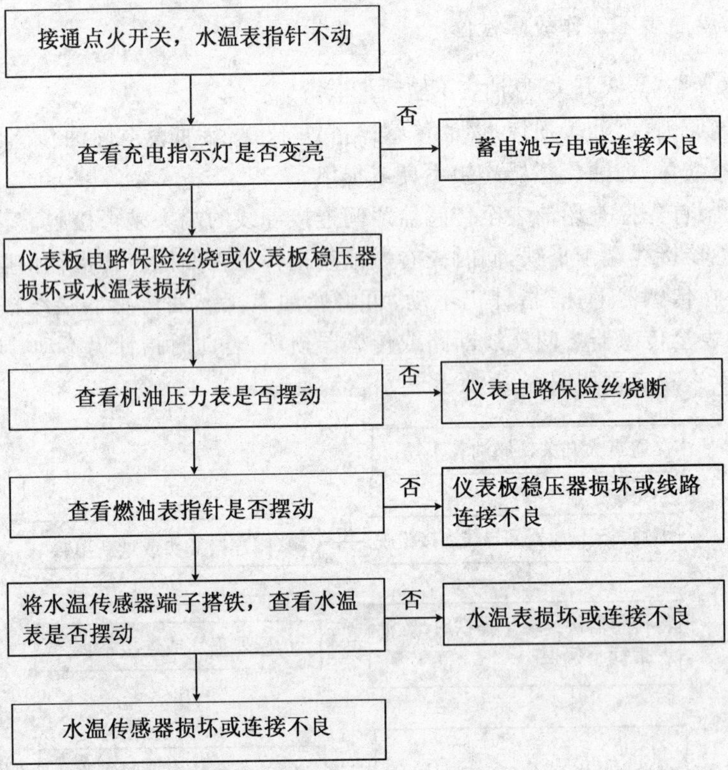

图 6-22　水温表不动的故障诊断

6.4.3　机油压力过低报警灯亮故障检修

故障现象：发动机起动后，机油压力过低报警灯变亮。

故障可能原因：机油压力表或机油压力报警开关工作不正常或损坏；油底壳内润滑油量不足，机油标号不合适或黏度太低；冷却液渗漏进入机油，或被汽油污染。机油限压阀调整不当，弹簧过软或折断，回油阀泄漏；润滑油滤清器衬垫损坏，旁通阀不密封，弹簧折断或压力不足；润滑油进油管接头松动或油管破裂；机油泵的端面间隙过大，齿轮啮合间隙过大或轴与轴承间隙过大导致油压过低，机油泵泵油不良；各密封面和阀门及管路接头密封不严或润滑油道油管严重泄漏或因破裂而漏油；机油滤清器裂漏或严重堵塞以及由于清洗不及时和润滑油清净性差造成油泥沉积导致集滤器严重堵塞；曲轴主轴承、连杆轴承或凸轮轴轴承磨损间隙过大。

故障诊断：第一次起动发动机时，注意观察机油压力表的指示情况。若刚起动的压力正常，然后迅速下降至规定值以下，说明机油不足。停车后拔出油尺，若油面低于下限，则表明机油不足。第一次起动发动机的，若刚起动后机油压力就低，说明故障不在机油多少。可先检查润滑系统有无明显泄漏之处。若无外漏，再检查机油压力表和传感器的状况。

检查机油压力表的状况时，可先检查机油压力表与传感器两端的连接状况。若无问题，再将导线从阵感器上拆下，然后打开点火开关，使导线与机体搭铁。若机油压力表指针急速上升，说明压力表良好；若压力表指针不动或稍稍摆动，说明压力表损坏。

若机油压力表良好，应检查传感器的好坏。从发动机机体拆下传感器，然后起动发动机，观察流油情况。若流出的机油压力很足，说明传感器失效；反之，若油流压力不足，油道又无阻塞，说明故障不在传感器，应继续查找。

检查机油限压阀状况，若性能不佳，应予以更换。

若限压阀良好，拔出油尺，观察机油的黏度。若机油太稀，说明黏度降低；若机油中有汽油味，说明机油稀释。

若机油黏度良好，机油压力过低的原因，可能在机油泵、集滤器、内部管路或各处轴承间隙变化，此时须应拆下发动机机油底壳检查，排除故障。

复习思考

1. 汽车仪表主要有哪些？各有何作用？
2. 机油压力表的工作原理是什么？
3. 数字式仪表的显示方式有哪些？
4. 水温表不动，如何检修？

第7章 辅助电器设备故障检修

学习目标

1. 掌握汽车辅助电器设备的结构与工作原理。
2. 能对刮水器、倒车镜、电动座椅等设备的故障进行正确分析与诊断。
3. 能排除辅助电器设备的常见故障。

考核标准

知识要求：了解刮水器、倒车镜、电动座椅等设备的功用及组成；掌握它们的结构及工作原理；能根据汽车电路图，对辅助电器设备的各种工作状况进行正确的分析。

技能要求：能对刮水器、倒车镜、电动座椅等设备进行正确的拆装与调整；能检查并排除汽车辅助电器设备的常见故障。

教学建议

教具：万用表、汽车电器教学实验台或教学用车及其相关电路图或维修手册

建议：刮水器、倒车镜、电动座椅构造、电路等知识建议使用多媒体教学，刮水器、倒车镜、电动座椅拆装与检修等技能操作建议安排在实训室进行。

7.1 刮水系统故障检修

7.1.1 刮水装置的构造

刮水器与清洗器是汽车的标准配置，属于汽车上的辅助电器，是用来清除风窗玻璃上的雨水、雪或尘土，以确保驾驶员有良好的视线。有的汽车前照灯也有刮水器和清洗器系统，以保证雨雪天气，尤其是夜间的行车安全。电动刮水器与清洗器的元件在汽车上的位置如图7-1所示。

根据驱动动力源的不同，刮水器可分为真空式、气动式和电动式三种。目前汽车上广泛使用的是电动刮水器。电动刮水器由直流电动机和一套传动机构组成，如图7-2所示。电动机旋转经减速和联动机构的作用变成雨刮臂的摆动。

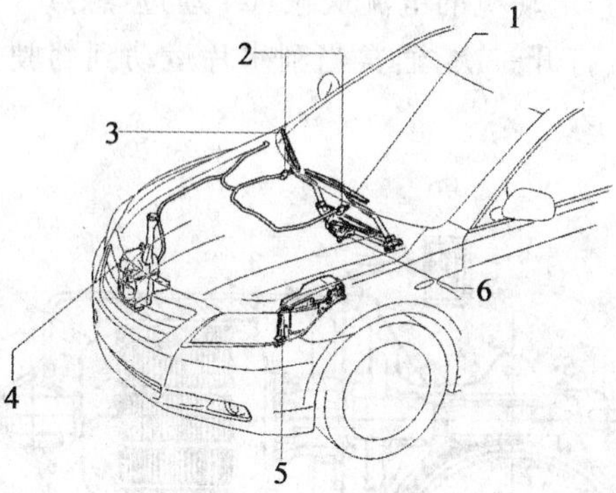

图 7-1　电动刮水器与洗涤器的元件位置

1—前风挡玻璃左刮水片总成 2—喷嘴

3—前风挡玻璃右刮水片总成 4—储液罐和清洗泵总成

5—保险丝盒 6—刮水电动机总成

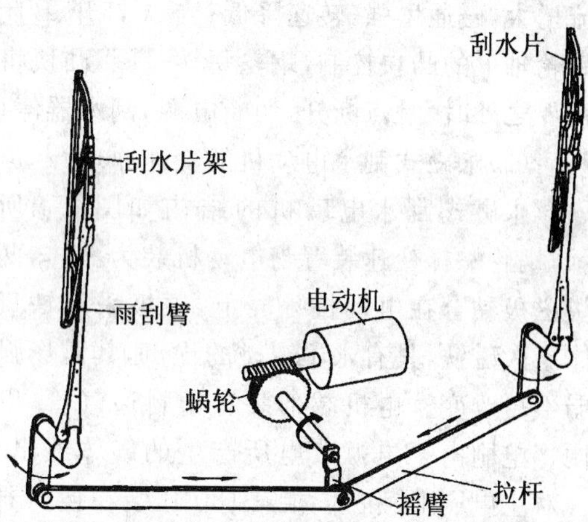

图 7-2　电动刮水器的组成

7.1.2　刮水系统电路

1. 刮水器变速原理及电路

电动刮水器的变速是通过改变电机的速度来实现的。汽车刮水电动机是微型直流电动机，有励磁式和永磁式两种。其中，永磁电动机具有结构简单、重量轻、噪音低、扭矩大、可靠性强等优点，因而使用更为广泛。

直流电动机的转速公式为：

$$n=(U-IR)/(KZ\varphi) \tag{7-1}$$

式中：U 为电动机端电压(V)；I 为通过电枢绕组中的电流(A)；R 为电枢绕组的电阻(Ω)；K 为常数；Z 为正、负电刷间串联的导体数；φ 为磁极磁通(Wb)。

由式(7-1)可知，在供电电压不变的情况下，对于定型的直流电动机，其 I、R、K 均为常数，可以通过改变 φ 或 Z 来改变电机的转速。

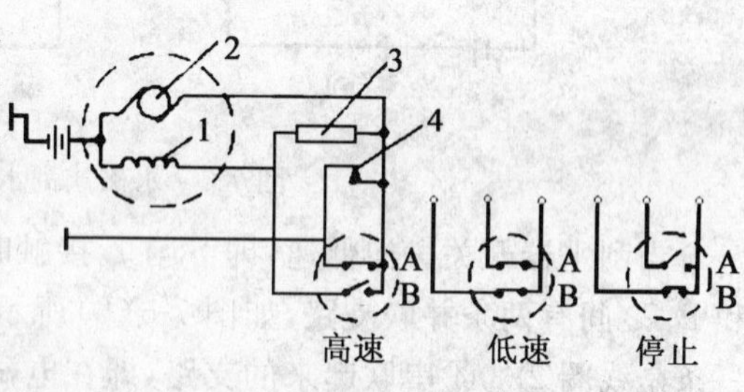

图 7-3　励磁式刮水电动机的工作原理

1—电动机激磁绕组 2—电枢绕组

3—附加电阻 4—触点

(1)励磁式刮水电动机的变速原理

励磁式刮水电动机一般有两种速度，通过改变磁极的磁通来实现变速，其工作原理如图 7-3 所示。

励磁式刮水电动机有 A、B 两个开关，用以控制刮水器实现两种不同的工作速度。当 A 闭合、B 打开时，电动机激磁绕组 1 的回路中串入了附加电阻 3，使激磁电流减小，磁通较弱，根据电动机的特性，输出转矩在一定范围以内时，磁通减弱，则转速升高，此时刮水器高速工作；当 A、B 均闭合时，开关 B 将附加电阻 3 短接，激磁电流不通过附加电阻，电流增大，磁通增强，转速降低；当A打开、B闭合时，电动机的电流从触点4通过，触点4受蜗轮轴上的凸块控制，蜗轮每转一圈，凸块将触点打开一次，通常当刮水片运动到驾驶员视界之外时，触点断开，切断电源，刮水器停止工作。

(2)永磁式刮水电动机的变速原理

永磁式刮水电动机的结构如图7-4所示，蜗轮蜗杆变速装置与电动机装为一体，两块磁极黏合在电动机外壳上，磁极采用铁氧体永久磁铁，具有永不退磁的优点，其磁场强弱不可改变。电机端部装有塑料通气管，以便将电刷由于电弧放电所产生的气体放出。一对主电刷 B_1 和 B_3 相隔180°压装在换向器上[图7-5(a)]，为了获得两种速度，通常在电动机内还安装了第3个电刷 B_2，通过变换电刷，改变串联在电刷间的导体数，达到变速的目的。其变速原理如图7-5所示，图中 B_1 与 B_2 相差60°，B_1 为低速电刷，B_2 为高速电刷，B_3 为高低速共用电刷。当直流电动机工作时，在电枢内所有线圈中同时产生反电动势 $E=cn\varphi$，方向与电枢电流的方向相反。如要使电枢旋转，外加电压必须克服反电势的作用，当电枢转速上升时，反电动势也相应上升，只有当外加电压几乎等于反电动势时，电枢的转速才趋于稳定，这一转速称为稳定转速。

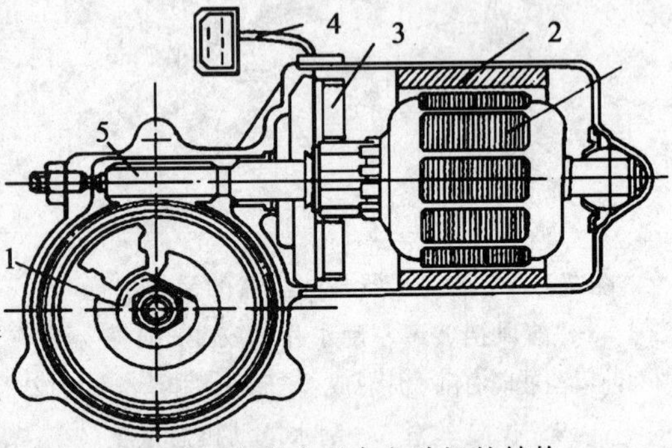

图7-4　永磁式刮水电动机的结构
1—电枢 2—永久磁铁 3—电刷
4—通气管 5—蜗杆 6—蜗轮

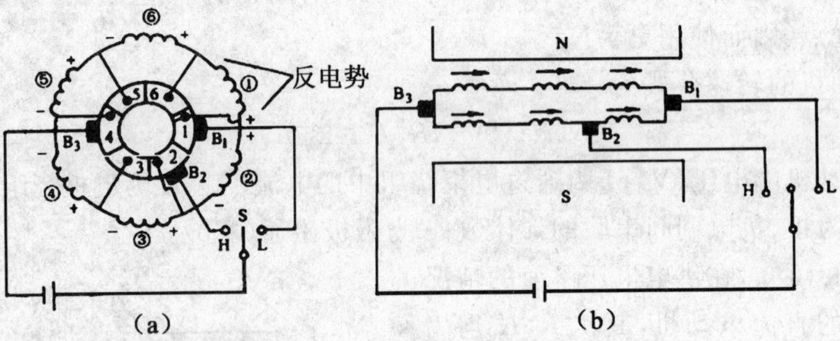

图7-5　永磁式刮水电动机的变速原理

当刮水器开关拨向低速，即S与L接触时，电源电压加在 B_1 和 B_3 之间。在电刷 B_1 和 B_3 之间有两条并联支路，如图7-5(b)所示，一条是由线圈①⑥⑤串联起来的支路；另一条是线圈②③④串联起来的支路，即在电刷 B_1 和 B_3 间有两条支路，各3个线圈。这两条支路产生的全部反电动势与电源电压平衡后，电动机便稳定旋转。由于有三个线圈串联的反电动势与电源电压平衡，故转速较低。

当刮水器开关拨向高速，即S与H接触时，电源电压加在 B_2 和 B_3 之间。此时，电枢绕组一条由4个线圈②①⑥⑤串联，另一条内两个线圈③④串联。其中线圈②的反电动势与线圈①⑥⑤的反电动势方向相反，互相抵消后，变为只有两个线圈的反电动势与电源电压平衡，因而只有转速升高使反电动势增大，才能得到新的平衡，故此时转速较高。可见，两电刷间的导体数减少，就会使电动机的转速升高。

2. 电动刮水器的自动复位原理及电路

电动刮水器的复位原理如图 7-6 所示，其刮水器开关设有 3 个挡位，0 挡为复位挡，刮水器在不使用时应处于该挡位置，Ⅰ挡为低速挡，Ⅱ挡为高速挡。四个接线柱分别接到触点臂、低速电刷 B_1、搭铁和高速电刷 B_2 上。在蜗轮上，嵌有铜环，其中较大的一片与电机的外壳相连而搭铁，触点臂用弹性材料制成，其一端铆有触点，分别与蜗轮端面或铜环接触。

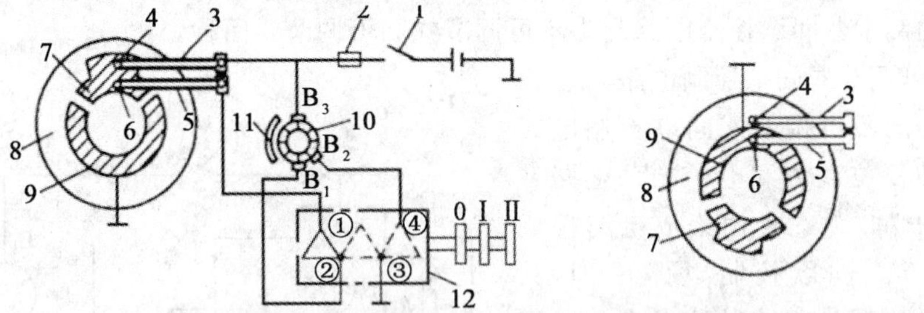

(a) 刮水器回位时铜环位置　　(b) 刮水器未回位时铜环位置

图 7-6　电动刮水器的复位原理

1—电源开关 2—熔断器 3、5—触点臂 4、6—触点 7、9—铜环

8—蜗轮 10—电枢 11—永久磁铁 12—刮水器开关

当电源开关 1 接通，并把刮水器开关拉到Ⅰ挡时，接线柱②和接线柱③经刮水器开关而连接在一起。此时，电流从蓄电池正极→开关→熔断丝→电刷 B_3→电枢绕组→电刷 B_1→接线柱②→刮水器开关→接线柱③→搭铁→蓄电池负极，形成回路，电动机以低速运转。

当把刮水器开关拉到Ⅱ挡时，接线柱③和接线柱④经刮水器开关而连接在一起。此时，电流从蓄电池正极→开关→熔断丝→电刷 B_3→电枢绕组→电刷 B_2→接线柱④→刮水器开关→接线柱③→搭铁→蓄电池负极，形成回路，电动机以高速运转。

当刮水器开关退回到 0 挡位置，接线柱②和接线柱①经刮水器开关而连接在一起。如果此时刮水片没有停在图 7-6(a)所示的规定位置，而是停在图 7-6(b)所示的一般位置，电流经蓄电池正极→电源开关→熔丝→电刷 B_3→电枢绕组→电刷 B_1→接线柱②→刮水器开关→接线柱①→触点臂→铜环 9→搭铁，这时电动机将继续转动。当刮水器的刮水片运动到图 7-6(a)所示的规定位置时，电路中断，但由于惯性电动机不能立刻停下来，电机以发电机方式运行，电枢绕组通过触点臂 3、5 与铜环 7 接触而构成回路，在电枢绕组产生很大的感应电流，因而产生制动扭矩，电动机迅速停止转动，使刮水器的刮水片停在风窗玻璃规定的位置。

3. 电动刮水器的间歇工作原理及电路

汽车在雾天或小雨雪天气中行驶时，若刮水器不间断地工作，风窗玻璃上的微量水分和灰尘就会形成一个发黏的表面，这样玻璃不仅刮擦不净，反而会变得模糊，影响驾驶员的视线；同时，刮水片的刮擦阻力增大，影响刮水器的使用寿命。为处理好该问题，现代汽车上一般通过加装刮水器间歇控制系统，让刮水器按照一定的周期间歇工作，使驾驶员获得较好的视野。

刮水器间歇控制系统主要由脉冲发生电路(振荡电路)、驱动电路、继电器三部分组成,如图 7-7 所示。驱动电路在脉冲发生电路的控制下,驱动继电器定时接通和断开刮水电动机,实现间歇工作。

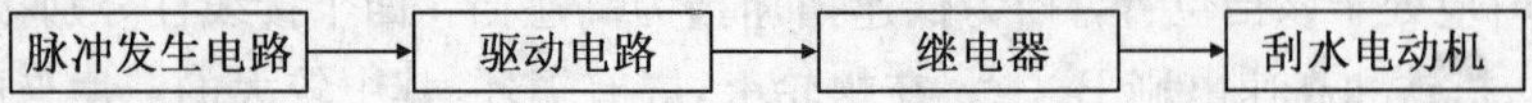

图 7-7 刮水器间歇控制原理框图

常见的刮水器间歇控制电路分为不可调节式和可调节式两种。

(1)不可调节式间歇控制电路

刮水器的不可调节式间歇控制电路是利用自动复位装置和电子振荡电路来实现的。图 7-8 为一种用集成电路接成的不可调节式间歇控制电路原理图,NE555 与外围元件组成脉冲发生电路和驱动电路。

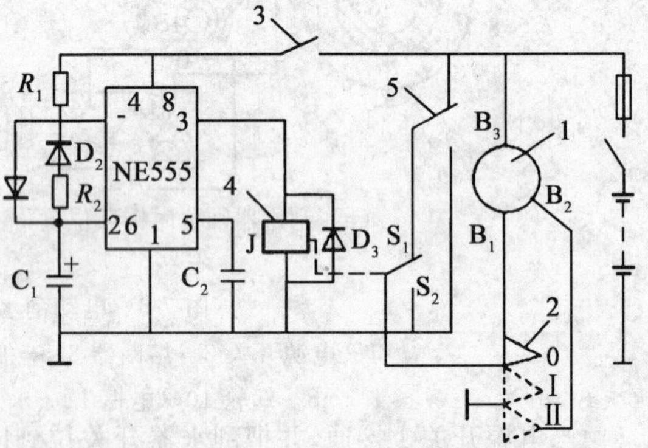

图 7-8 NE555 间歇控制电路

1—刮水电动机 2—刮水器开关 3—间歇刮水开关

4—继电器 5—自停开关

当刮水器间歇开关闭合时,NE555 集成块的引脚 3 输出高电位,使继电器 J 线圈通电,其常闭触点 S_1 断开,常开触点 S_2 闭合,刮水电动机电路经蓄电池正极→开关→熔断丝→电刷 B_3→电枢绕组→电刷 B_1→刮水器开关→继电器常开触点 S_2→搭铁→蓄电池负极,形成回路,刮水器工作。经延时 0.693s 后,集成块的引脚 3 输出电位翻转为低电位,继电器断电,常闭触点 S_1 闭合,常开触点 S_2 打开,此时若刮水片未达到停止位置,则刮水器在自动停位器控制下继续工作,直至自停开关断开,刮水片停在原始位置。再经延时 0.693s 后,刮水器又重复上述工作过程,实现循环间歇刮刷动作。

除了由集成电路构成的刮水器间歇控制电路之外,还有一些由分立元件构成的无稳态方波发生器、互补间歇振动电路等(图 7-9),均可实现刮水器的间歇工作。

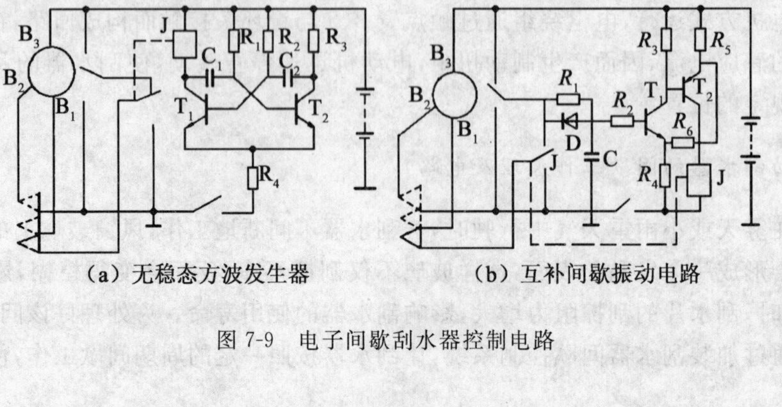

(a) 无稳态方波发生器　(b) 互补间歇振动电路

图 7-9 电子间歇刮水器控制电路

(2)可调节式间歇控制电路

具有可调节式间歇控制功能的刮水器在遇到下雨时，由电子控制器驱动雨刮运转，在雨停止时雨刮自动停止运转；还可根据雨量的大小自动调节刮刷速度，并调节间歇时间，不需要驾驶员操心，舒适方便。可调式间歇控制电路通常由一个雨水传感器，加上调速控制电路构成。雨水传感器可能是一个流量检测电极，或者是一个光电雨水传感器[图 7-10(a)]。光电雨水传感器发射出红外线，射在车窗上，雨水使红外线的反射量发生变化，触发接通刮水器的电开关，使雨刮运转，这种刮水器还可以做到下小雨时慢刮，下大雨时快刮，如图 7-10(b)所示。

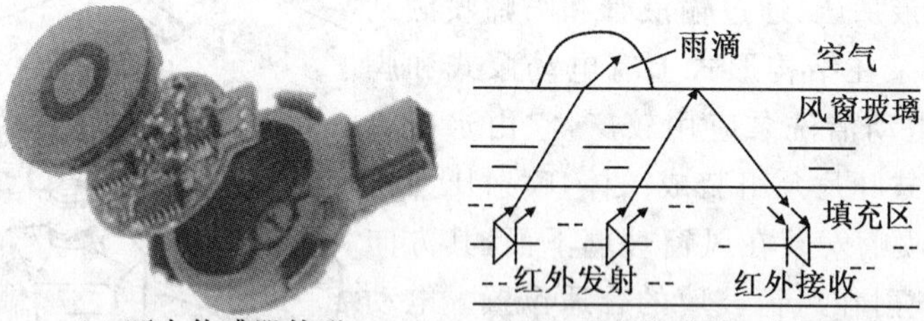

(a) 雨水传感器外形　(b) 雨水传感器工作原理

图 7-10　雨水传感器

雨滴感知型刮水器控制系统原理框图如图 7-11 所示。

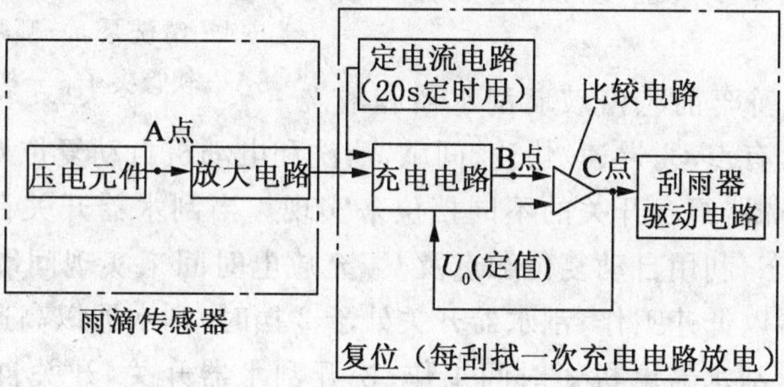

图 7-11　雨滴感知型刮水器控制系统原理框图

刮水器工作时，由于雨滴下落撞击到传感器的振动片上，振动片将振动能量传给压电元件。压电元件受压而产生电压信号，电压值与撞击振动片上的雨滴的撞击能量成正比。电压信号经过放大后送入间歇刮水器的放大电路，对放大器的充电电路(电容)进行 20s 的定时充电，电容电压上升。该电压输入比较电路，比较电路将其与基准电压 U_0 比较。当电容电压达到 U_0 时，比较电路向刮水器电动机发出信号，使其工作一次。当雨量大时，压电元件产生的电信号强，充电电路电压达到基准电压值 U_0 所需时间就短，刮水器的工作间歇时间就短；反之，雨量小时，压电元件产生的电压小，充电电路电压达到基准电压 U_0 所需时间就长，刮水器的工作间歇时间就长。当雨量很小，雨滴传感器没有电压信号输出时，只有定电流电路对充电电路进行充电，20s 后充电电路的输出电压达到基准电压 U_0，刮水器动作一次。这样，雨滴感知型刮水器就把刮水器的间歇时间控制在 0～20s 范围内，以适应不同雨量的需要。

7.1.3 清洗装置及电路

汽车在实际行驶过程中，会有一些灰尘飘落在风挡玻璃上，仅使用刮水器并不能把玻璃刮刷干净。此时，常用清洗器与刮水器配合使用，先向风窗表面喷洒专用清洗液或水，再用刮水器刮刷，可以获得更好的清洁效果。

风窗清洗装置如图 7-12 所示，由储液罐、清洗泵、输液管、喷嘴和接头等组成。

储液罐由塑料制成，其内储有清洗液，通常用水、酒精或洗涤剂等按一定比例配制而成；清洗泵的作用是将清洗液加压，通过输液管和喷嘴喷洒到风窗表面。清洗泵在结构形式上有电动泵式和脚踏液囊式，其中电动清洗泵应用较广，它由永磁直流电动机和离心式叶片泵组装成一体，喷射压力可达 70～88kPa。喷嘴安装在风窗玻璃下面，其方向可以调整，使水喷射在风窗玻璃的合适位置。电动清洗泵连续工作时间不宜过长，一般不超过 1min。为达到良好的清洗效果，避免刮水器干刮，使用时应先打开清洗泵喷液，后开刮水器。在喷水停止后，刮水器应继续刮 2～5 次。所以，清洗器一般与刮水器联合工作。

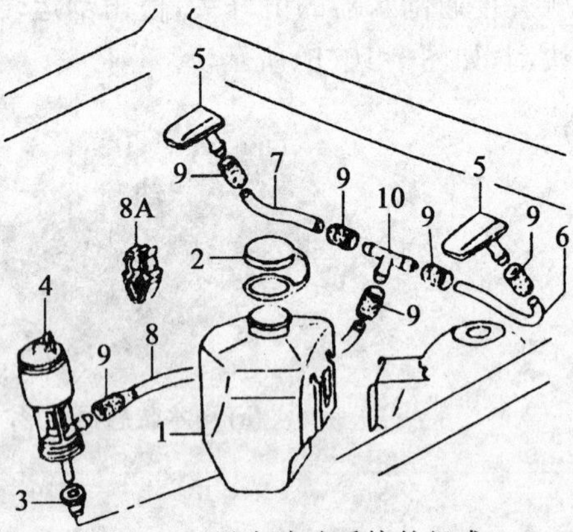

图 7-12 风窗清洗系统的组成
1—储液罐 2—加液口盖 3—密封垫
4—清洗泵 5—喷嘴 6、7、8—塑料管
8A—软管夹子 9—橡胶管 10—三通接头

图 7-13 是奥迪轿车前风窗玻璃刮水器和清洗器电路图，该系统具有点动、慢速、快速、间歇、清洗和电动机自动复位 6 种功能，这 6 种功能可由刮水器与清洗器组合开关的不同挡位来实现。当刮水器开关在 I 挡位置时，刮水器处于间歇工作状态，利用自动复位触点及 C_2 充放电时间来实现间歇控制；刮水器开关处于 1 挡时，刮水器以低速工作；刮水器开关处于 2 挡时，刮水器以高速工作；当刮水器开关置于 Tip 位置时，刮水器电机短时间工作；松开刮水器开关，开关自动返回至 0 位置。刮水器开关置于 Wa 挡位置时，将完成清洗器和刮水器两项工作，具体工作过程如下：

当变速开关置于 Wa 挡时，系统处于刮水器与清洗器联合工作状态。

(1)清洗器电路中的电流由蓄电池正极→熔断器→刮水器开关 2 的 53a 触点→刮水器开关 2 的 53c 触点→清洗器电机 3→搭铁→蓄电池负极构成回路，于是清洗器开始工作，将清洗液喷洒到风窗玻璃上。

(2)上述电路中除清洗器工作外，同时电路中的工作电流由刮水器开关 2 的 53c 触点→间歇控制器 1 的 53c 触点→二极管 VD_1→电容 C_1→蓄电池负极构成回路，为 C_1 充电。在 C_1 充电的同时，电阻 R_8 与电阻 R_4 电路中的电流由小增大，B 点的电位逐渐升高。在此电压作用下，晶体三极管 VT_1 导通，间歇控制器的继电器线圈通电，触点 K_1 闭合，使间歇控制器中的触点 15 与 53e 接通，于是刮水器电机的电路接通。电路中的工作电流由蓄电池正极→熔断器→间歇控制器触点 15 与 53e→刮水器开关的触点 53e 与 53→刮水器电机→蓄电池负极构成回路，于是刮水器电机慢速工作。

松开开关手柄时，刮水器开关自动复位，清洗泵立刻停止喷水工作。但这时，间歇控

制器中的电容 C_1，开始向电阻 R_8 及电阻 R_4 放电，使晶体三极管 VT_1 继续导通，刮水器电机仍慢速工作 4s，即电容 C_1 放电的时间，其目的是为了刮干前风窗玻璃上的水滴。

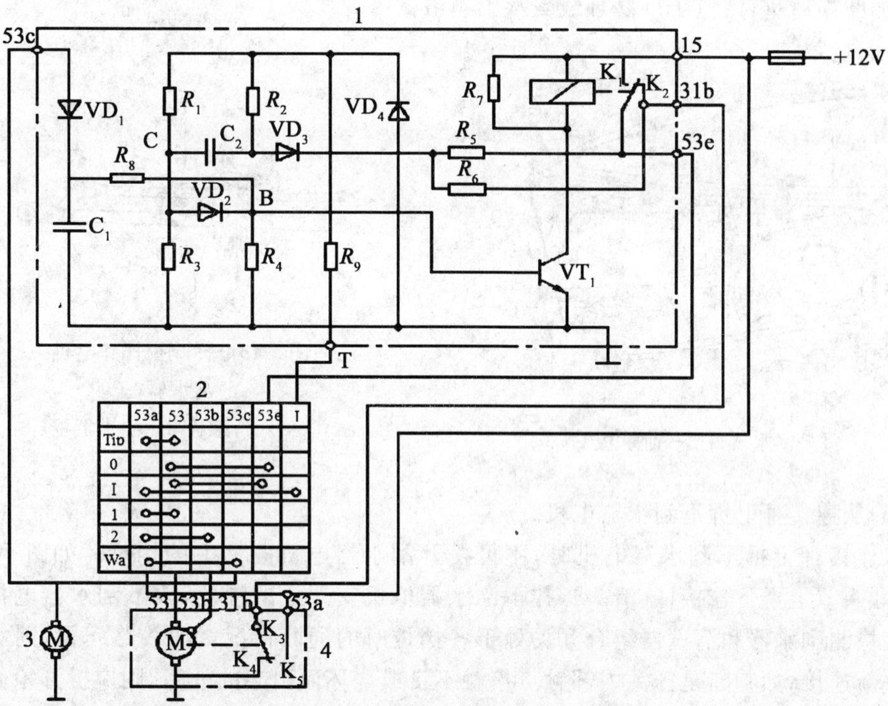

图 7-13 奥迪轿车前风窗玻璃刮水器和清洗器电路图

1—间歇工作控制电路 2—刮水器与清洗器开关 3—清洗泵电机 4—刮水器电机

7.1.4 刮水、喷水装置的拆装与检修

1. 刮水器的拆装

电动刮水器与清洗器的拆卸可以参照制造厂说明书和维修手册推荐的操作步骤进行。本章提供了奥迪 A6 轿车电动刮水器的拆装步骤，可供参阅。

拆卸时，一般应先拆下不得不拆的有关部件，最后拆卸刮水器电机系统，拆下线束插接器、连杆机构和电机总成连接螺栓等。拆卸时多加小心，以防损坏电机内部的永久磁铁。

(1)拆卸刮水器臂

取下刮水片，用螺丝刀撬下刮水器臂上的 2 个盖帽，如图 7-14 所示。松开六角螺母，但不要完全拧下，轻轻转动以松开刮水器臂，完全拧下六角螺母并取下刮水器臂。拔下前罩板上的卡夹，撬下挡风玻璃边缘的前罩板，取下前罩板。

(2)拆卸拉杆和电机的刮水器框

如图 7-15 所示，拧下螺栓，翻转刮水器框(箭头)，取出总成后，拔下刮水器电机插头。

1)检查刮水片总成。刮水片是否老化，刮水臂是否变形，如老化、变形则予更换。

2)检查传动机构。各连杆等传动部件是否弯曲变形，如变形则予校正，不可修复的，则需更换。

3)检查连接球头等连接部位润滑是否良好,是否磨损严重。如润湿不良,则需添加润滑脂;如磨损严重,则应予以修理或更换。

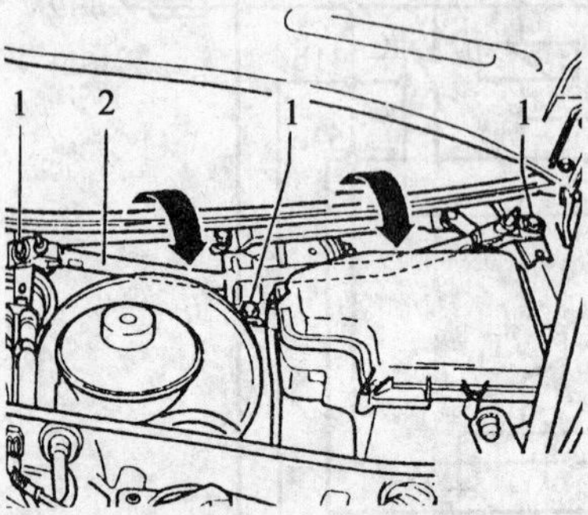

图 7-14　拆卸刮水器臂

1—刮水器臂 2—前罩板

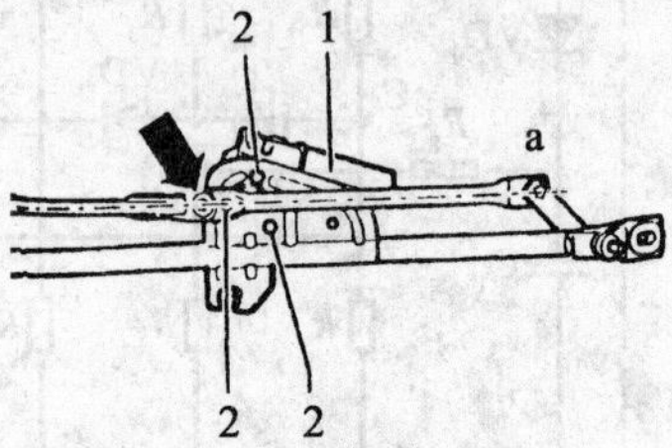

图 7-15　拆卸拉杆和电机的刮水器框

1—六角螺栓 2—刮水器框

(3)从连接杆上拆下刮水器电机

从连接杆上拆下刮水器电机时,不可松开刮水器电机曲柄上的螺母。如图 7-16 所示,从球头节上撬下连接杆(箭头),拧下刮水器电机支架上的螺栓,取下刮水器电机。用万用表检测刮水器和清洗器组合开关处于各挡位时的通断情况。如线路问题,则对相应线路重新连接;如判断是开关内部触点接触不良或烧坏而引起的故障,则应拆开检修或更换,并做如下检查:

1)检查蜗轮、蜗杆变速机构有无磨损,若磨损严重则应更换。

2)检查电刷高度,一般不应低于 8mm,否则应予更换。

3)检查电机换向器表面是否烧蚀,若烧蚀可用细砂布打磨,若烧蚀或磨损严重的,则需更换或重新加工,使之符合要求。

4)检查磁场线圈有无短路、断路或搭铁故障,若有,则应更换或重新绕线。

5)检查电枢轴是否弯曲,轴与轴承的配合间隙是否符合要求,否则应予更换。

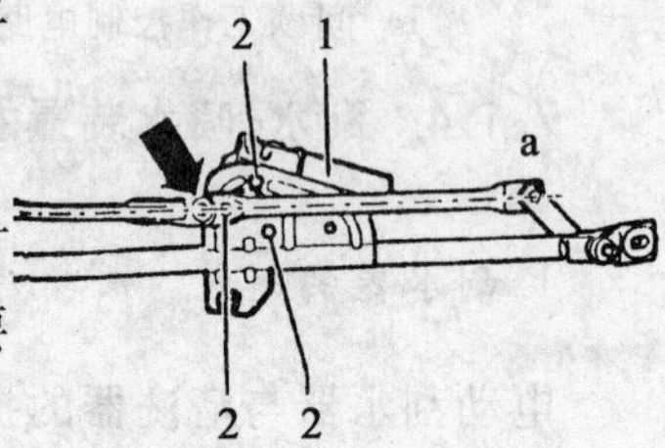

图 7-16　拆下刮水器电机

1—刮水器电机 2—六角螺栓 3—连接杆

(4)安装风窗刮水系统

将刮水器电机连同曲柄一道安装到刮水器电机支架上,接上连接杆,在图 7-17 中 a 处调整其停止位置,插上刮水器电机插头。然后,按与拆卸相反的顺序进行安装,并做如下调整:

1)雨刮片的停止位置调整

使刮水器电机回到停止位置,将雨刮片装到风挡玻璃上,校正后拧紧紧固螺母。调整停止位置时,应保证图 7-17 中雨刮片与风挡玻璃下边缘处压力舱附加板之间的距离 a 和 b 的值在允许范围之内。

2)消除雨刮片震颤

雨刮片震颤的可能原因有：

①风挡玻璃划伤。

②刮水橡胶片与臂脱离或开裂。

③刮水器臂/片松动或弯曲。

④刮水片有蜡或成波纹状。

如雨刮片震颤，而又排除了以上原因均不相应，那么更换雨刮片，更换雨刮片之前应调整刮水臂的角度。将雨刮臂移到停止位置，拆下雨刮片。如图 7-18 所示，调整两侧雨刮臂角度至合适值。

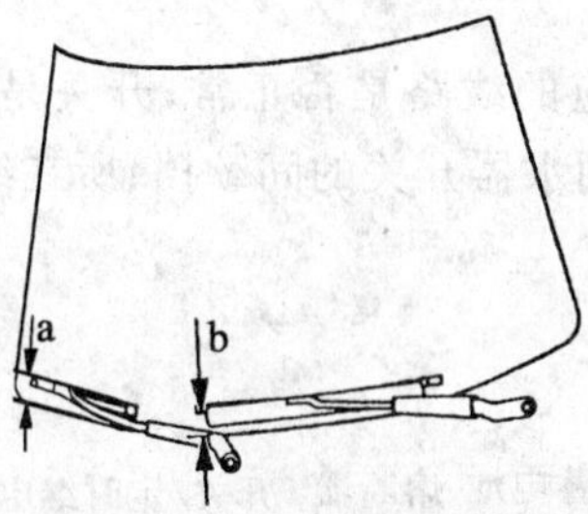

图 7-17　雨刮片停止位置

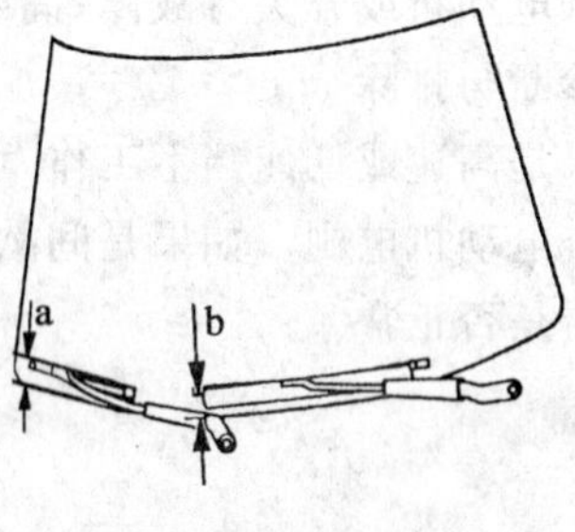

图 7-18　检查调整雨刮臂

1—开口扳手 2—雨刮臂 3—锁止螺栓

2.洗涤装置的检测与调整

对洗涤装置，要检查该系统的管路连接是否紧固，若有松动或脱落，应将其安装并固定好；塑料管路若有老化、折断或破裂，应予以更换。检查清洗器喷嘴，脏污时可用干净的毛刷清洗喷嘴；按动喷液开关，喷嘴应将清洗液喷射到风挡玻璃上的适当位置，如图 7-19所示，否则应对喷嘴位置进行调整，或对喷射部分及电路部分进行检修。

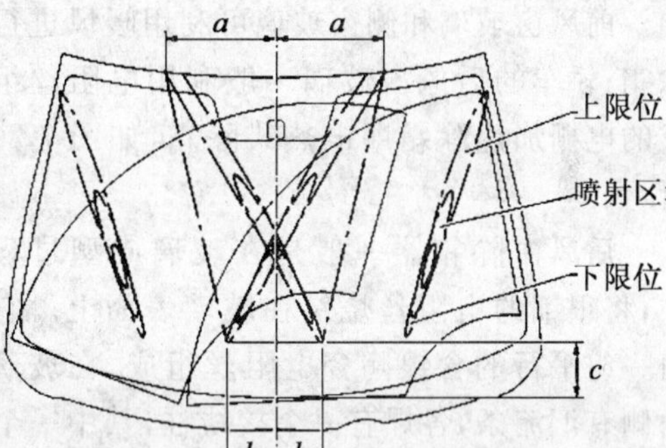

图 7-19　清洗液喷射位置示意图

清洗液应按原车要求选用，若使用普通洗涤剂、清洁剂配制的洗涤液，在进入冬季时，应予以清除，以防冻裂储液罐和塑料管路。

3.刮水器不工作故障检修

(1)刮水器各挡都不工作

1)故障现象

接通点火开关后，刮水器开关无论置于哪一挡位，刮水器均不工作。

2)主要原因

熔断器烧断；刮水电动机或刮水器开关有故障；机械传动部分故障；线路断路或插接件松脱。

3)诊断与排除

首先检查熔断器是否熔断，插接件是否松脱，线路有无断路；然后检查开关是否正常；最后检查电动机及机械传动部分。

(2)个别挡位不工作

1)故障现象

接通点火开关后，刮水器个别挡位(低速、高速或间歇挡)不工作，其余正常。

2)主要原因

刮水电动机或开关有故障；间歇继电器有故障；线路断路或插接件松脱。

3)诊断与排除

如果是高速或低速挡不工作，可先检查该挡位对应的线路是否正常；开关是否正常；最后检查电动机电刷。如果是间歇挡不工作，应检查刮水器开关的间歇挡、所在线路及间歇继电器是否正常。

拓展阅读

除霜装置及电路

冬季风窗玻璃上易结冰霜，用刮水器是无法清除的，除去霜雾有效的方法是加热玻璃。前风窗玻璃和侧窗玻璃可利用暖风进行除霜；轿车的后风窗玻璃一般利用电阻丝组成的电栅加热除霜即电热式除霜，如图 7-20 所示。

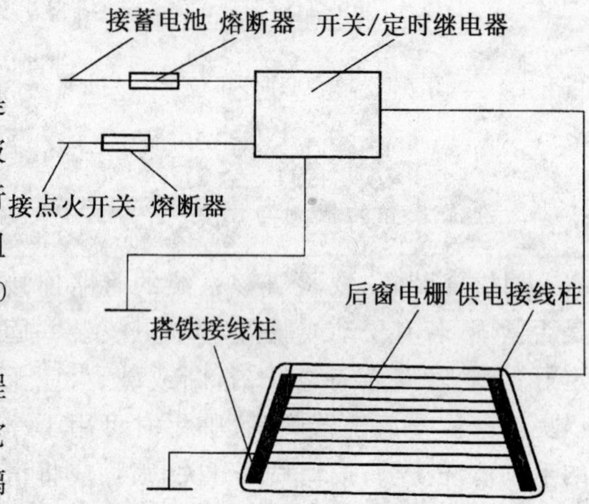

图 7-20　电热式后窗除霜电路原理图

后风窗除霜器一般是在玻璃成型过程中，将很细的电阻丝烧结在玻璃表面上。它由一组平行的含银陶瓷电阻丝组成，在玻璃两侧有汇流条，各焊有一个接线柱，其中一个用以供电，另一个是搭铁接线柱。这种除霜器的工作电流较大，因此电路中除设有开关外，有的还设有一个定时继电器。这种继电器在通电 10min 后即能自动断电，如霜还没有除净，驾驶员可再次接通开关，但在这之后每次只能通电 5min。

除霜器的电阻随温度的变化而变化，具有正温度系数。温度低时，阻值减小，电流增大；温度高时，阻值增大，电流减小。因此，除霜器自身具有一定的调节功能。

对电阻丝通电控制方式可分为手动和自动两种。自动控制除霜装置由开关、自动除霜传感器、起动除霜控制器、电阻丝电栅等组成，如图 7-21 所示。

工作过程如下：

(1)除霜开关位于“关”位置时，除霜装置不工作。

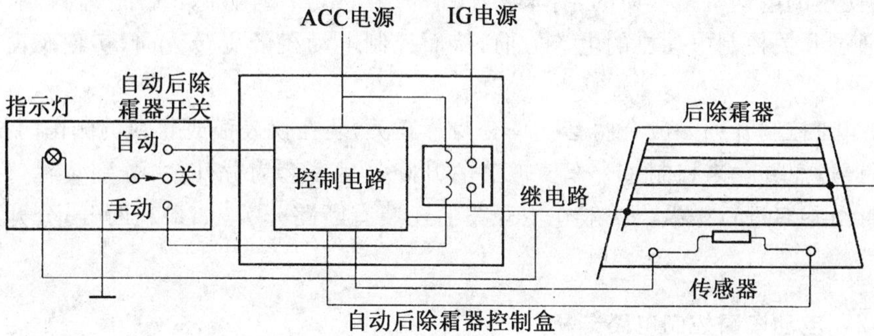

图 7-21　后窗自动控制除霜装置

(2)将除霜开关拨至“自动”位置时,当后窗玻璃下线所装传感器检测到冰霜达到一定厚度时,传感器电阻值急剧减小到某一设定值,控制器便控制继电器使电路接通,继电器触点闭合。于是,由点火开关 IG 接线柱向电阻丝供电,同时仪表板上的指示灯(设在除霜开关旁边)点亮,指示除霜装置正在工作。随着玻璃上冰霜减少到某一程度后,传感器电阻值增大,控制器便将继电器电路切断,触点断开,指示灯熄灭,后窗电栅断电,除霜装置停止工作。

(3)将除霜开关拨至“手动”位置时,继电器电磁线圈可经“手动”开关直接搭铁、使除霜电路接通。

7.2　电动车窗系统故障检修

7.2.1　电动车窗的构造

电动车窗由驾驶员或乘员操纵开关接通车窗升降电动机的电路,电动机产生动力通过一系列的机械传动,使车窗玻璃按要求进行升降,操作简便,有利于行车安全。驾驶员操作时,可以使四个车窗中的任意一个上升或下降,乘员只能使所在的车窗上升或下降。

电动车窗由车窗玻璃、车窗玻璃升降器、电动机、继电器、开关等装置组成。

车窗玻璃升降器常见的有钢丝滚筒式(图 7-22)和交叉传动臂式(图 7-23)两种。

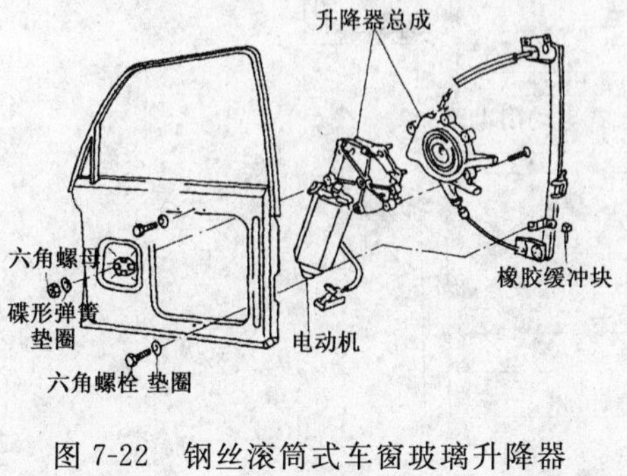

图 7-22　钢丝滚筒式车窗玻璃升降器

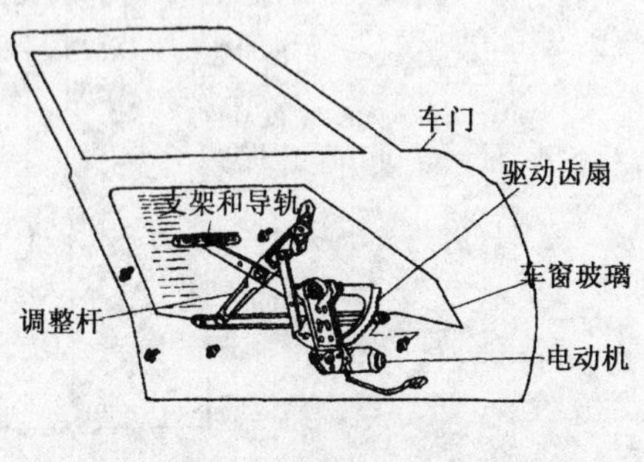

图 7-23　交叉传动臂式车窗玻璃升降器

电动车窗使用的电动机是双向的，有永磁型和双绕组串励型两种。每个车窗都装有一个电动机，通过开关控制电动机的电流方向，从而控制电动机的旋转方向，实现车窗玻璃的升降。

电动车窗控制开关一般有两套。一套为总开关，装在仪表板或驾驶员侧车门扶手上，驾驶员可通过总开关来控制每个车窗玻璃的升降。另一套为分开关，分别装在每一个乘客门上，可由乘客进行操纵。一般在主开关上还装有断路开关，如果它断开，分开关就不起作用。

7.2.2 电动车窗控制电路分析

1. 永磁式直流电机电动车窗控制电路

永磁式直流电机电动车窗通过改变电机电枢的电流方向来改变电动机的旋转方向使车窗玻璃上升或下降。图 7-24 为丰田雷克萨斯 LS400 轿车电动车窗控制系统线路图。

当点火开关打至点火挡时，电动车窗主继电器工作，触点闭合，给电动车窗提供了电源；如将主开关上的窗锁开关闭合，那么，所有车窗都可随时进入工作状态；若主开关上的车窗锁开关断开，则只有驾驶员侧车窗可进行工作。另外，驾驶员侧的车窗开关由点触式电路控制，驾驶员要使车窗玻璃下降时，只要点触一下下降开关，车窗玻璃就会自动下降到最低点，在下降过程中，如果要使玻璃停止在某一位置时，只要再点触一下开关即可。

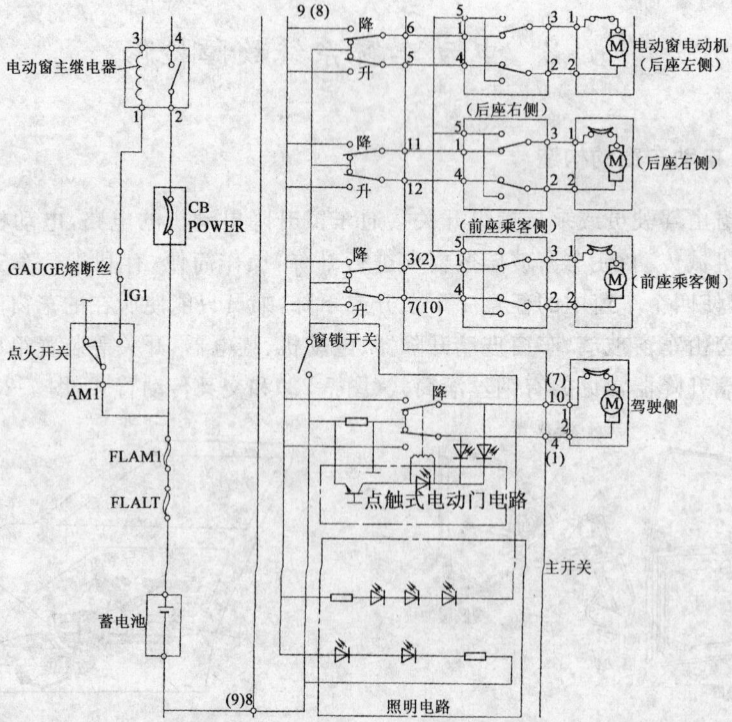

图 7-24　丰田雷克萨斯 LS400 轿车电动车窗控制系统线路图

2. 双绕组串励式直流电动机电动车窗控制电路

双绕组串励式直流电动机有两个绕向相反的磁场绕组，一个称为“上升”绕组，一个称为“下降”绕组，在给不同绕组通电时，会产生相反方向的磁场，电动机的旋转方向也就不同，从而实现车窗玻璃上升或下降。典型控制电路如图 7-25 所示。

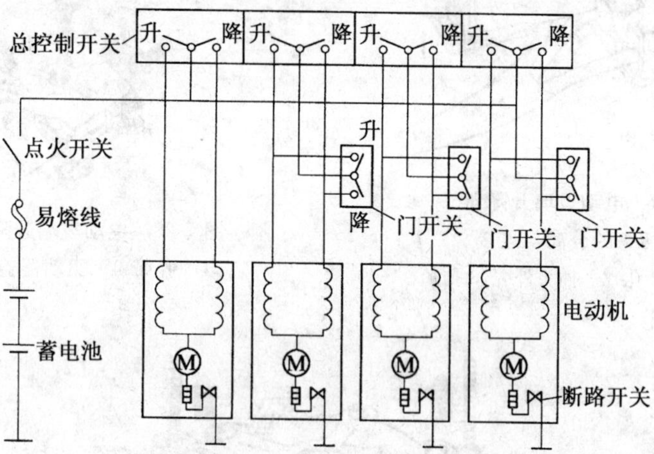

图 7-25　双绕组串励式直流电动机电动车窗控制电路

电动车窗的断路保护开关是双金属触点臂结构，当电动机超载电路中电流过大时，双金属片因温度上升产生翘曲变形，打开触点，切断电路。电流消失后，双金属片冷却，变形消失，触点再次闭合。如此周期动作，使电动机电流平均值不超过规定值，不致过热而烧坏。

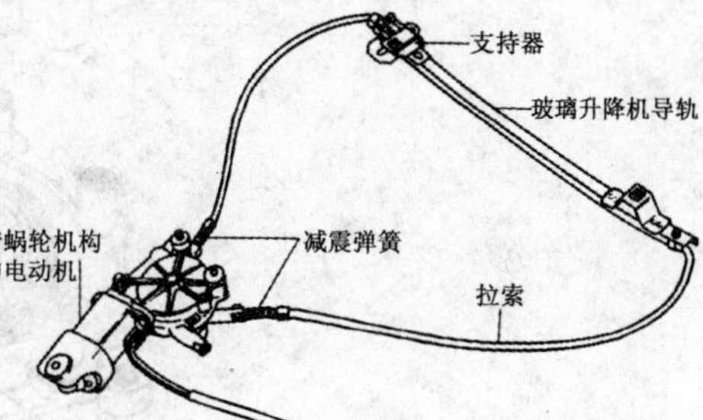

图 7-26　电动玻璃升降器的构造

7.2.3　电动玻璃升降器的拆卸与安装

1. 电动玻璃升降器的拆卸

电动玻璃升降器的构造如图 7-26 所示。

电动玻璃升降器的接线插头的分离与连接，如图 7-27 所示，分离时抓住插头(2 孔)1 的两侧向后拉，将其从插头外壳(3 孔)2 中拉出。连接时，只要将插头从后向里推至定位处即可。

用扎带 1 将驱动器盖 2 和塑料轴承盖在两个钢绳出口处(箭头所指)连接固定(保险装置朝向凸起处)，将驱动器盖 2 固定，拧出螺钉 3(箭头处)。整个修理过程中，均不允许去掉扎带 1，否则不可能修复，如图 7-28 所示。

拆下驱动器盖 1 时，让驱动器盖 1 与驱动器壳 2 相互间稍微倾斜，用手将盘绳滚筒(在驱动盖 1 内)沿箭头方向从驱动器壳 2 中拉出，不要损伤密封面，如图 7-29 所示。

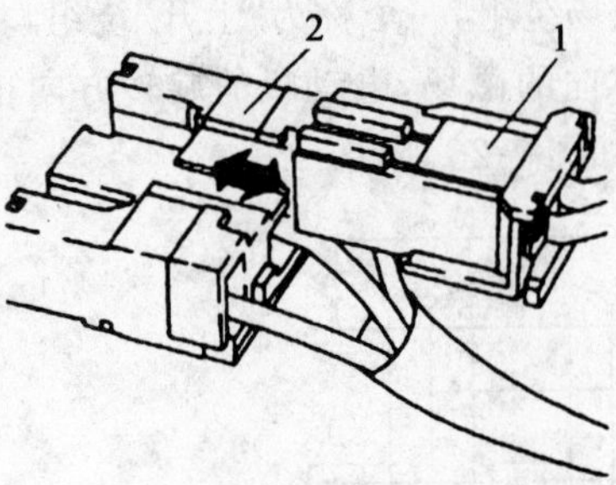

图 7-27 电动玻璃升降器

接线插头的分离与连接

1—插头(2孔)2—插头外壳(3孔)

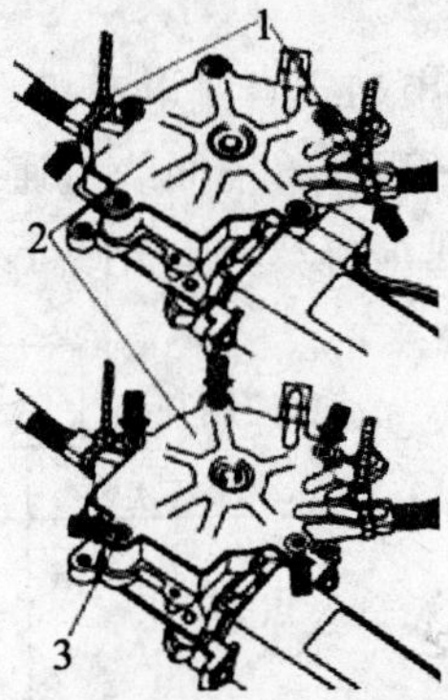

图 7-28 电动玻璃升降器的分解

1—扎带 2—驱动器盖 3—螺钉

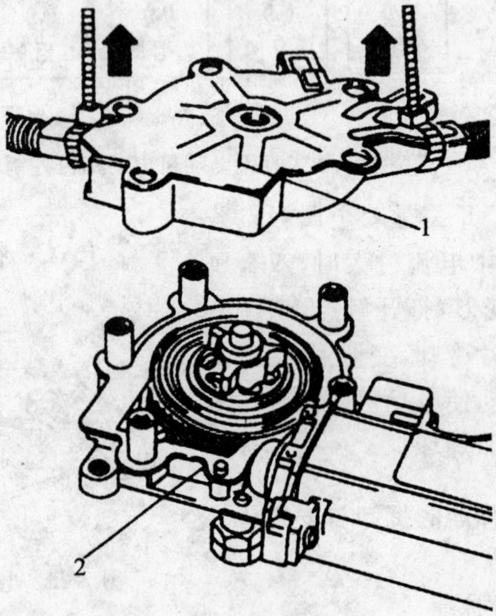

图 7-29 电动玻璃升降器的分解

1—驱动器盖 2—驱动器壳

2.电动玻璃升降器的安装与调整

更换新的驱动器时,沿箭头方向从新驱动器上将防尘和防止运输损伤防护盖3拉下,注意保证法兰密封垫和3扇支架成形件2在驱动器壳1上(保持表面清洁,使用专用油脂,不允许粘上灰尘和污物),将3扇支架成形件3沿箭头方向从曲动轴4上拉出。橡胶成形垫5必须留在驱动器壳体1中,如图7-30所示。

将扇支架成形件3放入在驱动器盖2内的盘绳滚筒3内,3个缓冲件必须小心放入盘绳滚筒3的空缺处,电动玻璃升降器驱动壳4沿箭头方向与盘绳滚筒3相结合。将扇支架成形件 1 的 4 个卡鼻与驱动器壳体 4 中的橡胶成形垫上的空缺必须对齐。安装时，法兰密封垫 5 和驱动器壳体 4 中的齿轮，必要时可涂一层油脂，防止其掉出来，驱动器壳体 4 与盘绳滚筒 3 相接合，但不能相互接触，可稍微移动夹子 6 改变橡胶成形垫的位置，以达到相互配合（螺钉达到力矩要求），如图 7-31 所示。

按规定顺序拧紧螺钉（力矩 3N·m），将车门玻璃升降器安装到定位支架上前，需进行功能检测，并割掉多余扎带（防止产生刮磨噪声）。

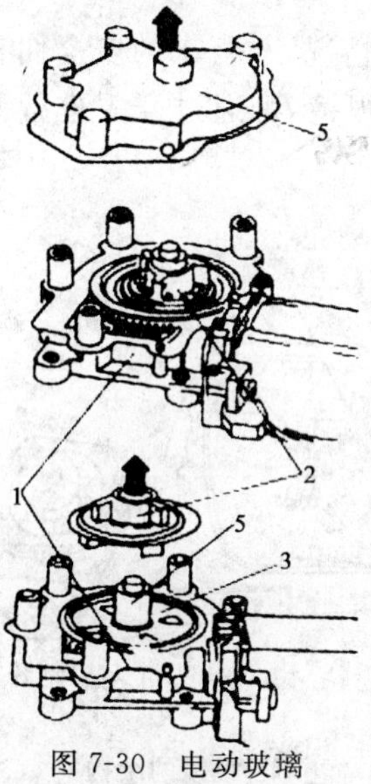

图 7-30　电动玻璃升降器组装（一）

1—驱动器壳体 2,3—扇支架成形件 4—防护盖 5—驱动轴

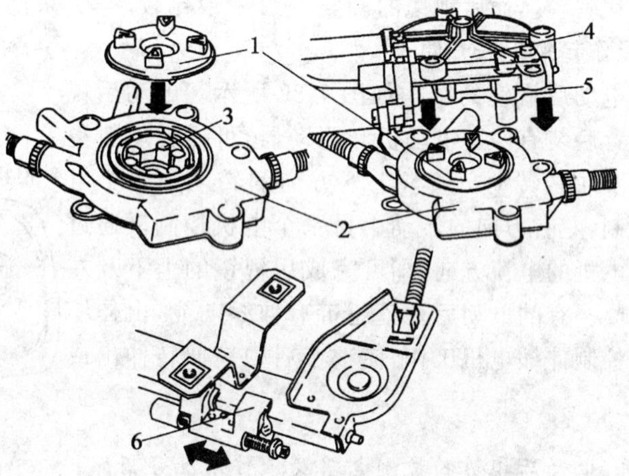

图 7-31　电动玻璃升降器的组装（二）

1、3—扇支架成形件 2—驱动器 3—盘绳滚 4—驱动壳体 5—密封垫 6—夹子

拓展阅读

电动门窗不工作故障检修

1. 玻璃升降器不工作

故障原因：熔断器断路；连接导线断路或相关插接件松脱；有关继电器、开关损坏；电动机损坏；搭铁线锈蚀、松动。

故障诊断与排除：首先检查熔断器是否断路，然后检查各插接件连接是否紧固可靠；检查电源线是否有电，电压是否正常；检查搭铁线搭铁是否良好可靠；最后检查开关、继电器及电机是否损坏，如确属零部件损坏则应更换新件。

2. 某车窗不能升降或只能一个方向运动

故障原因：该车窗开关或电机损坏；该处导线断路或插接件松脱；安全开关故障。

故障诊断与排除：首先检查安全开关是否正常；该窗的开关是否正常；再通电检查该窗电机是否正常，如有故障应检修或更换新件；若正常，应检修连接导线是否有断路处。如车窗只能朝一个方向运动，一般是开关故障或相关导线断路，可先检查线路，再检查开关。

7.3 电动后视镜与电动座椅系统故障检修

7.3.1 电动后视镜控制电路分析

1.电动后视镜的组成与功用

汽车上的后视镜位置直接关系到驾驶员能否观察到车后的情况，与行车的安全性有着密切联系。而后视镜的调整一般来说比较麻烦，采用电动后视镜，可通过开关进行调整，操作起来十分方便。

电动后视镜的结构如图 7-32 所示。电动后视镜的背后装有两套电动机和驱动器，可操纵反射镜上下及左右转动。通常上下方向的转动用一个电机控制，左右方向的转动由另一个电机控制。通过改变电机的电流方向，即可完成后视镜的上下及左右调整。有的电动后视镜还带有伸缩功能，由伸缩开关控制伸缩电机工作，使整个后视镜回转伸出或缩回。

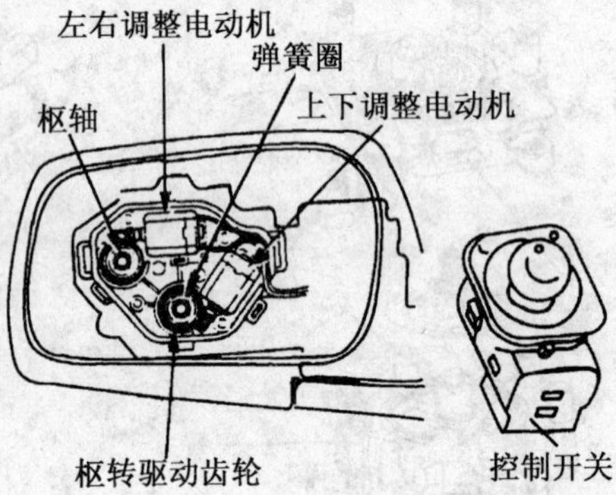

图 7-32 电动后视镜的结构

2.电动后视镜的控制电路及工作情况分析

图 7-33 为红旗轿车电动后视镜控制系统电路图。其工作状态如图 7-34 所示。

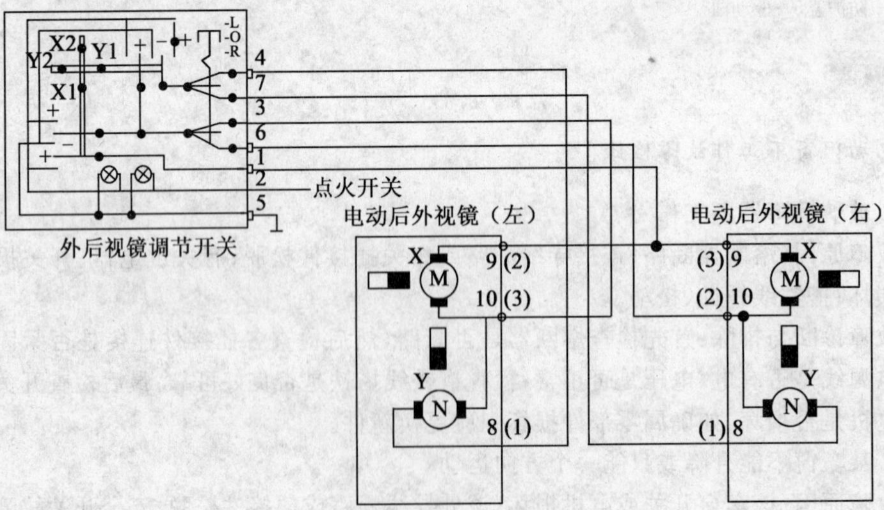

图 7-33 红旗轿车电动后视镜控制系统电路图

在进行调整时，首先通过左/右选择开关选择要调整的后视镜，如果要调整左后视镜就选择“L”，调整右后视镜选择“R”。

(1)向外旋转

如果让左后视镜向外旋转，按下外后视镜调节开关向外旋钮 X1，开关相应接脚的连接状态如图 7-34 中的左外后视镜调节工作表。

电流从点火开关→外后视镜调节开关接脚 2→外后视镜调节开关接脚 1→左电动后视镜接脚(2)→左后视镜 X 电机→左电动后视镜接脚(3)→外后视镜调节开关接脚 3→外后视镜调节开关接脚 5→搭铁→蓄电池负极。左后视镜完成向外旋转动作。

如果让右后视镜向外旋转，按下外后视镜调节开关向外旋钮，开关相应接脚的连接状态如图 7-34 中的右外后视镜调节工作表。

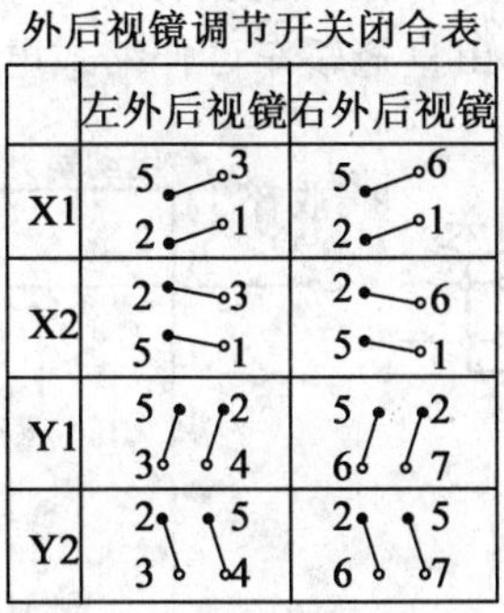

左外后视镜调节工作表

旋转		4	3	1
外	X1	0	-	+
里	X2	0	+	-
上	Y1	+	-	0
下	Y2	-	+	0

（电机X：X1、X2 行；电机Y：Y1、Y2 行）

右外后视镜调节工作表

旋转		7	6	1
外	X1	0	-	+
里	X2	0	+	-
上	Y1	+	-	0
下	Y2	-	+	0

（电机X：X1、X2 行；电机Y：Y1、Y2 行）

图 7-34　红旗轿车电动后视镜控工作状态图

电流从点火开关→外后视镜调节开关接脚 2→外后视镜调节开关接脚 1→右电动后视镜接脚(3)→右后视镜 X 电机→右电动后视镜接脚(2)→外后视镜调节开关接脚 6→外后视镜调节开关接脚 5→搭铁→蓄电池负极。右后视镜完成向外旋转动作。

(2)向里旋转

如果让左后视镜向里旋转，按下外后视镜调节开关向里旋钮 X2，开关相应接脚的连接状态如图 7-34 中的左外后视镜调节工作表。

电流从点火开关→外后视镜调节开关接脚 2→外后视镜调节开关接脚 3→左电动后视镜接脚(3)→左后视镜 X 电机→左电动后视镜接脚(2)→外后视镜调节开关接脚 1→外后视镜调节开关接脚 5→搭铁→蓄电池负极。左后视镜完成向里旋转动作。

如果让右后视镜向里旋转，按下外后视镜调节开关向里旋钮，开关相应接脚的连接状态如图 7-34 中的右外后视镜调节工作表。

电流从点火开关→外后视镜调节开关接脚 2→外后视镜调节开关接脚 6→右电动后视镜接脚(2)→右后视镜 X 电机→右电动后视镜接脚(3)→外后视镜调节开关接脚 1→外后视镜调节开关接脚 5→搭铁→蓄电池负极。右后视镜完成向里旋转动作。

(3)向上旋转

例如调节左后视镜，按下外后视镜调节开关向上旋钮 Y1。电流从点火开关→外后视镜调节开关接脚 2→外后视镜调节开关接脚 4→左电动后视镜接脚(1)→左后视镜 Y 电机→左电动后视镜接脚(3)→外后视镜调节开关接脚 3→外后视镜调节开关接脚 5→搭铁→蓄电池负极。左后视镜完成向上旋转动作。右后视镜向上旋转调节与此相似。

(4)向下旋转

例如调节左后视镜，按下外后视镜调节开关向下旋钮 Y2。电流从点火开关→外后视镜调节开关接脚 2→外后视镜调节开关接脚 3→左电动后视镜接脚(3)→左后视镜 Y 电机→左电动后视镜接脚(1)→外后视镜调节开关接脚 4→外后视镜调节开关接脚 5→搭铁→蓄电池负极。左后视镜完成向上下旋转动作。右后视镜向下旋转调节与此相似。

有的电动后视镜还带有伸缩功能，由伸缩开关控制伸缩电机工作，使整个后视镜回转伸出或缩回。图 7-35 为丰田皇冠轿车可伸缩式电动后视镜控制系统电路图。

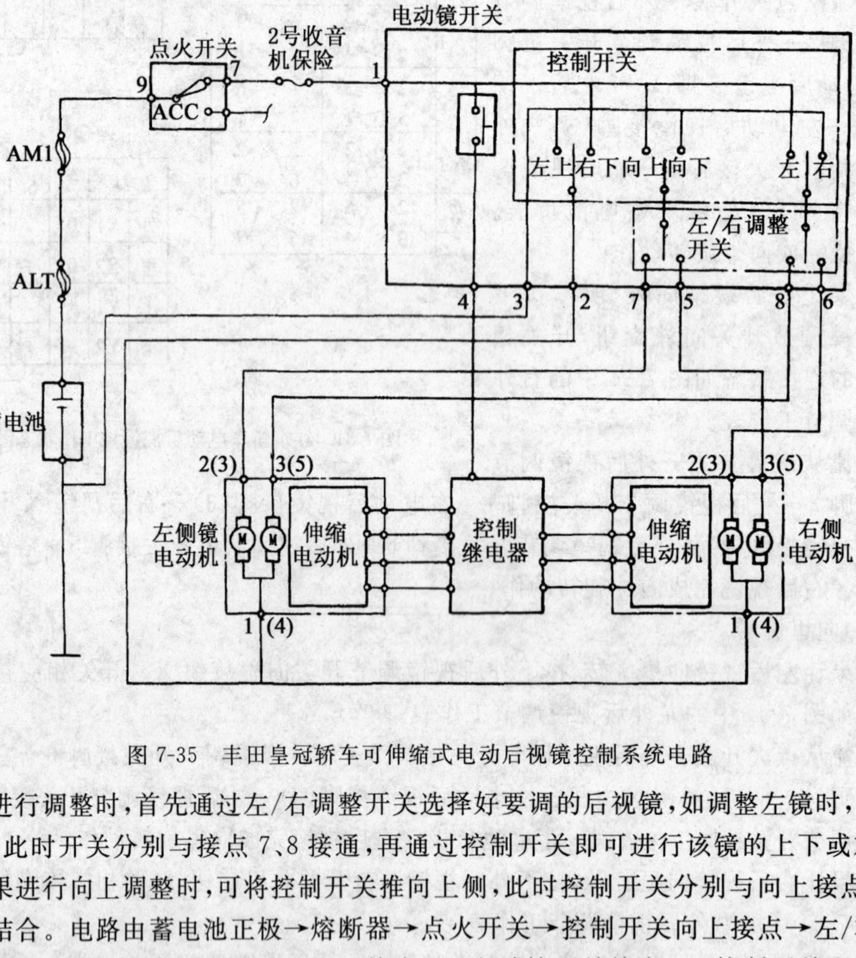

图 7-35　丰田皇冠轿车可伸缩式电动后视镜控制系统电路

在进行调整时，首先通过左/右调整开关选择好要调的后视镜，如调整左镜时，开关打向左侧，此时开关分别与接点 7、8 接通，再通过控制开关即可进行该镜的上下或左右调整。如果进行向上调整时，可将控制开关推向上侧，此时控制开关分别与向上接点、左向上接点结合。电路由蓄电池正极→熔断器→点火开关→控制开关向上接点→左/右调整开关→接点 7→左侧镜上下调整电机→接点 1→电动镜开关接点 2→控制开关左上接点→电动镜开关接点 3→蓄电池负极，形成回路，左镜上下调整电机运转，完成调整过程。其他调整过程与向上调整过程类似，通过接通不同的开关即可完成。

电动后视镜的伸缩是通过电动镜开关上的伸缩开关控制的，该开关控制继电器动作，使左右两镜伸缩电机工作，来完成伸缩功能。

3. 后视镜的拆装与检验

奇瑞 A15 外部后视镜的拆装步骤如下：

(1)首先安要求拆下前门内护板，然后卸下后视镜的内三角块。

(2)卸下后视镜前门内板的 3 个固定螺钉，拔下后视镜线插，拆下后视镜。用导线直接给线插接上电源，观察其工作情况，如图7-36所示。

(3)用后视镜玻璃拆卸工具撬后视镜顶部、底部，使其与滚球接头与钩子脱开，不要损坏后视镜框，检查其内部结构。

(4)安装过程与拆卸过程相反。注意必须使用保护手套，将玻璃与导销放到安装位，只能按玻璃中央。螺栓的紧固扭矩为3±0.3N·m

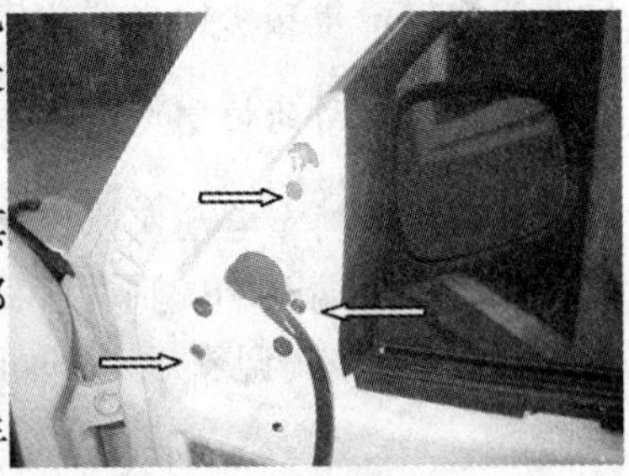

图 7-36　后视镜拆卸步骤(2)

7.3.2　电动座椅控制电路分析

1. 电动座椅的功能与组成结构

为了给乘员提供不易疲劳、舒适而又安全的乘坐位置，为驾驶员提供便于操作、舒适而又安全的驾驶位置，现在很多汽车上都安装了电动座椅。电动座椅按照电机的数目和调节方向数目的不同可分为两方向、四方向、六方向、八方向和多方向可调等类型。八方向可调电动座椅其动作方式有座椅的前后调节、上下调节、座位前部的上下调节、靠背的倾斜调节、侧背支撑调节、腰椎支撑调节以及靠枕上下、前后调节。

电动座椅一般由双向电动机、传动装置、控制电路及控制开关等组成，如图 7-37 所示。

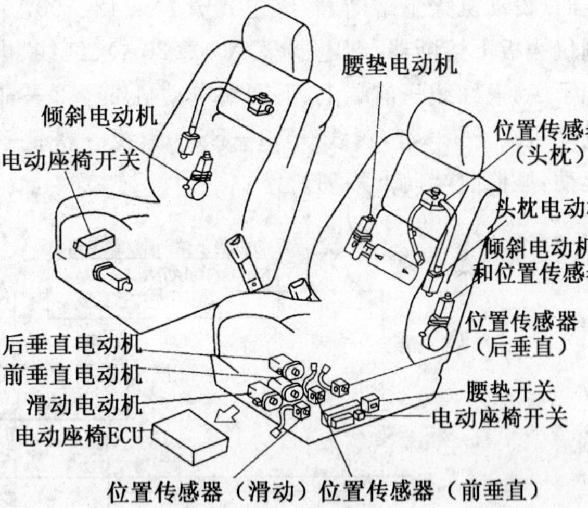

图 7-37　电动座椅的组成

(1)双向电动机

电动座椅中一般采用永磁式直流电动机，通过控制开关来改变电动机电枢电流方向，从而实现电动机转向的改变。电动机的数量取决于电动座椅的类型，通常两向移动座椅装有 2 个电动机，四向移动的座椅装有 4 个电动机，最多可达 6 个电动机。

(2)传动机构

传动机构的作用是把电动机的旋转运动转变成座椅的上下、前后移动或靠背的倾斜摆动。它主要由变速器、联轴节、软轴及齿轮传动机构等组成。变速器的作用是降速并增大扭矩，电动机轴分别与软轴相连，软轴再和变速器的输入轴相连，动力经过变速器的降速增扭后，从变速器的输出轴输出，变速器的输出轴与蜗杆轴或齿轮轴相连，最终蜗轮蜗杆或齿轮齿条带动座椅支架产生位移。

2.电动座椅的控制电路及工作情况分析

本田雅阁轿车电动座椅控制电路如图 7-38 所示，驾驶席座椅有 8 种可调方式：前端上、下调节，后端上、下调节，前、后调节，向前、向后倾斜调节。

通过电动座椅调节开关，即可完成不同的调节功能，如电动座椅前端上、下调节，其电路为：

(1)向上调节

当将电动座椅前端上、下调节开关打到“向上”位置时，电路中的电流为：蓄电池→黑线→(发动机盖下熔断器/继电器盒)№.42(100A)、№.55(40A)→黄/绿线→(前乘客席侧仪表板下熔断器/继电器盒)№.2(20A)→红线→电动座椅开关端子端 BZ→前端上、下调节开关端子 A3→红/黄线→前端上、下调节电动机端子 1→前端上下调节电动机对前端上、下调节电动机端子 2→红线→A4→BS→黑线→搭铁→蓄电池负极。前端上、下调节电动机工作，座椅前端向上移动。

(2)向下调节

当将电动座椅前端上、下调节开关打到“向下”位置时，电路中的电流为：蓄电池→黑线时(发动机盖下熔断器/继电器盒)№.42(100A)、№.55(40A)→黄/绿线→(前乘客席侧仪表板下熔断器/继电器盒)№.2(20A)、红线、电动座椅开关端子 B2→电动座椅开关端子 A4→红线→前端上、下调节电动机端子 2→前端上、下调节电动机→前端上、下调节电动机端子 1→红/黄线→A3→B5→黑线→搭铁→蓄电池负极。前端上、下调节电动机起动，座椅前端向下移动。

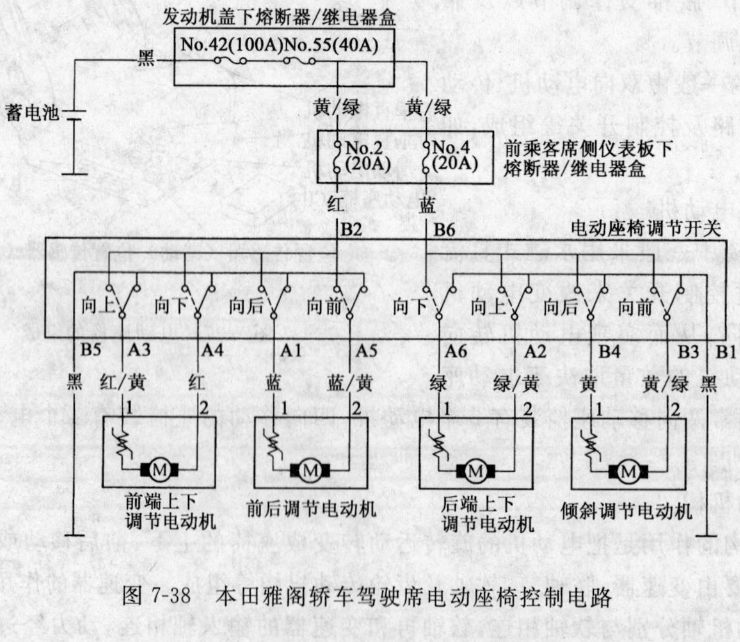

图 7-38　本田雅阁轿车驾驶席电动座椅控制电路

3.带存储功能电动座椅

有些高级轿车的电动座椅带有电子控制系统，这种电动座椅带有存储功能，它能够将调节后的位置记录下来，作为以后自动调节的基准。驾驶员需要调节时，只要一按开关就可自动调节到理想的位置，这就是带存储功能电动座椅，如图 7-39 所示。

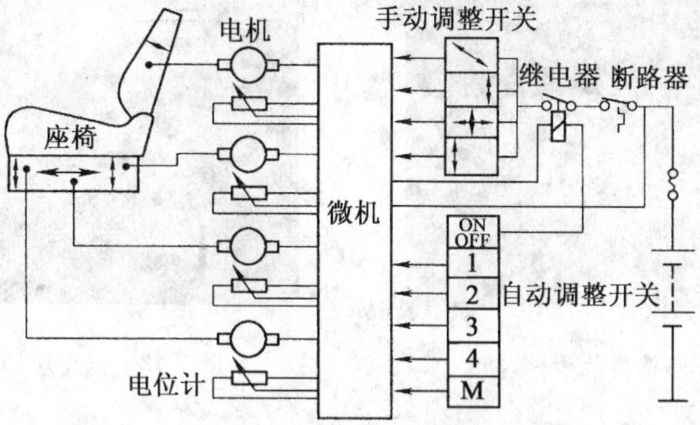

图 7-39　带存储功能电动座椅

电子控制系统有一个存储器，每个座椅可以进行 8 个方向的调整，所以每个座椅有 4 个传感器向存储器输入座椅位置的电压信号。当座椅调定后，按下存储按钮，电子控制系统可以把电信号存储起来，作为驾驶员以后调整座椅的基准。

4.电动座椅系统拆装与检验

奇瑞 A3 汽车左前座椅拆装与检验步骤如下：

(1)通过拉动左前座椅下方的移动拉手，将座椅向后移动，用一字螺丝刀将座椅螺栓护盖取下，如图 7-40 所示。

(2)通过拉动左前座椅下方的移动拉手，将座椅向前移动，用一字螺丝刀将座椅螺栓护盖取下，如图 7-41 所示。

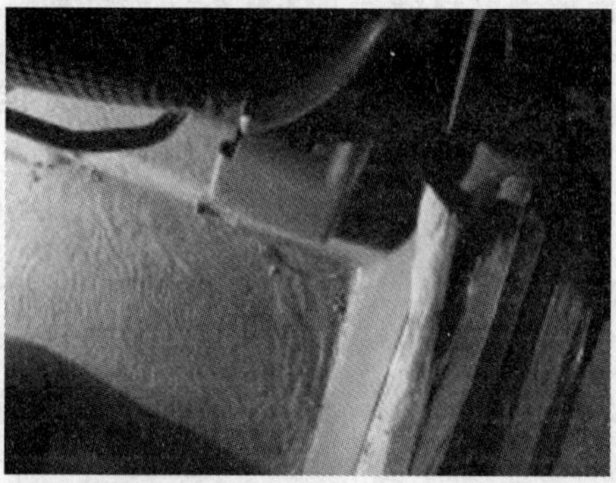

图 7-40　汽车座椅拆装步骤(1)

图 7-41　汽车座椅拆装步骤(2)

(3)用力矩扳手及13号套筒拆下座椅后方两颗固定螺栓,如图7-42所示,力矩:25±3N·m。

(4)通过拉动左前座椅下方的移动拉手,将座椅向后移动,用13号套筒拆下座椅后方两颗固定螺栓,如图7-43所示。力矩:25±3N·m。

图7-42　汽车座椅拆装步骤(3)

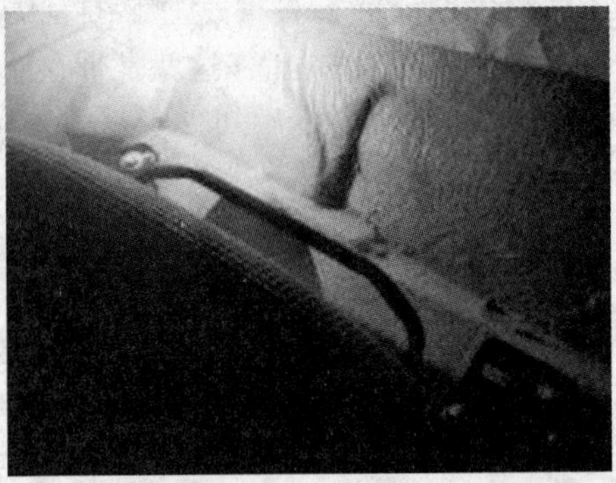

图7-43　汽车座椅拆装步骤(4)

(5)拔下座椅下方插件,拆下座椅。用导线直接给各方向控制电机通上电源,检查各电机工作情况是否正常。

(6)安装步骤按照拆卸步骤相反的顺序进行。

拓展阅读

电动座椅故障检修

(1)故障现象:座椅完全不能动作或某个方向不能动作。

(2)故障原因:熔断器熔断、线路断路、座椅开关故障,某个方向对应的电动机损坏、开关损坏、对应的线路断路等。

(3)故障诊断与排除:如果是座椅完全不能动作,可以首先检查熔断器是否熔断;若熔断器良好,则应检查所在线路及其插接件是否正常,最后检查开关。对于有存储功能的电动座椅系统还应检查其控制单元(ECU)的电源电路及其搭铁线是否正常。如果是某个方向不能动作,可以先检查所在线路是否正常,再检查开关和电动机。

复习思考

1. 简述刮水器的组成与结构。

2. 试述刮水器用永磁电机的变速原理。

3. 永磁式电动刮水器是如何实现自动回位的?

4. 电动刮水器采用间歇控制的目的是什么?如何实现间歇控制?

5. 汽车上为何要安装风窗除霜装置?

6. 图7-44为桑塔纳汽车的刮水器电路,

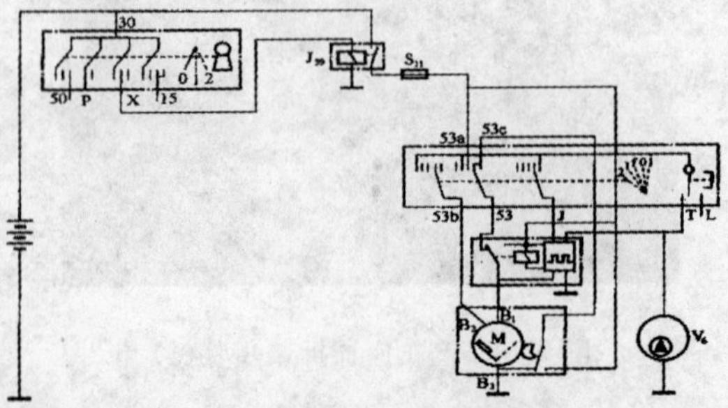

图7-44　刮水器电路

试根据该图分析桑塔纳汽车电动刮水器的工作过程。

7. 试述电动刮水器与清洗器的使用与检修注意事项。

8. 接通电源后，刮水电机发热，而刮水器不工作的原因是什么？

9. 根据本项目实施和学习的体会，绘制汽车刮水器故障诊断的流程图。

10. 根据本项目实施和学习的体会，绘制汽车清洗器故障诊断的流程图。

11. 根据本项目实施和学习的体会，对汽车刮水器和清洗器的故障检修工作过程进行总结。

第8章 防盗与保护系统故障检修

学习目标

1. 会拆装汽车防盗与保护装置系统元器件。
2. 能分析防盗与保护系统的电路图。
3. 能排除防盗与保护系统的常见故障。

考核标准

知识要求：掌握汽车防盗与保护系统的组成与工作原理。

技能要求：能够正确拆装防盗与保护系统的元器件，并能根据电路图对防盗与保护系统的常见故障进行诊断和排除。

教学建议

教具：汽车万用表、汽车示波器、常用工具、实训汽车、汽车电器综合实训台、汽车维修手册、多媒体设备、各种维修资料、任务工单。

建议：典型中央控制门锁系统调整与检测、防盗系统故障诊断与维修及 SRS 系统故障诊断与使用内容放在实训室进行，其他教学内容建议使用多媒体教学。

8.1 中控门锁故障检修

8.1.1 中控门锁与防盗系统的概述

汽车中控门锁与防盗系统伴随着社会治安问题的日益突出而引起人们的注意。车门锁通常是和汽车的防盗系统结合在一起的，如果没有性能良好的车门锁，汽车防盗就会成为一句空话，因此汽车防盗的大部分措施都是围绕汽车门锁进行的。汽车防盗装置由最初的机械控制，发展成为电子密码、遥控呼救、信息报警等一系列的防盗控制装置。早期的防盗装置主要用于控制门锁、门窗、起动机、制动器、切断油路等连锁机构，以及为防止盗贼拆卸零件而设计专用套筒扳手。随着科技的发展，汽车防盗装置日趋严密和完善，从整车防护的角度出发，并不断推出新产品。

我国汽车防盗系统也在迅速发展，许多机构正积极努力研制新型汽车防盗装置。比如：我国已成功研制出一种无线遥控汽车防盗系统，它采用国际先进的电子密码技术，具有 2000 万个不重复的编码程序，通过遥控起到防盗、防劫，同时还具有遥控熄火及远程报警等功能。随着公路交通网络的发展，产生了一种防盗措施——CAS 系统，它由报警发射、网络接收、监控中心三部分组成。监控中心对路网中的车辆实行不停止的监测服务，当发生盗窃时，CAS 系统能在 15s 内将移动目标的报警信息传给监控中心，中心在电子地图上准确地显示出案件发生的时间、地点、移动方向以及有关车辆的牌照、颜色等信息，并将这些信息传给指挥中心。

汽车门锁是汽车车身的重要部件。汽车门锁的发展趋势是由机械式向电子化演变。汽车电子门锁、汽车电子密码点火锁和汽车转向锁都是汽车门锁电子化的产物。

1. 中央门锁的功能

汽车装备中央门锁后可实现下列功能：

(1)将驾驶员车门锁扣按下时，其他几个车门及行李箱门都能自动锁定；用钥匙锁门，也可同时锁好其他车门和行李箱门。

(2)将驾驶员车门锁扣拉起时，其他几个车门及行李箱门锁扣都能同时打开；用钥匙开门，也可实现该动作。

(3)在车内个别车门需打开时，可分别拉开各自的锁扣。

(4)配合防盗系统，实现防盗。

2. 汽车中控门锁的结构

汽车中控门锁通常由控制部分和执行机构两部分组成。

(1)控制部分

控制部分包括编码器、输入器、存储器、鉴别器、驱动级、抗干扰电路、显示装置、保险装置和电源等部分组成。

1)编码器

编码器实质上是人为设定的一组二进制或十进制数的密码。设定的原则是所编的密码不易被人识破。对密码电路的要求是容量大、换码率高、保密性好、可靠性高、换码操作简单。

2)输入器与存储器

经过输入器输入一组密码，由存储器记忆后送至鉴别器。

3)鉴别器

鉴别器的作用是对来自输入器和编码器的两组密码进行比较，仅当两组密码完全相同时，鉴别器才输出电信号，经抗干扰处理后送至驱动级和显示装置。若用户的特殊要求，鉴别器还可以输出报警和封锁行车所需的电信号。

4)驱动级

由于鉴别器送出的电信号通常很微弱，为了能带动执行机构的电磁铁产生动作，故设置驱动级。

5)抗干扰电路

为了抑制来自汽车内外电磁波的干扰,保证电子门锁不会自行误开启,而设置了抗干扰电路,以此提高汽车电子门锁的可靠性和安全性。一般情况采用延时、限幅和定相等方法来实现。

6)显示器和报警器

该部分是电子门锁控制部分的附加电路,用于显示鉴别结果和报警,从而扩大电子门锁的功能。

7)保险装置

车速传感器和车门锁止器是汽车电子门锁的组成单元。当汽车运行超过一定速度时,车门锁止器接收来自车速传感器的信号将锁芯锁止;如果控制电路失灵,可通过紧急开启接口直接控制的开起动作。

8)电源

提供零部件正常工作所需能量。

(2)执行部分

汽车中控门锁的执行机构一般采用电磁铁或微型电动机控制。

1)电磁铁式自动车门锁

这种汽车电控门锁的开启和锁止均由电磁铁驱动,其结构如图 8-1 所示。它内设两个线圈,分别用来开启、锁止门锁。门锁集中操作按钮平时处于中间位置,用手按压即可开启或锁止车门。这种锁的优点是结构简单、内部摩擦力小、动作敏捷、操作方便;缺点是耗电量大,电磁铁重量大,操作时有撞击声。

2)电动机式自动车门锁

这种锁由可逆式电动机、传动装置和锁体总成构成。其工作原理是:电动机带动齿轮齿条副或螺杆螺母副进而驱动锁体总成,驱动车门的开启与锁止,其传动装置如图 8-2 所示。这种锁具有体积小、耗电少以及动作迅速的优点;不足之处在于打开或关闭车门之后,若因疏忽通电,易烧毁电动机。

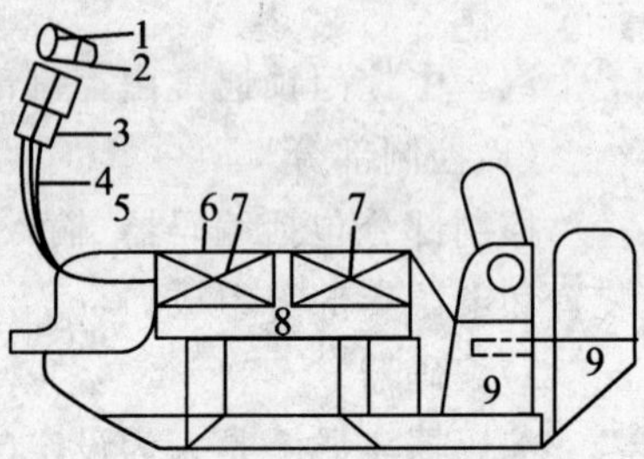

图 8-1　电磁铁式门锁结构

1—锁止位置 2—开启位置 3—插座 4—导线 5—橡皮罩 6—驱动机构 7—线圈 8—铁心 9—托架头

3. 中央控制门锁组成与分类

通过电动机或电磁铁操纵门锁继电器从而控制门锁的开/关称为电动门锁。随着对汽车安全性、可靠性和方便性要求的不断提高,现在一些中高档轿车都配置了中央控制门锁,这种门锁系统是在电动门锁的基础上采用计算机控制技术发展而来的,能够区分正常打开车门与非法打开车门,门锁系统的控制单元与防盗系统的控制单元通过信号线连接起来(或两个系统共用个控制单元),以交换信号。

中央控制门锁系统是由计算机根据各个开关信号控制门锁的开、闭,可使驾驶员更加方便安全地使用汽车。当驾驶员用钥匙锁定左侧前门时,其他三个车门及行李箱门锁也同时被锁住,打开时可单独开左前车门,也可同时打开所有车门及行李箱门。

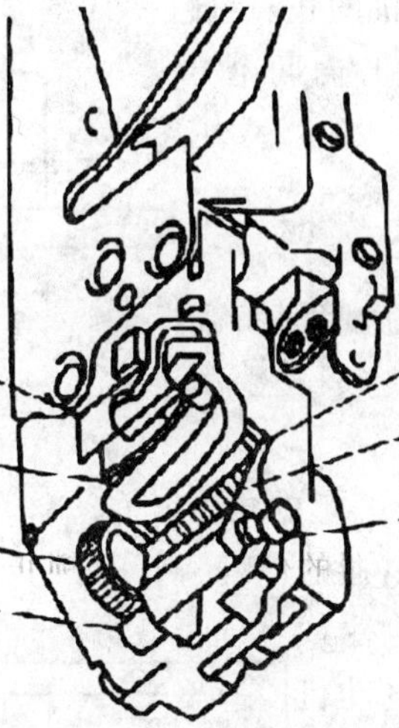

图 8-2　电动机式门锁传动装置

中央控制门锁系统主要由门锁开关、门锁继电器及执行机构三部分组成，如图 8-3 所示。

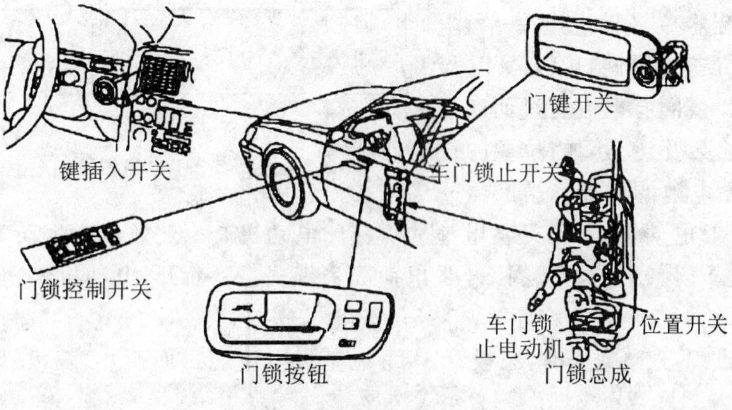

图 8-3　中控门锁组成

门锁开关实质上是一个电门开关，它是用来控制各车门和行李箱锁芯的锁止和开启。用钥匙来拨动门锁锁芯并使其转过一定的角度，即可接通门锁执行机构的电路，使电磁线圈产生吸力将门锁锁止或开启。

定时装置的基本原理是利用电容器的充放电特性，来控制执行机构的通电时间，使执行机构锁止或开启，电容器的电恰好放完，继电器的电流中断，从而丧失吸力使触点断开。

中央门锁执行机构的作用是：根据电路中电流方向的不同而实现闭锁或开锁，即执行驾驶员的指令，将门锁锁止或开启。常用的门锁执行机构有电磁线圈、直流电动机或永磁式旋转电动机。电磁线圈式执行机构的工作过程是：当向闭锁线圈通电时，该线圈产生的电磁力吸引柱塞向一方移动，通过拉杆将车门锁住；当给开锁线圈通电时，该线圈产生的电磁力吸引柱塞向另一方移动，通过拉杆将门打开。

如图 8-4 所示为直流电机式门锁执行机构，该机构只有一个电磁线圈，活动铁心为永

久磁铁，通过利用控制直流电动机的正、反转来双向改变磁场方向，使活动铁心向两个方向移动实现闭锁或开锁功能

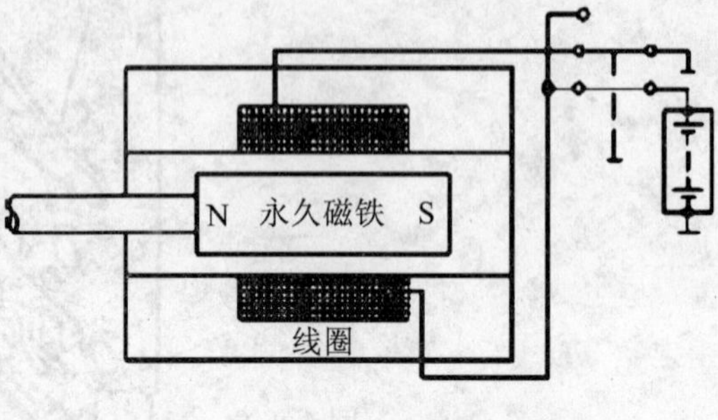

图 8-4　直流式门锁执行机构

4. 中央门锁的工作原理与电路分析

典型中央门锁的控制电路图如图 8-5 所示，其工作过程如下：

(1)锁止车门

当将钥匙插入锁筒内并旋转一定的角度后，车门门锁开关接通控制电路，通过一系列的控制使继电器 K_1 的电磁线圈通电，吸合 K_1 触点，使门锁电动机的电路导通并构成闭合回路，电动机转动将门锁锁扣锁止。其电路为：蓄电池的正极→熔断器→二极管 VD_5→三极管 VT_1 发射极→电阻 R_3→二极管 VD_1→电容器 C_1→锁止开关→蓄电池的负极。C_1 充电瞬间，VT_1、VT_2 导通，继电器 K_1 线圈有电流通过而产生吸力将 K_1 触点吸到 ON 的位置。这时的电流由蓄电池的正极→熔断器→K_1→执行机构(电动机)→K_2→蓄电池的负极。电动机有电流通过产生动力拉下车门锁扣杠杆，锁止车门。继电器线圈 K_1 失电而吸力消失，K_1 断开，电动机停止工作，锁止车门结束。

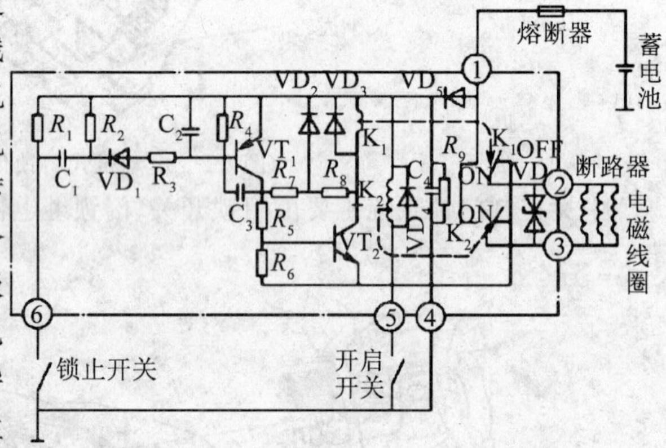

图 8-5　中央门锁控制电路

当电容器 C_1 充电完毕时，三极管 VT_1 无基极电流通过而截止，三极管 VT_2 也随之截止。

(2)打开车门

当驾驶员需要将门锁打开时，可将钥匙插入门锁锁筒内并旋转一定角度，车门锁开启开关闭合。这时，蓄电池的电流由正极→熔断器→继电器 K_2→开锁开启开关→蓄电池的负极。由于继电器 K_2 的线圈通电而产生吸力，使 K_2 处于 ON(接通状态)，电动机产生动力，由于通过电动机的电流方向与车门锁止时相反，所以车门锁锁扣被拉起，车门锁被打开。

5. 电控中央门锁

电控中央门锁由信号输入装置、ECU 和执行器 3 个部分组成。信号输入装置由门锁控制开关、钥匙开锁报警开关、钥匙控制开关、行李箱门开关、门控开关、门锁开关等组成。中央门锁 ECU 由输入器、存储器、鉴别器、编码器、驱动极、抗干扰电路、显示装置、保险装置和电源等部分组成。

电控中央门锁各器件在车上分布位置如图 8-6 所示。电控中央门锁具有锁门控制、开门控制、防止钥匙遗忘、行李箱门开启器控制等多种功能。

6. 遥控门锁

无线遥控系统也叫无钥匙进入系统(remotekeyentry),由 4 个功能部件组成:手持遥控发射器、遥控高频接收电路、CPU 和执行驱动电路。其中,遥控高频接收电路和执行驱动电路分成两个模块,以便于缩小接收电路的体积并与大电流电路分离,可以很灵活地选择安装位置从而优化无线信号接收性能。无线遥控系统为车主打开门锁提供了方便手段。同时,这个系统还可以提供相关的行李箱、灯光和喇叭的控制功能。车门和车门锁是车身上被操作最多部件之一,也是车身舒适性得以实现的最基本环节,但是从防盗和安全角度来说,遥控中央门锁控制系统需要使正常开启和非法侵入的操作途径分离开来,同时车门和车门锁需要更加坚固,合法使用者可通过射频遥控进行操作,享受它的便捷和舒适,而非法侵入者却只能面对坚固的机械机构束手无策。

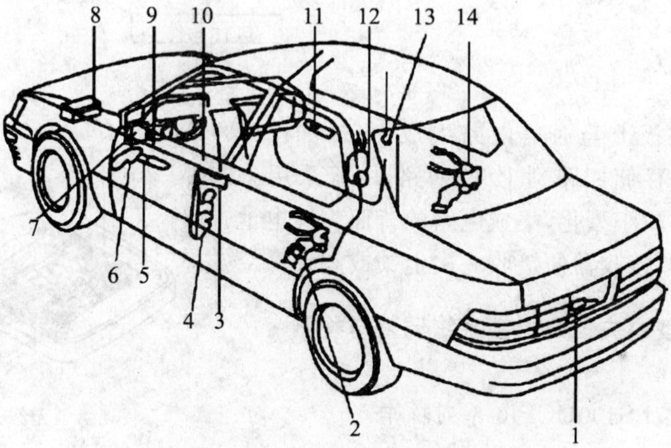

图 8-6　中央门锁各器件在车上的分布位置

1—行李箱门开启器电磁阀 2—左后门锁电动机及位置开关

3—门锁控制开关 4—左前门锁电动机、位置开关及门锁开关

5—左前门锁控制开关 6—NO. 1 接线盒门控线路断路器

7—防盗和门锁控制 ECU 及门锁控制继电器

8—NO. 2 接线盒、DOME 熔丝 9—行李箱门开启器开关

10—点火开关 11—右前门锁控制开关

12—右前门锁电动机、位置开关和门锁开关

13—右前门钥匙控制开关 14—右后门锁电动机及位置开关

不用钥匙插入门锁,可实现远距离开锁和闭锁,即使在夜间或黑暗中使用也非常方便。遥控门锁系统主要由发射机、分配器、接收机及保险装置等组成,其原理如图 8-7 所示。

发射机将载波的频率按照数字识别代码信号进行频率偏移调制(FSK),再进行 FM 调制和发射,而不受外来杂波的干扰。FM 波由汽车无线电调频机的 FM 天线进行接收,通过分配器进入接收机 ECU 的高频增幅处理器进行处理,与存储的识别代码进行比较。

如果正确,则输入控制电路,控制执行元件工作。

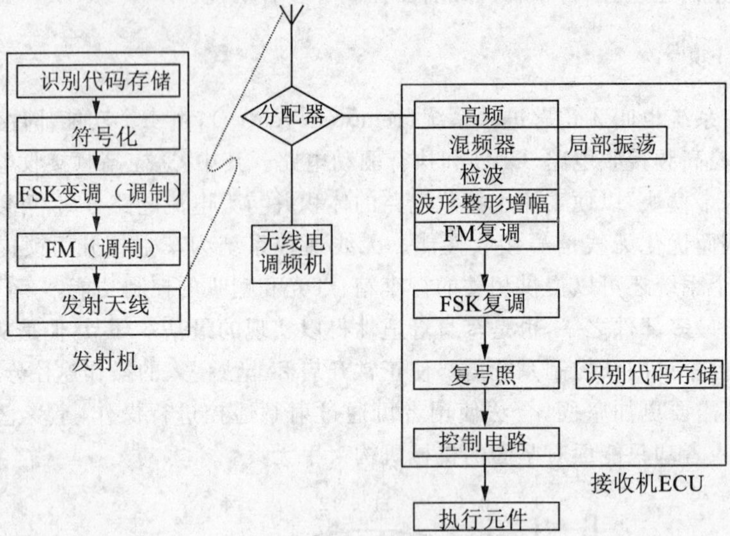

图 8-7　遥控门锁电路

发射机在键板上与通信电路组成一体,如图 8-8 所示。从识别代码存储回路到 FSK 回路,由于采用单芯片集成电路而使体积小型化,集成电路的背面为锂电池。发射开关每按一次,接收器便接收一次上锁或解锁命令。

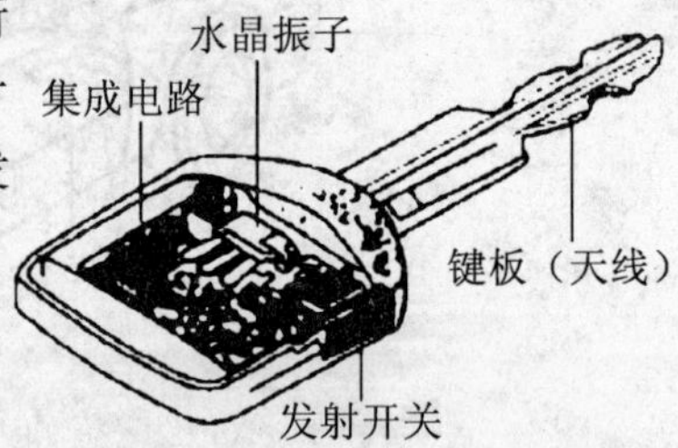

图 8-8　无线遥控器(发射机)

8.1.2　典型中央控制门锁系统调整与检测

1. 丰田凌志 LS400UCFI0 系列轿车

(1)普通中央门锁控制系统

该系统主要由防盗和门锁控制 ECU、2 个钥匙操纵开关、2 个门锁开关、2 个门锁控制开关、4 个门锁电机、4 个位置开关及 2 个行李箱门开启器开关等组成。图 8-9 所示为该车中央门锁控制系统的工作电路。钥匙操纵开关、门锁开关和门锁控制开关用于向防盗和门锁控制 ECU 输送锁定(锁住车门)或未锁(打开车门)信号。防盗和门锁控制 ECU 据此向门锁电机输出锁定(锁住车门)或未锁(打开车门)指令,指挥门锁电机动作,完成锁住车门或打开车门动作。两个行李箱门开启器开关串联,只有当这两个行李箱门开启器开关部闭合时,防盗和门锁控制 ECU 才向行李箱门开启器电磁线圈发出开启指令,打开行李箱门。

所有车门可以通过左前或右前门上的钥匙同时打开和关闭,这就是所谓的钥匙联动开门和锁门功能。若已执行了锁门操纵,而一侧前门打开且点火开关钥匙仍插在锁芯内,则所有的车门会自动打开,以防止点火开关钥匙忘在汽车内,这就是所谓的钥匙禁闭预防功能。

(2)无线遥控中央门锁控制系统

与前述中央门锁控制系统相比,该系统增加了无线门锁 ECU、玻璃印刷天线、带发送器的点火开关钥匙及无线门锁主开关等。该系统的车门除了上述开启方式外,还可利用主点火钥匙(遥控器)上发送器发出的无线电信号来控制车门的开闭。发送器发出的信号被玻璃印刷天线接收后,再经匹配器输送到无线门锁 ECU,无线门锁 ECU 通过对信号进行判断后,向执行器门锁电动机输出信号,控制门锁的开闭。这样,车主可以在离汽车一定距离时便可以打开或锁上所有车门锁。

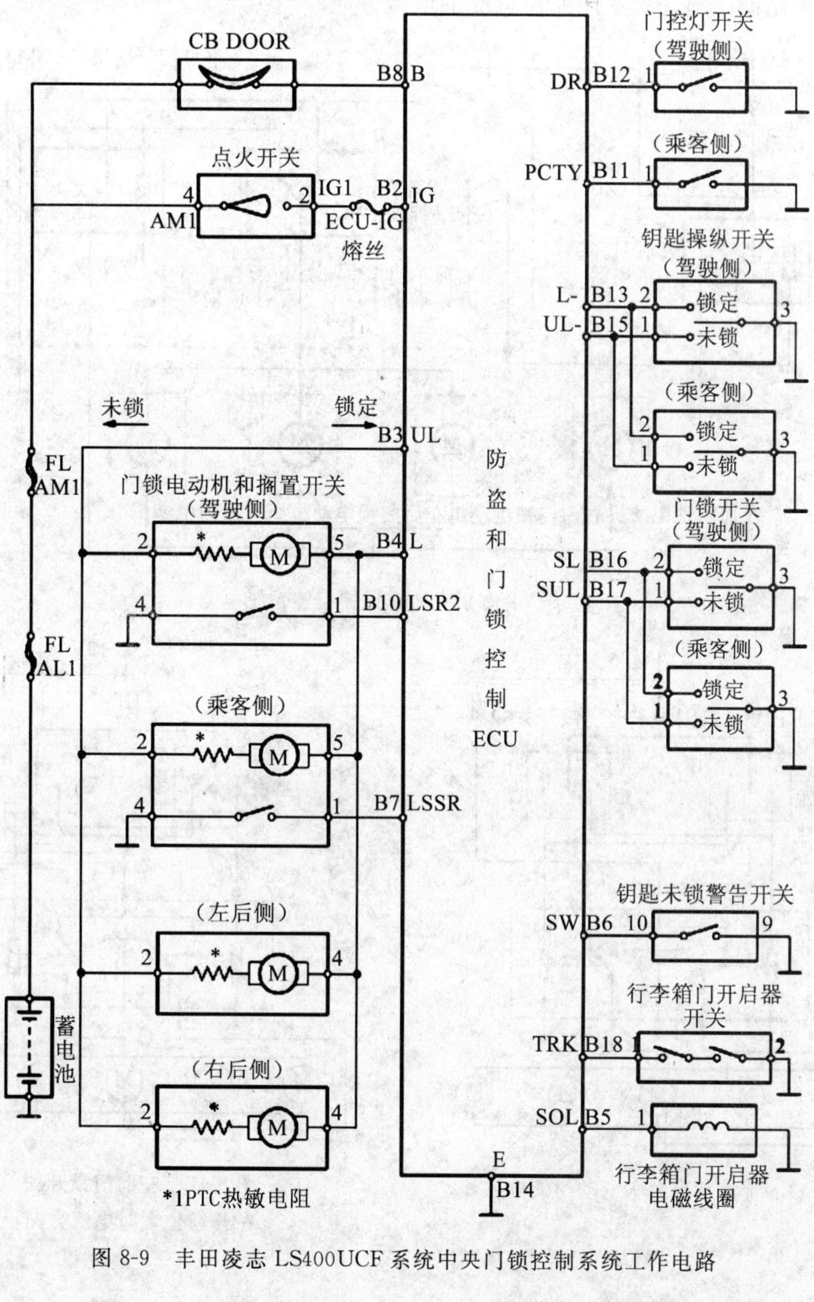

图 8-9　丰田凌志 LS400UCF 系统中央门锁控制系统工作电路

2. 别克遥控门锁系统

别克遥控门锁装置由遥控发射器和接收器组成，遥控车门锁接收器位于仪表板上，由蓄电池通过仪表线束供电。遥控车门锁搭铁接收器判断遥控车门发射器传递的指令，并将该信号送入车身控制模块（BCM）。除了驾驶员这边车门锁外，其余车门锁均由 BCM 直接控制。图 8-10 为上海别克轿车遥控门锁系统电路，图 8-11 为上海别克轿车电动门锁电路图，图 8-12 为上海别克轿车左前门锁开关在开锁位置时的电流方向，图 8-13 为上海别克轿车左前门锁开关在闭锁位置时的电流方向。

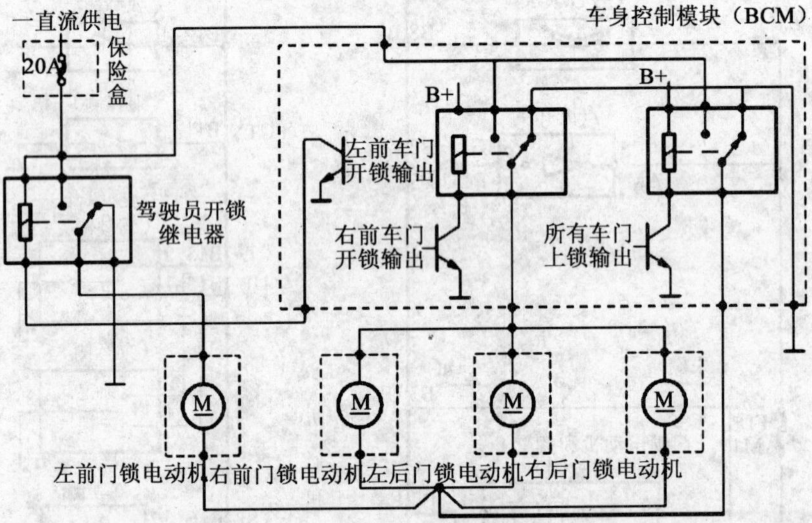

图 8-10 上海别克轿车遥控门锁系统电路

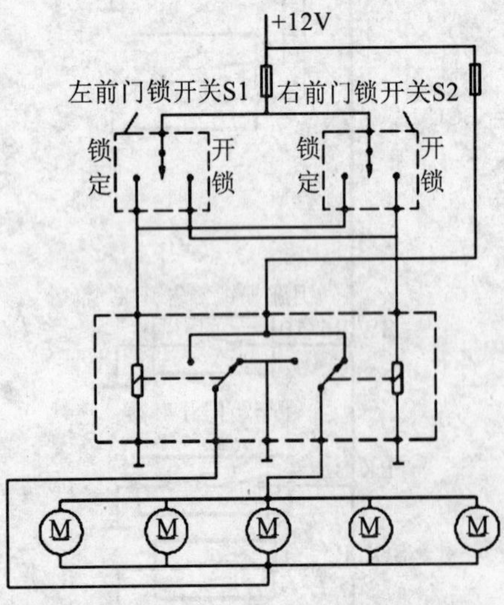

图 8-11 上海别克轿车电动门锁电路

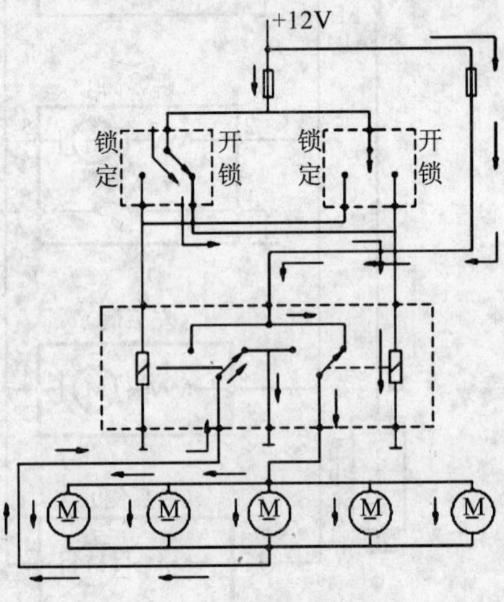

图 8-12 左前门锁开关在开锁位置时电流方向

拓展阅读

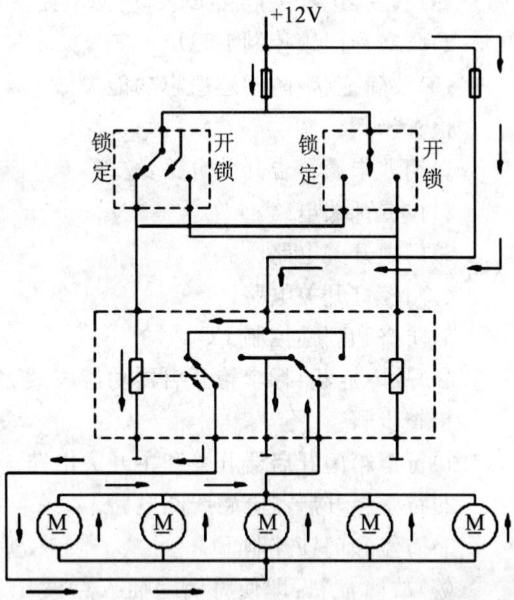

图 8-13　上海别克轿车遥控门锁系统电路

凌志 LS400 轿车中央控制门锁系统的检修

这里以凌志 LS400 轿车为例，它的中央门锁控制系统具有钥匙联动锁门和开锁功能，以及钥匙防遗忘功能。通过左前门或右前车门上的钥匙操纵开关或门锁开关，可使所有的车门同时上锁或开锁。如果钥匙忘记在点火开关内没有拔出，若进行锁门操作，当一侧前门打开时，所有车门锁会自动打开，以防钥匙忘记在点火开关里而被锁到车内。图 8-14 为丰田凌志 LS400UCF1O 系列轿车中央门锁控制系统工作电路图。

1. 凌志 LS400 轿车普通门锁系统的检修

针对不同的故障症状，应按照步骤去检查有关的部件和电路。

(1)故障症状：门锁控制系统无动作。

检查步骤：

1)ECU 电源电路。

2)执行器电源电路。

3)行李箱开启器电磁线圈电路。

4)门锁电动机电路。

5)防盗系统和门锁控制 ECU。

(2)故障症状：不能用门锁控制开关和钥匙操纵开关锁上或打开所有或部分车门的门锁。

检查步骤：

1)门锁电动机电路。

2)防盗和门锁控制 ECU。

(3)故障症状：不能用门锁控制开关锁上或打开所有车门的门锁，但可以用钥匙操纵开关锁上或打开所有车门。

检查步骤：

1)门锁控制开关电路。

2)防盗和门锁控制 ECU。

(4)故障症状：不能用钥匙操纵开关锁上或打开所有车门的门锁，但可以用门锁控制开关锁上或打开所有车门。

检查步骤：

1)钥匙操纵开关电路 ECU 电源电路。

2)防盗和门锁控制 ECU。

(5)故障症状:防钥匙遗忘功能失效

检查步骤:

1)钥匙未锁警告开关电路。

2)位置开关电路。

3)门锁开关电路。

4)门控灯开关电路。

5)防盗和门锁控制 ECU。

(6)故障症状:行李箱开启器功能失效。

检查步骤:

1)行李箱门开启器开关和主开关电路。

2)行李箱开启器电磁线圈电路。

3)防盗和门锁控制 ECU。

(7)故障症状:即使将钥匙插入点火开关锁芯内并转至 ACC 位置,门锁控制系统的安全功能也不能解除。

检查步骤:

1)点火开关电路。

2)防盗和门锁控制 ECU。

2. 凌志 LS400 轿车无线门锁系统的检修

(1)故障症状:门锁无线控制系统的所有功能不起作用。

检查步骤:

1)ECU 电源电路。

2)门控灯开关电路。

3)钥匙操纵开关电路(打开侧)。

4)钥匙操纵开关电路(锁住侧)。

5)钥匙未锁警告开关电路。

6)无线门锁 ECU。

(2)故障症状:仅车门开起动作失效,但是锁住动作正常。

检查步骤:

1)钥匙未锁警告开关电路。

2)位置开关电路。

3)门锁开关电路。

4)门控灯开关电路。

5)防盗和门锁控制 ECU。

(3)故障症状:行李箱开启器功能失效。

检查步骤:

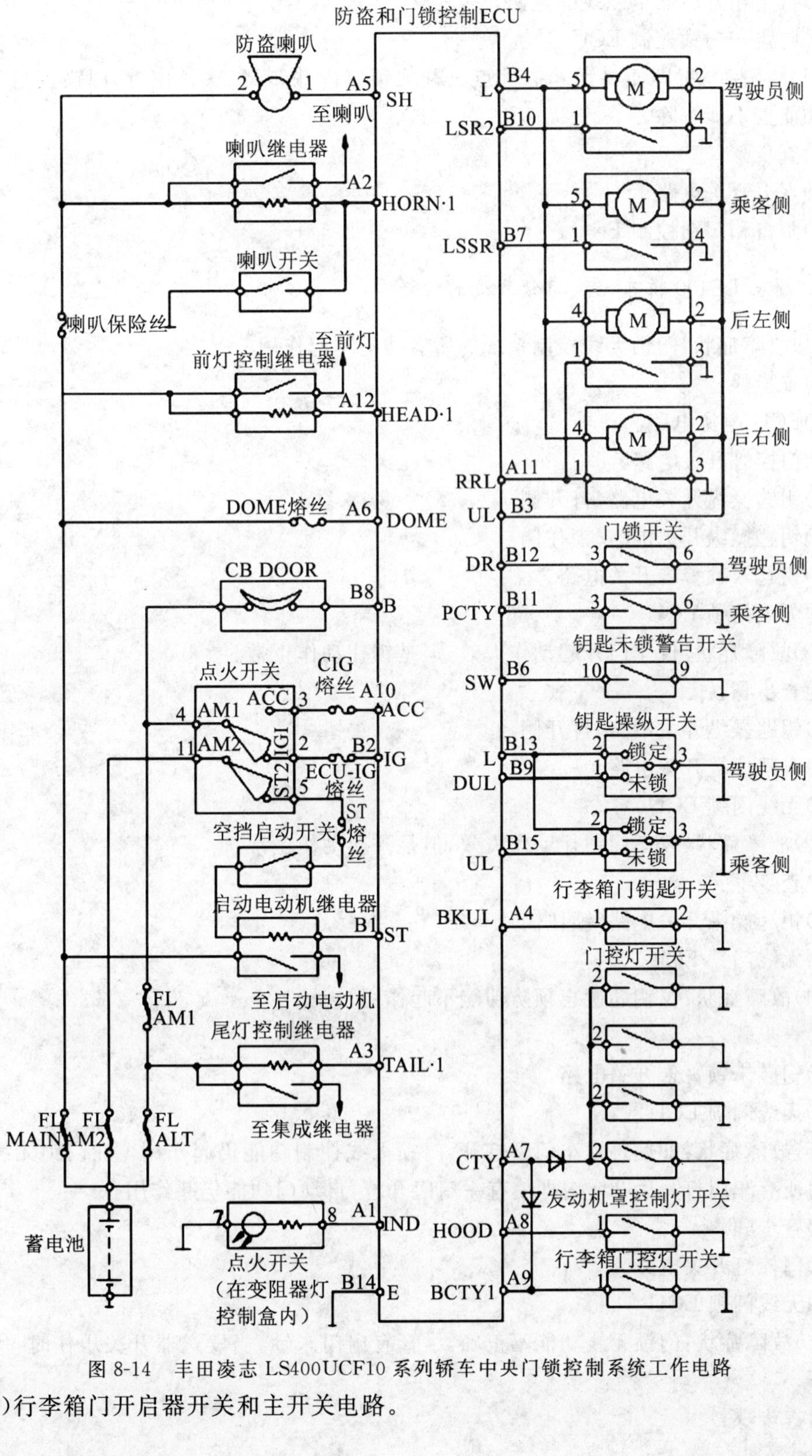

图 8-14　丰田凌志 LS400UCF10 系列轿车中央门锁控制系统工作电路

1)行李箱门开启器开关和主开关电路。

2)行李箱开启器电磁线圈电路。

3)防盗和门锁控制 ECU。

(4)故障症状:即使将钥匙插入点火开关锁芯内并转至 ACC 位置,门锁控制系统的安全功能也不能解除。

检查步骤:

1)点火开关电路。

3)防盗和门锁控制 ECU。

3. 凌志 LS400 轿车无线门锁系统的检修

(1)故障症状:门锁无线控制系统的所有功能不起作用。

检查步骤:

1)ECU 电源电路。

2)门控灯开关电路。

3)钥匙操纵开关电路(打开侧)。

4)钥匙操纵开关电路(锁住侧)。

5)钥匙未锁警告开关电路。

6)无线门锁 ECU。

(2)故障症状:仅车门开起动作失效,但是锁住动作正常。

检查步骤:

1)钥匙操纵开关电路(打开侧)。

2)车门位置开关电路。

3)无线门锁 ECU。

(3)故障症状:仅车门锁住动作失效,但是开起动作正常。

检查步骤:

1)钥匙操纵开关电路(锁住侧)。

2)无线门锁 ECU。

(4)故障症状:仅钥匙遗忘预防功能不起作用。

检查步骤:

1)钥匙未锁警告开关电路。

2)无线门锁 ECU。

(5)故障症状:即使每扇车门已打开,门锁无线控制功能仍起作用。在门锁无线控制系统将所有车门打开后 30s 内即使有一扇门开着,自动门功能仍起作用。

检查步骤:

1)门控灯开关电路。

2)无线门锁 ECU。

(6)故障症状:门锁无线功能不正确,尽管有扇门未锁,当发送器开关压住时,所有车门打开。

检查步骤:

1)车门位置开关电路。

2)无线门锁 ECU。

8.2　防盗系统故障检修

随着社会的进步,汽车防盗技术已经与安全、环保、节能一起被列为汽车技术发展的四大课题。特别是到了 21 世纪的今天,融合电子信息技术、数据通信技术、传感器技术、控制技术、计算机处理技术和汽车网络技术于一身的汽车防盗技术正朝着高度智能化、功能多样化和网络化发展。

车辆防盗系统的功能主要包括以下三方面:防止非法进入汽车;防止破坏或非法搬运汽车;防止汽车被非法开走。换句话说,汽车防盗一般应从三个方面考虑:门锁的工作可靠、发动机的防盗性、汽车的防盗报警功能。

8.2.1　汽车防盗系统的组成与分类

狭义的防盗系统主要是指一些防盗设备,如各种防盗锁和各类报警器,广义的防盗系统应包括中控门锁、发动机控制单元和报警系统。特别是汽车先进的门锁控制系统和发动机控制单元是先进的防盗系统不可缺少的一部分。

1. 防盗系统的组成

汽车防盗系统通常包括三个部分:报警起动/解除操作部分、控制电路部分、执行机构部分(图 8-15)。点火开关首先起动防盗系统,接着由装在各类开关上的各传感器检测是否出现非法进入汽车并开始起动发动机或非法搬运汽车的情况,当探测到汽车出现异常时,防盗控制 ECU 向执行机构部分发出命令,一方面要求其发出报警信号,包括尖锐的警示声音和灯光闪烁,另一方面要求其阻止起动机和发动机运转,使汽车失去运动能力。

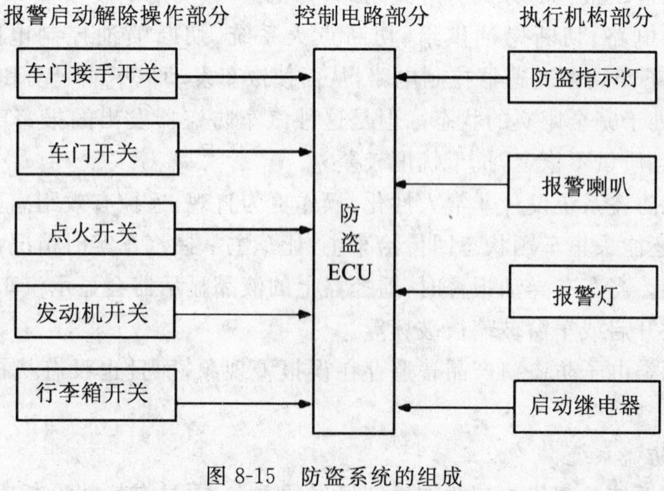

图 8-15　防盗系统的组成

2. 汽车防盗系统的分类

汽车防盗系统主要有两类:一类是汽车原配的防盗系统,另一类则是附加的防盗设备。各种高级轿车一般都配有原装防盗系统,而且这类防盗系统都采用了最新的技术,如射频识别技术(RFID)。对于普通的汽车来说,如果防盗系统不完善的话,车主会自己装备一些防盗设备。那么按汽车防盗设备的结构与功能可分为四大类:机械式防盗锁、电子式防盗产品、芯片式防盗系统和网络式(GPS)防盗技术,其中电子式防盗产品应用最广泛,但一般作为车辆原配的防盗系统的额外设备,而网络式(GPS)随着技术的逐渐成熟和价格的下降开始日益普及。

(1)机械式防盗锁

机械式的防盗锁是早期的汽车防盗器材,主要通过机械的方法锁定离合器、供油油路、变速器挡位、转向盘、制动器等来达到防盗的目的,如变速杆锁(锁住变速杆使其不能移动)、转向盘锁(挂在转向盘与离合器踏饭之间)、轮胎锁(固定住轮胎)等。这些防盗装置只能起到限制车辆操作的作用而不能报警,故在防盗方面所能够提供的帮助有限,现在已经很少单独使用,主要是与另外两类防盗系统联合使用。但是机械锁的技术也在不断发展,经过数次技术升级,目前已有较可靠的方向盘锁和排挡锁等,其中排挡锁是目前汽车应用最多的防盗装置。排挡锁一般安装在中控台上,既简便又牢固,材质采用特殊的高硬度合金钢制造,防撬、防钻、防锯,而且采用同材质镍银合金锁芯和钥匙,没有原厂配备的钥匙极难打开,如果钥匙丢失,必须用原厂电脑卡复制钥匙。

(2)电子式防盗锁

电子式防盗系统是目前应用最广泛的防盗设备之一。车主通过遥控器来控制汽车,但是车辆的真实状况却无法反馈回车主。

电子式防盗系统起动(激活)之后,如有非法移动汽车、打碎玻璃、破坏点火开关锁芯、拆卸轮胎和音响、非法打开车门、燃油箱加注口盖、行李箱门或非法接通点火开关等,防盗系统均会立即报警。报警的方式有灯光闪烁、警笛长鸣、发射电波报警。有些车型在报警的同时切断起动电路、切断燃油供给、切断点火系统、切断喷油控制电路、切断发动机ECU接地电路,甚至切断变速器控制电路,从而使汽车发动机不能起动和运转,变速器不能换挡,使汽车处于完全瘫痪的状态。但是这种汽车防盗器发出的报警声尖锐、刺耳,使人难以忍受,而且质量不稳定,抗干扰度较差。

第二代可视防盗系统设计非常人性化,操作更为直观,遥控有效距离更远。车主不仅可以遥控车辆,还能采集车辆状态回传给车主,让车主掌握汽车实时情况,具有被盗报警、寻车防抢等功能。当车有异动报警时,遥控器上的液晶显示器会显示汽车遭遇的状况,如哪一侧的车门被开启或车窗玻璃被破坏等。

但是上述两类电子防盗窃产品普遍存在误报警现象,而且也没有从根本上解决车辆丢失的问题。

(3)芯片式防盗系统

芯片式防盗系统是现代汽车防盗系统发展的重点,它具有特殊诊断功能,即合法使用者在读取钥匙保密信息时,能够得到该防盗系统的历史信息。大多数高级轿车均采用这种防盗装置。其基本原理是:用密码钥匙锁住汽车的发动机、电路和油路,在没有钥匙的情况下无法起动车辆。由于数字化的密码重码率极低,而且要用密码钥匙接触车上的密码锁才能开启,杜绝了被扫描的弊病。它不仅比以往的电子防盗系统更有效地起到防盗作用外,它还采用了独特射频识别技术(RFID)可以保证系统在任何情况下都能正确识别驾驶者,在车主接近或远离车辆时可自动识别其身份,自动打开或关闭车门。无论是在车内还是车外,独创的 TMS37211 器件均能够轻松探测到电子钥匙的位置。目前许多进口高档车,以及国产的大众、广州本田等车型都装有原厂配备的芯片式防盗系统。

(4)网络式(GPS)防盗技术

GPS(全球卫星定位系统)技术应用在非军事领域,特别是在汽车反劫防盗领域中取得了实际效果。该系统由卫星监控中心的中央控制系统、车辆上的移动 GPS 终端设备及 GSM 通信网络组成。监控中心通过定位卫星对全国范回内车辆(必须安装移动 GPS 终端设备)实行 24 小时不间断、高精度地监控,同时利用网络的短信息平台作为通信媒介来实现定位信息的传输。由于 GPS 系统可以实时从电子地图中了解车辆位置及情况,与车主保持联系,所以实现了对车辆的跟踪掌握。当车辆遭受到非正常起动或人为破坏,车辆就会通过电台自动报警,GPS 卫星定位系统将报警信息和报警车辆所在位置无声地传送到报警中心,不会引起盗贼的警觉。车辆报警后,监控中心可以马上显示出该车辆的警示图标和周围情况,以便指挥有关人员协助搜寻,还可以通过车载移动电话监听车内声音,必要时可以通过手机关闭车辆油路、电路,并锁死所有门窗。如果 GPS 防盗器被非法拆卸,它会发出报警信息,报警电台很快就能准确判断车辆方位。

8.2.2　典型的汽车防盗系统

1. 宝马车防盗系统

宝马车系采用电子禁止起动系统 EWSII 为核心的防盗系统,EWSII 系统由内置电子芯片的点火钥匙和位于点火开关上的环状线圈、收发组件、控制组件及发动机电子控制组件组成。工作原理为:当车主将钥匙插进点火开关并拧动钥匙时,会使环状线圈发生电磁感应,向内置电子芯片提供所需的工作电压,从而调用芯片存储的电子编码的数据信号,经过收发组件传递到 EWSII 控制组件。如果 EWSII 控制组件内所储存的信号与这个来自钥匙的数据信号相吻合,就会认为这是从合法的钥匙传来的起动发动机的信号。如果这时 EWSII 控制组件知道变速手柄的位置在驻车挡(P 挡)或空挡(N 挡)和车身控制模块(BCM)的密码(由车主输入的任意组 4 位数字)已解开,就会一方面接通内置的起动机继电器,使起动机得到工作电压从而使发动机转动;另一方面将预先记忆的 DME 的固定编码与车上所使用的 DME 的固定编码进行对比,如果这两个固定编码一致时,DME 才能起动控制点火及喷油的功能,使发动机运转,当发动机发动后,EWSII 控制组件会产生个新的随机电子编码,并通过收发组件及环状线圈传回给钥匙上的电子芯片,以供下次起动发动机时使用。该防盗系统的主要特点是不需要由点火钥匙提供电源。

EWSII 系统的功能就是防止发动机被非法起动,只要车主在车辆熄火时拔出钥匙,EWSII 系统就自动进入待命状态,完全不需要再通过其他设备。锁车门时,也可以使传统的防盗系统进入待命状态,以便对车的外表进行防盗监控。即使有人用复制的钥匙或利用外力强行打开车门并接通了点火开关,由于 EWSII 控制组件得不到由钥匙发出的数据信号,起动机就得不到工作所需要的电压,发动机无法起动,DME 也不能工作。即使有人再另外向起动机提供电源,虽然能使发动机转动,但由于 EWSII 控制组件仍得不到钥匙发出的数据信号,因此也不能与 DME 核对其固定编码,不能起动 DME 的控制点火及喷油的功能,发动机仍然不能工作。

EWSII 系统一共可以容纳十把钥匙,车主最多只能同时拥有其中的四把,其余钥匙的相关信息存储在宝马汽车公司的信息库里。钥匙的电子芯片记录着钥匙的电子编码,如果车主丢失了其中的一把,只要车主能把其余的钥匙拿到宝马汽车维修中心,通过专用仪器就可以知道所遗失的是哪把钥匙,并通知 EWSII 控制组件禁止接受从这把遗失的钥匙所发出的任何数码信号。这样,即使丢失了钥匙,车辆也不存在被偷走的危险。如果车主重新找回了丢失的钥匙,同样也可以通过宝马汽车维修中心的专用仪器能使其复活。如果要配一把新钥匙,只要把该车辆的有关资料告诉宝马汽车公司,就能从信息库里找到相关的资料,把钥匙配出来。如果所有的钥匙都遗失了,那就只能换个新的 EWSII 控制组件,相应地又有新的十把钥匙可供使用。如果车主担心盗贼会用丢失的钥匙偷走车内的东西,这时只要换掉整套的锁芯、钥匙及 EWSII 控制组件就可以了。由于新的 EWSII 控制组件不知道车上的 DME 的固定编码,因此还需要通过专用仪器把固定编码传送给 EWSII 控制组件,系统才能正常工作,同样地,如果更换了新的 DME,相应地也需要把这个固定编码传递给 EWSII 控制组件。

另外,新款宝马车系采用有内置可充电电池的防盗警笛,当全套防盗系统处于待命状态时,系统会使防盗警笛处于高电位而不响警报。如果强行拆除电池以切断防盗警笛电源供给时,那么由于电源变成低电压,防盗警笛将通过内置的充电电池直接供电而响起警报。

2. 德国桑塔纳 2000Gsi 轿车防盗系统

桑塔纳 2000Gsi 轿车防盗系统采用通过驻车防盗系统认可的钥匙起动工作程序的防盗装置。该系统的工作原理是:车主将钥匙插进点火开关并转至 ON 位置时,读识线圈能感应传递给钥匙上的脉冲转发器,脉冲转发器接收到能量后立即发射出答复代码,通过读识线圈接收后把答复代码输送给驻车防盗系统电控单元,驻车防盗系统电控单元收到答复代码与之前储存的代码比对是否相同。如果相同,就向发动机电控单元发出进入正常工作程序的指令,发动机正常起动。如果不相同或驻车防盗系统存在故障,就向发动机电控单元发出停止正常工作程序的指令,发动机起动 2s 后立即熄火,驻车防盗系统警告灯连续闪烁,可以避免汽车被盗走。

3. 美国别克轿车防盗系统

该轿车配备的是遥控钥匙确认(PASS-KeyII)防盗系统,主要由点火钥匙、点火锁芯、防盗报警模块、防盗报警继电器和动力系控制模块(PCM)等组成。该系统的工作原理是:点火钥匙内嵌电阻片,拥有特定的电阻代码,而点火锁芯含有电阻感应触点,当钥匙和锁芯一起转动时，锁芯触点与点火钥匙上的电阻片相接触，使电阻片形成钥匙检测电路，此时车身控制模块向电路提供 5V 参考电压。车身控制模块读入电阻片代码，与预置的电阻代码进行比较，当检测出代码一致时，车身控制模块将通过 2 级串行数据连接，向动力系统控制模块发出燃油喷射口令，同时动力系统控制模块启用防盗继电器，向发动机供油。若检测出代码不一致时，车身控制模块使点火系统和起动机不工作也不允许动力系统控制模块发出喷油命令，同时还能点亮防盗报警灯，即使将起动机电磁阀接通，PCM 也无法使喷油器喷油，从而防止汽车被盗。

8.2.3　汽车电子防盗系统的使用与检修

目前使用的汽车电子防盗系统故障诊断仪器主要是 V. A. G1551/1552。V. A. G1551 是大众系列车型的通用电控系统故障阅读器，可用于捷达、高尔夫、奥迪、红旗、帕萨特、桑塔纳等车型的电控系统检测，对于其他车型，V. A. G1551 的基本设置、匹配及测量数据流的显示数据会有所不同，且每个显示组中的各个显示区参数的内容也不相同，所以在使用时要注意。V. A. G1552 是在 V. A. G1551 的基础上取消打印键和打印纸输出键的便携式阅读器，其使用方法与 V. A. G1551 基本相同。

防盗系统的故障自诊断，自诊断是通过防盗系统的警告灯进行出错识别和出错显示。在防盗系统无故障的情况下，组合仪表中的防盗系统(K117)警告灯在接通点火开关后亮起，大约 3s 之后熄灭。如果防盗系统发生故障，出现下列情况之一：不正确地进行点火钥匙的匹配；点火钥匙中无转发器(应答器一读出存储器)；使用未经认可的点火钥匙；阅读线圈出现故障；数据传输线的中有故障。则组合仪表中的防盗系统(K117)警告灯在接通点火开关后持续闪亮。在系统发生故障时，只有先对故障进行查询才能彻底解决故障，所以必须进行向诊断，一般使用 V. A. G1551 等故障阅读仪来查询存储的信息，如果控制系统的传感器或者相关部件出现故障的话，那么就按出错类别的说明在故障存储器中存储这些故障，V. A. G1551 故障阅读仪可以存储 4 个故障。如果有时出现的故障在以后的 50 次起动之内不再出现的话，那么就可以消除它们。

几点说明：

(1)在更换确认为有故障的零件之前，首先按照电路图规定检查用于这些零件的电源线和插头连接及搭铁状况。

(2)在维修之后必须经常使用 V. A. G1551 故障阅读仪查询发动机控制单元的故障存储器，并且消除发动机控制单元的故障存储器内容。

(3)在故障存储器中，会输出静态故障和偶发误差两种信息。如果一个误差至少出现 2s，那么就被识别为静态故障；如果个误差此后不再出现，那么就被识别为偶发误差输出，并在显示器上右边出现个"/SP"标记。

(4)在接通点火开关后出现的所有故障作为偶发误差加以处理，如果故障在检验之后继续出现的话，这时才作为静态误差加以存储。

(5)如果一个偶发误差在 50 次点火周期过程中(点火开关必须在 2s 内接通)不再出现的话，那么消除该误差。

(6)由 V. A. Gl5514 输出的 5 位数故障代码仅仅出现在打印输出中。

8.2.4 大众奥迪车系的防盗系统的组成工作原理及检修

1. 桑塔纳车系防盗的原理

桑塔纳 2000 时代超人轿车配置了和德国大众帕萨特 B4 轿车一样的汽车防盗器。该汽车防盗器是一种点火开关打开后开始工作的电子防盗保护装置，采用的使发动机不能发动，或能发动数秒后即中断的方式防盗(又称点火锁)可以有效避免汽车被盗走。

(1)汽车防盗器的结构

桑塔纳 2000 时代超人轿车的防盗器主要由带脉冲转发器的汽车钥匙、识读线圈 D2(在点火开关上)、防盗器控制单元 J362(在转向柱左边的支柱上)、有可变代码的发动机控制单元 J220 以及防盗器警告灯 K117 等组成，其结构和电路如图 8-16 所示。其中，防盗器电控单元 ECU 安装在转向柱左边的支柱上，可变代码功能的发动机电控单元 ECU 安装在驾驶员脚部的上方。在这里，钥匙上的脉冲转发器和识读线圈是整个电子控制防盗系统的信号发生器，防盗器 ECU 是控制单元，而发动机 ECU 是执行器。

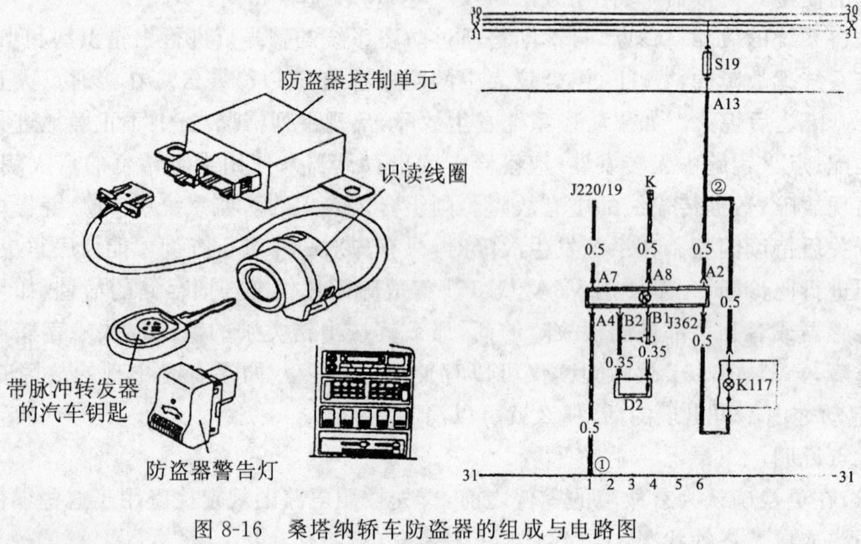

图 8-16 桑塔纳轿车防盗器的组成与电路图

1)脉冲转发器

脉冲转发器安装在钥匙中，它是一种不需要电源驱动的感应和发射元件。

当钥匙插入锁孔并打开点火开关时，防盗器 ECU 把能量输送给识读线圈。由识读线圈把能量用感应的方式传送给脉冲转发器。这时，脉冲转发器接收感应能量后立即发射出“程控代码”，通过识读线圈把程控代码送给防盗器 ECU，供其核对，以识别合法性。每一辆车的钥匙，即脉冲转发器都有不同的“程控代码”。

2)识读线圈

识读线圈环绕在机械点火开关的外面，在点火开关置于 ON 时，把能量传送给钥匙中的脉冲转发器，并把脉冲转发器中存储的程控代码输送给防盗系统 ECU。

3)防盗器 ECU

防盗器 ECU 安装在中央线路板上方。在点火开关置于 ON 时,激活脉冲转发器,通过识读线圈把它的程控代码接收回防盗器 ECU。防盗器 ECU 把输入的程控代码与先前存储在防盗器内的钥匙代码进行核对是否正确。同时防盗器 ECU 又对发动机 ECU 存储在防盗器 ECU 中的代码核对是否正确。如果核对后代码一致,发动机起动后不熄火;如代码不一致,发动机在发动后 2s 之内,中断点火和喷射而熄火。

由于防盗器 ECU 是经过与发动机 ECU 匹配后才介入发动机电子控制系统的,因此只有使用被装于汽车上的防盗器 ECU 匹配过并认可的钥匙,才能正常起动发动机。

4)防盗警告灯

当使用合法的钥匙打开点火开关,安装在仪表板中部面板上的防盗警告灯会点亮后熄灭(3s 内)。如果使用非法的钥匙,或者在防盗系统中存在故障,打开点火开关后,防盗警告灯会连续不断地闪烁。

5)识别码

防盗器 ECU 有一个 14 位字符的识别码和一个 4 位数的密码。用金德 K81 可以从"电子防盗系统"中读出 14 位字符。

6)密码

新车的密码被隐含在车钥匙牌上,刮去牌上的黑胶后可显示 4 位密码。1999 年投放市场的桑塔纳 2000 时代超人轿车的防盗密码已粘贴在副驾驶员前面的杂物箱内。车主应在购车后立即妥善保管好这个密码。

密码是用来解密和重新配置钥匙的。如果钥匙牌丢失或遗忘了密码,必须先用仪器获得 14 位字符的识别码,再通过大众公司服务热线查询密码。

匹配汽车钥匙,不管是重新还是增配钥匙都必须这样处理。

如果车主丢失了一把合法的钥匙,为了安全防盗,必须把其余钥匙都用仪器重新进行一次匹配。这样可以使丢失的钥匙变为非法钥匙(尽管形状、材料不变),不能起动发动机,而起到防盗作用。

(2)汽车防盗器的工作原理

当点火开关打开时,防盗器开始工作。防盗器控制单元通过识读线圈把能量感应地传送给钥匙中的脉冲转发器,如图 8-17(a)所示。

此时,脉冲转发器被激活,通过识读线圈把它的程控代码送给防盗器控制单元。在防盗器控制单元里,输入的程控代码于先前存储在防盗器控制单元的钥匙代码进行比较,如图 8-17(b)所示。

然后,防盗器控制单元再核对发动机控制单元的代码是否正确。该代码是由发动机控制单元存储在防盗器控制单元中。每次起动发动机时,控制单元中的随机代码发生器都会发生一个可变代码。如果核对后发现代码不一致,发动机将在起动后 2 秒内熄火,如图 8-17(c)所示。

2. 帕萨特 B5、AUDIA6 防盗原理

大众帕萨特 B5/AUDIA6 轿车配置了大众公司的防盗系统。该汽车防盗器是一种点

火开关打开后开始工作的电子防盗保护装置，采用使发动机不能发动，或能发动数秒后即中断的方式防盗（又称点火锁），可以有效避免汽车被盗走。

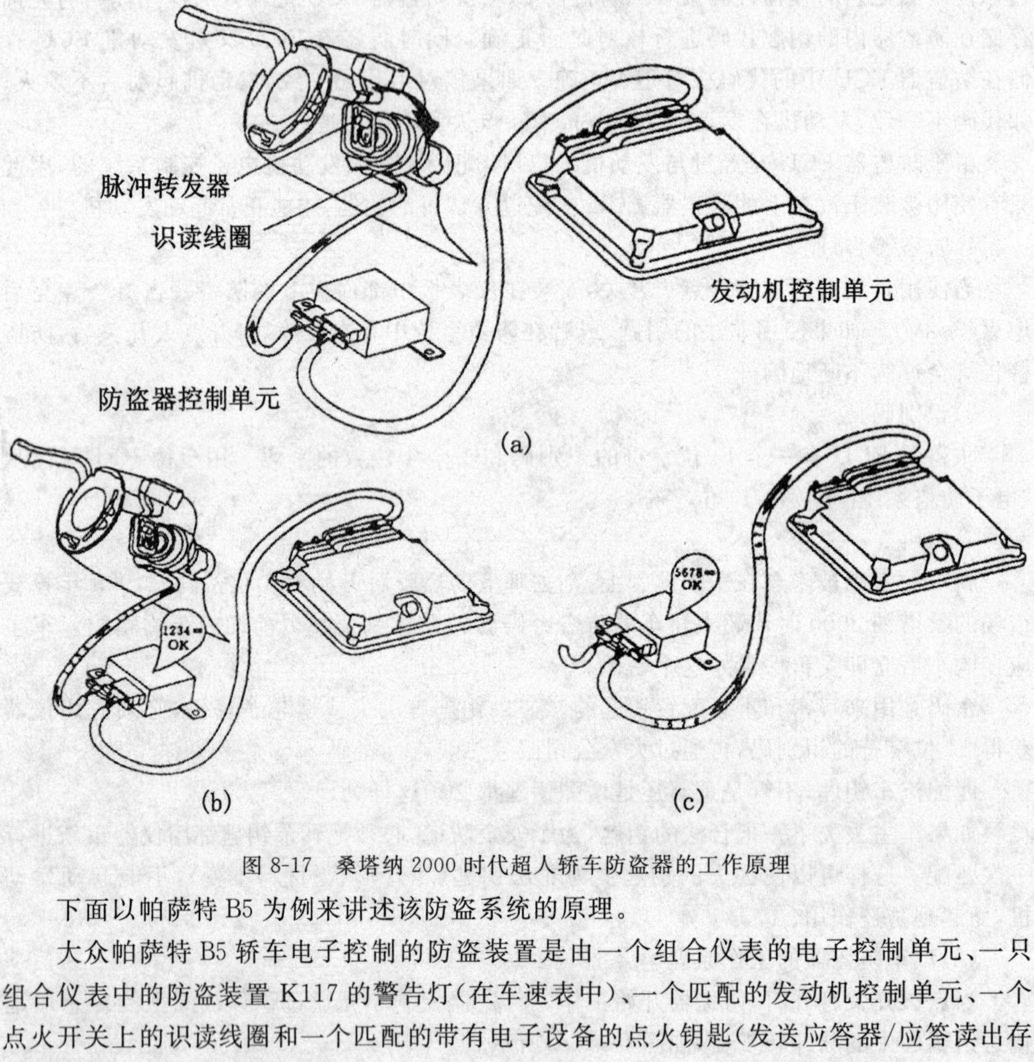

图 8-17　桑塔纳 2000 时代超人轿车防盗器的工作原理

下面以帕萨特 B5 为例来讲述该防盗系统的原理。

大众帕萨特 B5 轿车电子控制的防盗装置是由一个组合仪表的电子控制单元、一只组合仪表中的防盗装置 K117 的警告灯（在车速表中）、一个匹配的发动机控制单元、一个点火开关上的识读线圈和一个匹配的带有电子设备的点火钥匙（发送应答器/应答读出存储器）构成。

大众帕萨特 B5 轿车电控防盗的自诊断是通过防盗装置的警告灯进行故障识别和故障显示的。在防盗装置无故障的情况下，在组合仪表中用防盗装置（K117）警告灯在接通点火开关后闪亮，并且在大约 3s 后熄灭。如果点火钥匙的匹配不正确、点火钥匙中无转发器（应答器—读出存储器）、使用一个未经认可的点火钥匙、识读线圈（D2）的功能故障或在数据传输线中有功能故障，警告灯在接通点火开关时持续点亮。

为了故障查询，必须进行自诊断，可以使用金德仪器来检测和查询存储故障信息。

如果在控制的传感器或者部件中出现故障的话，那么就按照故障类别在故障存储器中存储这些故障。如果有时出现的故障在以后的 50 次起动过程之内不会再出现的话，那么系统就自动清除该故障码。

8.2.5　防盗系统故障诊断与维修

1. 点火开关锁芯接触不良故障维修

(1)故障现象:别克轿车无法起动。

(2)故障原因:别克轿车的防盗系统最常见的故障部位就是点火开关锁芯上与钥匙芯片相接触的两个触点。主要有触点的接线会断开、触点会因弹簧弹力不足而与点火钥匙芯片接触不良、钥匙芯片本身因为脏污或受潮造成开路或短路。

(3)故障诊断与排除:按照图8-18所示流程,首先用万用表电阻挡测量点火钥匙芯片电阻;找到转向柱左侧的48孔接头,拆下接头,在接线端E-12和E-13之间测量电阻;再将点火钥匙插入锁芯,测量E-12和E-13之间的电阻值,其值应为10Ω;将点火钥匙转动几次,停在起动位置,观察万用表的指示,电阻值应当保持不变。经检测,发现其电阻值有时为10Ω,有时为无穷大,说明点火开关锁芯接触不良。更换点火开关锁芯和点火钥匙后,故障被排除。注意:新点火钥匙的电阻值必须与原点火钥匙的阻值相同。

2. 点火钥匙错误故障维修

(1)故障现象:别克轿车无法起动,仪表的各个指示都正常,全车灯光也正常,喇叭也响亮。用诊断仪对车辆的数据和故障码进行检测,没有故障码,连续发动车辆不能发动。

(2)故障原因:驾驶员错误使用其他齿型过大的点火钥匙,致使弹簧片变形,弹簧片与钥匙的电阻片有时不能接触,车身控制模块测得钥匙的电阻值过大,从而断定此钥匙不是该车钥匙,于是车身控制模块通过二级数据串行线与动力控制模块连通,动力控制模块便起动防盗控制单元,同时停止向发动机供油,从而发动机就无法起动。

(3)故障诊断与排除:更换点火钥匙芯体后试车,发动机工作正常。

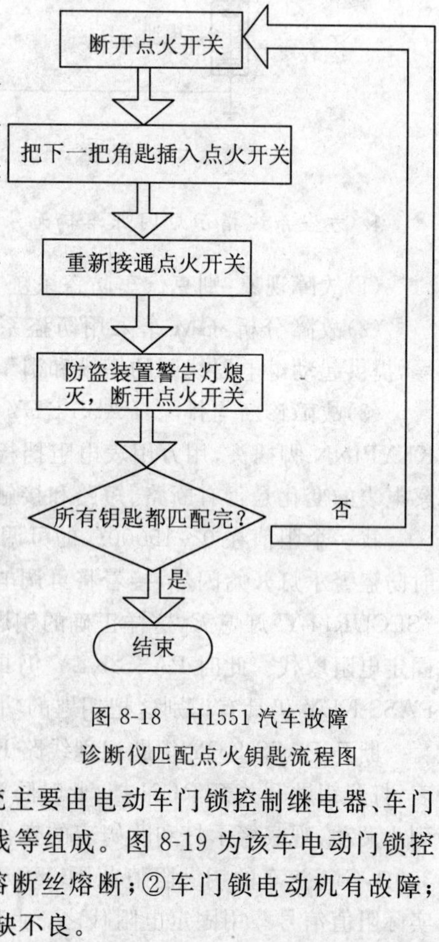

图8-18　H1551汽车故障诊断仪匹配点火钥匙流程图

3. 中控门锁不工作故障检修

(1)故障现象:洗车后,发现使用车门钥匙和车门锁手动开关无法起动车门锁系统。

(2)故障诊断与排除:该车的电动门锁控制系统主要由电动车门锁控制继电器、车门钥匙控制开关车门锁手动开关车门锁电动机和配线等组成。图8-19为该车电动门锁控制系统电路,经分析,故障的原因可能有:①电源熔断丝熔断;②车门锁电动机有故障;③门锁控制继电器有故障;④线路有故障或系统搭缺不良。

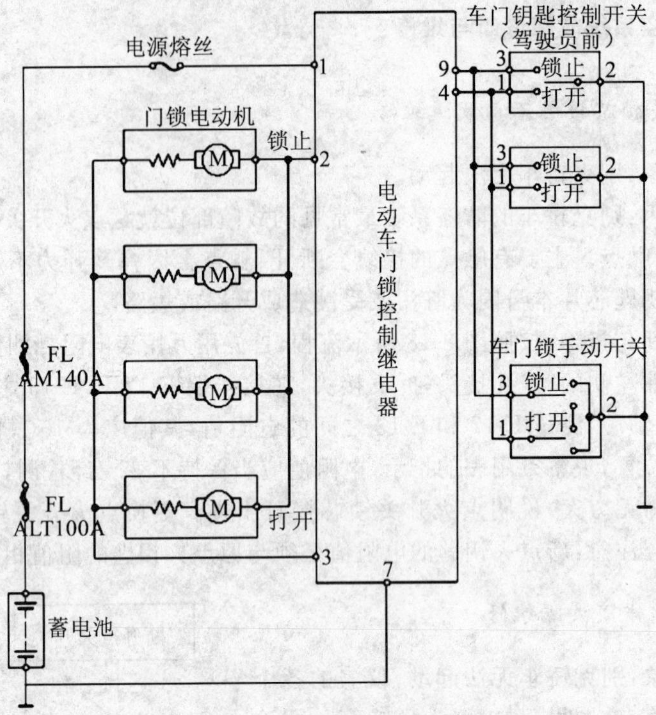

图 8-19　中央控制门锁系统电路图

4. 防盗系统指示灯闪烁车辆无法起动故障检修

(1)故障现象：别克汽车防盗系统“SECURITY”防盗指示灯闪烁，车辆无法起动。

(2)故障分析：GM 车采用防盗系统为 PASS-KEY 系统，用以侦测点火开关钥匙信号，提供起动继电器线圈的搭铁和引擎控制电脑 PCM 的点火喷油。

(3)故障诊断与排除：PASS-KEY 钥匙识别电脑开路、短路和接触不良。拔下 PASS-KEYPINN 脚插头，用万用表电阻挡检查 PASS-KEY 钥匙识别线路。同时转动钥匙，观察电表的变化是否有断路、短路和接触不良情况。如有则修复，排除钥匙本身信号问题。

找一个阻值在 0～15000Ω 的可调电阻串于钥匙识别线路上，将钥匙转到 RUN 挡，这时防盗警示灯开始闪烁，接着将可调电阻由大到小调动，边调边观察警示灯的变化，直到“SECURITY”灯熄灭，这样正确的钥匙电阻被重新设定，读取 R_1 的电阻值，并用同样的固定电阻取代。此时 PASS-KEY 仍具有识别的阻值为 R_1 加上钥匙本身的电阻。所以 PASS-KEY 仍具有识别这把钥匙的功能，因此这把钥匙仍具有防盗的功能。

断开 PASS-KEY 钥匙识别线路 K 点或 K1 点，接上可调电阻 R_2，同时两端跨接电阻表，打开钥匙开关至 RUN 挡，此时防盗警示灯“SECURITY”开始闪烁，将可调电阻由大到小调动，观察警示灯和欧姆表的变化，直到防盗指示灯熄灭为止(电阻最低值不得低于 300Ω，GM 汽车的钥匙阻值范围 386～12292Ω)，PASS-KEY 现在侦测到的信号为 R_2 的实际阻值信号。用固定电阻代之。此时的钥匙不再具有防盗功能。

如果上述两种情况仍不能解除防盗故障，则 PASS-KEY 对钥匙的识别功能出现了问题，换掉 PASS-KEY 电脑，重新设定防盗，故障排除。

拓展阅读

大众/奥迪第二代带芯片防盗钥匙匹配方法

关于使用汽车钥匙和匹配钥匙的说明：只有使用被装于汽车上的防盗器控制单元匹配过的认可钥匙，发动机才能起动。匹配汽车钥匙时，总是需要把全部钥匙同时与防盗器控制单元匹配。如果需要重新配钥匙或者增配钥匙，也必须匹配汽车的全部钥匙。如果用户遗失一把合法的钥匙，为了安全起见，必须把其他所有合法钥匙用金德 K81 重新进行一次匹配过程。这样做可以使丢失在外的钥匙变为非法钥匙，不能起动发动机。以下是针对不同的情况，以桑塔纳时代超人为例介绍第二代防盗的几种测试方法。

(1)更换发动机电脑的匹配程序

更换发动机控制单元后，必须重新与防盗器控制单元进行匹配。必要条件：必须使用一把合法钥匙。

操作步骤：

第一步连接 K81。

第二步打开点火开关。

第三步选择防盗系统，选择"自适应值清除"功能，按"确认"键。

第四步仪器提示"确实要清除吗？"。

第五步按确认键清除自适应值即可。

说明：此刻点火开关是打开的，发动机控制单元的随机代码就被防盗器控制单元读入储存起来。

(2)更换防盗器控制单元的匹配程序

1)更换新的防盗器控制单元。

发动机控制单元的随机代码自动被防盗器控制单元读入储存起来，需要重新执行一次所有钥匙匹配程序。

2)更换从其他车上拆下来的防盗器控制单元。

重新执行一次发动机控制单元与防盗器控制单元的匹配，然后重新做一次所有钥匙匹配程序。

(3)匹配汽车钥匙

第一步将 K81 连接到诊断座上。

第二步将待匹配的钥匙插入点火开关并置于 ON。

第三步进入"发动机控制系统"。

第四步选择"读故障码"，并根据故障码内容排除故障。

第五步选择"清除故障码"，再测试一次故障码并确认故障码内容已被清除。

第六步进入防盗系统，重复第四、五步操作，读码、清码。

第七步选择"系统登录"，输入 5 位密码(如果是 4 位数密码，前面也无须加 0，直接输入即可)。

第八步选择“通道调整匹配”，输入“21”。输入匹配钥匙数，例如：匹配 3 把钥匙，输入 00003。

第九步仪器提示“是否要储存改正的钥匙数”，确认后仪器提示“改正的钥匙数已储存”，则匹配成功。在汽车点火锁上的这把钥匙匹配完毕。

第十步关闭点火开关，拨出钥匙，然后迅速插入下一把钥匙，打开点火开关至少 1s，防盗器指示灯将闪烁，表明匹配已经完成。

重复以上操作，直到把所有的钥匙匹配完毕(匹配钥匙的过程必须在 30s 内完成)。

(4)获得密码的方法

如果 4 位数密码不知道，或者密码牌丢失，可按照以下步骤获得密码：

连接 K81，打开点火开关，选择防盗系统，按两次“确认”键。约 5s 后，屏幕显示 ECU 信息。这时，维修站应将用金德 K81 查出该防盗控制单元的 14 位数编号，电传到大众售后服务；然后由大众售后服务将查得的密码电传给维修站，用于匹配钥匙。当更换防盗器控制单元时，维修站也应先用金德 K81 查出该防盗控制单元的 14 位数编号，电传到大众售后服务。然后由大众售后服务将查得的密码电传给维修站，用于匹配钥匙。

说明：汽车上使用的防盗器控制单元上贴有 14 位数编号和 4 位数密码，新车钥匙圈上挂有一块涂黑的密码牌，或在乘客座的工具箱左侧有涂黑的密码条，刮去涂黑层可见 4 位数密码。

8.3 安全气囊故障检修

8.3.1 概述

安全气囊系统是一种辅助防护系统(SupplementalRestraintSystem)，通常称为 SRS。

安全气囊系统的功用是当汽车发生强烈碰撞，达到安全气囊系统工作条件时，气囊迅速充气膨开，在驾驶员、乘员与车内构件之间迅速铺垫一个气垫，利用气囊排气节流的阻尼作用来吸收人体惯性力产生的动能，从而减轻人体遭受伤害的程度。研究表明，有气囊装置的车辆发生正面碰撞时，驾驶者的死亡率大大降低。目前，多数轿车上都配备了一定数量的安全气囊，而且有逐渐普及的趋势。

安全气囊根据安装位置及保护对象不同，主要分为：对驾驶员进行保护的气囊，安装在转向盘的中央，防止驾驶员与转向盘、仪表板及前挡风玻璃发生碰撞；对前排乘员进行保护的气囊，安装在副驾驶位前面的仪表板内，防止乘员与仪表板、前挡风玻璃发生碰撞；对后排乘员进行保护的气囊，一般安装在前排座椅的靠背上后部或头枕内部，防止乘员与前排座椅发生碰撞。

此外在一些高档车上还配有侧面气囊，在汽车遭侧面碰撞以及车辆翻滚时侧面气囊可以有效的减轻车内驾乘人员来自侧面撞击导致的腰部、腹部、胸部外侧以及胳膊的伤害。

在安装安全气囊的部位，其外部一般都标有“SRS”或“AIRBAG”字样。

安全带也是车辆发生事故时保护车内乘员非常有效的设备，而在实际使用中需要将安全气囊与安全带配合使用才能对乘员提供最有效的保护。

提示：安全气囊属于被动安全保护系统。

8.3.2　安全气囊系统结构与控制原理

1. 安全气囊系统结构

安全气囊系统主要由传感器、电控单元(ECU)、气囊组件、系统指示灯以及气囊系统线束等组成，气囊组件主要包括气囊、气体发生器以及点火器等。各部件之间的连接关系如图 8-20 所示。

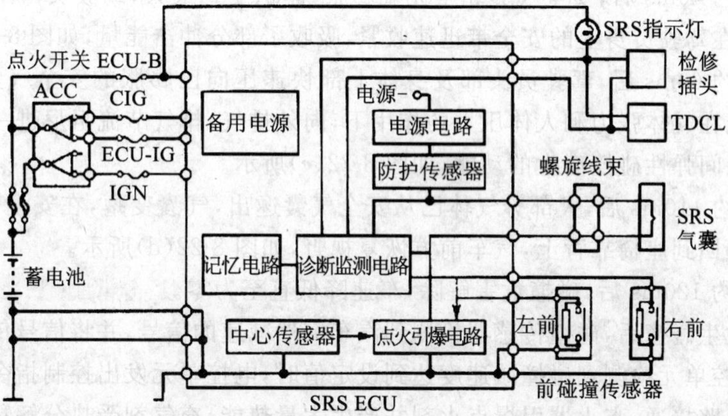

图 8-20　丰田佳美轿车 SRS 各部件连接关系

不同车型安全气囊数量，以及一些部件的安装位置有所不同，但其基本组成大致相同。丰田佳美轿车 SRS 各部件安装位置如图 8-21 所示。

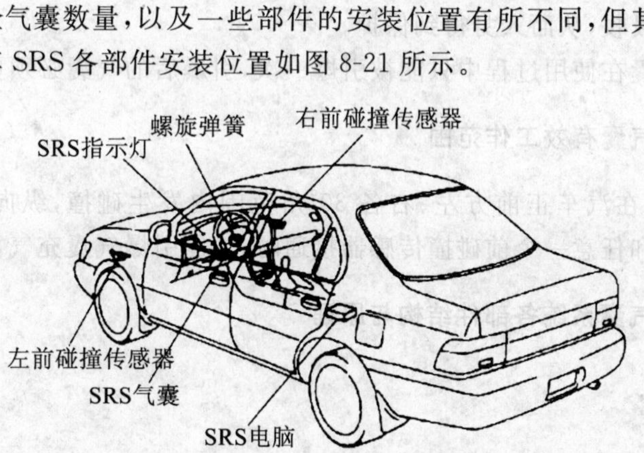

图 8-21　丰田佳美轿车 SRS 部件安装位置

2. 安全气囊系统控制原理

虽然安全气囊系统在结构上会有所不同，但其控制原理基本相同。

下面以德国博世(BOSCH)公司生产的安全气囊在奥迪轿车上进行的正面试验为例来说明安全气囊系统的控制原理。试验以 50km/h 的速度撞击前方障碍物，安全气囊系统的保护动作过程可分为如图 8-22 所示的四步。

图 8-22　安全气囊工作过程

(1)碰撞约 10ms 后,SRS 达到引爆极限,点火器引爆点火剂并产生大量热能,充气剂(叠氮化钠药片)受热分解,此时驾驶员尚未因碰撞惯性向前倾,如图 8-22(a)所示。

(2)碰撞约 40ms 后,安全气囊完全充气膨胀,体积变到最大,驾驶员由于碰撞惯性向前扑,此时系在驾驶员身上的安全带迅速收紧,吸收了部分冲击能量,如图 8-22(b)所示。

(3)碰撞约 60ms 后,驾驶员头部及身体上部快速压向已膨胀的安全气囊,安全气囊背面的排气孔在气体张力和人体压力的作用下,向外排气,排气节流阻尼进一步吸收人体与安全气囊之间弹性碰撞产生的动能,如图 8-22(c)所示。

(4)碰撞约 110ms 后,大部分气体已从安全气囊逸出,气囊变瘪,在安全带作用下,驾驶员上身后倾回到座椅靠背上,汽车前方恢复视野,如图 8-22(d)所示。

(5)碰撞约 120ms 后,碰撞危害解除,车速降低直至为零。

在汽车发生碰撞后,碰撞传感器检测到汽车突然减速的信号,并将信号传到了气囊电控单元,当电控单元检测到碰撞减速度达到设定值时,电控单元发出控制指令将气囊组件中的点火器电路接通,点火器引爆点火剂并产生大量热能,充气剂受热分解释放出大量氮气充入气囊,气囊便冲开气囊组件上的装饰盖板鼓向驾驶员和乘员,驾驶员和乘员与气囊接触,自身动能被吸收,从而人身得到保护。

提示:安全气囊在使用过程中只能被引爆一次,引爆后的气囊必须更换。

8.3.3　安全气囊有效工作范围

安全气囊只有在汽车正前方左、右各 30°角范围内发生碰撞,纵向减速度达到设定值,且安全传感器和任意一个前碰撞传感器接通时,才能引爆气囊充气,如图 8-23 所示。

8.3.4　安全气囊系统各部件结构与原理

1. 碰撞传感器

碰撞传感器用于检测碰撞时的减速度和碰撞类型,并将碰撞信号传给电控单元。

按照传感器用途的不同,碰撞传感器可分为碰撞信号传感器和碰撞防护传感器。碰撞信号传感器一般安装在车身的前部,如汽车前翼子板内侧、前照灯支架下面以及发动机散热器支架两侧等部位,有些汽车将触发碰撞传感器安装在气囊电脑内,它是气囊电脑的触发信号。碰撞防护传感器也称为碰撞安全传感器,一般都与气囊电控单元组装在一起,用来防止系统在非碰撞时引起气囊的误爆。电控单元同时收到碰撞信号传感器和碰撞防护传感器两个传感器信号气囊才会被引爆。

按照结构的不同，碰撞传感器分为机电式碰撞传感器、电子式碰撞传感器以及机械式碰撞传感器。碰撞信号传感器一般采用机电结合式结构，它相当于一个控制开关。碰撞防护传感器一般采用电子式结构，这种结构的传感器没有电器触点，目前常用的有应变电阻式和压电效应式两种。

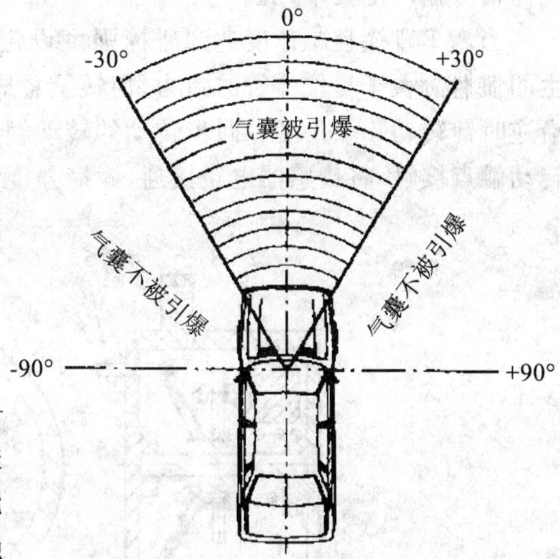

图 8-23　正面碰撞时 SRS 的有效范围

目前常用的传感器主要有：

(1)滚球机电开关式碰撞传感器

滚球机电开关式碰撞传感器结构如图 8-24 所示。主要由固定触点、滚球、永久磁铁和壳体等部件构成。滚球用铁材料制成，能在柱状滚道内滚动。略带弹性的两个固定触点绝缘固定在壳体上，分别引出两个传感器电极。

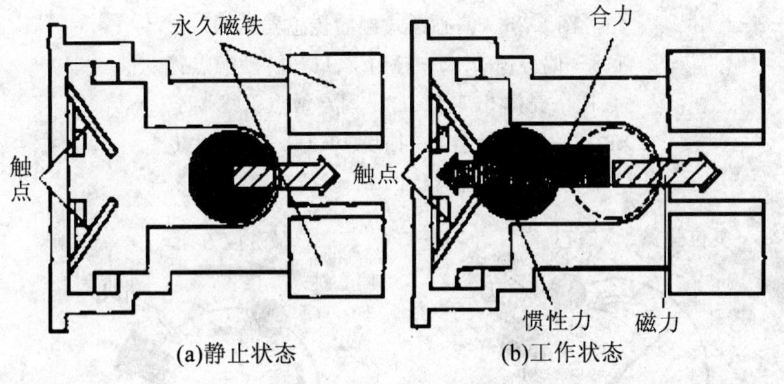

图 8-24　滚球式传感器

汽车未发生碰撞时如图 8-24(a)所示，滚球被永久磁铁吸引，静止于右侧，两个固定触点不通，传感器电路未接通，无碰撞信号输入电控单元。

当汽车碰撞且减速度达到碰撞强度设定值时如图 8-24(b)所示，滚球由于惯性产生的惯性力大于永久磁铁的磁力，滚球克服磁力在柱状滚道内滚动到两个固定触点侧，将两个固定触点搭接，使传感器电路接通，碰撞强度信号即输入电控单元。

(2)偏心锤机电开关式碰撞传感器

偏心锤机电开关式碰撞传感器如图 8-25 所示，主要由复位弹簧 19、偏心锤 1、挡块 9、固定触点 10、转动触点 6 和壳体等部件构成。直径方向上的两个固定触点绝缘固定在壳体上，引出一个传感器电极，直径方向上可以转动的两个转动触点引出另一个传感器电极，转动触点与偏心锤同步转动。复位弹簧使偏心锤复位并靠在挡板上定位。

汽车未碰撞时如图 8-26(a)所示，传感器处于静止状态，在复位弹簧作用下，偏心锤与挡块接触，转子总成也处在静止状态，转动触点与固定触点不接触，传感器电路未接通，无碰撞信号输入电控单元。

当汽车碰撞且减速度达到碰撞强度设定值时如图 8-26(b),偏心锤由于碰撞惯性产生的惯性力大于复位弹簧的弹力,使转子总成在惯性力矩作用下,克服复位弹簧弹性力矩沿逆时针转动一个角度。同步转动的转动触点也逆时针转动一个角度,于是固定触点与转动触点接触,将传感器电路接通,碰撞强度信号即输入电控单元。

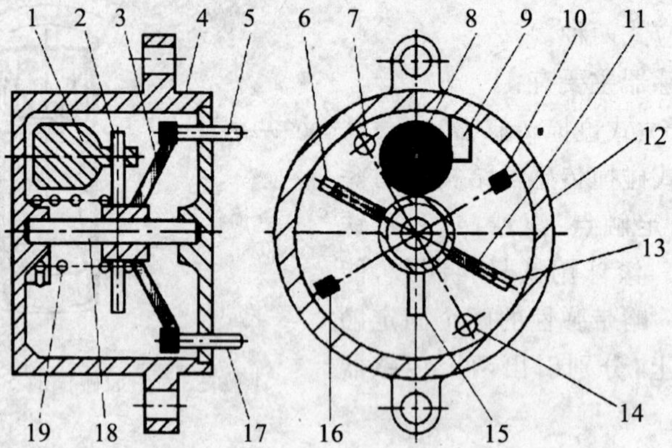

图 8-25 偏心锤式碰撞传感器结构

1、8—偏心锤 2、15—锤臂 3、11—转动触点臂
4、12—壳体 5、7、14、17—固定触点引线端子
6、13—转动触点 9—挡块 10、16—固定触点
18—传感器轴 19—复位弹簧

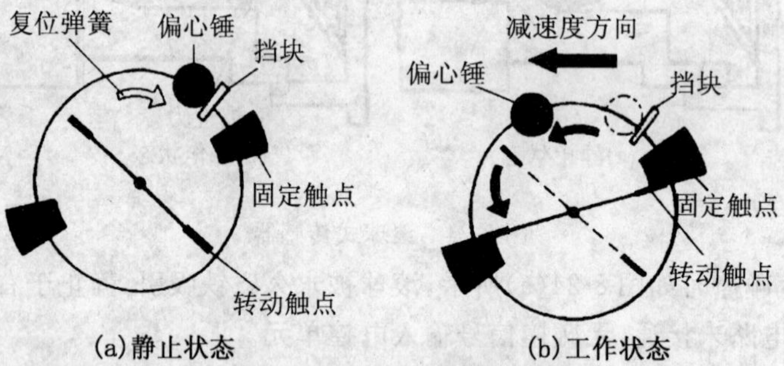

图 8-26 偏心锤式碰撞传感器

(3)滚轴式碰撞传感器

滚轴式传感器主要由止动销 1、滚轴 2、滚动触点 3、固定触点 4、底座 5 和片状弹簧 6 组成,片状弹簧 6 一端固定在底座 5 上,并与传感器的一个引线端子连接,另一端绕在滚轴 2 上,滚动触点 3 固定在滚轴部分的片状弹簧上,并可随滚轴一起转动。固定触点 4 与片状弹簧 6 绝缘固定在底座 5 上,并与传感器的另一个引线端子连接。

当传感器处于静止状态时,滚轴在片状弹簧的弹力作用下滚向止动销一侧,滚动触点与固定触点处于断开状态,如图 8-27(a)所示,传感器电路断开。

当汽车发生碰撞且减速度达到设定值时,滚轴产生的惯性力大于片状弹簧的弹力,滚轴在惯性力作用下克服弹簧弹力向右滚动，滚轴与固定触点接触，如图 8-27(b)所示，碰撞信号即输入电控单元。

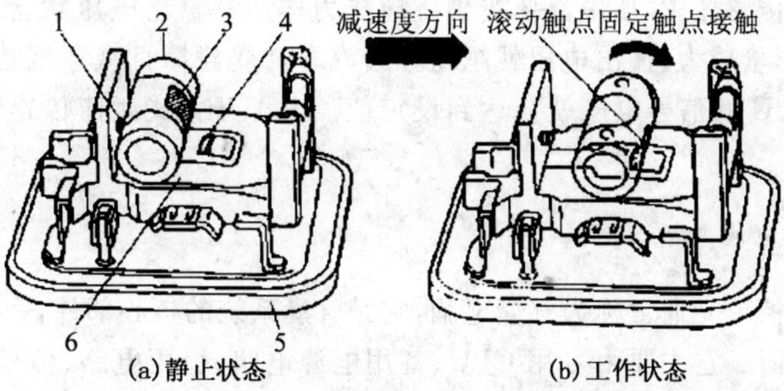

图 8-27　滚轴式传感器

1—止动销 2—滚轴 3—滚动触点

4—固定触点 5—底座 6—片状弹簧

(4)水银开关式碰撞传感器

水银开关式碰撞传感器是利用水银的良好导电性制成的。

水银开关式碰撞传感器如图 8-28 所示，主要组成是电极 5 和 6、密封圈 4、水银珠 1、螺塞 7 和壳体 2 等零件构成。能够在管状壳体内移动的水银珠是一个导电体。安装在绝缘螺塞上的两个电极互相绝缘，并各引出一个传感器电极。螺塞和壳体也是绝缘的。

汽车未碰撞时如图 8-28(a)所示，传感器处于静止状态，水银珠在重力作用下处于壳体下端，传感器的两电极断开，传感器电路未接通，无碰撞信号输入电控单元。

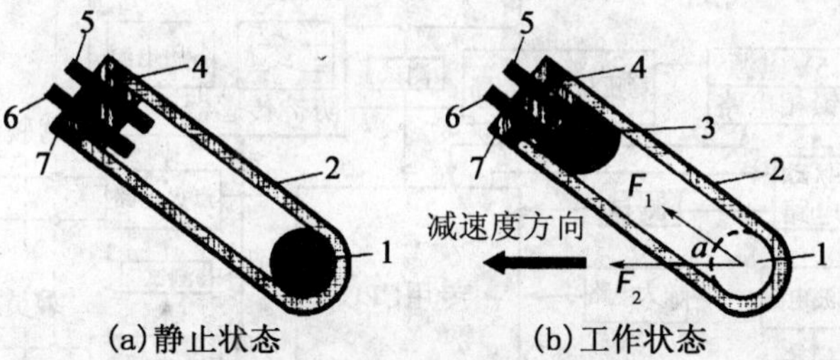

图 8-28　水银开关式碰撞传感器

1—水银(静态位置)2—壳体 3—水银(动态位置)

4—密封圈 5—电极(接点火器)6—电极(接电源)

7—密封螺塞 F1—水银运动方向分力 F2—惯性力

当汽车碰撞且减速度达到碰撞强度设定值时如图 8-28(b)所示，水银珠由于碰撞产生的惯性力在壳体轴线方向的分力使水银珠沿壳体轴线向上运动，水银珠使传感器两电极接通，碰撞强度信号即输入电控单元。

(4)电子式碰撞传感器

常用的电子式碰撞传感器有压阻效应式和压电效应式两种，分别利用半导体的压阻效应和压电效应制成，其基本结构和工作原理与发动机电控技术部分的进气压力传感器和爆震传感器相同。在压阻效应式碰撞传感器中，应变电阻受到碰撞压力作用就会产生变形，其阻值随之发生变化，经过信号处理电路处理后，输入 SRSECU 的信号电压就会发生变化。当汽车遭受碰撞且减速度达到设定值时，传感器信号电压就会达到设定值。在压电效应式碰撞传感器中，压电晶体受到碰撞压力作用其输出电压就会发生变化。作用力越大，晶体变形量越大，输出电压就越高。当汽车遭受碰撞且减速度达到设定值时，传感器输入 SRSECU 的信号电压就会达到设定值。电子开关式碰撞传感器一般用作碰撞安全传感器。

2. 安全气囊电控单元

安全气囊电控单元通常称为气囊电脑，它是气囊系统的核心部件，一般安装在驾驶舱内中央控制台下面。它主要由专用 CPU、备用电源电路、稳压电路、信号处理电路、保护电路、监测电路和点火引爆电路等组成，如图 8-29 所示。

专用 CPU 的功用是不断监测碰撞传感器所监测的车速变化信号，以此来判定是否发生碰撞。当判定结果为发生碰撞时，立即向点火电路发出点火指令引爆点火剂。此外专用 CPU 不断对安全气囊系统进行监测，一旦发现故障则点亮故障指示灯同时存储故障信息。

备用电源电路由电源控制电路和若干电容器组成。当汽车发生碰撞导致蓄电池和发电机与气囊系统断开时，备用电源在一定时间内（一般为 6s）可以维持气囊系统供电，保持安全气囊系统的正常功能。点火开关接通 10s 之后，如果汽车电源电压高于 SRS 电脑的最低工作电压，那么电脑备用电源即可完成储能。

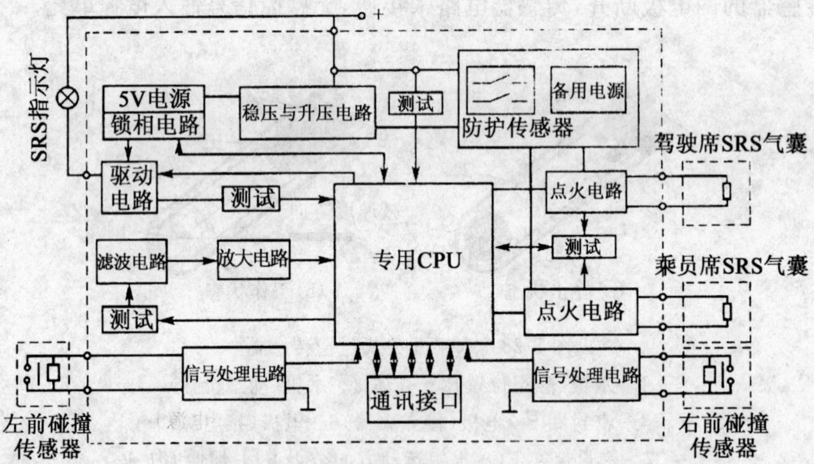

图 8-29　安全气囊系统电路框图

3. 气囊组件

气囊组件主要包括气囊、气体发生器以及点火器等。

气囊一般采用尼龙制成，内层涂有聚氯丁二烯，用以密封气体。气囊静止时被折叠成包，安放在气体发生器上部和气囊饰盖之间，气囊饰盖表面一般模压有浅印，以便气囊充气爆开时撕裂饰盖，减小冲出饰盖的阻力。气囊背面设置有排气孔，当驾驶员或乘员压在气囊上，气囊受压后便从排气孔排气。

由于副驾驶位气囊距离乘员的距离比较远，因此乘员侧气囊的体积比驾驶员侧气囊的体积大。为了避免前排乘客气囊不必要爆炸造成浪费(例如座椅上没有乘客)，有些车可以通过开关或仪器将前排乘员侧气囊关闭。

气体发生器如图 8-30 所示，主要由上盖、下盖、充气剂和金属滤网组成，其功用是在点火器引爆点火剂时，产生大量气体向气囊充气。

气体发生器壳体由上盖和下盖两部分组成，上盖上制有若干个长方形或圆形充气孔，下盖上制有安装孔，以便将气囊发生器通过专用螺栓固定在气囊支架上。上盖与下盖用冷压工艺压装成一体，壳体内装有充气剂、点火剂和滤网。金属滤网安装在气体发生器壳体的外表面，用以过滤充气剂和点火剂燃烧产生的渣粒。

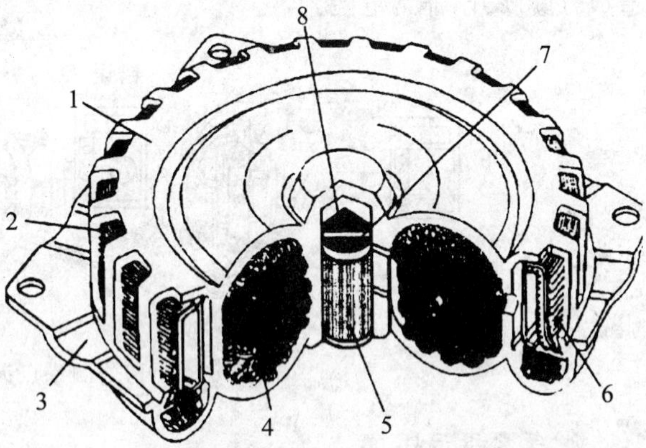

图 8-30　气囊气体发生器

1—上盖 2—充气孔 3—下盖 4—充气剂 5—点火器药筒 6—金属滤网 7—电热丝 8—引爆炸药

目前汽车上的充气剂普遍采用叠氮化钠，该物质是无色六方形晶体，有剧毒，其受热分解后产生无毒的氮气。

为了便于安装，驾驶员侧气体发生器做成圆形，前排乘员侧的气体发生器一般做成长筒形，二者工作原理相同。

点火器如图 8-31 所示，它安装在气体发生器的内部中央位置，其功用是接受电控单元的指令引爆点火剂，产生热量使充气剂分解。

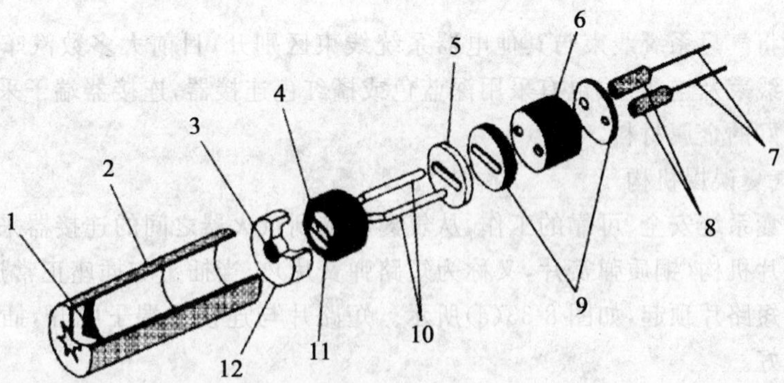

图 8-31　点火器结构

1—引爆炸药 2—药筒 3—引药 4—电热丝 5—陶瓷片 6—永久磁铁 7—引出导线8—绝缘套管 9—绝缘垫片 10—电极 11—电热头 12—药托

点火器的所有部件均装在药筒内。点火剂包括引爆炸药和引药。引出导线与气囊连接器插头连接，连接器中设有短路片，当连接器插头拔下或插头与插座未完全结合时，短路片将两根引线短接,防止静电或误通电将电热丝电路接通使点火剂引爆而造成气囊误膨开。

点火器的工作是当电控单元发出点火指令使电热丝电路接通时,电热丝迅速红热,引燃引药,则炸药瞬间爆炸产生热量,药筒内压力和温度急剧升高并冲破药筒,使充气剂受热分解释放氮气充入气囊。

注意:在检修安全气囊过程中,切勿测量点火器的电阻,如图 8-32 所示。该操作可能造成气囊膨开,非常危险。

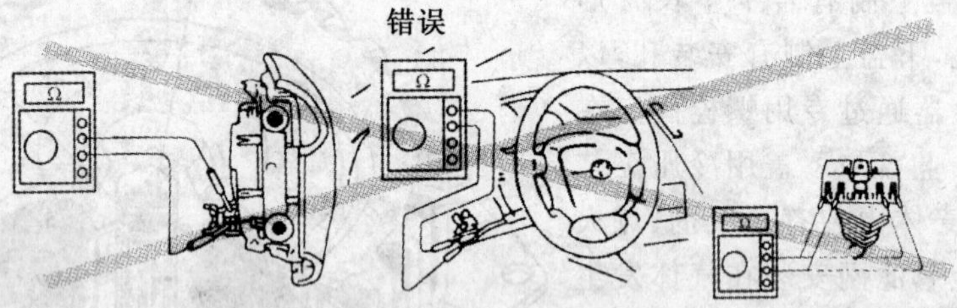

图 8-32 切勿测量点火器的电阻

4. 气囊指示灯

气囊指示灯又称为气囊警告灯或气囊警示灯,安装在仪表板上,并在相应位置制作图形或 SRS、AIRBAG 等字样。

气囊指示灯用于指示气囊系统功能是否处于正常状态。正常情况下,打开点火开关后,气囊指示灯应点亮几秒钟后熄灭。如果气囊指示灯不亮、一直亮或在行驶途中突然点亮,表示气囊系统有故障,应及时检修。

5. 线束连接器及保险机构

为了便于将气囊系统线束与其他电器系统线束区别开,目前大多数汽车的气囊系统线束采用黄色线束及连接器,也有采用深蓝色或橘红色连接器,连接器端子采用导电性能和耐久性能良好的金属材料。

(1)防止气囊误爆机构

为保证气囊系统安全、可靠的工作,从气囊电脑到点火器之间的连接器采用了防止气囊误爆的短路片机构(铜质弹簧片,又称为短路弹簧片)。当插头与插座正常连接时,插头的绝缘壳体将短路片顶起,如图 8-33(a)所示。短路片与连接器端子脱开,插头与插座引线端子连接良好。

当连接器拔开时(插头拔下或插头与插座未完全结合),短路片自动将靠近气囊点火器一侧插座的 2 个引线端子短接,防止静电或误通电造成气囊误爆,如图 8-33(b)所示。

(2)电路连接诊断机构

电路连接诊断机构用于监测连接器的插头与插座是否连接可靠。与气囊电脑相连的连接器采用了电路连接诊断机构,其结构如图 8-34 所示。

在连接器插头有一个诊断销,在插座上有两个诊断端子,端子上设有弹簧片,其中一个诊断端子与碰撞传感器的一个端子相连，另一个端子经过一个电阻后与碰撞传感器的另一个端子相连。

当传感器插头与插座未可靠连接时，诊断端子与诊断销尚未接触，如图 8-34(a)所示，此时电阻尚未与传感器触点构成并联电路，连接器引线“+”与“-”之间的电阻为无穷大。因为“+”、“-”引线与气囊电脑相连，所以当气囊电脑监测到碰撞传感器的电阻为无穷大时，即判定连接不可靠，诊断监测电路就会控制气囊指示灯闪亮报警，同时将故障编成代码存储在存储器中。

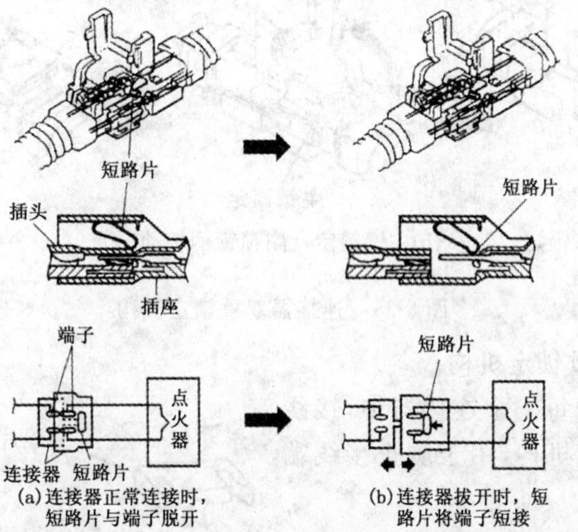

图 8-33　安全气囊系统防误爆机构结构原理

当传感器插头与插座可靠连接时，诊断端子与诊断销可靠接触，如图 8-34(b)所示，此时电阻与传感器触点构成并联电路。因为碰撞传感器触点为常开触点，所以当气囊电脑监测到并联电阻阻值时，即判定连接可靠，传感器电路连接正常。

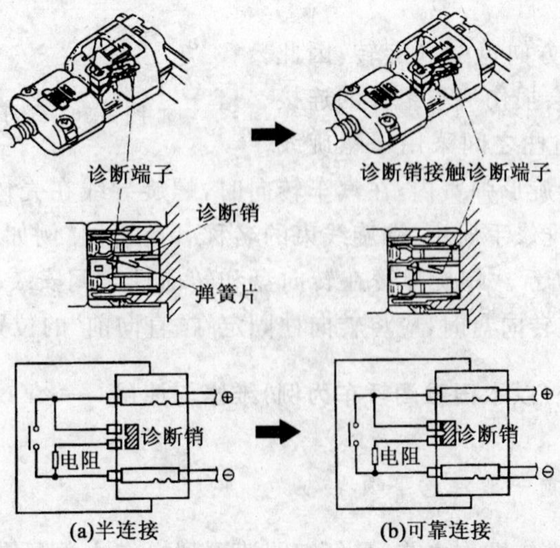

图 8-34　气囊线束电路连接诊断机构

(3)连接器双重锁定机构

连接器双重锁定机构用于锁定连接器插头与插座,防止连接器脱开,其机构如图 8-35 所示。在连接器插头上设有主锁和两个凸台,在连接器插座上设有能够转动的副锁。当主锁未锁定时,插头上的两个凸台阻止副锁锁定,如图 8-35(a)所示;当主锁完全锁定时,副锁锁柄方能转动并锁定,如图 8-35(b)所示;当主锁与副锁双重锁定后,连接器插头与插座可靠连接,从而防止连接器脱开,如图 8-35(c)所示。

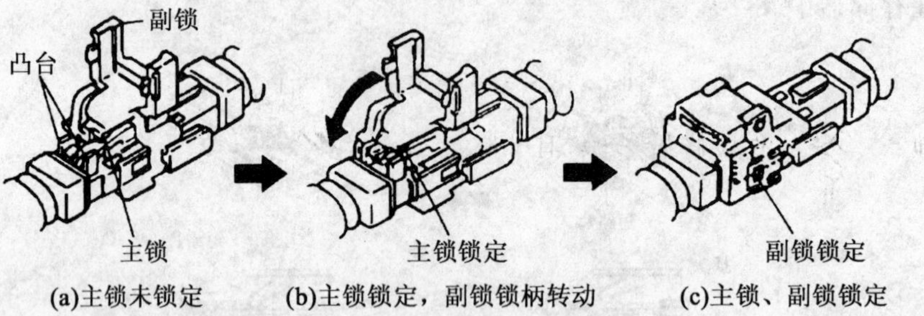

图 8-35　连接器双重锁定机构

(4)接线端子双重锁定机构

安全气囊系统的每一个连接器中,接线端子都设有双重锁定机构,用于防止接线端子产生滑动。

接线端子双重锁定机构有连接器壳体上的锁柄与分割片组成,如图 8-36 所示。其中锁柄为一次锁定机构,可防止端子沿导线轴线转向滑动;分割片为二次锁定机构,防止端子沿导线径向移动。

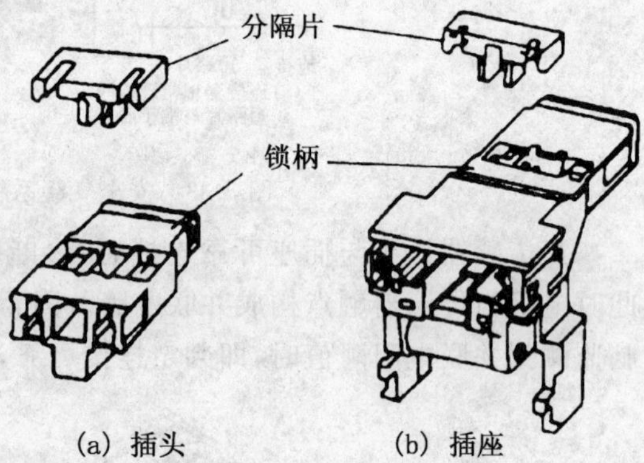

图 8-36　端子双重锁定机构

(5)气囊系统线束

由于气囊组件与方向盘一同旋转,因此为使方向盘转动时不会损伤气囊组件的连接线束,在转向盘和转向柱之间采用了螺旋线束,即将线束安装在螺旋形弹簧内,在汽车转向时,螺旋导线在壳体内作伸缩运动。在不同汽车制造厂提供的维修手册中,螺旋线束的名称各有不同,例如称为螺旋弹簧、游丝或游丝弹簧,如图 8-37 所示。螺旋弹簧在转向盘和转向柱之间安装时,需要注意安装位置和方向,当拆卸和安装转向盘时,应将转向柱固定在“直向前”的位置,以免损坏螺旋线束。

8.3.5　SRS 系统(以本田雅阁轿车为例)维修与使用

1. 故障检修操作前一般注意事项

在进行气囊系统维修操作之前,需仔细阅读下列操作注意事项,并遵循正确的操作程序和方法,以免意外引爆气囊,造成人身伤害或财产损失。

(1)除非是进行电器系统电压或电流参数的检查需要电源，在进行SRS系统及相关的其他检修工作以前，一定要在关闭点火开关和断开蓄电池负极电缆，并等待至少 3min 后再开始检修操作。这是因为在断开蓄电池负极电缆后的 3min 内，电脑存储单元中的信息有可能还未消失，若这时进行气囊系统部件或与气囊系统有关连的其他系统部件的检修操作，则有可能误引爆气囊。

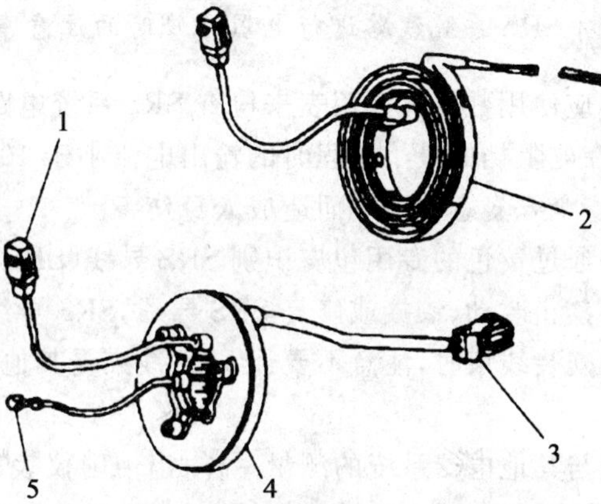

图 8-37　螺旋形弹簧与螺旋线束
1、3—线束插头或插座 2—螺旋形弹簧
4—弹簧壳体 5—搭铁插头

(2)安装 SRS 系统前，应仔细检查其零部件，若有不适当的装卸或摔落的迹象，比如：有凹痕、裂纹或变形等，就必须更换新件，不得安装从其他车上拆下的零部件。

(3)在拆卸 SRS 系统部件、与 SRS 相关的装置、仪表板或转向柱以前，需先断开气囊插头，具体操作如下：

1)断开驾驶席侧气囊插头，从方向盘上拆下维修板，然后断开气囊插头。

2)断开副驾驶席侧气囊插头，拆下杂物箱，然后断开气囊插头。

(4)切勿在副驾驶席侧安全气囊总成上放置物品。

(5)在点火开关接通时、点火开关断开后 3min 内、SRS 系统拆卸和安装过程中，都不要振动和撞击 SRS 控制装置，否则有可能会意外引爆安全气囊。

(6)在开始拆卸或安装 SRS 控制装置以前，需关闭开点火开关和断开蓄电池负极电缆并等待至少 3min；不要拆解 SRS 控制装置。

(7)不要让 SRS 控制装置溅上水或机油。

(8)一定要按规定的拧紧力矩(9.8N·m)将 SRS 控制装置安装牢固。

2. 气囊更换和放置注意事项

(1)严禁拆解气囊，因为气囊内部没有任何可维修的部件，引爆后的气囊已不能再次使用。

(2)因进行有关的维修而需拆卸和放置气囊时应注意：

1)拆下的气囊，应将其垫面朝上放置(图 8-38)，切勿在气囊总成上放置任何物品。

2)应使气囊远离水、机油、油脂、清洁剂等物品，以避免气囊被沾染而损坏。

3)拆下的气囊应放置在稳固、平整的平面上，并远离高温(高于 93℃)热源。

4)拆下的 SRS 控制装置应放置在无灰尘、阴凉(温度不高于 40℃)、干燥(湿度小于 80%)之处。

5)在进行气囊的拆卸和安装时，切勿将身体的正面对着气囊总成。

3. 对 SRS 系统线路进行电器检修时的注意事项

(1)应使用数字式万用表来检查 SRS 系统电路故障，如果使用指针式万用表，则必须确认其在电阻挡的最小量程时的输出电流小于 10mA，否则可能会导致 SRS 系统电路的损坏或安全气囊意外引爆而造成人身伤害。

(2)通过黄色的专用包皮识别 SRS 导线(SRS 指示灯线路除外)。

(3)禁止改动、铰接或修复 SRS 导线，SRS 导线如果有破损或开裂，应更换线束。

(4)安装线束时，注意不要让 SRS 线束受其他零部件卡挤，也不要交叉穿越其他零部件。

(5)与其他电器系统的测量一样，当使用仪表对插头端子进行检测时，应从插头的导线侧测量，不要从插头的端子侧插入(图 8-39)，以免损伤端子，造成 SRS 系统故障和测量失准。

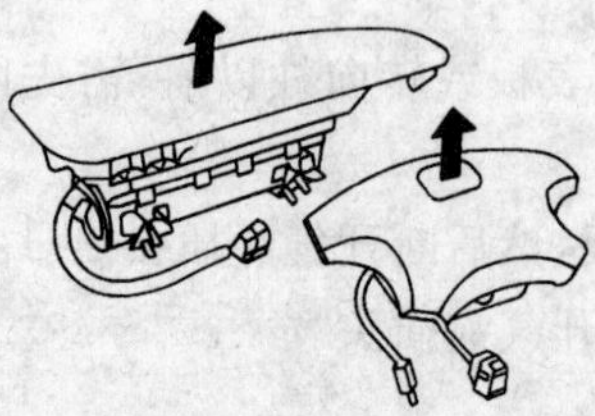

图 8-38 气囊总成的放置

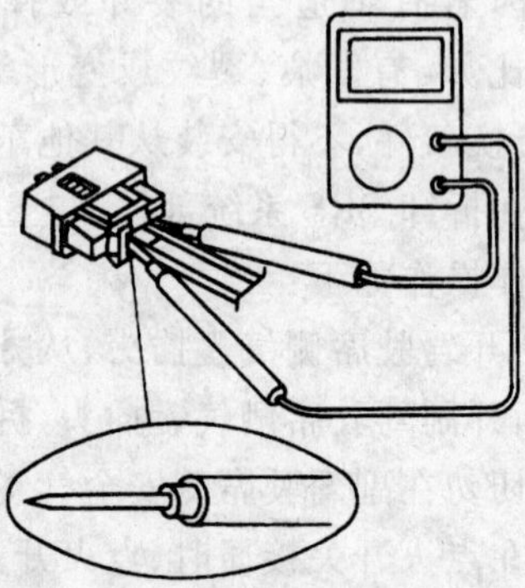

图 8-39 SRS 插头端子的正确测量

8.3.6 SRS 系统的故障诊断

1. 故障诊断的一般步骤

在进行故障诊断前，应注意：

(1)应遵循故障检修操作前一般注意事项的有关操作程序。

(2)确认蓄电池的荷电状态在正常的水平，因为蓄电池失效或亏电严重，将使测量值不准而影响故障的诊断。

(3)在对线束进行有无断路或损坏的诊断时，需检查插接器端子有无锈蚀、弯曲或其他损坏。

2. 故障自诊断方法

SRS 自诊断系统通过 SRS 指示灯来指示 SRS 系统的故障，故障指示方法如下：

(1)接通点火开关，SRS 指示灯亮起，并在 6s 后熄灭，表示 SRS 系统正常。

(2)接通点火开关后，SRS 指示灯不亮，则说明 SRS 指示灯系统电路有故障，应对其进行检修。

(3)接通点火开关后，SRS指示灯亮起后不熄灭，或在汽车行驶过程中SRS指示灯亮起，则表示SRS系统出现了故障，应进行故障码读取操作，并按所示的故障码检修SRS系统故障。

3. 故障码的读取

SRS自诊断系统通过SRS指示灯的闪烁次数来显示故障码，具体操作步骤如下：

(1)关闭点火开关后等待10s，然后将SRS自诊断系统的故障检查插座用短路插头短接。

(2)接通点火开关，SRS指示灯亮起约6s后熄灭，然后SRS指示灯将闪示故障码。SRS系统故障码由主码和副码两位组成，主码由1.2s左右的长闪烁次数表示，副码则由0.3s左右的短闪烁表示，闪示方式如下：

1)由最近发生的故障开始显示，可依次闪示3个故障码。

2)持续性故障，SRS指示灯将重复闪示故障码(图8-40)。

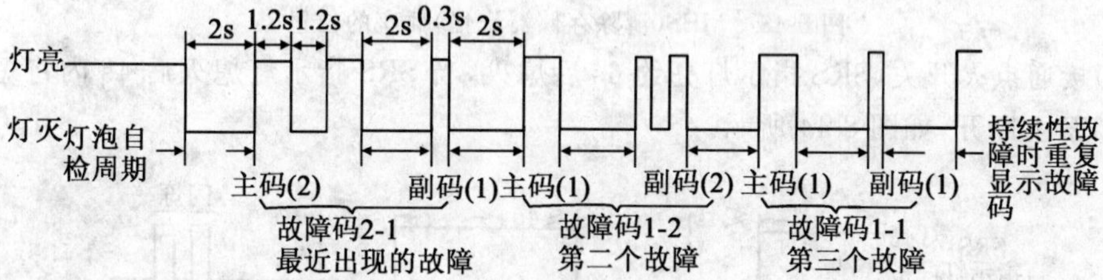

图8-40　持续性故障码的闪示方式

3)间歇性故障，SRS指示灯将会闪示一次故障码，然后灯一直亮着(图8-41)。

图8-41　间歇性故障码的闪示方式

4)如果既有持续性故障，又有间歇性故障，则SRS指示灯闪示持续性故障码。

5)如果系统正常(无故障码)，则SRS指示灯将一直亮着(图8-42)。

图8-42　系统正常

(无故障码)的闪示方式

4. **故障码的清除**

SRS系统故障码的清除可以使用HondaPGM检测仪，也可采用如下方法清除：

(1)确认已关闭点火开关10s后，用短路插头插入2芯的MES(清除存储器记忆)插座,如图 8-43 所示。

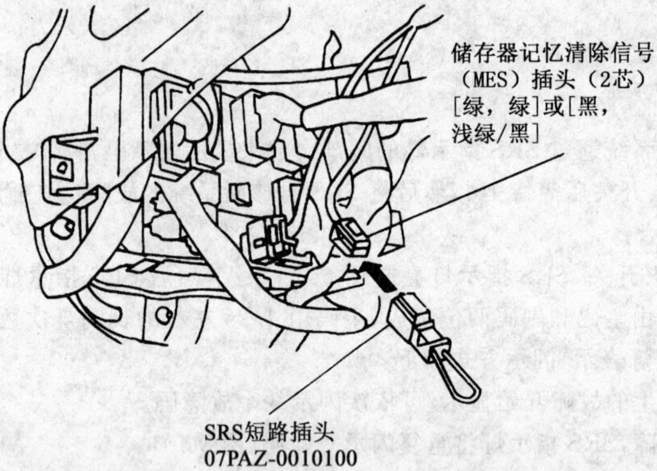

图 8-43　MES(清除存储器记忆)插座的位里

(2)接通点火开关,SRS 指示灯亮约 6s 后熄灭,当 SRS 指示灯熄灭后 4s 内将短路插头从 MES 上断开,如图 8-44 所示。

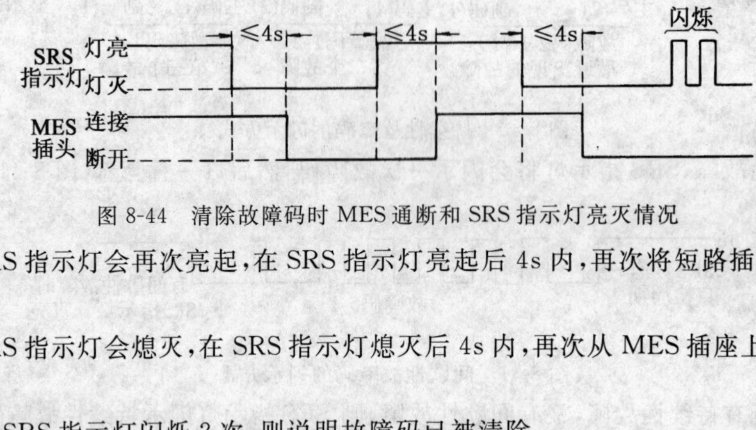

图 8-44　清除故障码时 MES 通断和 SRS 指示灯亮灭情况

(3)SRS 指示灯会再次亮起,在 SRS 指示灯亮起后 4s 内,再次将短路插头插入 MES 插座。

(4)SRS 指示灯会熄灭,在 SRS 指示灯熄灭后 4s 内,再次从 MES 插座上断开短路插头。

(5)当 SRS 指示灯闪烁 2 次,则说明故障码已被清除。

说明:短路 MES 插座使用短路插头而不使用普通的跨接导线,是因为用普通跨接线作插入和断开操作时,可能会由于接通断开未及时而导致不能清除存储器中的故障码。

8.3.7　奔驰 600SEL 轿车 SRS 系统故障维修

故障现象:一辆奔驰 600SEL 轿车安全气囊系统故障指示灯常亮不熄。

故障检修:奔驰 600SEL 轿车 SRS 安全气囊系统由 SRS 气囊组件、座椅安全带收紧器和护膝垫等组成。碰撞传感器采用电子式传感器,并设在 SRS 电脑内部,因此没有前碰撞传感器。SRS 电脑由碰撞传感器、安全传感器、微处理器、记忆电路和诊断电路等组成,安装在变速杆前方装饰板下面。碰撞传感器是一个电子式加速度传感器,安全传感器是一个水银开关式传感器,加速度传感器用于检测汽车的减速度,当水银开关式传感器触点闭合时，汽车减速度达到电子式加速度传感器设定的减速度阀值时，SRS 电脑才控制 SRS 气囊点火器引爆气囊动作。否则，当仅有其中一只传感器动作时，SRS 电脑不动引爆 SRS 气囊。奔驰公司称座椅安全带收紧器为安全带紧急张紧收缩器（ETR），安装在前左、右车门立柱旁边。安全带收紧系统由气体发生器、带轮、离合器、导管、自动安全带卷筒 ASBRR、活塞、缆绳等组成。气体发生器由充气器和点火器组成，安全带缠绕在卷筒上，活塞安装在导管内，缆绳一端缠绕在带轮上，另一端固定在活塞上。当 SRS 气囊引爆时，安全带收紧器同时动作。

奔驰 600SEL 轿车 SRS 系统的控制线路如图 8-45 所示，为了最大限度地保护驾驶员和乘员，SRS 系统的引爆条件是按表 8-1 进行设计的，因此在行车之前，务必系好安全带，否则如 SRS 电脑发现安全带未系好，控制 SRS 气囊引爆的时机就会提早，当车辆驶过凹坑时，车身震动力就有可能使 SRS 气囊引爆。

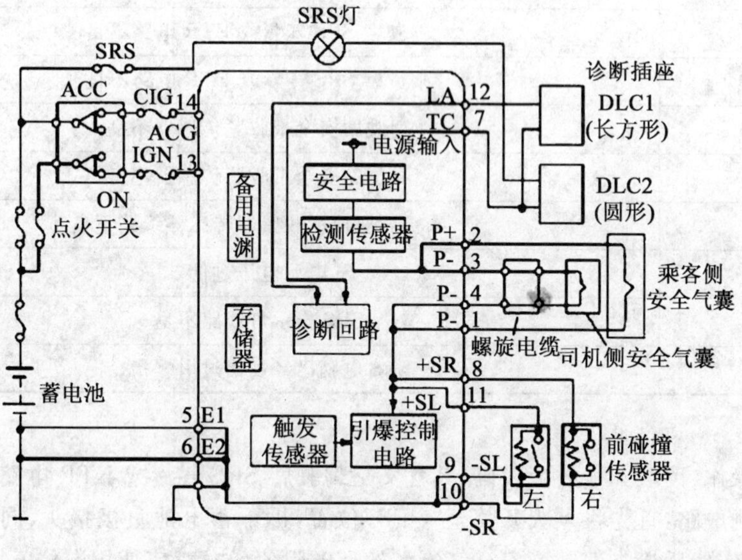

图 8-45　系统控制电路

SRS 指示灯设在仪表板的右下角，当点火开关转到 ON 位置时，如未起动发动机，SRS 指示灯将亮约 6s 后自动熄灭；发动机一旦起动，SRS 指示灯就会立即熄灭。如 SRS 指示灯一直发亮，说明 SRS 气囊系统有故障，直到故障排除之后，SRS 指示灯才会熄灭。

表 8-1　　**奔驰 600SEL 型汽车 SRS 系统的引爆条件**

碰撞条件	SRS 气囊或安全带收紧器	驾驶席安全带		乘员席安全带	
		未系好	系好	未系好	系好
一级碰撞	收紧器	无反应	有作用	无反应	有作用
	SRS 气囊	准备引爆	无反应	准备引爆	无反应
二级碰撞	SRS 气囊	已经引爆	准备引爆	已经引爆	准备引爆

首先读取SRS气囊系统的故障代码以确定故障部位。将点火开关转到ON位置;然后如用一根诊断跨接线将8孔方形诊断插座的插孔6(SRS诊断触发端子)和搭铁插孔1跨接3s后取开(注意:跨接时间达到或超过6s时,显示的故障代码将被清除),图8-45所示;再根据仪表板上的SRS指示灯闪烁状态读取一个故障代码;再次将插孔6与1跨接3s后取下跨接线,SRS指示灯将显示下一个故障代码,如此重复操作,每跨接插孔6与1一次,SRS指示灯就显示一个故障代码,直到第一个故障代码再次出现为止。该车故障代码含义如表8-2所示。

表8-2　　奔驰600SEL轿车SRS气囊故障代码表

故障代码	故障代码的含义
1	SRS气囊系统正常(无故障记忆)
2	SRS电脑故障
3	驾驶席SRS气囊或ETR电路不良
4	乘员席SRS气囊或ETR电路不良
5	驾驶席安全带收紧传感器不良
6	乘员席安全带收紧传感器不良
7	乘员席座椅下收紧器传感器线路不良
8	电源电压过低
9	SRS指示灯线路不良
10	SRS电脑已经发出过引爆指令

经上述操作,读取3号故障代码,其含义是驾驶席SRS气囊或ETR电路不良。按照维修步骤检测电路:首先将点火开关至"OFF"位置,拆下蓄电池负极接头,同时系统电路接头也拆下来;然后检查驾驶席安全气囊游丝环电阻值(注意:应使用数位三用电表测量,以避免安全气囊不慎引爆),用数位欧姆表测量3号和5号端子,测得电阻值为3.3Ω,在正常值范围2~5Ω之间;最后左右转动转向盘,检查5号端子和搭铁间的电阻值为无穷大,表示正常;而3号端子和搭铁间有电阻值,说明状态不正常,正常情况是无穷大。

因此怀疑转向盘的游丝环或电线有短路现象,经拆下更换后,清除故障代码(先将点火开关转到"ON"位置,然后再用跨接线插孔6与插孔1跨接6~8s以上即可清除故障代码)后故障排除。

拓展阅读

电控安全带

汽车座椅安全带是车辆最重要的被动安全设备之一,在发生碰撞事故时,它可以防止乘员和驾驶员与仪表台、挡风玻璃等发生的二次碰撞,同时还能防止乘员在碰撞中被甩出车外。为了进一步发挥安全带的保护功能,目前很多中高档车都装备了电控安全带。

电控安全带的特点是当汽车发生碰撞的一瞬间，乘员尚未向前移动时它会首先拉紧织带，立即将乘员紧紧地绑在座椅上，然后锁止织带，防止乘员身体前倾，有效保护乘员的安全。电控安全带中起主要作用的收紧器与普通安全带不同，除了普通收紧器的收放安全带功能外，还具有当车速发生急剧变化时，能够在 0.1s 左右加强对乘员的约束力。

1. 电控安全带的结构

电控安全带的组成与安全气囊系统相似，仅在安全气囊系统的基础上，增加了一个碰撞防护传感器和安全带收紧器，其他碰撞传感器、电控单元(ECU)与安全气囊系统共用。丰田凌志 LS400 型轿车电控安全带和安全气囊控制系统零部件的安装位置如图 8-46 所示。

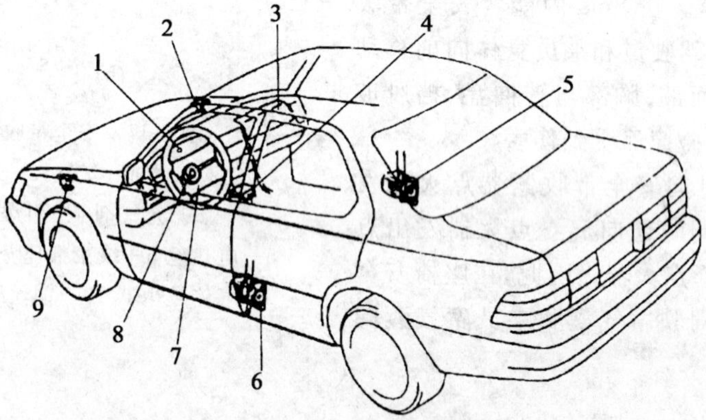

图 8-46　凌志 LS400 型轿车辅助防护系统零部件位置

1—SRS 指示灯 2—右前碰撞传感器 3—乘员席气囊组件

4—SRSECU5—右座椅安全带收紧器 6—左座椅安全带收紧器

7—驾驶席气囊组件 8—螺旋线束 9—左前碰撞传感器

碰撞防护传感器与安全气囊系统中碰撞安全传感器完全相同，下面只介绍安全带收紧器的结构原理。

安全带收紧器又称为安全带紧急张紧收缩器，安装在前排座椅左、右两侧或前左、右车门立柱旁边。安全带收紧器由导管(又称为气缸)、活塞、钢丝绳、气体发生器和安全带收缩棘轮组成，结构如图 8-47 所示。

气体发生器由充气剂和点火器组成，结构原理与气囊组件的充气剂和点火器相同，只是体积很小。活塞直径约 20mm，安装在导管(气缸)内。活塞上焊接有一根钢丝绳，钢丝绳的另一端固定在棘轮机构的一个棘爪上。棘轮机构设在安全带伸缩卷筒的一端，由三个棘爪、一个外齿圈和时钟弹簧组成。外齿圈固定在安全带伸缩卷筒的转轴上，可与转轴一同转动，棘爪安放在外齿圈周围的圆形固定架内。当钢丝绳不动时，棘爪在时钟弹簧作用下处于松弛状态，外齿圈可随安全带卷筒沿顺时针或逆时针方向转动；当拉动钢丝绳时，拉力力矩，克服时钟弹簧弹力力矩使棘爪抱紧在外齿圈上，并带动安全带伸缩卷筒转动，从而便可使安全带收紧。

2. 电控安全带的工作原理

当汽车遭受碰撞且减速度达到碰撞传感器设定值时，SRS电控单元将安全带点火器电路接通，电热丝通电红热并引爆引药，引药释放大量热量使充气剂受热分解释放大量无毒氮气充入收紧器导管，活塞在膨胀气体的推力作用下带动钢丝绳迅速移动。与此同时，钢丝绳通过棘轮机构带动安全带卷筒转动将安全带收紧。在8ms内能将安全带收紧10～15cm，使驾驶员和乘员身体向前移动距离缩短，防止面部、胸部与转向盘、挡风玻璃或仪表台发生碰撞而受到伤害。

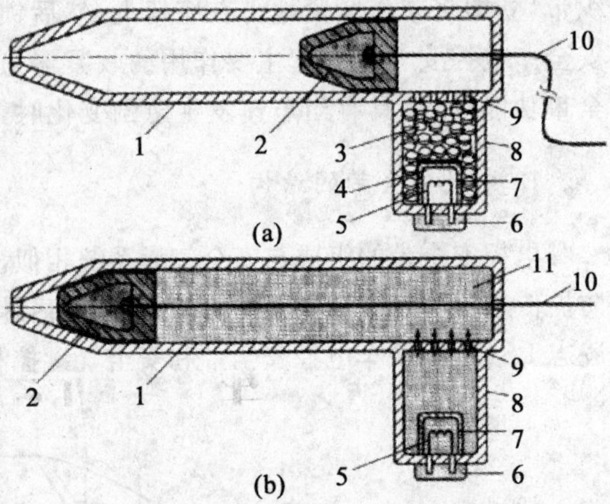

图8-47　安全带收紧器

1—导管(气缸)2—活塞
3—充气剂 4—引爆炸药
5—电热丝 6—线束插座 7、9—通气孔
8—气体发生器 10—钢丝绳 11—气体

在SRSECU向安全带收紧器点火器发出点火指令时，同时还向气囊点火器发出点火指令，引爆气囊点火器。因此，在座椅安全带收紧的同时，驾驶席气囊和乘员席气囊同时膨开。

3. 电控安全带收紧器使用与检查注意事项

(1)绝对不能检测安全带收紧器中点火器的电阻，否则有可能导致安全带收紧器引爆而发生意外伤害。

(2)当需用电弧焊修理汽车车身时，应在操作电焊之前将安全带收紧器的连接器脱开。

(3)在报废汽车整车或报废安全带收紧器时，应在报废之前先用专用维修工具将收紧器气体发生器引爆。

复习思考

1. 试述汽车中控门锁的主要功能。
2. 简述中控门锁系统的元件及功能。
3. 简述中控门锁的工作过程。
4. 什么是汽车电控防盗?
5. 电控防盗系统的基本组成和功用是什么?
6. 安全气囊的功用是什么? 比较安全气囊和安全带的重要性。
7. 汽车在发生剧烈碰撞时，安全气囊系统是如何工作的?
8. 检修带有安全气囊系统的车辆应注意什么?
9. 简述电控安全带的基本结构。
10. 试述电控安全带的基本工作原理。

第9章 汽车音响、倒车辅助系统故障检修

学习目标

1. 会汽车音响、倒车辅助系统的结构原理。
2. 分析汽车音响、倒车辅助电路。
3. 能诊断汽车音响、倒车辅助系统故障并排除。

考核标准

知识要求：
1. 掌握汽车音响、倒车辅助系统的作用、类型、结构、原理、特性。
2. 正确读识汽车音响、倒车辅助系统电路。

技能要求：
1. 掌握万用表、示波器、故障诊断仪的正确使用。
2. 掌握汽车音响系统的故障排除方法。
3. 掌握倒车辅助系统各部件的安装方法。

教学建议

教具：万用表、示波器、诊断仪、音响部件、工单。

建议：汽车音响、倒车辅助系统系统结构及检修内容建议安排在实验室进行。音响系统工作原理建议使用多媒体教学。

9.1 汽车音响系统介绍及解码

9.1.1 普通汽车音响

与汽车空调一样，汽车音响系统是一种提高驾乘舒适环境的设备，通常我们把音响设备简称为音响。

汽车音响设备是最早应用在汽车上的电子产品，早在1923年美国首先将无线电收音机装配到汽车上。随后许多汽车公司开始在仪表板总成上安装无线电收音机，那时无线电收音机使用电子管，直到20世纪50年半导体晶体管逐步取替了电子管，汽车收音机的使用寿命得到了提高。20世纪70年代初，卡式收录机装配于汽车，同时机芯开始应用集成电路。直至20世纪80年代末，一般汽车的音响多以一个卡式收放两用机与一对扬声器为基础组合，扬声器分左右两路声道，有的置于仪表板总成的两侧，有的置于车门，有的置于后座的后方，收放两用机输出功率多在20W以下。20世纪90年代末，汽车音响又进入了一个新的里程碑，向大功率多路输出、多喇叭环绕声音响、多碟式激光CD、DVD、MP3/MP4等多媒体方向发展。

经过多年的发展，汽车音响已经由最初的汽车收音机演变成集视听娱乐、通讯导航、辅助驾驶等多种功能于一体的综合性多媒体车载电子系统，成为现代汽车上一个不可缺少的组成部分。

汽车音响系统主要组成部份有：主机（音频、视频信号源），包括调谐器、磁带放音、CD、MP3/MP4、VCD、DVD、传声器等；音频处理电路，包括信号源选择、前置放大、音量音调调节、响度控制等；功率放大器，为各信号源所共用；扬声器系统，包括2～6只扬声器，其布置方式通常为仪表台内的左前、右前和两前门护板内的左中、右中以及后行李舱内的左后、右后；显示器（多媒体）和电源及供电电路等，如图9-1所示。其主要部件在汽车上的分布如图9-2所示。

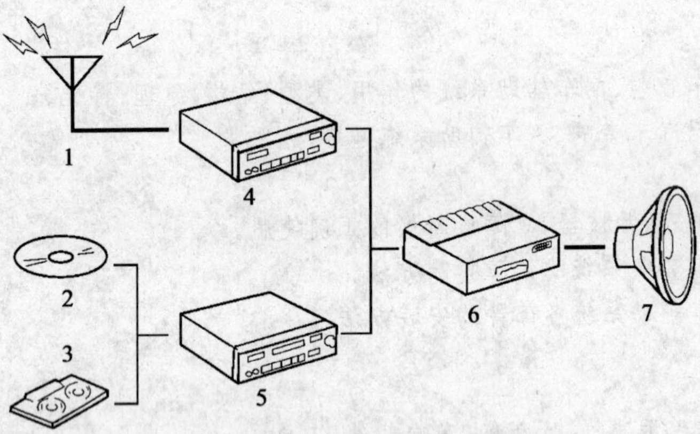

图9-1　汽车音响系统组成

1—天线 2—CD3—盒式磁带

4—收音机 5—磁带播放器/CD播放器

6—功率放大器 7—扬声器

汽车音响的结构随车型和等级略有不同，一般包括：

1. 收音机

通过天线接收无线电台发射的无线电波，将它转变成声音信号并送到放大器。收音机均能接收电台AM/FM广播，并且有一个微机控制的调谐器。

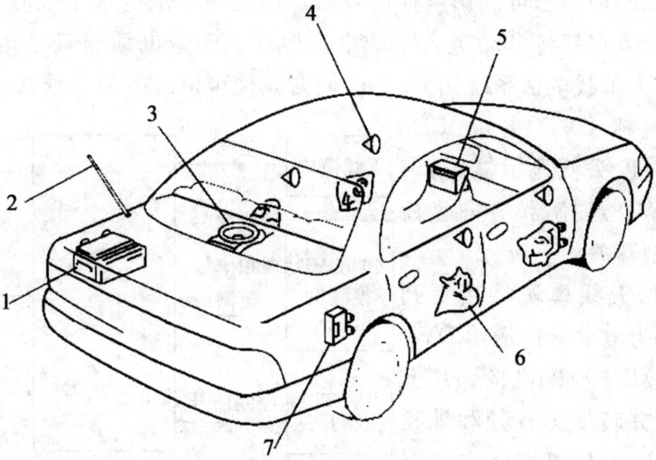

图 9-2　汽车音响系统车上分布示意图

1—CD 播放器 2—天线 3、4、6—高低音扬声器

5—磁带播放器/CD 播放器 6—功率放大器

2. 磁带和 CD 放音机

磁带放音机读取磁带上所录制的模拟信号，并将声音信号发送到放大器，此装置有自动倒带、自动检索功能等。CD 放音机读取光盘上的数字信号，执行 D/A(数字/模拟)转换，并把声音信号发送到放大器。因为使用数字信号，CD 的声音比磁带的声音清晰。它可以快速地选择歌曲，这是 CD 放音机的一个优点。

3. 功率放大器

放大器将来自收音机、磁带放音机和 CD 放音机的信号放大，并将其信号送到喇叭。

4. 扬声器

扬声器又称喇叭，作用是将放大了的电信号转变成空气振动(声音)，若达到立体声效果，至少要有两只。

9.1.2　汽车多媒体音响

汽车多媒体系统是在传统的汽车音响的基础上增加了视频信号源(AV 功能)，即 VCD 影碟机或 DVD 影碟机，同时增加了显示器，此时 VCD 或 DVD 兼容 CD 功能。

图 9-3 所示为以 DVD 为核心的汽车多媒体系统组成。其中，DVD 主机是整个系统的核心，它起到信号处理、信号放大、功率驱动和系统控制等作用。DVD 音响系统可以播放广播、CD、VCD、MP3、DVD。驾乘人员可通过 DVD 主机控制面板、DVD 遥控器、方向盘控制开关和后座控制开关操作该系统。DVD 碟片只可在 DVD 主机中播放，其他碟片可在 DVD 主机或 6CD/VCD/MP3 换碟机中播放。DVD 主机和头枕显示器都可显示图像，但挂档后 DVD 主机上的图像将被关闭。DVD 音响系统的图像和声音都有几种播放

模式可以选择，如选择不当可能影响播放效果。当使用车载电话系统时，无论 DVD 音响系统是否正在工作，它都将自动进入车载电话模式。车载电话模式是指 DVD 音响系统的右前声道打开为车载电话系统播放声音，同时其他声道进入静音模式。

系统主要包括 DVD 主机、CD/VCD/MP3 换碟机、头枕显示器、扬声器、天线模块、DVD 遥控器、方向盘控制开关、后座控制开关。

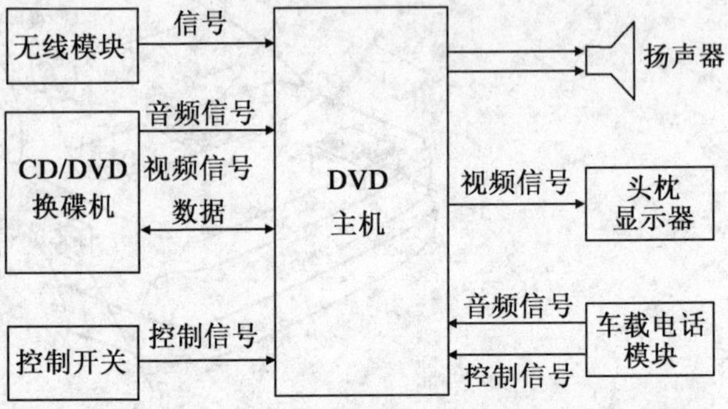

图 9-3　DVD 系统工作原理

系统工作时，天线模块将接受到的广播信号转变为电信号传送给 DVD 主机，CD/VCD/MP3 换碟机将碟片上记录的信息读出并转变为音频和视频信号传送给 DVD 主机，DVD 主机也能通过内置的机芯读出 CD/VCD/MP3/DVD 上信息。DVD 主机将音频信号放大后分四路直接驱动扬声器。DVD 主机将视频信号放大，在驱动其内置显示器的同时还以视频信号的形式发送至两个头枕显示器，头枕显示器和 DVD 主机同步播放影像。

当按压方向盘控制开关或后座控制开关时，它们向 DVD 主机发出相应的电信号。在工作时 CD/VCD/MP3 换碟机和 DVD 主机间以数据的形式进行控制信息交换。当车载电话系统工作时，车载电话模块向 DVD 主机发出控制信号。收到此信号后，DVD 主机进入车载电话模式，将车载电话模块输出的音频信号放大后驱动右前扬声器。

9.1.3　车载电视

移动数字电视就是可在移动状态下收看的数字电视，车载移动数字电视（简称车载电视）是移动数字电视的一种，通常安装在公交车、地铁和出租车等公共交通工具上，采用数字电视技术，通过无线发射、地面接收的方式进行电视节目转播。车载电视具有覆盖面广、反应迅速、移动性强等特点，无论在高速移动还是固定状态下均能保持画面的清晰，实现了随时随地收看的功能，极大地满足了快节奏都市生活中，广大视频观众对信息的渴求。

车载电视主要包括机顶盒、液晶显示屏、天线、车载电源等。为了方便安装使用，已经开发出了诸如台式车载电视、挡板式车载电视和顶吸式车载电视等多种款式的车载移动电视产品。

车载电视系统的工作原理如图 9-4 所示。该系统可分为发送端和接收端两个子系统，从技术角度则可分为信源和信道两部分。

车载电视系统主要由信源编码/解码、多路复用/解多路复用、信道编码/解码和调制/解调等部分组成。信源编码主要包括视频编码、音频编码和数据编码。多路复用是将信源编码器送来的视频、音频和辅助数据的数据比特流，处理成单路的串行比特流，送给信道编码系统。信道编码是为了保证信号传输的可靠性，通过纠错编码、均衡等技术提高信号的抗干扰能力。随后信号经调制设备调制后发送出去。接收端是发送端的逆过程。

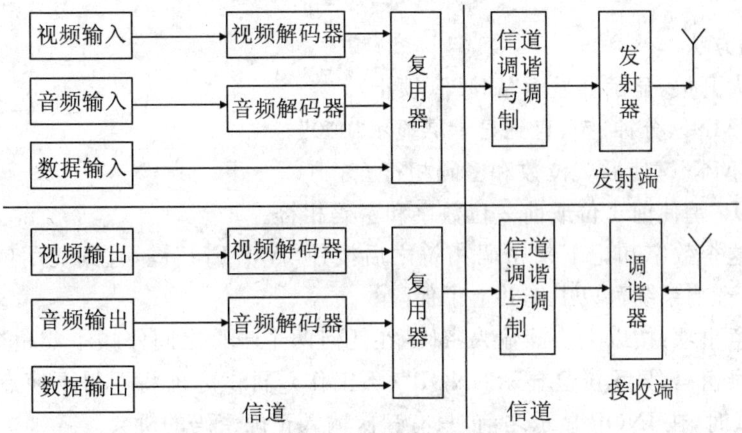

图 9-4　车载电视系统框图

移动数字电视的信号传输方式主要有两种：一是采用流媒体技术进行点对点的信号传输，一般利用蜂窝移动网络来实现；二是采用数字多媒体广播技术进行点对面的信号传输，包括地面数字广播和卫星广播两种实现方式。车载电视通常采用数字多媒体广播技术中的地面数字广播方式。地面数字广播方式需要在接收端安装数字电视接收模块，可以不通过移动通信网络的链路，直接获得数字电视信号。该方式可以在高带宽信道上进行高速传输，在覆盖区域内受众数量没有限制，与使用点对点传输的移动蜂窝网络相比，可以更为经济地向广大受众提供完美的视听服务。目前，清华大学的 DMB-T 标准、上海交大的 ADTB-T 标准和国标 DMB-TH 都采用这种传输方式。国际标准自 2007 年 8 月 1 日起正式实施，目前正在逐步普及中。卫星广播方式则通过卫星提供下行信号的方式来实现传输目的。用户只需在接收端集成直接接收卫星信号的模块，就可以实现多媒体数据的接收。广播中心将内容上传至卫星。卫星再将内容发送到覆盖范围内的所有用户。在有屏蔽的区域，由转发站接收卫星广播并转播给在屏蔽区的接收终端。目前，广电总局的 CMMB 标准就采用这种传输方式。

在技术层面上，车载电视信号主要通过无线传输，可以基本消除模拟电视时代因传输问题产生的屏幕雪花、重影、闪动等现象，画面清晰、接收稳定，而通过改进发射技术及增加辅助发射点，也可使接收状况大为改观。

9.1.4　常见车系汽车音响的解码

轿车在使用和维修过程中，如果发生以下情况：①拆下蓄电池电缆；②蓄电池严重亏电；③音响保险丝烧断或拔下音响保险；④音响线路断路；⑤拔下音响电源插头等。此时，具有防盗功能的音响就会锁止。要想再使用音响就必须按照正确步骤输入正确密码后，音响系统才能正常工作。如果多次输入错误密码，将会导致音响被永久锁止。所以一旦音响被锁，首先要找到音响密码，然后按正确的方法输入密码。用户在购新车时，要注意夹在音响使用手册中的密码卡。有些车型的密码还可以在以下几个地方找到：①收音机壳上；②点烟器盒背面；③文件箱内或背面；④驾驶员车门上；⑤后备箱 CD 机壳上。

下面以上海别克轿车为例介绍音响解码和取消防盗系统工作以及重新起动音响防盗

系统的方法：

(1)解码方法

1)通点火开关，显示屏显示“LOC”(锁止)。

2)按住“MN”(分钟)键，直到显示屏显示“000”。

3)再按“MN”键使后2位数和密码相符。

4)按“HR”键使前1位或前2位数字和密码相符。

5)确认这个数字和记下来密码相符之后按住“AM/FM”键，直到显示屏显示“SEC”(安全)，表明音响系统可以工作并上了保险。

重要注意事项：按以上步骤输入密码，在任何两个步骤之间停顿不要超过15s。如果输入8次错误密码，显示屏会显示“INOP”(不工作)，再试之前将不得不使点火开关接通等上1h，再试时，在INOP显示之前，只有三次输入正确密码的机会。

(2)取消防盗系统

1)点火开关转到“ACCESSORY”(附件)或“RUN”(运行)位置。

2)关掉收音机。

3)同时按住“1”和“4”键，直到显示屏显示“SEC”(安全)。

4)按住“MN”键直到显示屏显示“000”。

5)再按“MN”键使后2位数和密码相符。

6)按住“HR”键使前1位数或前2位数和密码相符。

7)确认这个数字和密码相符后，按住“AM/FM”键，直到显示屏显示“----”，表明音响系统不再保险。

重要注意事项：按以上步骤输入密码，在任何两个步骤之间停顿不要超过15s。如果输入的密码不正确，显示屏会一直显示“SEC”(安全)。音响系统会保持保险状态直到输入正确密码。

(3)重新打开音响防盗密码

1)记下3或4位数，(000～1999)，并将之放在车辆之外的安全的地方。

2)点火开关旋转至“ACC”或“RUN”位置。

3)关闭收音机。

4)同时按住“1”键和“4”键。保持此状态直到显示屏显示“----”放开。

5)按住“MN”(分钟)键，“000”会出现在显示屏。

6)再次按住“MN”(分钟)键，使最后2位与密码相符。

7)按住“HR”(小时)键，以使前1位或前2位与密码相符。

8)当确信代码与所写的密码一致时，按住“AM/FM”(调幅/调频)键。该显示屏将告诉你，必须重复5至7步，以确认密码。

9)按住“AM/FM”(调幅/调频)键，此时显示屏显示“SEC”提示收音机已加密保护。当点火装置关闭时音量控制指示器开始闪亮。

重要注意事项：如果在任意两步骤之间间隔超过15s，收音机显示屏会自动回到时间显示。只有在步骤“4”处才重新开始。

9.2　倒车辅助系统故障检修

9.2.1　倒车雷达系统工作原理

驾驶员在倒车时，由于视线不良，很容易发生危险。老驾驶员们可凭多年的经验，凭感觉倒车，但对于新手就不是件容易的事了，倒车时不易判断倒车距离、左右后方倒车角度。尤其在夜间、下雨或有雾等天气及狭窄空间停车，都会给倒车带来烦恼。

倒车雷达，又称驻车辅助系统，或称倒车电脑警示系统。它是汽车驻车或者倒车时的安全辅助装置，由超声波传感器(俗称探头)、控制器和显示器(或蜂鸣器)等部分组成。它能以声音或者更为直观的显示告知驾驶员周围障碍物的情况，解除了驾驶员泊车、倒车和起动车辆时前后左右探视所引起的困扰，并帮助驾驶员扫除了视野死角和视线模糊的缺陷，提高驾驶的安全性。系统组成如图 9-5 所示。

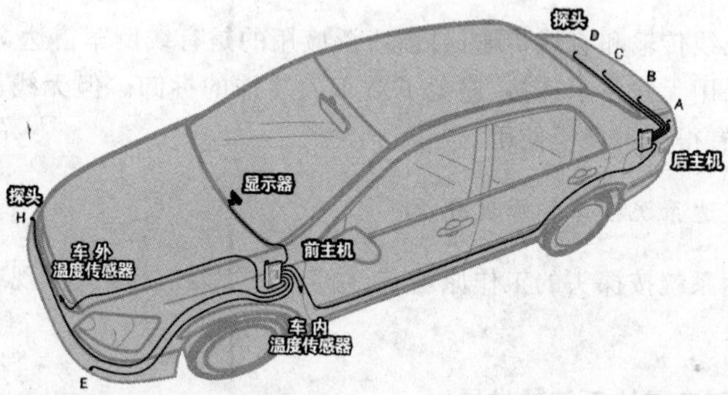

图 9-5　倒车雷达系统组成

倒车雷达大多采用超声波测距原理，倒车时，系统起动，在控制器的控制下，由装置于车尾保险杠上的探头发送超声波，遇到障碍物，产生反射波，传感器接收到反射波后控制器进行数据处理，从而计算出车体与障碍物之间的距离，判断出障碍物的位置，再由显示器显示距离并发出警示信号，从而使驾驶者倒车时不至于撞上障碍物。随着提示音的缓急，驾驶员可以判断出相对于障碍物的远近，由于造价相对低廉，这种倒车雷达至今仍然被广泛应用。整个过程中，驾驶者无须回头便可知车后的情况，使停车和倒车更容易、更安全。其工作原理如图 9-6 所示。

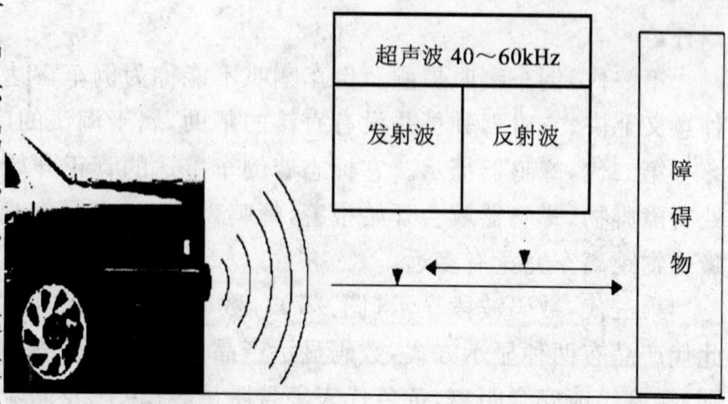

图 9-6　倒车雷达系统工作原理

9.2.2 汽车倒车雷达系统的分类

1.按传感器的数目来分类

倒车雷达的测距主要是探头。现在市面上的倒车雷达分别有2探头、3探头、4探头、6探头及8探头多种,2至4探头的倒车雷达一般安装在汽车的后保险杠上面,6至8探头的倒车雷达一般的安装方式是:前面2个后面4个,或前面4个后面4个。通常,探头的数量决定倒车雷达的探测覆盖能力,能减少探测盲区。6个以上探头的倒车雷达,在倒车时还可探测到前左右角。

2.汽车倒车雷达系统按提示方式和显示方式分类

倒车雷达的提示方式可分为液晶、语言、声音和图像式四种。

3.汽车倒车雷达系统按接收方式分类

接收方式有无线传输和有线传输;目前广泛应用的是有线倒车雷达,无线倒车雷达的控制器和显示器采用无线技术连接,避免了对车内装饰的拆卸。但无线传输可能因受无线电干扰,故还没有得到大规模使用。

4.汽车倒车雷达系统按工作原理分类

汽车倒车雷达系统按探头的工作原理有:超声波式和红外线式。现在基本使用的多为超声波式。

9.2.3 汽车倒车雷达系统的发展

我国汽车工业的飞速发展,带来了汽车电子的迅速发展和应用,其中就包括汽车倒车雷达。目前,倒车雷达系统已经历了六代技术改良,不管从结构外观上,还是从性能价格上,这六代产品都各有特点。目前,使用较多的是数码显示、液晶显示和后视镜倒车雷达三种。

第一代,倒车喇叭提醒。倒车喇叭不能称为倒车雷达,现在只有少数车辆使用。从某种意义上讲,它对驾驶员并没有直接的帮助,属于淘汰的产品。

第二代,蜂鸣器提示。它标志着倒车雷达的真正开始。倒车时,如果距车1.5~1.8m处有障碍物,蜂鸣器就会开始报警,蜂鸣声越急,表示车离障碍物越近。该装置不能确定障碍物距离车究竟有多远。

第三代,数码波段显示(图9-7)。数码波段显示,可以显示车后障碍物离车的距离。此代产品有两种显示方式,数码显示产品直接显示距离,而波段显示产品有3种颜色来区别:绿色代表安全距离,黄色代表警告距离,红色代表危险距离。

第四代,液晶荧屏显示(图9-8)。液晶显示屏显示,特别是荧屏显示开始动态显示系统,不用挂倒挡,只要发动汽车,显示器上就会出现汽车的图案以及车辆周围障碍物的距离。

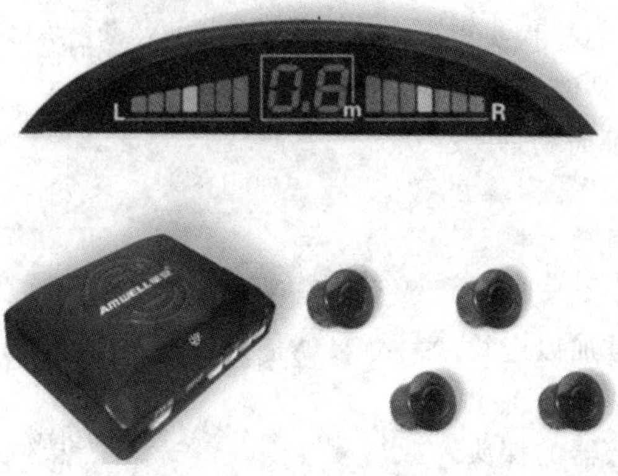

图 9-7　数码波段显示的倒车雷达系统

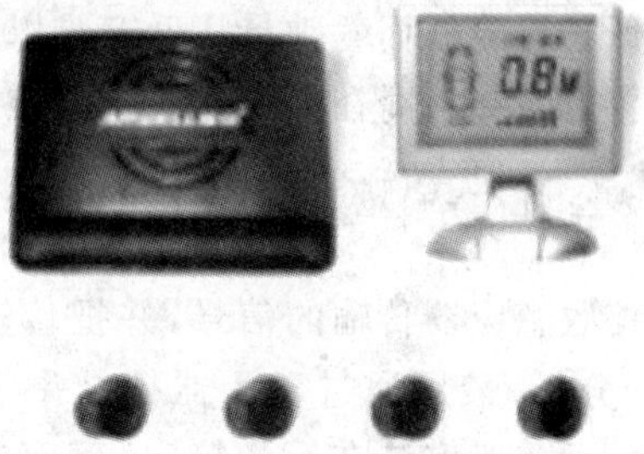

图 9-8　液晶屏显示的打车雷达系统

第五代，魔幻镜倒车雷达(图 9-9)。魔幻镜倒车雷达，它结合了以前几代产品的优点，采用了，最新仿生超声雷达技术配以高速微机控制，可全天候准确地测知 2m 以内的障碍物，并以不同等级的声音和直观的显示提醒驾驶员。魔幻镜倒车雷达把后视镜、倒车雷达、免提电话、温度显示和车内空气污染显示等多项功能整合在一起，并设计了语音功能。

图 9-9　魔幻倒车镜倒车雷达系统

第六代，可视倒车雷达。可视倒车雷达主要是由车载显示屏、雷达主机、雷达探头、车载摄像头和报警喇叭五部分组成，当汽车进入倒挡，系统开始工作，雷达探测的障碍物距离和摄像头检测的图像信号同时显示在驾驶室的车载显示屏上面，车主能根据听到雷达报警音和看到倒车的实物图像，实现轻松自如倒车。

9.2.4　汽车倒车雷达系统的组成

通常的倒车雷达主要由三部分组成：感应器(探头)，主机，显示设备，组成如图 9-10 所示。

1. 感应器(探头)

感应器就是发出和接收超声波信号的机构，然后将得到的信号传输到主机里面的电脑进行分析，再通过显示设备显示出来，探头装在后保险杠上，根据不同价格和品牌，探头有二、三、四、六只不等，有的高档进口车甚至要装八只，分别管前后左右。探头以45°角辐射，上下、左右搜寻目标。最大的好处是能探索到那些低于保险杠而驾驶员从后窗难以看见的障碍物，并发出报警，如花坛、蹲在车后玩耍的小孩等。

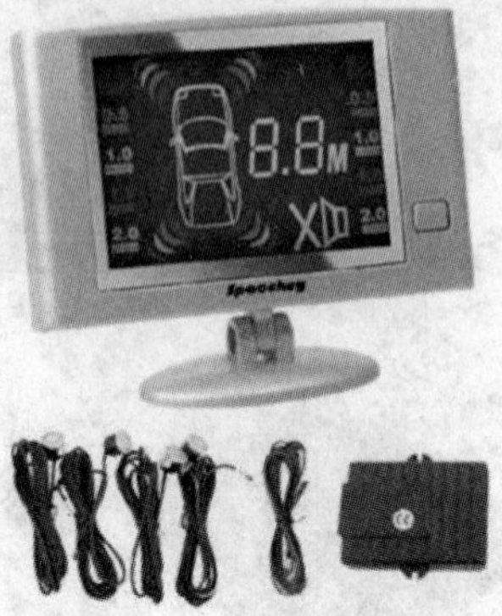
图 9-10　倒车雷达系统的组成

2. 主机(控制单元)

接收感应器传输的信号，并把传输的信号加以运算、处理、分析，最后通过显示器把结果输出到显示设备上。控制单元一般安装在后备箱内，后面连接传感器的探头，前面连接显示设备。

3. 显示器设备

倒车雷达显示器装在驾驶台上，它不停地提醒驾驶员车距后面物体还有多少距离，到危险距离时，蜂鸣器就开始鸣叫，让驾驶员停车。

4. 连接线

连接线分为传感器的连接线、显示设备的连接线控制单元的供电的电源线和接地线。

9.2.5　倒车雷达的性能指标

倒车雷达系统主要性能包括：

(1)灵敏度是指在有障碍物的时候反应是否够快，这是选择倒车雷达的首要元素。

(2)准确度是指在障碍物反射面不太好的情况下，能否始终捕捉到并准确地显示出障碍物的距离。

(3)探测区域看需探测的区域是否存在盲区。

(4)捕捉目标的速度反映倒车雷达对移动物体的捕捉能力。这对于避免类似儿童或骑车人从后突然穿过，而驾驶员视线不及引起的碰撞事故尤为重要。

另外值得一提的是倒车雷达的性能与安装也有很大关系。探头安装位置必须要恰到好处才不会出现误报、探测盲区等问题。

9.2.6　倒车雷达的使用注意事项

(1)探头要常去清洁，特别是雨雪天后，泥水和冰雪覆盖住探头时，探头就会失灵。

(2)倒车雷达的使用需要一个适应过程。一般在刚开始使用时，尽量要多下车看看，以便准确了解雷达显示的数值与实际目测距离相差多少，由于雷达测量角度的关系，总会有一些误差。

(3)碰到光滑斜坡、光滑圆形球状物、棉絮团、花坛中伸出的小树枝时，驾驶员要用目测，因为这时的探头探测能力大为下降，提供的数据就不会非常准确了。

(4)雷达的探头也有盲区,装两只探头的车主,特别要注意车后的中间地带。

(5)碰到天气过热过冷过湿、路面不平和沙地时,也不能掉以轻心,要多回头看看后面情况。

(6)倒车时车速一定要慢,以免惯性太大碰到障碍物。

(7)听到蜂鸣器的连续音时,应当及时停车,因为车已到危险区域。

9.2.7　倒车雷达的选购

正确选购安装倒车雷达,会使车主在行车中一路畅通,彻底免除倒车时的“后顾”之忧！产品质量直接关系到倒车雷达所应起的作用。比如产品的灵敏度、是否存在盲区、产品是否正常工作。

尤其是若存在探测盲区。将使倒车雷达失去应有的作用,产品由待机状态转换为工作状态,是否有声音提示也比较重要,它可以提示驾驶员倒车雷达是否正常开始工作。

1. 产品质量的测试

一般的设计倒车雷达探测距离应为 0～1.5m,某些品牌的倒车雷达因其敏感度不够,探测距离仅为 0.2～0.9m,会给驾驶员的判断及采取措施带来一定的困难。可以通过简单的小实验来测试产品的质量。

(1)距离测试用尺子去测量车尾与障碍物距离,与倒车雷达显示的数据进行对比,看是否一致,从而来判断倒车雷达的灵敏度。

(2)防水测试打开水龙头用水去冲探头,通过此测试可以了解产品的防水性能,因为它将关系雨天倒车时的安全

(3)探头的有效范围测试可以将障碍物通过不同角度切入探头的测试范围来判断探头的感知角度,一个探头的正常测试范围的夹角为 90°。

2. 探头颜色的选择

探头的颜色要与汽车的颜色协调,差异不可过大,以免影响美观。

3. 探头的款式选择

一些品牌的倒车雷达仅能提供单一款式的探头,可能影响汽车的美观、协调。款式的选择不能仅考虑探头是否一定要小,更多的是考虑安装后整车的效果。例如,对于一些后保险杠较宽的车型,应安装探头较薄、较大,安装后整车效果应美观、协调、大气。

4. 对温度的适应性

此外,倒车雷达应对周围环境的适应能力强。夏季温度普遍偏高(室外温度约 40℃)。冬季温度偏低,有些品牌的适应性较差,在高低温的状态下,车未起动就产生报警,且雷达的寿命明显缩短。

9.2.8　倒车雷达的安装

不同品牌的汽车倒车雷达的结构是不同的，其安装方法也各有异同。主要安装方法有以下两种：

1. 粘附式安装

这种安装仅限于具有粘贴性探头的报警器，其特点是不需要在车体上开孔，只要将报警器粘贴在适当的位置即可，安装拆卸均不会影响汽车美观程度。

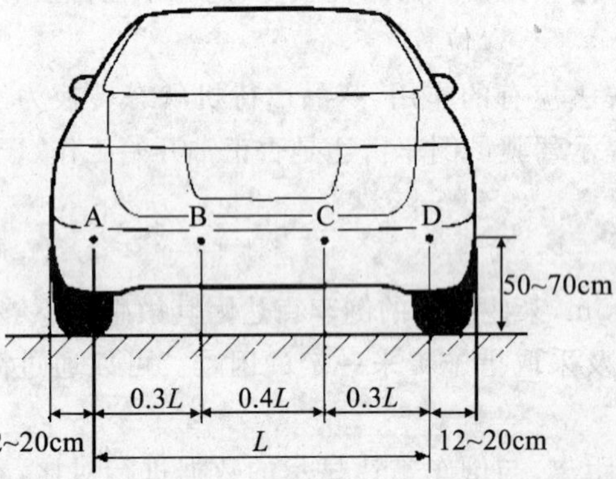

图 9-11　倒车雷达系统探头安装孔位置

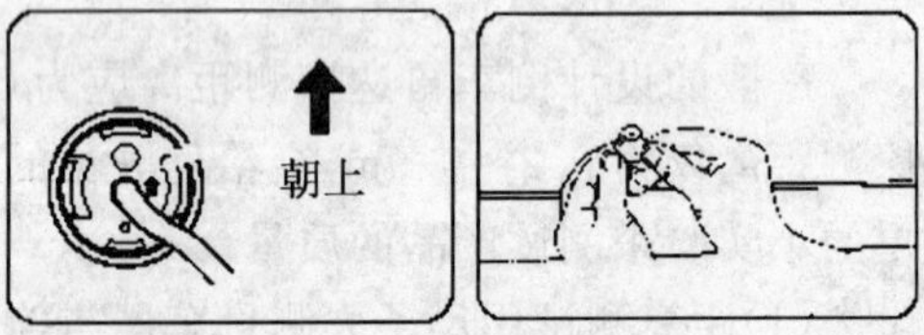

图 9-12　倒车雷达系统探头安装

(1)安装位置

此种报警器一般安装在尾灯附近或行李箱门边。探头安装的最佳宽度为 0.66～0.8m，安装的最佳离地高度为 0.55～0.7m。

(2)安装方法

1)将附带橡胶圈套在感应器(探头)上，引线向下并与地面垂直，探头一般不安装在汽车最尾部，以免撞坏。

2)确定传感器(探头)安装位置，侧视 90°应无障碍物，否则会影响探测结果，产生误报警。

3)传感器贴合必须选择垂直方向，向上或向下均会影响使用性能。

4)用电吹风将双面贴加热，然后撕去面纸，贴到确定部位，48h 后便可达到最佳贴合效果。

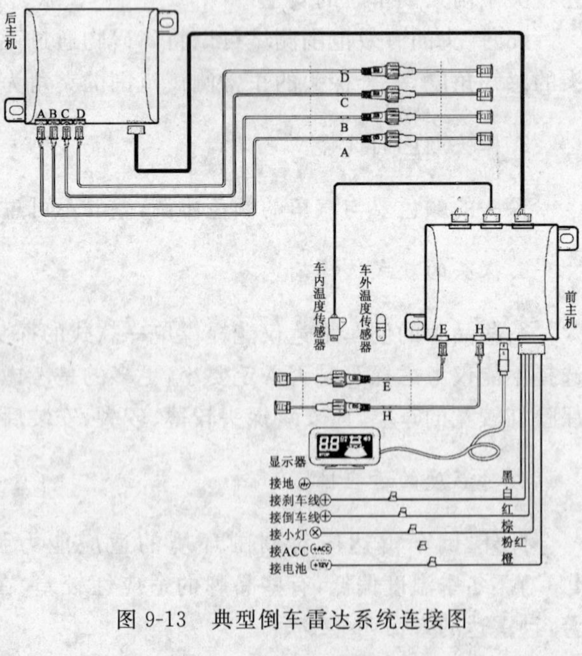

图 9-13　典型倒车雷达系统连接图

5)报警器的闪光指示灯应安装在仪表台易被驾驶员视线捕捉的位置。

6)控制盒安装在安全、不热、不潮湿和不溅水的位置,通常将其安装在行李箱侧面。

7)蜂鸣器一般安装在后风挡玻璃前的平台上。

8)传感器屏蔽线应防止压扁或刺穿,且要隐蔽铺设,以求美观。

(4)拆卸后边箱侧面护板,安装倒车雷达主机,连接倒车挡线路,将探头连接线连接主机。

2. 开孔式安装

(1)清理车辆前后座及后备箱物品,确保作业范围内无杂物。

(2)根据倒车雷达厂家安装指南,测量后保险杠合适位置,并在车上开孔。

(3)将倒车雷达探头卡入后保险杠孔内,确保卡入固定牢固。

(5)将倒车雷达主机跟显示器连线走线到前仪表台位置。

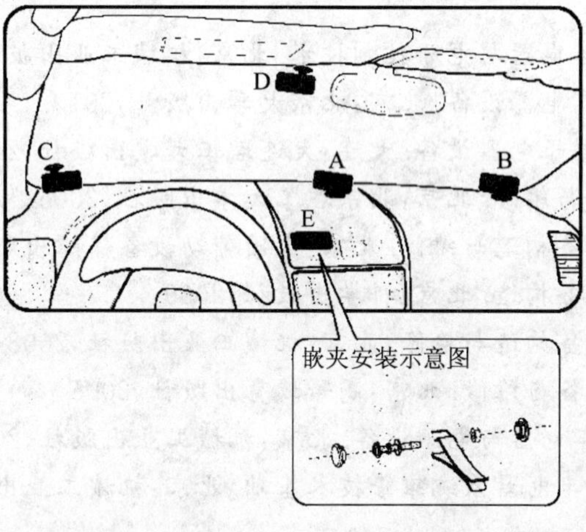

图 9-14　典型倒车雷达系统显示器安装示意图

(6)安装固定倒车雷达显示器在前仪表台合适位置。

(7)对每一个探头进行灵敏度测试。

(8)对整车进行倒车灵敏度和角度测试。

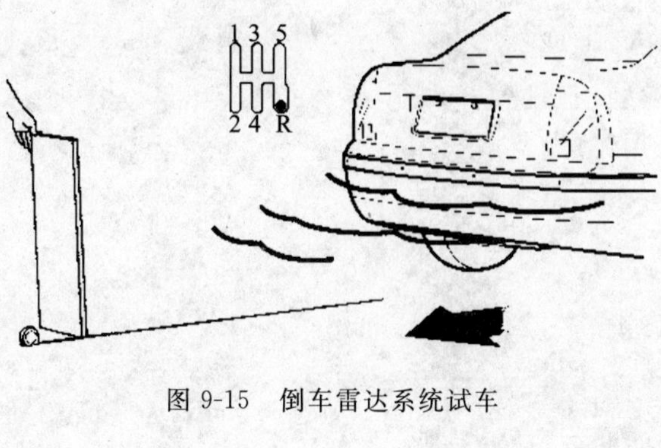

图 9-15　倒车雷达系统试车

主要参考文献

1. 赵学斌，王凤军. 汽车电器与电子控制技术. 北京：机械工业出版社，2006
2. 凌永成，李淑英. 汽车电器设备. 北京：北京大学出版社，2010
3. 成安，朱占平. 汽车电子电器设备. 大连：大连理工大学出版社，2007
4. 舒华. 汽车电器设备与维修. 北京：北京理工大学出版社，2005
5. 朱学军. 汽车电器设备构造与维修. 北京：中国劳动设备保障出版社 2010
6. 董恩国. 汽车电器设备构造. 北京：科学出版社，2009
7. 温国标. 汽车电器设备构造与检修. 北京：机械工业出版社，2008
8. 李春明. 汽车电器设备与维修. 北京：高等教育出版社，2005
9. 孙仁云，付百学. 汽车电器与电子设备. 北京：机械工业出版社，2006
10. 黎亚洲，徐丹杰. 汽车电器系统维修技术基础. 北京：机械工业出版社，2009